旅游片区

每个区域划分为若干旅游片区，全面介绍。同时突出重要旅游点。

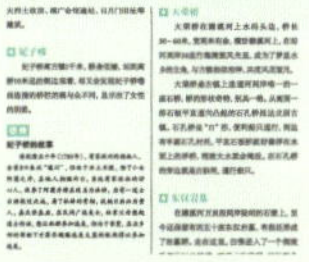

旅游景点

每个旅游景点包括介绍、攻略、链接等版块。力求景点收录全面。

旅游资讯

每个城市旅游资讯版块，包括住宿、就餐、购物、娱乐等内容。

如何使用本书

1 多角度解读 全书从地理、历史、文化等多个角度解读重庆。包括主题地图、分类景观、精美图片等形式，力图给读者呈现出一个更直观、丰富的重庆。

主题地图 精美而实用的地图，是了解重庆的最好窗口。书中还有大量的区域旅游地图、景区导览图。

分色标签 每个城市都有一个特定的检索色，便于翻阅。

2 专题知识 对于认识重庆具有重要意义的关键词条，书中特设专题，图文并茂，让读者迅速读懂词条。

3 精华景点 三维立体图更深度地引导读者鉴赏那些特别重要必游景点。

4 攻略 大部分景点配有位置、交通、门票、链接等丰富的实用攻略。

5 资讯 每个城市都包括交通、美食、住宿、购物、娱乐等资讯。

发现者旅行指南

重庆（第2版）

北京·旅游教育出版社

目录
CONTENTS

地图目录

专题目录

手绘重庆

▶ 长江重庆段

自西南江津流入、从东北巫山流出重庆，是长江上游景色最秀丽的一段，长江三峡中著名的瞿塘峡、巫峡位于重庆境内。

▶ 大巴山

地处重庆东北部，是四川盆地的天然屏障，自然生物资源丰富，曾出现过华南虎。

▶ 歌乐山

有“歌乐灵音”“云顶烟云”“狮峰幽岩”等几十处秀美清幽的自然景观，历来为巴渝游览胜地。

▶ 缙云山

古人称“赤多白少为缙”，故名缙云山，素有“小峨眉”之称。

▶ 金佛山

为蜀中四大名山之一，系大娄山东段支脉的突异山峰，由金佛、柏枝、菁坝三山组成。

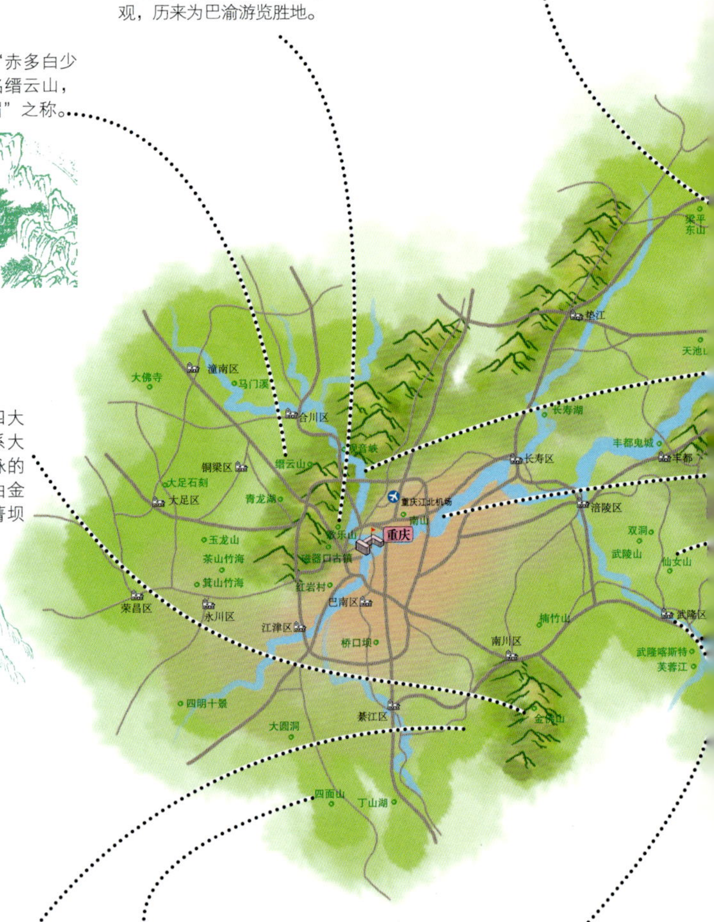

▶ 黑山谷

被誉为“渝黔生物基因库”，是目前重庆地区最大、原始生态保护最为完好的自然生态风景区。

▶ 四面山

是一颗集山、林、水、瀑、石于一身，融幽、险、奇、雄、怪、秀为一体的天然绿色明珠。

▶ 黄柏渡

位于武隆景区，除了可以观赏两岸秀美风光，还可饱览淳朴的民风民情，一举两得。

重庆山水

▶ 大宁河

以景点密集、可游性强和自然、人文、民俗的和谐统一著称，堪称“百里画廊”，有“天下第一溪”的美称。

▶ 巫山十二峰

屏列长江南北，以幽深秀丽擅奇天下，尤以神女峰最为秀丽。

▶ 嘉陵江

古称“渝水”，是长江支流中流域面积最大的河流，长度仅次于汉江，流量仅次于岷江。

▶ 南山

主城区一系列山峰的总称，沿江列峙，林木联袂，恰似一道护卫山城的绿色屏障。

▶ 仙女山

属于武陵山脉的一部分，尤以草原风光最具特色，有“南国第一牧场”之美誉。镶嵌在山林之间的辽阔草场，延绵天际、如诗如画。

▶ 阿依河

有“千年未变的原生态景区”之称，泛舟江上有仿佛误入桃花源的感觉。

▶ 乌江

是长江上游南岸最大的支流，在涪陵区注入长江，以流急、滩多、谷狭而闻名于世，号称“天险”。

手绘重庆

▶ **涞滩古镇**

分上场与下场，其间相隔咫尺，形似兄妹，一高一低，一上一下，一刚一柔，互为照应。

▶ **偏岩古镇**

重庆通往华蓥古道上的一座商业重镇，因镇北处有一岩壁倾斜、悬空陡峭而得名。

▶ **龙兴古镇**

至今已有600多年的历史，镇上散布着众多明清时代的古刹建筑群落，风格各异，造型独特。

▶ **双江古镇**

现存有中、东、上西、下西街等9条街道，纵横交错，形成了古镇特有的风貌。

▶ **安居古镇**

千年古镇内不仅有闻名遐迩的“九宫十八庙”，还有令人叹为观止的“安居八景”。

▶ **万灵古镇**

以丰厚的历史文化底蕴和旖旎的水乡风光而闻名，历经千年风雨沧桑，依然保存着独特风貌。

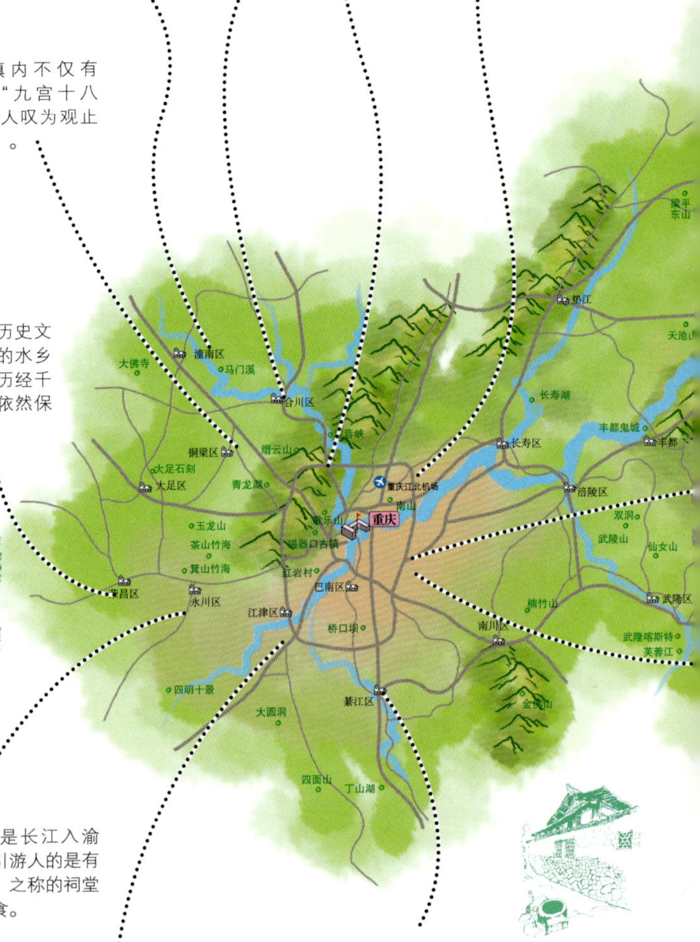

▶ **松溉古镇**

松溉古镇是长江入渝第一镇，最吸引游人的是有“九宫十八庙”之称的祠堂文化和传统美食。

▶ **东溪古镇**

明朝的川黔青石板古道穿镇而过，与明清时期的穿斗结构吊脚楼民居形成清幽之景。

▶ **中山古镇**

“爱情天梯”故事的发生地，古镇人民的生产生活及习俗仍保留着古朴之风。

重庆古镇

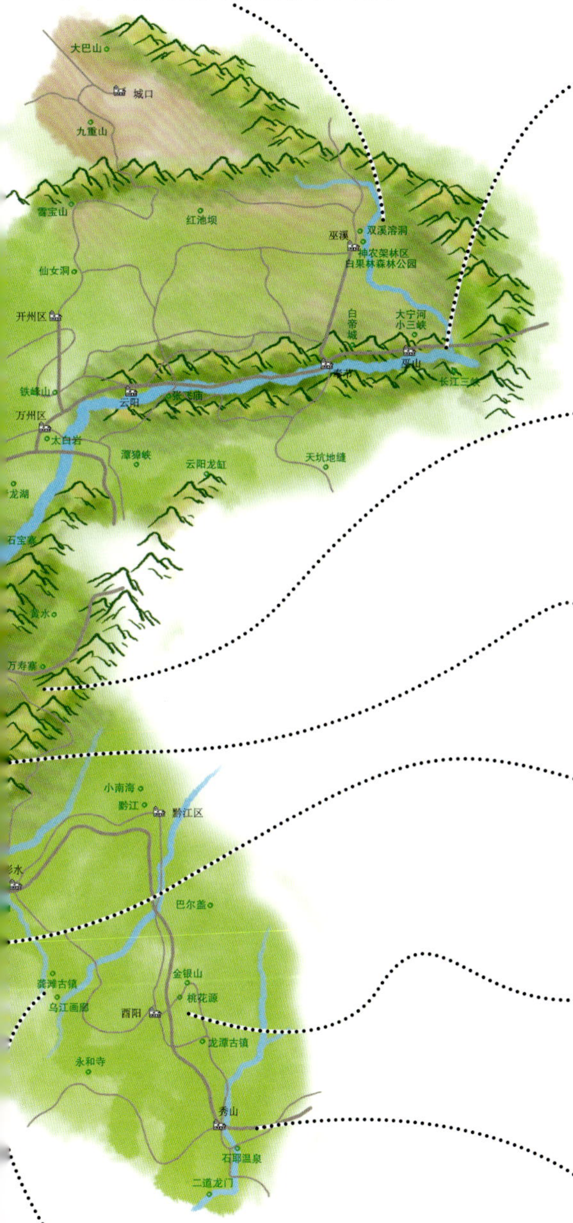

▶ 宁厂古镇

这是有着5000多年制盐史的“上古盐都”，兴衰皆因盐，如今古镇已归于宁静。

▶ 大昌古镇

始建于晋，已有1700多年历史，是一座“四门可通话，一灯照全城”的“袖珍古镇”。

▶ 西沱古镇

镇上的云梯街是长江沿线唯一垂直江面的街道，有“万里长江第一街”的美誉。

▶ 走马古镇

镇上居民自古盛行说故事、喝茶、看川剧的习俗，文学气息尤为浓厚。

▶ 丰盛古镇

福寿街、十字街、半边街等石板街保存完整，老街两侧为2～3层全木质穿斗结构的店铺。

▶ 后溪古镇

碧绿的酉水从镇边流过，两岸山峦奇秀，著名的三晤山倒映江中，颇有桂林山水的韵味。

▶ 龚滩古镇

这里是百里“乌江画廊”中最精华的景点，是国内保存完好且颇具规模的明清建筑群。

▶ 洪安古镇

作为《边城》小说中凄婉爱情故事的发生地，这里被赋予了浑厚的文化意蕴。

手绘重庆

▶ 长寿肥肠饭

当地有名的早餐。肥肠嚼头十足、微有香脆，且咸淡适宜，鲜辣兼备，口味浓郁绵长。

▶ 椒麻牛肉

绝对是开州独有的特产！又麻又辣，看着都食欲大增。

▶ 重庆小面

遍布重庆大街小巷，看看面馆的“吃货”和外地网友的口水，就知道重庆小面有多好吃。

▶ 太安鱼

俗称坨坨鱼，看上去辣味十足，闻起来香气四溢，令人垂涎三尺。

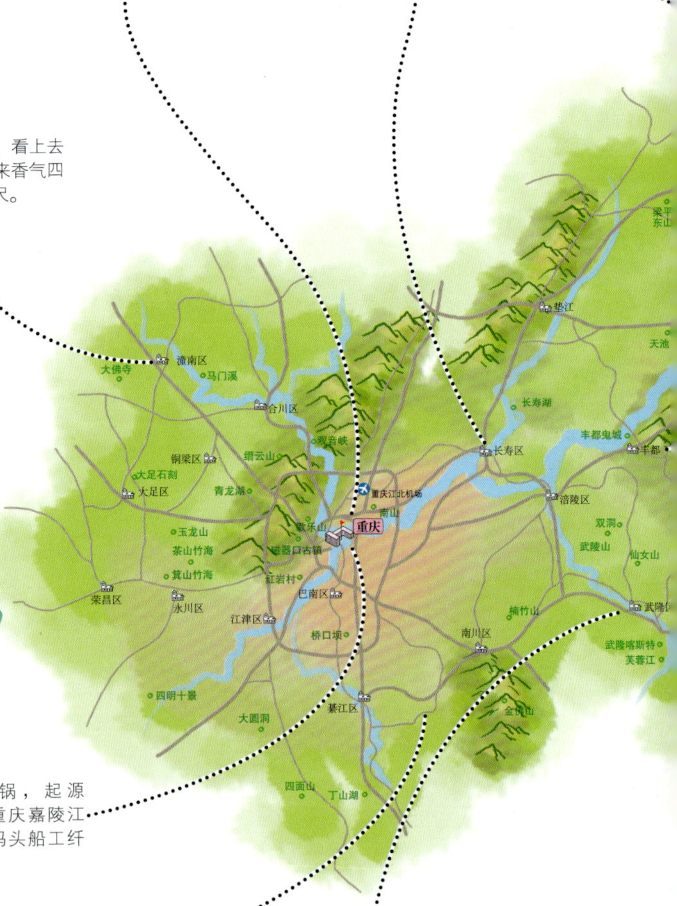

▶ 重庆火锅

即麻辣火锅，起源于明末清初的重庆嘉陵江畔、朝天门等码头船工纤夫的餐饮方式。

▶ 黑山方竹笋

黑山方竹笋形呈四方，有棱有角，烧红烧肉吃最舒服！

▶ 碗碗羊肉

选取羊的每一个部位的精华组成，常吃美容，有补肝、补肾、抗寒、活血等功效。

重庆美味

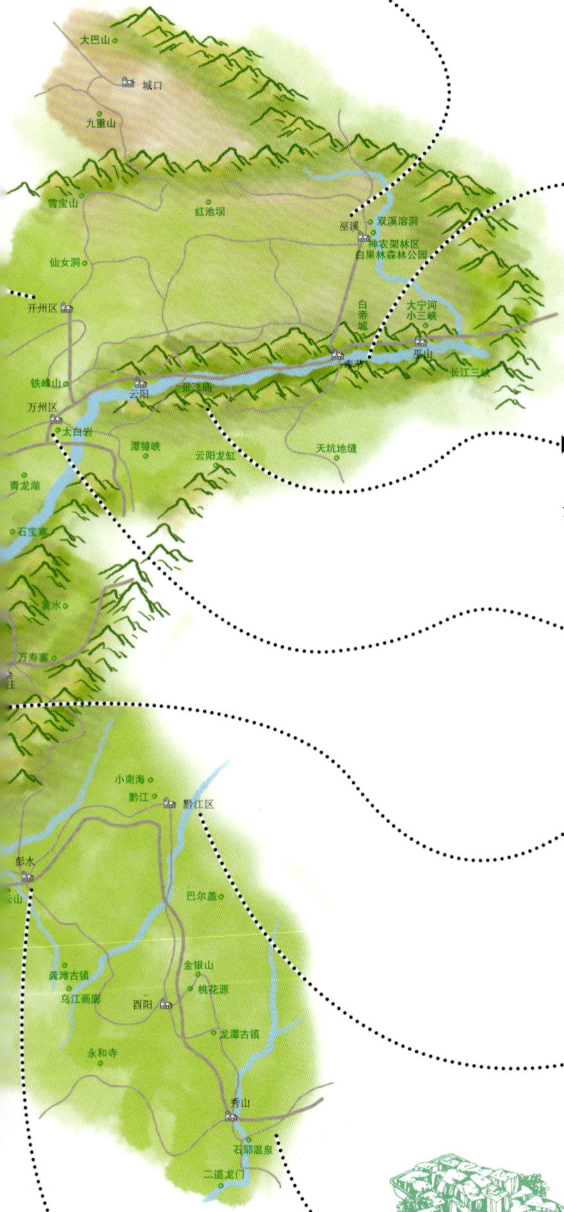

▶ 巫溪烤鱼

美食艺苑的一朵奇葩！“到了巫溪不吃烤鱼，就和到了重庆不吃火锅一样。”

▶ 鼓子鸡

又名旱蒸鸡，堪称奉节版的“云南汽锅鸡”。

▶ 票草牛肉干

原料为牛里脊肉，色泽鲜润，口感醇正，风味独特。

▶ 万州格格

格格是万州俗语，意即蒸笼，蒸羊肉、蒸肥肠、蒸排骨等形式多样，久负盛名。

▶ 丰都麻辣鸡块

原为鬼城丰都的著名小吃，类似白斩鸡，后经加工改进，现为重庆家喻户晓的名菜。

▶ 黔江鸡杂

黔江鸡杂脆嫩鲜香，辣得人食欲大增。

▶ 彭水魔芋

生长在海拔800至1500米的山区，具有降“三高”、减肥、补钙、排毒养颜等功效。

▶ 米豆腐

米豆腐既可冷食也可熟食，风味独特，备受消费者的青睐。

手绘 重庆

▶ 喀斯特地貌

为岩溶地貌的代称，原是南斯拉夫西北部伊斯特拉半岛上的石灰岩高原的地名，那里有发育典型的岩溶地貌。中国是世界上对喀斯特地貌现象记述和研究最早的国家，尤以明朝徐霞客所著的游记记述最为详尽。

▶ 电影中的武隆

张艺谋执导的《满城尽带黄金甲》中的古驿站，即搭建在天生三桥的天龙天坑中，这座四合院式的建筑得以保留，已成为景区内的一大看点；好莱坞大片《变形金刚4》也曾在武隆取景，火爆的科幻打斗场面让人记忆犹新。

▶ 天生三桥

以天龙桥、青龙桥、黑龙桥三座气势磅礴的石拱桥称奇于世，属亚洲最大的天生桥群。

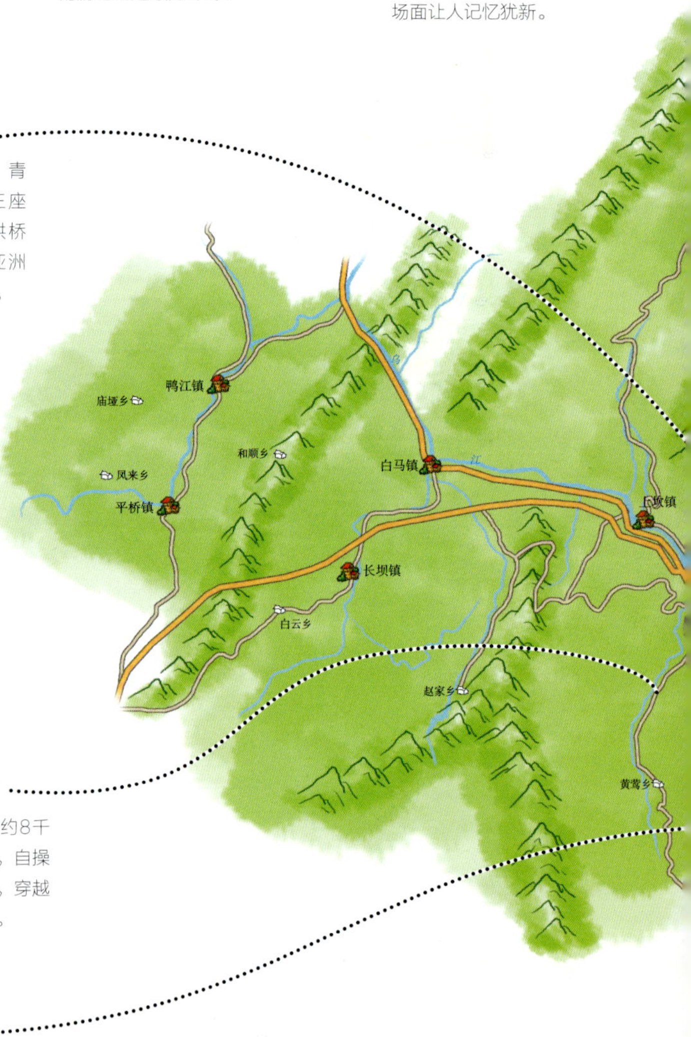

▶ 仙女峡漂流

漂流河段长约8千米，从漂点出发，自操船桨，自取河道，穿越峡谷，其乐无穷。

▶ 芙蓉江

以水上原始森林和“U”形峡谷、江河风光为主。行舟江中，景色变幻无常。

武隆喀斯特

武隆喀斯特是中国南方喀斯特的重要组成部分，是深切型峡谷的杰出代表，它是反映地球演化历史的杰出范例，也正在进行着地貌演化，记录着重要的地貌形态或自然地理特征。孕育出的芙蓉洞洞穴、天生三桥和后坪冲蚀型天坑三个独立的喀斯特系统，均是长江三峡地区新近纪以来，在地壳大幅抬升的机制下发

斯特特征的世界性意义。

▶ 仙女山

以其独具魅力的高山草原、罕见的林海雪原和秀美的丛林碧野景观，被誉为“东方瑞士”。

▶ 龙水峡地缝

一座典型岩溶峡谷地质奇观，俯瞰深邃不见其底，两岸刀壁耸立，仰头望天一线。

▶ 芙蓉洞

唯一被列为世界自然遗产的洞穴，被称为“地下艺术宫殿”“洞穴科学博物馆”。

手绘重庆

▶ 船游三峡

游览三峡，多数游客会选择从重庆港朝天门码头乘坐游轮，最终抵达宜昌。一般来说，行程多为4天，游客沿途能欣赏到丰都鬼城、三峡移民区新貌、石宝寨、白帝城、瞿塘峡、大宁河小三峡、巫峡、三峡大坝等风光。

▶ 白鹤梁水下博物馆

以刻石鱼为“水标”记录水文的水文站，有“世界第一古代水文站”之称。

▶ 瞿塘峡

瞿塘峡，又名夔峡。全长约8千米，在长江三峡中，虽然它最短，却最为雄伟险峻。

▶ 小三峡

大宁河下游流经巫山境内的龙门峡、巴雾峡、滴翠峡的总称。

▶ 巫峡十二峰

巫峡中巫山十二峰分布在巫峡两岸。江北由西向东依次为登龙、圣泉、朝云、神女、松峦、集仙六峰。南岸也有六峰，但在江中能见到的，依次为飞凤、翠屏、聚鹤三峰，其余净坛、起云、上升三峰并不临江。

▶ 巫峡

巫峡又名大峡，两岸青山连绵，群峰如屏，江流曲折，幽深秀丽，宛如一条天然画廊。

▶ 天坑地缝

不仅是构成地球第四纪演化史的重要例证，更是探寻长江三峡成因的“活化石”。

▶ 白帝城

因三国时刘备在此托孤而被载于史册，有“诗城”之美誉。

长江三峡旅游区

▶ 丰都鬼城

传说中人类亡灵的归宿之地，集儒、佛、道民间文化于一体的民俗文化艺术宝库。

▶ 张飞庙

庙内保存了大量珍贵的字画碑刻，稀世文物200余件，被誉为“巴蜀胜景、文藻胜地”。

▶ 石宝寨

中国目前仅存的几座木结构建筑之一，被称为“世界八大奇异建筑之一”。

长江三峡位于重庆市和湖北省境内的长江干流上，西起重庆市奉节县的白帝城，东至湖北省宜昌市的南津关，全长200千米左右，是瞿塘峡、巫峡和西陵峡三段峡谷的总称，为长江上最奇秀壮丽的山水画廊，也是世界著名的旅游胜地，世界大峡谷之一。

▶ 三峡移民

流连忘返三峡景，热情豪爽重庆人。三峡工程给重庆带来机遇，三峡美景也让重庆名扬四海。三峡库区的人们为了三峡大坝的修建付出了背井离乡的代价，形成的三峡移民精神也将永放光芒。

▶ 三峡大坝

世界上最大的水电工程之一，位于西陵峡中段的湖北省宜昌市境内的三斗坪。

▶ 巫山的云

巫峡谷深峡长，日照时短，峡中湿气蒸发不散，容易形成雾气，云雾千姿万态，唐代诗人元稹留下了“曾经沧海难为水，除却巫山不是云”的千古名句。毛泽东也曾用“更立西江石壁，截断巫山云雨，高峡出平湖”这样的诗句来描绘巫山的云。

▶ 九畹溪

是长江三峡中为数不多的支流大峡谷之一，是传说中屈原魂归故里所在地，也是高峡平湖最佳观景点之一。

▶ 西陵峡

以宜昌市的西陵山得名，是三峡中最长的一个峡。

手绘
重庆

白公馆
宝轮寺
歌乐山
森林公园
内环高速公路
松石大道
汽车北站
花卉园
建新北路
江陵宾馆
红石路
徐悲鸿故居
嘉陵公园
重庆江陵医院
洪恩寺公园
江北区
重庆大学
石门公园
沙坪坝滨江路
渝碚路
三峡
广场
汉渝路
嘉
重庆工商大学
（江北校区）
绿色
广场
天陈路
红岩路
龙隐路
陵
化龙桥正街
沙坪公园
红岩纪念馆
佛图关公园
金龙玉凤
大酒店
蓝天大酒店
石碾盘汽车站
梨树湾站
平顶山公园
射击运动学校
天马路
大川宾馆
沙坪坝区政府
梅苑宾馆
长江一路
江州宾馆
高滩岩正街
第三军
医大学
渝州路
渝州宾馆
龙马
大酒店
渝高公园
奥体中心
华都技校
石杨路
袁茄路
高新区人民医院
安华大酒店
凤鸣山中学
怡然大酒店
鹅公岩大桥
重庆工学院
石坪桥正街
翼龙路
国际饭店
火炬大道
动物园
电视大学
长江二桥引桥
九龙水上乐
内环高速公路
华龙大道
重庆国际
外语学校
大渡口公园

重庆城区

红五路
鲤鱼池路
海洋公园
欧式一条街
群风酒店
长安宾馆
建新东路
3.13烈士墓地
江北公园
苗圃公园
千佛寺
慈云寺
江北滨江路
江
建新南路
桂园
重庆市政府
人民广场
巴蜀中学
嘉陵江滨江路
报恩塔
觉林寺
罗汉寺
汽车总站
若瑟堂
涂山路
内环高速公路
南岸滨江路
文化宫
少年宫
万豪酒店
新华路
人民公园
白象宾馆
长江滨江路
大田湾体育场
枇杷山公园
渝中区政府
宋庆龄旧居
鹅岭公园
南区路
正街
凯旋大酒店
重庆站
长江滨江路
市长途汽车站
珊瑚坝
菜袁路
长
游乐园
一棵树观景台
南岸滨江路
敦厚路
青少年科普中心
西南大酒店
长江宾馆
江南大道
文峰塔
云岫宾馆
南湖宾馆
南城大道
南岸区政府
宏声大酒店
白鹤路
教育学院
学府道
南湖路
工商大学（南岸校区）
江
南湖路
龙坡滨江路
重庆南站
川美术学院
角坪正街
渝南大道
群乐路

摄影
重 庆

时尚现代的魅力之都

山城重庆，魅力独一无二。白日里车水马龙的街巷如同跳动的脉搏昭示着山城动人的活力；夜晚时华灯初上，夜色如水，繁华街景把城市点亮；美丽的重庆女孩踩着高跟鞋走过，年轻人穿着西装拿着公文包，这城市的大街小巷，都是一副生机勃勃的模样。

流光溢彩的山城夜景

重庆的夜色华丽而苍凉，街巷之上火树银花，灯光璀璨，闪烁的霓虹鼓噪着人心，浪漫的灯光点亮了城市的每个角落。重庆的夜景可与香港维多利亚港媲美，这是一座喧嚣的“不夜城”，夜晚，登上南山一棵树观景台，瞭望江对面的重庆夜景，浪漫之感油然而生。

摄影
重 庆

钟灵毓秀的自然风光

重庆有着山水画廊般奇秀壮丽的自然风光，重峦叠嶂的长江三峡，自然与人文兼容并蓄，登览白帝城可领略夔门的美丽雄壮，飞檐展翼的石宝寨、神秘的悬棺更是令世人惊叹，武隆天坑三桥更是罕见的地质奇观，景色奇绝秀美，堪称是大自然的鬼斧神工。

凝睇千年的烟雨古镇

重庆各处有大大小小几十座古镇星罗棋布，早至隋唐，晚不过清末。这些宁谧千年的古镇或是因江而生，名中带水，素朴清秀；抑或是物品集散之地，代指得名，久而习惯；抑或是满含走船人美好的祝愿，意美心满。每座古镇的青石板都写满了千百年来的无数往事。

热气氤氲的温泉之都

重庆温泉是一个世界级的旅游资源，重庆被人称为“世界温泉之都”，世界上只有匈牙利首都布达佩斯的温泉量可以和重庆相提并论。重庆有着1600年的温泉历史文化，温泉旅游也是重庆旅游的重要名片。

摄影
重庆

巴渝美食中的味觉江湖

重庆的美食名遍天下，火锅、辣子鸡、毛血旺、重庆小面这些地道的重庆美食传遍了每一座城市的大街小巷。重庆的火辣与美味早已深入人心。走在重庆的大街小巷中也难掩香飘四溢，美食街上人满为患，小吃摊前络绎不绝，重庆人民以爱美食来爱生活，他们的日子就像他们的美食一样有滋有味。

印象重庆

江河秀色

阿蓬江

阿蓬江是乌江下游第一大支流，同时也是土家及苗族儿女的母亲河，江水冲破崇山峻岭，一泻千里，山高谷深，绝壁对峙，有着独特的江谷风光。

小三峡

巫山小三峡是大宁河下游流经巫山境内的龙门峡、巴雾峡、滴翠峡的总称，这里风景如画，奇峰壁立，竹木葱茏，饶有野趣。

长江三峡

是长江重庆白帝城至湖北南津关之间的瞿塘峡、巫峡、西陵峡的总称，全程192千米。是驰名中外的浏览胜地。

朝天门

朝天门，位于重庆城东北长江、嘉陵江交汇处，建于公元前314年，明初戴鼎重建，为重庆主要交通交易枢纽之一。

芙蓉江

芙蓉江景色秀丽，山清水秀、崖雄峰奇、天作画廊，两岸苍劲树根千姿百态，丝竹垂钓，绿影婆娑。

乌江画廊

乌江在沿河境内形成两百多里的天然山水画廊，峡谷风光自成一体，两岸翠绿葱郁，重峦叠嶂，有“乌江百里画廊”之称。

印象
重庆

悠远古镇

中山古镇

中山古镇俗称三合场，地处重庆江津区南部山区，背山临水，场镇建筑依水而建，由龙洞、荒中坝、高升桥三条小街连接而成。

龚滩古镇

位于重庆市酉阳县西部，与贵州省铜仁沿河隔江相邻，是乌江画廊核心景区和璀璨明珠，重庆著名旅游胜地。

磁器口古镇

拥有“一江两溪三山四街”的独特地貌。马鞍山居其中，左边金碧山，右边凤凰山，三山遥望。凤凰、清水双溪潆洄并出，嘉陵江由北而奔，形成天然良港。

塘河古镇

位于重庆江津市西南渝川结合地带，作为交通要冲和物资集散地，塘河一带很早就形成了舟马不绝，商贾如云的繁荣景象，沉淀着古镇深厚而灿烂的文明历史。

偏岩古镇

地处邻水、合川、渝北的交通要冲，清代属江北厅礼里六甲，乾隆二十四年（1759年）始在此建场为镇。因镇北处有一岩壁倾斜高耸，悬空陡峭，故名偏岩镇。

涞滩古镇

始建于晚唐时期，兴盛于宋代，历史文化底蕴深厚，镇内明清民居错落有致，老街小巷古朴典雅，独有一番别样的历史风韵。

印象
重 庆

重庆生活

重庆美女

山城重庆是个美女如云的地方，这里的女孩肤白貌美，年轻时尚，大街小巷中遍布着她们靓丽的身影，并逐渐成为重庆一道亮丽的风景线。

火炉

重庆与武汉、南宁并称为中国的三大火炉，每到夏季，秀美的山城重庆天气炎热，持续的高温，潮湿闷热的空气，让重庆俨然变成一座火炉。

山城

重庆依山而建，别名为山城。市区道路高低不平，有很多坡坡坎坎，有些地方交通工具无法抵达，因此衍生了“重庆棒棒”这一群体。他们属于挑夫，用一根棒棒帮雇主运送货物。

解放碑

解放碑，原名抗战胜利纪功碑，是全中国唯一的一座纪念中华民族抗日战争胜利的国家纪念碑，以纪念重庆对于国家的伟大贡献。

土家族

重庆的土家族主要聚居于重庆东南部。他们传统文化积淀浓厚，山歌、摆手舞、花灯、土戏等传统的土家族民族艺术在那里得到发扬传承。

温泉

重庆温泉是一个世界级的旅游资源，这里的温泉开发由来已久。著名的老牌温泉包括重庆南温泉；北温泉、东温泉；新温泉包括重庆统景温泉，天赐温泉等。

印象
重 庆

火辣美食

重庆火锅

重庆火锅，是汉族传统饮食方式，起源于明末清初的重庆嘉陵江畔、朝天门等码头船工纤夫的粗放餐饮方式，原料主要是牛毛肚、猪黄喉、鸭肠、牛血旺等。

辣子鸡

辣子鸡发源于重庆歌乐山，菜色泽棕红油亮，肉质酥软，麻辣味浓。咸鲜醇香，略带回甜，营养丰富，味道鲜美。

重庆小面

重庆小面是发源于山城重庆的汉族传统小吃，属于渝菜，小面属于汤面类型，麻辣味型。狭义的小面是指麻辣素面。

毛血旺

毛血旺以鸭血为制作主料，口味属于麻辣味，是重庆市的特色菜。这道菜是将生血旺现烫现吃，且毛肚杂碎为主料，遂取名毛血旺。

八一路好吃街

八一路好吃街靠近解放碑，生意特别红火。胖子妈的串串和好又来的酸辣粉总是人满为患，还有山城小汤圆、张鸭子也非常好吃。

麻辣烫

麻辣烫是川渝地区最有特色的一种饮食，青菜和肉丸，被穿在细细的签子上，放入滚沸的浓汤中，没有什么讲究的烹调过程，却是别样的美味。

印象 重庆

璀璨夜景

鹅岭两江楼

重庆市鹅岭公园的两江楼是览胜佳处，站在那里可以看尽重庆两江夜景，霓虹璀璨，灯火摇曳，山城的夜色无比绚烂夺目。

南滨路

重庆南滨路处于重庆市的中心地位，北临长江，背依南山，可观最美渝中夜景，也使得南滨路获得了“重庆外滩”的美誉。

一棵树观景台

一棵树观景台位于南岸区王家山脉临江半山腰处，与重庆主城区隔江相望，是重庆都市旅游的必到之地，在这里可以看见重庆这座山水之城的起伏面貌。

重庆洪崖洞

洪崖洞是集娱乐、休闲、观光于一体的大性功能区域，也是重庆最火爆、最时尚、最具有风情的都市休闲区之一。

两江游船

“不览夜景，未到重庆”，坐船游重庆两江夜景是个不错的选择。坐在船上，两岸的万家灯火和闪烁霓虹倒映在波光荡漾的江水里，灯火摇曳，十分唯美。

自驾重庆

线路 1

渝东南

探自然秘境之旅

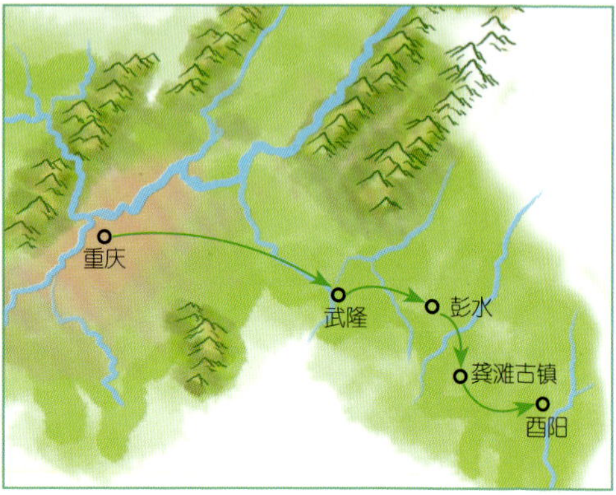

这条线路从重庆出发，前往渝东南方向，那里自然风光与人文风光相辅相成，有秀美的武隆喀斯特地貌，也有乌江沿岸如画的山水，还有酉阳桃花源里的灼灼桃花，而龚滩古镇内的明清古建与浓厚的历史风韵也会让人陶醉其中。

重庆 磁器口古镇

武隆 武隆天坑

彭水 阿依河

乌江十里画廊 乌江十里画廊

龚滩古镇 龚滩古镇

酉阳 桃花源

第一站 重庆。山城重庆历史悠久，景色优美，首先前往磁器口古镇，感受古老的水陆码头风韵，然后逛解放路步行街，坐一次长江索道，夜晚前往洪崖洞赏夜景。

第二站 武隆。驾车沿着 G65 前往武隆天坑地缝国家地质公园，那里有着典型的喀斯特地貌，主要分为天生三桥和龙水峡地缝这两部分，宏大的天生桥群、幽深的天坑、险峻的地缝，都极具观赏价值。

第三站 彭水。沿 G319 行驶前往彭水阿依河风景区，景区内峡深谷高，河床狭窄，礁石遍布，河水清幽而景色绝美，泛舟江上犹如陶渊明误入桃花源，仿佛身在仙境。

第四站 乌江十里画廊。坐船游览乌江十里画廊，其周边民俗古朴，有美丽的阿依河、原始幽深的神龙谷、苗家山歌的发源地鞍子苗寨等不同的风光。

第五站 龚滩古镇。沿着 S304 行驶至龚滩古镇，游览古镇上幽静的四合院、古朴的吊脚楼，徜徉在高低错落的石板巷中享受旅途的快乐。

第六站 酉阳。沿着 S304 行驶至酉阳，游玩酉阳桃花源景区，景区内落英缤纷，阡陌纵横，是休闲、体验、访古寻幽的绝佳去处。

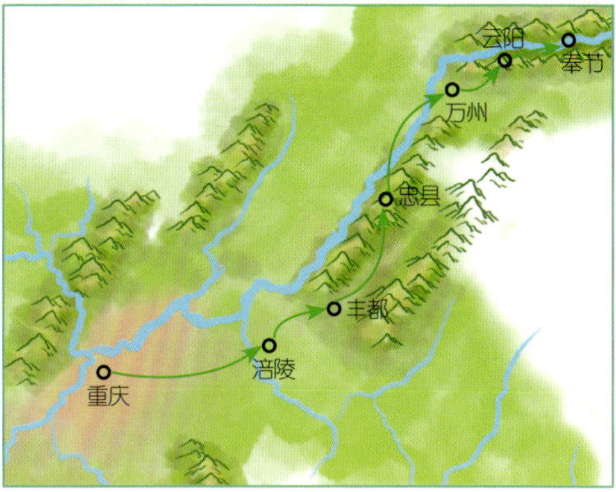

线路 2

渝东北
访清幽山水之旅

重庆 解放碑

涪陵 白鹤梁水下博物馆

丰都 鬼城

忠县 石宝寨

万州 西游洞

云阳 张飞庙

奉节 白帝城

这条线路前往渝东北地区,饱览巴山蜀水的奇秀瑰丽,尽领三国历史的风华烟云,经过双桂山、丰都鬼城、石宝寨、白帝城等著名景点,可以尽情享受巴渝地区自然风光的秀美与人文风光的厚重。

第一站 重庆。先游玩解放碑步行街,吃美食逛商场,之后前往朝天门,感受滔滔江水的奔涌及码头文化的风韵,而后逛洪崖洞,晚上坐船游重庆两江夜景。

第二站 涪陵。驾车沿长涪高速前往涪陵,游玩白鹤梁水下博物馆。白鹤梁是一座天然石梁,游人可下水,透过玻璃舷窗欣赏白鹤梁。

第三站 丰都。沿 S103 行驶前往丰都鬼城,那里景点独特,内涵丰富,有长江三峡景区的名山、国内最大的鬼神人文景观鬼国神宫、国家级森林公园双桂山等著名景点。

第四站 忠县。驾车沿 S103 行驶至忠县石宝寨,石宝寨倚玉印山而建,依山势而起,造型奇特。

第五站 万州。沿 S103 向东行驶至万州,游玩西游洞,那里是典型的喀斯特地貌,十分神奇瑰丽。

第六站 云阳。驾车前往东北方向的云阳县,拜访张飞庙,张飞庙始建于蜀汉末期,距今已有 1700 多年的历史。

第七站 奉节。沿沪蓉高速行驶前往奉节,游玩白帝城。奉节白帝城位于长江三峡瞿塘峡口,因地势险要,易守难攻,为历代兵家必争之地。顺带可游览三峡风光。

解读 重庆

地 理

瞿塘峡

面积和区划

重庆市，简称巴或渝，别称山城、渝都、雾都、桥都等，为中国四大中央直辖市之一，国家历史文化名城，世界温泉之都。重庆东邻湖北，北接陕西，西倚四川，南连贵州与湖南，全市面积约8.2万平方千米，属典型组团式大城市。

重庆下辖万州区、涪陵区、渝中区、大渡口区、江北区、沙坪坝区、九龙坡区、南岸区、北碚区、綦江区、大足区、渝北区、巴南区、黔江区、长寿区、江津区、合川区、永川区、南川区、铜梁区、璧山区、潼南区、荣昌区、开州区、梁平区、武隆区26个区，城口县、丰都县、垫江县、忠县、云阳县、奉节县、巫山县、巫溪县8个县，以及石柱土家族自治县、秀山土家族苗族自治县、酉阳土家族苗族自治县、彭水苗族土家族自治县4个自治县。

人口和民族

截至2018年年末，重庆全市常住人口约为3101万人，居住在城镇的人口约为2031万人。

重庆以汉族为主体，此外，土家族、苗族、回族、满族、彝族、壮族等55个少数民族在重庆皆有分布。少数民族中，土家族人口最多，其次为苗族，主要分布在渝东南的4个民族自治县和享受民族自治地方优惠政策的黔江区。

地形

重庆市位于中国西南部，地处长江上游，辖区主要分布在长江沿线，以丘陵、低山为主，平均海拔为400米。地势从南北两面向长江河谷倾斜，起伏较大，多呈现“一山一岭”“一山一槽二岭”的形貌。地质多为“喀斯特地貌”构造，因而溶洞、温

重庆城市风光

泉、峡谷、关隘多。

重庆市区坐落在长江与嘉陵江交汇处，四面环山，江水回绕，城市傍水依山，层叠而上，地形起伏有致，立体感强。既以江城著称，又以山城扬名。

气候

重庆位于北半球副热带内陆地区，为中亚热带季风气候，与武汉、南昌、南京并称长江流域四大“火炉”。重庆雨季集中在夏秋，尤以夜雨为多，历代诗人常以“巴山夜雨”为题吟诗填词。而每年秋末至春初多雾，年均雾日为104天，光能资源少，亦有“雾都”之称。重庆还是中国日照最少城市之一，年均日照1259.5小时。

重庆长江三峡景观

长江三峡是瞿塘峡、巫峡、西陵峡的总称。其中瞿塘峡和部分巫峡位于重庆境内。

瞿塘峡居西，在重庆所辖的奉节、巫山境内。峡口为夔门，两山壁立，有如门户，其江面最窄处不足百米，山高水急，极为壮观，人称“夔门天下雄”。峡内名胜众多，以摩崖石刻和绝壁栈道遗迹最为引人注目。峡口高处有白帝古城，内多三国遗迹，有的旅游船安排有白帝城观光项目。瞿塘峡下是大宁河宽谷，大宁河小三峡是三峡风光的重要组成部分。

巫峡居中，地处重庆巫山和湖北巴东两县之间，谷深峡长，幽静秀雅。著名的巫山十二峰恰似亭亭玉立的十二仙女，自古就有“朝为行云，暮为行雨”的浪漫传说，游客一定要依船上的提示注意观赏。伟大的爱国诗人屈原和汉代美女王昭君的故乡都在巫峡附近。

长江三峡风景名胜区（重庆段）包括奉节白帝城、瞿塘峡、巫峡、神女溪、大宁河小三峡、马渡河小三峡、大昌古镇、巫溪庙峡、自然生态培育区、忠县石宝寨、丰都名山、涪陵白鹤梁等区域。

山城的美丽“雾”解

“山高路不平，好个重庆城。”重庆是我国最大、最著名的山城，顾名思义，这里山多。重庆市区在中梁山和铜锣山之间，有高山屏峙。而城市则依山而建，建筑错落有致，道路高低不平。好多几十层的高楼，可以在大厦的中部经天桥直接通往与楼平行的半山腰，下到地面。所以在重庆，总有爬不完的坡坡坎坎在等着你。

巴山夜雨

唐朝著名诗人李商隐的《夜雨寄北》中这样写道："君问归期未有期，巴山夜雨涨秋池。何当共剪西窗烛，却话巴山夜雨时。"可是何为夜雨，夜雨又是如何形成的呢？

夜雨是指晚八时以后，到第二天早晨八时以前下的雨。"巴山"是指大巴山脉，"巴山夜雨"中的"巴山"其实是泛指多夜雨的西南山地地区，这些地方的夜雨量一般都占全年降水量的60%以上，而重庆、峨眉山两地的夜雨降雨量更是远高于其他地区。

小档案

气象术语：巴山夜雨

降 雨 量：全年夜雨67%，春季夜雨69%

相关内容：唐，李商隐《夜雨寄北》

地理位置：重庆、峨眉山

夜雨有利有弊，一般夏季比较常见，降水使得气温下降，利于百姓在炎热的夜晚安然入睡，而频繁的降雨容易引起山洪和地质灾害。

由于四川盆地经常出现夜雨，气候温暖湿润，茶、油桐、柑橘、甘蔗等亚热带作物生长良好。

西南山地为什么多夜雨呢？主要有以下两个原因：

(1) 西南山地潮湿多云。夜间，密云蔽空，云层和地面之间，进行多次的吸收、辐射热量交换过程，因此云层对地面有保暖作用，也使得夜间云层下部的温度不至于降得过低，而由于云体本身的辐射散热作用，使云层上部温度偏低。这样，在云层的上部和下部之间便形成了温差，大气层结构趋向不稳定，偏暖湿的空气上升形成降雨。

(2) 西南山地多准静止锋，云贵高原对南下的冷空气有明显的阻碍作用，因而我国西南山地在冬半年常常受到准静止锋的影响。在准静止锋滞留期间，锋面降水出现在夜间和清晨的次数占相当大的比重，相应地增加了西南山地的夜雨率。

重庆雾多，因处于川东盆地的边缘，四面群山环抱，嘉陵江与长江在此交汇，水汽来源相当充沛，江水蒸发不易扩散，潮湿的空气处于饱和状态，易于凝结成雾。

但凡遥遥看去，重庆市区的楼宇建筑能在雾气的缠绕下显露出一点身形，从空中俯视，河流津渡隐约可辨的话，对于重庆人来说就已经是难得的雾气清浅了。大雾之时，城内山色尽消，江岸不分，整个山城进入了"空山不见人，但闻人语响"的神秘境界。雾让重庆褪去了平日斑斓的色彩，又起到了微妙的调光和柔化的效果，还原出本真的宁静和婉约，仿佛一幅意境悠远、气韵绵长的水墨山水画卷。

重庆雾日之多不仅冠于全国，就是世界著名的国际雾都也望尘莫及。重庆年平均雾日是104天，有“世界雾都”之称的英国伦敦年平均雾日只有94天，远东雾都的日本东京也只有55天。重庆是名副其实的“雾都”，而璧山区的云雾山全年雾日多达204天，堪称“世界之最”。

其实从抗战时期开始，重庆“雾都”之名渐隆，许多重庆人也都为这个名称而深感自豪。但“雾都”之称远远不只是这么简单的赞美。重庆由于“二战”的军工开发和新中国成立后的军工建设，一直有着严重的霾天气。而近些年来，重庆的年平均雾日数在逐渐减少。据气象部门分析，作为形成雾凝结核的悬浮物，其数量每年都呈上升趋势，浓度过大，分散了水汽，反而减少了浓雾天气的形成，霾天越来越多。这不得不令我们想到了雾都的未来，也值得我们深思探讨。

城区全景

重庆的自然景观

国家级自然保护区

缙云山国家级自然保护区
金佛山国家级自然保护区
大巴山国家级自然保护区
长江上游珍稀特有鱼类国家级自然保护区
雪宝山国家级自然保护区
阴条岭国家级自然保护区
五里坡国家级自然保护区

国家地质公园

武隆岩溶国家地质公园
长江三峡（重庆）国家地质公园
黔江小南海国家地质公园
云阳龙缸国家地质公园
万盛国家地质公园
綦江木化石—恐龙国家地质公园
酉阳地质公园

国家森林公园

黔江国家森林公园
双桂山国家森林公园
黄水国家森林公园
红池坝国家森林公园
青龙湖国家森林公园
仙女山国家森林公园
铁峰山国家森林公园
梁平东山国家森林公园
雪宝山国家森林公园
九重山国家森林公园
南山国家森林公园
金佛山国家森林公园
黑山国家森林公园
茶山竹海国家森林公园
茂云山国家森林公园
歌乐山国家森林公园
酉阳桃花源国家森林公园
巴尔盖国家森林公园
观音峡国家森林公园
大园洞国家森林公园

历　史

重庆三峡博物馆文物

重庆市是一座幅员辽阔、资源丰富，有着悠久历史和光荣革命传统的历史文化名城。经历200多万年的自然环境演化，随着生产力和社会的发展，疆域的变更，现已成为我国面积最大、人口最多的第四个直辖市。

重庆建城

公元前316年，秦灭巴后，秦军统帅张仪开始建筑江州城。当时的江州，就是今天的重庆。古人把水中居住的地方叫“州”，重庆位于两江汇合处，形如半岛，所以称它为“江州”。张仪所筑江州城，其大致位置位于今嘉陵江北岸江北嘴一带，这便是重庆作为川江封建政治经济中心的开始。此城建成后，为历代治所之地，至清代都很少改变过。自张仪筑城于江州，作为秦王朝统治巴地的军事、政治中心后，重庆在中国历史上的地位日显重要。秦汉江州，逐渐成为一座繁荣的城市，据现有的考古材料推测，除嘉陵江北岸的江州城外，在今江北区刘家台、相国寺，市中区两江半岛，南岸区涂山脚下一带街市、村庄密布。江州居民较多，人口稠密，城市已有相当规模，水上居民就有500余家，水上运输发达，商业兴盛。到蜀汉时期，江州城得到蜀都护李严的扩建，更城为大城，周围十六里。李严所筑的大城约在今观音岩至上清寺一带，称为大城，或称为北城。而张仪所筑的城，称为小城，或称为南城。

巴楚之战

战国初期，楚人的势力范围仅至于巫山、秭归以东地区，整个三峡地域基本上都属于巴国疆土，甚至三峡南岸的清江流域也在巴人的控制之中。此时，还是江州巴子国的强盛时期，他们还有很强的军事力量，可以主动进攻楚国。

公元前689年，巴、楚激战于那处(今湖北荆门市东南)，双方相持数月，巴人不敌而归。巴人为强楚所逼，已将其活动中

历史大事记

远古时期

距今200万年前的旧石器时代早期，在今重庆巫山县已经出现了中国最早的人类——巫山人。
距今2万年至3万年的旧石器时代晚期，出现了“铜梁文化”（今重庆铜梁区）。

商周时期

三峡地区是中国主要岩盐产区，由于盐是古代重要的硬通货之一，由此在巫山地区催生了早期的巴国文明，巴人以重庆为首府，建立了巴国。

心转移至长江三峡和川东地区，并建都于江州（今重庆）。

此时的巴国疆域，除西与蜀国相连，其北、东、南三面皆与楚地接壤，巴、楚仍为近邻，仍为相互对峙、势不两立之势，只不过斗争的焦点从江汉平原转移至长江三峡地区。长江三峡因其丰富的盐泉、丹砂等矿产资源，成为巴、楚双方武力争夺之要地。公元前377年巴人从三峡出兵征伐兹方，大败，自此也丧失了战争的主动权，在力量对比上巴消楚长，在强楚的不断向西进逼下节节败退，还由于国内发生动乱而求救于楚国。

巴楚之战时断时续，几乎贯穿整个巴史。巴借捍关、阳关、沔关以拒楚。但巴在楚强大攻势之下，三关尽失并节节败退，向阆中一带退却，最终被楚占领了首都枳（今涪陵）。

明玉珍建立大夏国

明玉珍(1331—1366)，湖广行省随州(今湖北省随州市)人，因崇信明教改姓"明"。素有大志，善于骑射。在其家乡召集乡兵1000余人，结寨自保，被众人推举为屯长。

元至正十一年(1351年)，徐寿辉、彭莹玉领导的红巾军占领蕲州(今湖北省浠水县)、黄州(今湖北省黄冈市)。

十月，徐称帝，国号宋，建元治平。次年，徐寿辉派人招请明玉珍参加了红巾军，授予统兵征虏大元帅，隶属倪文俊部。至正十五年(1355年)倪文俊部攻占沔阳，命明玉珍镇守沔阳。明玉珍得知镇守重庆的元朝部将矛盾重重，重庆城无强兵厚贮，决定率兵西上。至正十七年(1357年)，明玉珍奉命西征，四月攻占重庆，重庆父老夹道欢迎起义军入城，附近州县纷纷向起义军投降。随后，明玉珍出兵川南，先后攻下泸州(今四川省泸州市)和叙南(今四川省宜宾市)等地，初步巩固了以重庆为中心的川东南地区。正当明玉珍进军四川之时，西系红巾军发生了分裂，陈友谅诛杀倪文俊、徐寿辉，自称汉王，并要明玉珍撤出四川。明玉珍一面加强三峡防守，断绝与陈友谅往来，一面剿除四川元军，确立对四川大部分地区的统治。

至正二十一年(1361年)七月，明玉珍在重庆称陇蜀王，仍奉"宋"为国号。至正二十三年(1363年)正月，明玉珍在重庆称帝，国号"夏"，改元"天统"，以重庆为国都，正式建立了大夏政权。大夏政权历时9年，明洪武四年(1371年)被朱元璋所灭。

春秋战国时期

公元前689年，巴、楚激战于那处（今湖北荆门市东南），双方相持数月，巴人不敌而归，只得向阆中一带退却。巴楚之战时断时续，几乎贯穿整个巴史。

周慎靓王五年，即秦惠文王更元九年（前316年），张仪带兵灭巴之后，屯兵江州，筑巴郡城（江州城），城址在今渝中区长江、嘉陵江汇合处朝天门附近。是为史载重庆建城之始。
后秦分天下为三十六郡，巴郡为其一。

南北朝时期

公元226年，都护李严移驻江州，扩建江州城。

钓鱼城护国门

上帝折鞭处——钓鱼城之战

钓鱼城之战，或称钓鱼城保卫战，或称合州之战，是指南宋与蒙古发生于1259年的战争。

南宋嘉熙三年（1239年），彭大雅任四川制置副使期间，命甘闰初筑钓鱼城。其后四川制置使兼知重庆府余玠，采纳播州人冉琎、冉璞兄弟的建议，于1243年复筑钓鱼城，屯兵积粮，抗击北侵的蒙古大军，并作为保卫重庆的屏障，当时蒙古建国后正横扫欧亚大陆。

南宋宝祐六年（1258年），蒙古发动大规模灭宋战争。四月，蒙哥大汗所率蒙古军分三路侵蜀，蒙哥亲率蒙古军4万，由陇州（今陕西省陇县）入大散关，进至汉中；十月，自利州渡嘉陵江攻苦竹隘（今四川省剑阁县北，隆庆府治）等城寨。

数月中，蒙古军攻占了龙、剑、阆、蓬、巴、达、果、渠、长宁、大安（良）诸城。加上蒙古军原先占领的川北、川西州县在内，川蜀之地约2/3已归蒙军，未归附者，重庆府沿江以下数十州而已。合州钓鱼城守将王坚在二冉（冉琎、冉璞）创筑钓鱼城的基础上，进一步加强了对钓鱼城的防御，使钓鱼城成为一座兵粮实足的军事重镇。蒙哥派南宋降将蒲国宝到钓鱼城招降，王坚拒绝，并将蒙使在城内阅武场处死，明确表示了合州军民坚决抗击蒙古的决心。

开庆元年（1259年）正月，蒙哥决意攻取钓鱼城，首先切断了钓鱼城与外界的联系。二月初至三月底，蒙哥亲临前线，指挥蒙军主力进攻钓鱼城，均被宋军击退，蒙军只得将城团团围住，企图迫使守城宋军投降。但钓鱼城军民在王坚的统率下，在之后的战争中，顽强抵抗蒙军的不断进攻，负险固守，斗志高昂。

六月五日，蒙将汪德臣率突击队乘夜攻入钓鱼城外城，王坚、张珏率宋军与蒙军激战至天明。汪德臣喊话招降，王坚下令发炮石还击，摧毁蒙军攻城云梯，汪德臣也中石负伤。汪德臣回到营中，不久即因伤重死去。蒙哥接连损兵折将，气急败坏，七月初，又亲至钓鱼城下督战，为炮风震伤。至此，蒙哥方承认合州战役的失败，自己也终因伤重而逝于温泉寺，蒙古军因此撤退。

蒙哥曾留下遗言，日后攻下钓鱼城，当尽屠城中之民。1279年钓鱼城以不可杀城中一人为条件，放下武器自愿终止抵抗。由守将王立开城，钓鱼城才落入蒙古之手。要知道蒙古人在征战世界的过程中杀人过亿，凡是抵抗的城市都被屠城，而且

隋唐时期

公元581年隋文帝改楚州为渝州，重庆始简称“渝”。隋大业三年（607年），改渝州为巴郡。
唐武德元年（618年）改巴郡为渝州。至此，巴郡的名称不再使用。

宋元时期

公元1008年，江津知县冯忠创办了五举书院，这是重庆地区最先出现的书院。
公元1189年，宋光宗先封恭王，后即帝位，自诩“双重喜庆”，升恭州为重庆府，重庆由此得名。

南宋宝祐六年(1258年)，蒙古发动大规模灭宋战争，被重庆官军大败于钓鱼城。钓鱼城之战的胜利在一定程度上扭转了战局，推迟了南宋王朝的灭亡。

是被屠得干干净净。唯有钓鱼城军民抵抗了36年，最后全身而退，用实力让蒙古军放下了屠刀。

钓鱼城之战的胜利在一定程度上扭转了战局，推迟了南宋王朝的灭亡。在世界史上，也导致整个欧亚战局得以缓和，钓鱼城因此被欧洲人誉为“上帝折鞭处”。

十 巴渝近代风云

重庆开埠

1840年和1856年第一、第二次鸦片战争，迫使清政府签订了《南京条约》《天津条约》和《北京条约》等不平等条约。但是，英法帝国主义并不满足，而是想进一步扩大对中国的侵略。特别是英国，觊觎中国广大的内地市场，急切地想溯长江西上，进入四川，开埠重庆，为其在西部倾销商品、掠夺原料开辟道路。为此，英国在1869年派遣上海英商商会代表和驻汉口领事分批到达重庆，了解重庆商情，搜集各类情报，为英国势力侵入四川和开埠重庆做准备。

到了19世纪80年代，随着英法对侵略中国西南地区竞争的日益激烈，英国加快了开埠重庆的步伐。因《烟台条约》中有“轮船未抵重庆以前，英国商民不得在彼居住，开设行栈”的规定，所以英国极力怂恿英国轮船主径直把轮船开到重庆。于是，英国商人立德乐首先计划实施从宜昌到重庆的轮船通航，并正式向清政府提出宜渝间行驶轮船的申请。英国驻华公使也积极配合，向总理衙门发出照会，要求清政府发给立德乐执照。为此，中英间开始谈判并于1890年3月31日签订了《新订烟台条约续增专条》，其第一款规定：“重庆即准作为通商口岸，与各通商口岸无异。英商自宜昌至重庆往来运货，或雇佣华船，或自备华式之船，均听其便。”至此，英国正式取得了将重庆开为通商口岸的条约依据。

1891年3月1日，由海关总税务司赫德任命的重庆海关首任税务司好博逊以朝天门附近的“糖帮公所”为关址，在重庆正式建立了海关。重庆海关的建立，标志着重庆正式开埠。其他国家也根据不平等条约中有关片面最惠国待遇的规定，取得了在重庆通商的特权。

然而，此时羽毛已丰并对中国虎视眈眈的日本，因尚未在中国取得片面最惠国待遇，所以不能分享重庆开埠之侵略权益。野心勃勃的日本当然不会善罢甘休，当其在甲午战争中打败清政府后，就把重庆开为商埠的内容写入了1895年签订的中日《马关条

巫峡

宋元时期

元朝末年，明玉珍在重庆称帝，以重庆为国都，正式建立了大夏政权。历时9年，明洪武四年(1371年)被朱元璋所灭。

明清时期

明崇祯十七年(1644年)，大西军首领张献忠攻占重庆。

1890年，中英签订《新订烟台条约续增专条》，确定重庆作为通商口岸。随后英商开辟从宜昌到重庆的轮船航线。1891年，重庆海关在朝天门附近设立，重庆成为中国最早对外开埠的内陆通商口岸。

红岩村八路军办事处

约》。该条约第六款对将重庆辟为通商口岸及其对华通商事宜作了广泛的规定，它们在加深重庆半殖民地半封建化的同时，也在客观上促进了重庆的近代化历程，推动了重庆城市整体功能的进步，成为重庆城市近代化的起点。

“战时首都”

重庆在抗战期间和解放前具有“双都”的身份，即“战时首都”和“永久陪都”。

抗战前，中国的首都是南京，重庆是行政院直辖市，1937年“七七”卢沟桥事变后，日本大举侵略中国，直逼南京，形势非常危急。1937年11月17日，国民政府主席林森率领大小官员撤离南京，并于三日后在武汉发布《国民政府移驻重庆宣言》，宣布迁都重庆，重庆正式担负起中国战时首都的责任。

国民政府于1940年9月6日定重庆为“陪都”，至解放军于1949年11月30日解放重庆的九年多期间，重庆也是中国的陪都。太平洋战争爆发后，1942年1月21日，同盟国中国战区统帅部在重庆成立，负责指挥中国、越南、缅甸、马来西亚等国的同盟军作战。作战期间，苏、美、英、法等30多个国家在重庆设有大使馆，40多个国家和地区设有外事机构，并建立反法西斯战争的各种国际性组织和中外文化协会。

1940年9月6日，国民政府发布《国民政府令》，正式颁令“明定重庆为陪都”“还都以后，重庆将永久成为中国之陪都”，既明确了重庆担负“战时首都”的法律地位，也宣示了即使还都南京后，重庆作为陪都的地位也不会改变，即“永久陪都”。

近现代

1929年重庆正式建市。
1937—1946年，国民政府移驻重庆，重庆成为中华民国战时陪都，是当时全国抗日战争和反法西斯的最高指挥部所在地，重庆成为战时大后方，得到极大发展。

1945年8月，国共两党举行重庆谈判，双方签订《双十协定》，但是并未阻挡内战的爆发。
1949年11月30日，中国人民解放军进驻重庆。
12月11日，重庆市人民政府成立。

哥老会

哥老会是清末民国时期四川盛行的一种民间帮会组织名称，又被称为袍哥会。哥老会的成员被称为袍哥，有两种解释：一说是取《诗经•无衣》中“与子同袍”之义，表示是同一袍色之哥弟；另一说是“袍”与“胞”谐音，表示有如同胞之哥弟。袍哥会发源于晚清，盛行于民国时期，与青帮、洪门为当时的三大民间帮会组织。

内部等级

- **头排大哥**
  即舵头，掌管实际事务，通常此人需有较强的管理能力，心狠手辣。
- **三排**
  掌管一社经济及经营的商业（如茶馆、赌场、栈房）。
- **五排**
  在袍哥中最有社会力量，不少为职业袍哥。
- **六排**
  是一般成员，是负责巡风探事的小头领。
- **十排**
  统称老么，地位较低，有凤尾老么、执法老么、跑腿老么之分。

袍哥分为“清水”和“浑水”两种，清水袍哥指虽然参加了袍哥组织，但不干违法乱纪的勾当；浑水袍哥则属于一些打家劫舍、杀人越货的土匪。

袍哥最初以“讲豪侠、重义气、解放推食、急人之急”相号召，又以旧礼教的“五伦八德”为信条，但后来由于封建意识恶性膨胀，一部分人逐渐变质。

哥老会组织的内部排行分五个等级，分别称为头排、三排、五排、六排、十排。

每年，袍哥组织内部会举行两次大会，一次是正月的“迎宾会”，另一次是五月十三日的“单刀会”。盟会的目的是使本堂口袍哥明白新入会的人有哪些，会中的兄弟们有谁得到了升迁，当然，还有论功行赏、磕头行礼等一系列活动。

哥老会同洪门、青帮一样，都是下层群众自发结成的社会群体，是民间秘密结社。

近现代

1965年，重庆作为三线建设的重点，迁建、新建了200多项大中型骨干企业和科研单位，经济得到一定发展。

1997年3月14日，重庆直辖市成立，成为中国四大直辖市之一。

2009年，重庆两江新区设立，这是继上海浦东新区和天津滨海新区之后的中国第三个国家级新区。

重庆大轰炸

重庆大轰炸指中国抗日战争期间，由1938年2月18日起至1943年8月23日，日本对战时中国陪都重庆进行了长达5年半的战略轰炸。据不完全统计，5年间日本对重庆进行轰炸218次，出动9000多架次的飞机，投弹11500枚以上。

重庆死于轰炸者10000人以上，超过17600幢房屋被毁，市区大部分繁华地区被破坏。这是继德国在1937年4月西班牙内战中对格尔尼卡（Guernica）平民实施轰炸之后，历史上最先实行的战略轰炸。2012年9月10日下午，重庆大轰炸15名受害者或其遗属正式起诉日本政府。

重庆谈判与《双十协定》

抗战胜利后，日本帝国主义被逐出中国，国共之争再次成为国内外关注的焦点。此时的蒋介石仍未放弃消灭共产党及其领导的军队的意图，但蒋对全面内战也有顾忌：一是经过八年抗战，全国人民普遍期待和平建设国家，包括民主党派甚至国民党内部均有人反对战争；二是美、苏两国都表示不赞成中国发生内战；三是国民党政府的精锐军队抗战期间大都退到中国西南和西北地区，要迅速开赴共产党控制区前线还需要有一段时间。权衡利弊之后，蒋介石在调兵遣将的同时，亦发动和平攻势，于1945年8月14日、20日、23日连续三次电邀中共领袖毛泽东到重庆谈判，目的在于尽一切可能争取准备内战的时间。

蒋介石三次致电毛泽东，邀请毛泽东速到重庆“共定大计”，但并不是真的想通过谈判来实现国内和平。他是想利用这一招达到两个目的：一个是毛泽东拒绝到重庆谈判，就给共产党安上拒绝谈判、蓄意发动内战的罪名，把战争的责任推到共产党身上；另一个是争取时间，调兵遣将，部署内战。

8月28日上午11时许，毛泽东、周恩来、王若飞在美国驻华大使赫尔利、国民党政府代表张治中的陪同下，乘飞机离开延安，下午3时许，到达重庆。重庆谈判从8月29日开始到10月10日结束。

经过43天的艰苦谈判，1945年10月10日，国共双方代表签订《政府与中共代表会谈纪要》，即《双十协定》，并公开发表。

《双十协定》是重庆谈判的主要成果，双方在协议中同意避免内战、和平建国，共同推动政治民主化、军队国家化，以及与其他政党合作组建多党制民主联合政府。基于这种精神，双方在三个月后召开了政治协商会议。但是重庆谈判结束后不久，国共内战即全面爆发，这场战争直到1949年才以中国共产党主导下的中华人民共和国政府的建立和蒋介石集团退居台湾而基本结束。

重庆历史名人

巴蔓子（生卒年不详）：周朝末年，巴国发生内乱。巴国将军巴蔓子请求楚国出兵协助，并许诺以三个城池作为楚国出兵协助的谢礼。楚王派兵救巴，巴国内乱平息，巴蔓子以头颅谢罪，楚王以上卿的礼节厚葬其头颅。巴国也以上卿的礼节厚葬其身躯。

巴寡妇清（生卒年不详）：名清，今长寿千佛人。中国最早的女企业家，家财万

巴蔓子

贯。也是秦始皇眼中的“大姐”，曾出巨资修长城，为秦始皇陵提供大量水银。晚年被接进宫，封为“贞妇”，是中国历史上第一位女富豪。

秦良玉（1574—1648）：字贞素。四川忠州（今属重庆忠县）人，明末著名女将。明末抗清女英雄，谥号“忠贞”。有子马祥麟。秦良玉是历史上唯一一位被《二十五史》载入将相列传的女性。

邹容（1885—1905）：原名绍陶，又名桂文，字蔚丹，留学日本时改名邹容。中国近代著名革命宣传家，《革命军》一书的作者。因苏报案发，邹容被上海公共租界工部局通缉，后病死于狱中，年仅20岁。

吴棹仙（1892—1976）：重庆巴县（现重庆巴南区）人。著名中医，得针灸大师许直初秘传，使许多病人针到病除，享有“神针”之誉。1956年2月，以“特邀代表”身份参加全国政协二届二次全会，将其珍藏多年的《子午流注环周图》献给毛泽东。著有《灵枢经浅注》《子午流注说难》，合著有《灵枢语释》。

刘伯承（1892—1986）：曾用名刘伯坚，四川省开县（今重庆市开州区）人。中国共产党党员，中华人民共和国开国十大元帅之一。曾任中央军委总参谋长、国民革命军第八路军129师师长、第二野战军司令员、南京市市长。有“川中名将”“军神”的称号。

卢作孚（1893—1952）：原名魁先，别名卢思，重庆市合川人。著名的爱国实业家、教育家、社会活动家。他创办的民生公司，成为中国最大和最有影响的民营企业集团之一。他崇尚务实和科学精神，有《卢作孚集》传世。

聂荣臻（1899—1992）：字福骈，四川江津（现重庆市江津区）人。中华人民共和国著名革命家、政治家、军事家。中国人民解放军创建人和领导人之一，中华人民共和国十大元帅之一，为我国人民解放和日后国防军事现代化做出了重大贡献。

卢作孚

杨尚昆（1907—1998）：重庆潼南人。早年受四哥杨蘭公影响，追求进步，积极参加学生运动会和社会主义读书会。1924年正式成为中共党员。1988年4月至1993年3月任中华人民共和国国家主席、中华人民共和国中央军事委员会副主席。

何其芳（1912—1977）：原名永芳，重庆万县（现重庆万州区）人。1935年毕业于北京大学哲学系。1938年8月去延安，在“鲁艺”任教，创作大量诗歌。同年加入中国共产党。新中国成立后，历任中国文学艺术界联合会委员、《人民文学》编委，从事文学研究和文学评论工作。

邱少云（1926—1952）：重庆铜梁县（现铜梁区）人。1949年12月参加中国人民解放军，1951年赴朝作战。1952年10月在一次战斗中为了不暴露潜伏目标，邱少云任凭烈火烧焦身体一动不动。他双手深深地插进泥土里，身体紧紧地贴着地面，直至壮烈牺牲。

施光南（1940—1990）：原籍江苏，生于重庆南山，在重庆度过童年。解放后随父母移居北京，在父亲影响下开始学习作曲。创作有众多脍炙人口的广为传播的名曲。去世后被文化部命名为“人民音乐家”，重庆南岸南山公园内建有施光南广场以示纪念。

重庆的人文景观

全国重点文物保护单位

渝中区：八路军重庆办事处旧址、桂园、重庆湖广会馆、老鼓楼衙署遗址、重庆古城墙、特园、国民政府立法院、司法院及蒙藏委员会旧址、国民政府外交部旧址、重庆抗战金融机构旧址群、国民参政会旧址、国民政府行政院旧址（重庆）、同盟国驻渝外交机构旧址群（苏联大使馆、美国大使馆）、同盟国中国战区统帅部参谋长官邸旧址、保卫中国同盟总部旧址、重庆谈判旧址群、抗战胜利纪功碑暨人民解放纪念碑、重庆市人民大礼堂

沙坪坝区：“中美合作所”集中营旧址、国民政府军事委员会政治部旧址、林园、国民政府军事委员会政治部第三厅暨文化工作委员会旧址

北碚区：中国西部科学院旧址、嘉陵江三峡乡村建设旧址群、世界佛学苑汉藏教理院旧址

南岸区：弹子石摩崖造像、重庆黄山抗战旧址群、同盟国驻渝外交机构旧址群（法国大使馆）

江北区：重庆抗战兵器工业旧址群

巴南区：南泉抗战旧址群

合川区：钓鱼城遗址、涞滩二佛寺摩崖造像、育才学校旧址

江津区：石门大佛寺摩崖造像、聂荣臻故居

潼南区：潼南大佛寺摩崖造像、杨氏民宅、独柏寺正殿

大足区：北山摩崖造像、宝顶山摩崖造像

忠县：石宝寨、丁房阙—无铭阙

涪陵区：白鹤梁题刻

丰都区：高家镇遗址、重庆冶锌遗址群、汇南墓群

奉节区：白帝城、瞿塘峡摩崖石刻

云阳县：张桓侯庙、彭氏宗祠

巫山县：龙骨坡遗址

酉阳县：赵世炎故居、南腰界红三军司令部旧址

万州区：天生城遗址

巫溪县：荆竹坝岩棺群

梁平区：双桂堂

开州区：刘伯承故居

国家历史文化名城

重庆

世界遗产

大足石刻
武隆喀斯特

中国历史文化名镇

合川·涞滩镇
石柱·西沱镇
潼南区·双江镇
渝北区·龙兴镇
江津区·钟山镇
酉阳·龙潭镇
北碚区·金刀峡镇
江津区·塘河镇
綦江区·东溪镇
万州区·罗田镇
涪陵区·青羊镇
江津区·吴滩镇
江津区·石蟆镇
酉阳土家族苗族自治县·龚滩镇
九龙坡区·走马镇
巴南区·丰盛镇
铜梁区·安居镇
永川区·松溉镇
荣昌区·万灵镇
江津区·白沙镇
巫溪县·宁厂镇
开州区·温泉镇
黔江区·濯水镇

文 化

川剧

川剧的魅力

川剧是我国戏曲宝库中的一颗光彩照人的明珠。它历史悠久，保存了不少优秀的传统剧目、丰富的乐曲与精湛的表演艺术。它是重庆、四川、云南、贵州等西南几省人民所喜闻乐见的民族民间传统艺术。

川剧高腔曲牌丰富，唱腔美妙动人，语言生动活泼，幽默风趣，充满鲜明的地方色彩、浓郁的生活气息和广泛的群众基础。常见于舞台的剧目就有数百，唱、做、念、打齐全，妙语幽默连篇，器乐帮腔烘托，“变脸”“喷火”“水袖”独树一帜，再加上写意的程式化动作充满了不尽的妙味……

川剧脸谱，是川剧表演艺术中重要的组成部分，是历代川剧艺人共同创造并传承下来的艺术瑰宝。川剧由昆曲、高腔、胡琴、弹戏、灯调五种声腔组成，五种声腔的音乐都各有自身的特点。川剧帮腔为领腔、合腔、合唱、伴唱、重唱等方式，意味隽永，引人入胜。

川剧的剧目十分丰富，早有“唐三千，宋八百，数不完的三列国”之说。经四川省川剧院和川剧艺术研究所搜集的剧目有近2000出之多。已记录的剧本约有1000本。1955年到1957年间，成渝两市川剧界对所搜集的剧目进行鉴定演出，演出的传统剧400个。这些剧目中除“荆、刘、拜、杀”以外，属于高腔系统的有“五袍”“四柱”“江湖十八本”，还有川剧界公认的“四大本头”。

现在在七星岗川剧院、磁器口湖广会馆、顺兴茶馆、锦江剧场都能看到正宗的川剧表演。

火辣奔放的重庆火锅

重庆火锅又称为毛肚火锅或麻辣火锅，它起源于民间，历

重庆卷轴

《红岩》罗广斌、杨益言：小说以新中国成立前夕“重庆中美合作所集中营”的敌我斗争为主线，展开了对当时国统区阶级斗争全貌的描写。再现了国民党统治行将覆灭、解放战争走向全国胜利的斗争形势和时代风貌。

《张恨水说重庆》张恨水：张恨水以一位下江人的眼光，以一位长期客居北平的“北人”的眼光，打量重庆的城与人，力图展示别样的人文地理环境，别样的城市文化性格。

《重庆往事》（以）沃尔夫岗·卡佛岗：讲述了德裔犹太人卡佛岗一家为逃避德国纳粹迫害，历经辗转，在重庆度过11年，生活在普通中国人中间的峥嵘岁月。

《山城旧影》陈景琦、王诗举：记录了重庆老城及周边古镇的历史风貌和曾在街头巷尾随处可感的民风民俗，作者依据资料和记忆再现了那些已不存在的巴渝民居景观。或鸟瞰，或仰观，凸显了山城街巷和山地建筑的特征。

史可以追溯到古代巴蜀时期，由于当地特殊的地理气候和自然条件，人们形成了独特的饮食习惯。

重庆俗称“雾都”，气候潮湿，为了驱寒祛湿，重庆嘉陵江畔、朝天门等地区的纤夫、农夫等一些体力劳动者就地取材，在几块石头搭成的灶上，燃起火来，架起瓦罐，烧沸开水，将大把的辣椒、花椒等放入沸水中，将食物烫熟后食用，这就是火锅的雏形。几千年形成的饮食习惯，随着历史的发展潮流，逐渐演变成今天的重庆火锅。

到现在无论是贩夫走卒、达官显宦、文人骚客、商贾农工，还是红男绿女、白发垂髫，其消费群体涵盖之广泛、人均消费次数之多，地域的普及性，都是他地望尘莫及的。作为一种美食，火锅已成为重庆美食的代表和城市名片，以至于人们说：“到重庆不吃火锅，就等于没到重庆。”

“火锅反映出了典型的重庆民风，与重庆热烈、豪放的城市性格相通”。火锅符合重庆人热情、豪放、直爽、喜好群聚的民风。在热辣辣的气氛中，围炉开怀畅叙，其乐融融。因此，味美实惠、用料讲究、氛围和谐，是火锅从码头陋巷登上大雅之堂的原因。

从文化的角度上讲，重庆火锅蕴含着健康、平等、和谐、包容的理性，而这一切又为美味所吸引、为热闹所包容，这正是它最吸引人的地方。小火锅、火锅城人声鼎沸，杯盘相碰，欢声笑语。从这狂吃海喝的人们身上，能够感受到整个城市的奔放和热烈。

山城“棒棒军”

重庆别称“山城”，19世纪末开埠以来，重庆成为了西南地区的交通枢纽，在以水运为主的年代，大量的货物都要依赖人工转运。那时候，城区开始向上半城拓展。而上半城水源稀缺，需要靠人力从长江、嘉陵江挑水。这些大都是靠“棒棒”们完成的。

“棒棒”一词来源于民间。在旧中国，他们大多被称为“脚夫”或“苦力”，是生活在城市最底层的劳动者。他们来自农村，是重庆街头的临时搬运工，他们爬坡上坎，肩上扛着一米长的竹棒，棒子上系着两根青色的尼龙绳，沿街游荡揽活。

在重庆，只要有劳力是不愁找食的——因为重庆的坡度和高度，决定了搬运这个职业必须存在。这个工种看似既不费神也不需要技术，更不需要投资，无非就是找来一根棒棒两条绳子，穿行于码头车站菜市场。四面八方游走一圈儿下来，总会找到一些下力

山城“棒棒军”

重庆影像

《疯狂的石头》（2006年）：由宁浩导演的一部带有黑色幽默风格的中国影片。影片讲述了濒临倒闭的工艺品厂偶然获得一块价值连城的翡翠，却被国际大盗与本地小偷盯上，在经过一系列明争暗斗的较量及真假翡翠的交换之后，两拨贼被彻底地黑色幽默了一把。

《三峡好人》（2006年）：影片由贾樟柯执导，赵涛、韩三明等人主演，讲述了煤矿工人韩三明和女护士沈红从山西来到四川奉节，分别寻找到了自己已离开十六年的前妻和分别两年的丈夫。

《日照重庆》（2010年）：影片的故事原型取材于发生在重庆的一则新闻。由著名导演王小帅执导并会集了王学圻、秦昊、子义等众多明星，在秉承王小帅以往风格的同时，又有了全新的开拓。

《万箭穿心》（2012年）：讲述了“女扁担”十年艰辛的扁担生活，却得不到儿子的谅解，道尽了生活的温暖、苦痛与无奈。

红岩魂广场

气的活儿。可却彰显着“棒棒”们能吃苦耐劳与诚信的品质，并成为重庆的特殊符号，在重庆延续下来。

随着交通和运输方式的改变，业务减少，工作环境差、收入少以及农村有了低保等一些原因，一些“棒棒”不再靠肩挑背扛而选择回乡过安稳日子；也有一些“棒棒”如今都转型成为了固定单位的搬运工人，业务稳定，收入更高，工作条件更好。

红岩精神永放光芒

红岩精神和井冈山精神、延安精神一样，都是中国革命史上的精神象征。

红岩，又名红岩嘴，它是抗战时期和解放战争初期，中共南方局和八路军重庆办事处的所在地。今天这里长眠的是我们无数的革命先烈。他们为了国家的独立和人民的解放，抛头颅、洒热血，舍小家、为大家，在狱中受尽非人的折磨和苦难，终于换来1949年10月1日的庄严时刻——中华人民共和国的诞生和中央人民政府的成立！但是，他们却无缘与全国人民一道来分享这伟大的快乐。1949年11月27日，国民党潜逃重庆前夕，把长期关押在白公馆、渣滓洞中的200多名党员和爱国人士秘密杀害在歌乐山上，制造了震惊中外的“11-27”惨案。

红岩精神所展示的是中华民族昂奋达观、坚韧不拔、弃旧图新、勇于奉献精神的沉淀、延伸和升华，也是富贵不能淫、贫贱不能移、威武不能屈的伟大气节的集中体现，是对人生最大的理性认识。

有人说红岩精神过时了，革命传统只能放在博物馆里作为文物收藏，现代社会崇尚的是物质、时尚、自由、个性，或者是所谓人生价值的体现。然而，从小说《红岩》、歌曲《红梅赞》、歌剧《江姐》、电影《在烈火中永生》和《报童》，一直到《红岩魂》报告、展览、形象报告展演的“红”遍全国；看看重庆歌乐山烈士陵园和红岩革命纪念馆如织的参观人群，还有留言簿上那令人深思的语言……事实说明红岩精神从她诞生的那一天起，影响、教育了几代人，一直是全国人民心中的圣洁品质。

重庆美女

重庆很美，但重庆女人却是这座城市最迷人的灵魂。重庆女人美得乖巧。“乖”是一种朴实的、充满生活气息的、可接触的美，所以她们美得本色，美得自在，美得亲切。

重庆天籁

《长江三峡改变中国》（2011年）：为NHK纪录片《长江天地大纪行》的第三集，以长江为主线来介绍重庆，客观独立，充满人文关怀。

《太阳出来喜洋洋》：是原川东一带的民歌，流行于四川重庆一带，形式简单，情绪乐观爽朗，表达了山民们热爱劳动、热爱山区生活的情感。

《告别山城》：是20世纪70年代珙县知青都会唱的歌曲，曲优美动听，词深刻感人，写出了知青们即将离开家乡时的心情。

《小面》：重庆歌手闰土为重庆小面量身打造的《小面》，迅速引来了网友的追捧，勾起了重庆人的“重庆小面情结”。

《重庆时间》：是一首由5个重庆80后男孩创作而成的歌曲，将老重庆的火锅、索道、老城墙、力哥等经典元素一一展现，勾起了网友们对重庆旧时光的深深怀念。

一鼓作气的川江号子

川江号子是川江流域的船工们为统一动作和节奏，由号工领唱，众船工帮腔、合唱的一种一领众和式的汉族民间歌唱形式。重庆和四川东部是川江号子的主要发源地和传承地。

川江号子主要流传于金沙江、长江及其支流岷江、沱江、嘉陵江、乌江和大宁河等流域。这一带航道曲折，山势险峻，水急滩多，全程水位落差较大，特别是经险要的三峡出川，船工们举步维艰，川江号子正是在这种特殊的地理环境下应运而生的。

基本信息

中文名称：川江号子

遗产类别：传统音乐

所在地区：重庆市、四川省

遗产级别：国家级

号子特点

号子头根据江河的水势水性不同，明滩暗礁对行船存在的危险性，根据摇橹扳桡的劳动节奏，编创出一些不同节奏、不同音调、不同情绪的号子。

船行下水

唱"莫约号子""龙船号子"等，此类号子音调悠扬，节奏不快，适合扳桡的慢动作。

平水时

唱"二流摇橹号子""桡号子"等，此类号子曲调平和悠长，独有韵味，可以使船工在紧张劳动后，得到体力与精力上的劳逸调剂。

闯滩时

唱"懒大桡号子""起复桡号子""鸡啄米号子"，此类号子音调雄壮激烈，具有强烈的劳动节奏特点，以适应闯滩的行船需要。

船行上水拉纤时

唱"大斑鸠号子""幺二三号子""抓抓号子"，此类号子旋律性强，拉纤时船工很累，为缓解紧张情绪、统一脚步和力点集中的需要而形成了音乐特点。

过险滩时

要唱"绞船号子""交加号子"此类号子以激烈、雄壮的音调为特点。

代表作品

川江号子内容丰富多彩，代表曲目有《十八扯》《八郎回营》《桂姐修书》《魁星楼》《拉纤号子》《捉缆号子》《橹号子》《招架号子》《大斑鸠》《小斑鸠》《懒龙号子》《立桅号子》《逆水数板号子》等。

重庆女人之所以美，除了饮食，更多还在于重庆人文环境变化和地理影响。重庆人文环境最重要的改变是在20世纪30年代。当时重庆因抗战成为"陪都"，全国优秀人才会聚于此，人口结构迅速发生变化。

除了人文原因，地理环境对养育出靓丽的重庆女人也很重要。重庆多雾，湿润的空气使人皮肤长期处于保湿状态中。这令重庆女人不显老，经常是小孩已快上大学，还被人误认为是少女。两江三岸的梯坎锻炼出重庆女人挺拔向上的身材。

重庆美女大多张扬着桀骜不驯的个性。她们敢爱敢恨，很少扭扭捏捏。重庆女人很讲义气，有独特的为人处世原则，她们很在乎江湖口碑，情愿自己吃亏也不愿损害别人。重庆女人非常能持家，重庆女人非常

眺望重庆

自信，相信自己是世上最好的女人。

重庆女人还有一些超乎美貌的东西，比如她们玲珑剔透的聪慧，比如她们百折不挠的坚毅，比如她们胜过许多男子的豪气，比如她们有一点儿刁蛮的可爱，比如她们光彩照人的才华……她们时而热情似火，时而温柔似水，既张扬自己的美丽，也不掩饰自身的缺点。可能这才是让重庆女人真正成为“美女”的关键吧。

雄起的山城

生于大田湾体育场的“雄起”，是重庆人为自己量身定做的城市标语，只有一口铿锵清脆的重庆话才能喊出“雄起”的特质。正是重庆人这种自信坚持的精神，成就了今日重庆的不同。

中国西部的交通物流中心

重庆位居中国版图几何中心，处于长江上游地区，区位优势独特，是中国西部最大的工商业城市和中国西部唯一集水陆空运输方式为一体的交通枢纽城市。重庆东接上海，可经2400千米长江黄金水道通江达海，向南可通过1300千米中国西南出海大通道，经贵州、广西与沿海地区相连，进入东盟各国。城市综合服务功能强大，商贸、物流、进出口能力名列西部前茅。一日交通圈辐射周边10多个大中城市和6亿多人口。

重庆解放碑商圈

中国西部的加工制造中心

重庆是中国重要的老工业基地，国有大中型企业数量、固定资产规模、技术装备水平居全国大城市前列。八年抗战时期，上海、南京等沿海地区成百上千家工厂迁移到重庆，实现了中国近代工业史上规模空前的“铁血西迁”，形成了以重庆为中心的新工业区。20世纪60年代中期，重庆是三线建设的重点投资区。众多的军工企业是重庆工业的一大优势，军转民成效显著。经过多年建设，已形成产业门类较全、轻重并举，综合配套能力较强的工业体系。

中国西部的文化科教中心

重庆是中国著名的历史文化名城，具有3000多年的悠久历史，是巴渝文化的发祥地。公元前11世纪商周时期，巴人就以重庆为首府，建立巴国。1189年，宋光宗先封恭王，后即帝位，自诩“双重喜庆”，重庆由此得名，距今已有800余年。1929年重庆正式建市。1937—1946年，重庆成为中华民国的“战时陪都”，是当时中国的政治、经济、文化中心。新中国成立初期，重庆作为中央西南局和军政委员会驻地。重庆融巴文化、移民文化、三峡文化、红色文化、“陪都”文化、都市文化于一炉，具有深厚的历史底蕴和文化内涵。

中国西部的金融中心

金融是经济活动的核心。金融中心能吸引巨额的资金流动，刺激多种商务扩张和多样化。目前，重庆外资银行机构有9家，外资保险机构有3家，已成为中国西部外资金融机构最多的城市之一。同时，重庆保险机构达60多家，保险业规模居西部第一。重庆还是西部唯一拥有基金管理公司和证券机构的城市。随着交易范围的拓展，重庆联交所

吊脚楼

重庆依山而建、两江环抱。由于地势的缘故，所有的建筑都需沿着山坡依次建造。说到重庆人的“房”，就不能不说到闻名遐迩的特色建筑——吊脚楼。

吊脚楼，为苗族（重庆、贵州等）、壮族、布依族、侗族、土家族等族传统民居，在渝东南地区分布广泛，它们多依山靠河就势而建，呈虎坐形，属于半干栏式建筑。

吊脚楼作为重庆地区独特的传统民居形式，最早可追溯到东汉以前。目前，重庆市内保留的吊脚楼民居群，多数修建于20世纪三四十年代以后。

依山的吊脚楼，在平地上用木柱撑起，分上下两层，节约土地，造价较廉。

楼体上层通风、干燥、防潮，是居室；下层关牲口或用来堆放杂物。

吊脚楼有着鲜明的民族特色，优雅的“丝檐”和宽绰的“走栏”使吊脚楼自成一格。

楼上有绕楼的曲廊，曲廊上配有栏杆。

房屋规模一般人家为一栋4排扇3间屋或6排扇5间屋，中等人家5柱2骑、5柱4骑，大户人家则7柱4骑、四合天井大院。

除了屋顶盖瓦以外，楼体上上下下全部用杉木建造，屋柱用大杉木凿眼，柱与柱之间用大小不一的杉木斜穿直套连在一起，尽管不用一个铁钉也十分坚固。

正屋一般建在实地上，厢房一边靠在实地和正房相连，其余三边皆悬空靠柱子支撑。

已成为西部地区最大的产权交易市场，国内外企业可以实现就近交易，降低交易成本。随着4个交易所挂牌，重庆市从此拥有国内有影响的要素市场，长江上游金融中心的地位日渐显现。

世界“桥都”

逢山开路，遇水架桥，让重庆有了“桥都”“桥梁博物馆”的美誉。据粗略估计，现在重庆全市的各种桥梁，已超过10000座。仅就长江大桥而言，在目前长江上已建设好的70多座大桥中，重庆市就有32座（不包括广阳岛大桥和南坪坝大桥），居长江流域各省市之最。其数量之多、种类之全，堪称世界桥梁教科书。

“桥都”重庆有5座桥梁创下五个“世界第一”，朝天门长江大桥是世界第一拱桥，巫山长江大桥是世界最大跨径钢管混凝土拱桥，长江大桥复线桥是世界最大跨径连续钢构桥，菜园坝长江大桥是世界最大跨径公轨两用结构拱桥，万州长江大桥是世界上最大跨径钢筋混凝土拱桥。万州长江大桥的南北桥头建有风景林，阳春时节，北边是绚烂的樱花、紫玉兰的海洋；渐入深秋，南边是漫山的红叶，花海与大桥遥相呼应，十分自然，充满野趣。

重庆的文化景观

国家级非物质文化遗产

民间文学：走马镇民间故事（九龙坡区）、酉阳古歌（酉阳）、广阳镇民间故事（南岸区）

传统音乐：石柱土家啰儿调（石柱）、川江号子、南溪号子（黔江区）、木洞山歌（巴南区）、接龙吹打（巴南区）、金桥吹打（万盛区）、梁平癞子锣鼓（梁平）、秀山民歌（秀山）、酉阳民歌（酉阳）、梁平抬儿调（梁平）、龙骨坡抬工号子（巫山）、永城吹打（綦江区）、小河锣鼓（渝北区）、苗族民歌（彭水）

传统舞蹈：铜梁龙舞（铜梁区）、高台狮舞（彭水）、土家族摆手舞（酉阳）、玩牛（石柱）

传统戏剧：川剧、梁山灯戏（梁平）

曲艺：四川评书、四川竹琴、车灯、四川扬琴、四川清音、金钱板

传统美术：梁平木版年画（梁平区）、蜀绣（渝中区）、梁平竹帘（梁平）

传统技艺：夏布织造技艺（荣昌区）、重庆漆器髹饰技艺、永川豆豉酿制技艺（永川区）、涪陵榨菜传统制作技艺（涪陵区）、荣昌折扇（荣昌区）、土家族吊脚楼营造技艺（石柱）、陶器烧制技艺（荣昌区）

传统医药：刘氏刺熨疗法（渝中区）、桐君阁传统丸剂制作技艺（南岸区）

民俗：秀山花灯（秀山）、宝顶架香庙会（大足区）、丰都庙会（丰都）

苗家歌舞

行走重庆

带什么

背包

来重庆旅游，因为重庆最精华的景点都分布在周边广大的区县，所以一般旅游时间都比较长，至少在一周以上，因此在行李选择上，要备足装备，好在重庆的气温相对较高，携带的衣物不会让行李太鼓太沉。根据不同旅行人群的需求，行李方面可分为常规必带和特殊选带。

常规必带

服装、背包、鞋袜

重庆大部地区气候温暖，一般不必刻意准备御寒衣物，这给旅行者减轻了不少负担，但是重庆总体比较多雨、多雾，空气潮湿，最好所带的衣服是比较容易干的和一些防潮衣物。

在够用的前提下，旅行携带的行李背包应越少越好。一般45升以下的背包就足以应付，如果参与一些野外徒步野营活动的，那么一大一小两个背包也就足够。

既然是旅行，首选运动鞋和中低帮登山鞋，在山城重庆绝大部分地区一双舒适结实的运动鞋即可。袜子方面，选择弹性较好、排汗良好的运动袜即可。

药品、食品

常规旅游准备一些感冒药品、胃肠类药品、祛火消炎药品和一些去热止痛的药品就可以了，如感冒片剂、感冒冲剂、泻痢停、复方阿司匹林、扑尔敏、抗生素。

重庆是著名的美食天堂，在路上简单携带一些喜欢的食品即可，纯净水、红牛、功能饮料视消耗情况，随时补充储量。

三峡风光

洗漱用品

毛巾、牙膏、牙刷、香皂、护肤霜、洗发水、梳子、剃须刀、手纸、湿纸巾等。

防护用品

户外旅行，拥有一双始终保持双手干爽的手套，可大大加强旅行的安全性；夏天在重庆旅行，防晒霜可以削弱紫外线的影响，避免皮肤被晒脱皮；一副好的太阳镜和一顶带檐的帽子也起着相同的作用。

特殊选带

服装、背包、鞋

重庆是著名雾都，气候温暖多雨，雨伞、雨衣是旅行中的必备。

背包应越少越好，因为重庆多山，道路崎岖不平，携带一个45～60升的背包（最好有防雨罩）即可，可以不带的东西尽量不带。

建议选择符合中量级标准的高帮登山鞋，若是能够携带一罐足底清爽喷雾（屈臣氏有售），对足底杀菌除臭很有帮助。

药品、食品

对于完全背包客以及徒步、探险之类的自助旅游，要备以下一些药品。

常备药物：牛黄解毒片、黄连素、牙周宁、息斯敏、乘晕宁；

外用药：云南白药、创可贴、风油精、伤湿止痛膏、眼药水、纱布、绷带、白胶布；

维生素类：金施尔康、善存片、其他维生素片；

驱蚊药水：重庆比较潮湿、夏天蚊虫也较多，应自备驱蚊药水。

食物方面，首选巧克力、牛肉干、水果糖、榨菜、饼干等高热量的食物。

帐篷、睡袋、旅行水壶、指南针

若是前往武隆的仙女山高山草甸野外露宿，需要携带防雨帐篷和睡袋。户外探险随身带个水壶对于饮水来说十分方便；万一迷了路，指南针能够给你指引前进的方向。

摄影器材

旅游和摄影向来不分家。普通旅游需求下，家用卡片机基本满足需要。若是想拍摄高质量的自然美景和少数民族的风土人情，带上一支广角镜头和一支中焦变焦镜头基本满足需要，一支轻便的三脚架也十分有必要。多带几节电池和几张容量大点的SD卡是明智之选，此外的偏振镜、UV镜、清洁套装、防尘防御塑料袋等设备也十分有用。

何时去

蜡梅

位于北半球副热带内陆地区的重庆市，年平均气温为18℃。每年的1月气温是最低的，月平均气温为7℃，最低极限气温为零下3.8℃。每年7月至8月气温最高，多在27~38℃，最高极限气温可达43.8℃。它的气候特点就像几句谚语所说：春早气温不稳定，夏长酷热多伏旱，秋凉绵绵阴雨天，冬暖少雪云雾多。因此，重庆与武汉、南京、南昌并称长江流域的四大“火炉”城市。

春夏相交之际，重庆地区夜雨繁多，“巴山夜雨”之说由此而来。秋冬时节，整座山城云雾缭绕，又得“雾都”之称。由于夏季酷热，秋季多雨，春冬二季则是到重庆的最佳旅游季节。冬季时间，重庆南山蜡梅绽放，香气四溢，非常美丽。不过，在夏末秋初出游重庆也可算是旅游最佳时间，因为可以充分享受到“三峡国际旅游节”所带来的热闹与喜悦。

一年四季，不同的季节，重庆给您不同的美。

▼ 重庆旅游月历

月份	节日
1月	重庆都市旅游节
2月	磁器口庙会
3月	重庆走马观花旅游文化节（重庆关公庙会） 重庆万盛五和梨花文化旅游节 千米长宴民俗文化节 兰花品鉴展 潼南陈抟故里菜花节
4月	三月丽人节 桃花源国际休闲旅游文化节 茶山竹海风情节 中国柑橘文化节
5月	长江奇石文化博览会 乌江苗族踩花山节 黔江土家摆手节 三峡国际旅游节
6月	石柱土家族“毕滋卡”节 丰都鬼城庙会 合川钓鱼城旅游文化节
7月	重庆国际啤酒节 金佛山国际旅游文化节 巫文化旅游节
8月	潼南太安鱼美食文化节
9月	歌乐山天池桂花文化节 苗族“赶秋”
10月	重庆美食节 铜梁龙灯艺术节 大足石刻艺术节
11月	长江三峡巫山国际红叶节
12月	江北五宝年猪文化节

吃什么

重庆火锅

重庆是一个让人馋得流口水的城市，吃重庆菜有一种痛快的感觉，山城数不完的名小吃让你吃够了还意犹未尽，只恨自己的肚子不够大。

重庆老火锅

重庆老火锅用材简单，炒制精到，体现的是原料的“本味”，追求的是火锅的“真味”、厚重，回味悠长，且不添加任何香料、药材成分，纯天然的口感。

酸辣粉

酸辣粉的特点是“麻、辣、鲜、香、酸且油而不腻”，主要由红薯、豌豆按比例调和，然后由农家用传统手工滤制而成。

毛血旺

重庆毛血旺是非常流行的小吃，麻辣鲜香，汁浓味足，血有补血和清热解毒的作用，并有预防和缓解缺铁性贫血的效果。

辣子鸡

辣子鸡，营养丰富，味道鲜美，虽然是同一道菜，各地制作也各有特色，如重庆歌乐山辣子鸡、超级辣子鸡、辣子鸡块、黔味菜肴辣子鸡、川味辣子鸡丁等。

麻辣水煮鱼

“麻辣水煮鱼”选新鲜生猛活鱼，口感滑嫩，油而不腻。满目的辣椒红亮养眼，辣而不燥，麻而不苦。

万州烤鱼

万州烤鱼采用“先烤后炖”的独特做法，融合了烤、炖两种烹饪工艺的精华，口味咸辣，深受欢迎。

山城啤酒

“北有燕京，南有珠江，东有青岛，西有重啤”。到了重庆，你就不可不体验一下重庆的啤酒。山城啤酒是重庆啤酒公司的旗下品牌，重庆地区市场占有率在90%左右，已经是重庆市民家喻户晓的啤酒品牌。

重庆小面

是最有特色的小吃之一，重庆小面其精髓就在于其调料，使得其麻辣当先，面条筋道，汤鲜而味厚。

烧鸡公

烧鸡公是重庆的一道汉族传统名菜，属于川菜系。此菜美味可口，麻辣鲜香。之所以叫“烧鸡公”而不叫“烧公鸡”，是因为那里的方言把“公鸡”叫作“鸡公”。

住哪儿

青年旅舍

在重庆住宿，价格与服务水平的差别是非常大的。从便宜的30元/床的普通招待所，到贵则数百元一间的五星级酒店客房都有。一般的一星、二星宾馆标准间就在100～150元/间，如果是在渝东的秀山、酉阳等经济发展水平相对靠后的地方，住宿的价格还会更便宜。四面山、大足石刻以及一些古镇上也有农家乐式的家庭旅馆，经济实惠。

星级酒店

重庆主城区集中了重庆地区绝大部分的星级酒店，由于入住客人的需求较高，这些地区的星级酒店在交通、娱乐等设施方面也十分完善，可放心选择入住。

快捷连锁酒店

城市快捷酒店、如家、汉庭等酒店主城区及各县区均有分布，各处著名的景区也有分布，须注意的是无论淡旺季，都往往需要提前预订。

普通宾馆及客栈

重庆主城区和周边各个区县有宾馆分布，除去旅游旺季，价格较为合理，但住宿条件各有不同。相比其他旅游发达的省份，重庆的客栈较少，武隆景区有一些分布。

青年旅舍

重庆的青年旅舍集中在主城区的洪崖洞及磁器口一带，磁器口纯真年代青年旅舍（重庆市沙坪坝区磁器口正街二号）、重庆玺院国际青年旅舍（重庆市渝中区长滨路80号）、重庆玺院解放碑青年旅舍（渝中区新民街115号）是三家很有特色的青旅，在国际上都很有名气，经常有外国人光顾。

野外露营

您若是酷爱户外旅行的旅行者，重庆武隆景区的仙女山绝对是不容错过的露营胜地。这里有川渝地区少有的平坦的高山草甸，而且丰富的民族风情和自然风光更是让您流连忘返。一般情况下，只需携带适合春夏秋季的野外露营帐篷、睡袋和衣物即可。

酒店住宿

怎么走

重庆游轮

前往重庆的交通方式有多种，方式也较为简单。在重庆旅行时，所选择的交通方式背后，向我们所展现的重庆风貌有所不同，带给我们的人生体验与感受更大不相同。

在重庆这样多山的地区，飞机是安全有效的交通方式。重庆有三个民用机场，到达重庆主要是在江北机场。

重庆火车站和重庆北站都位于重庆市区，有通往多地的普通列车和动车，交通非常便利。

重庆的长途汽车站比较多，到近郊的话乘坐长途车比较方便。

乘坐三峡游轮“重庆—宜昌”到达和离开重庆也是一个不错的选择，三峡两岸美丽的景色一定不会令你失望。

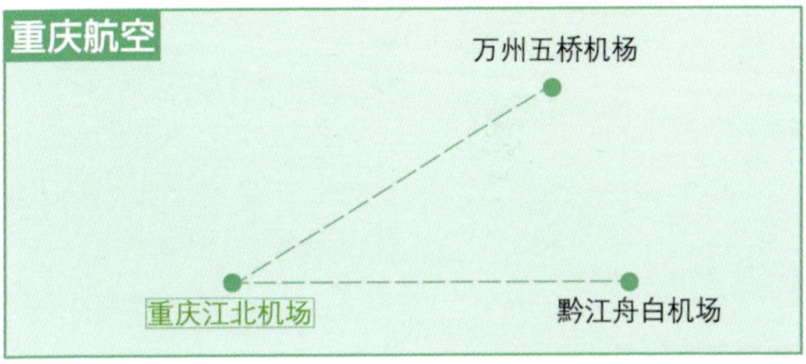

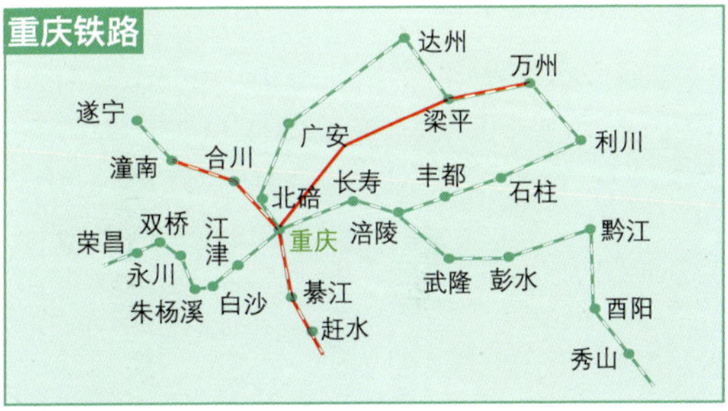

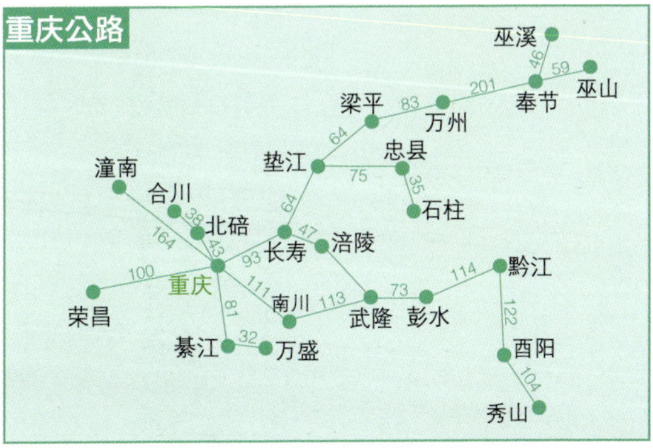

有用信息

旅游通信

重庆话十句

中文	重庆读音
婆娘	女人
摆龙门阵	闲聊
弄巴适	把事办妥帖
好多钱	多少钱
刹一脚	停车
捡粑和	占便宜
洗白	完了
好核人	好吓人
粑耳朵	妻管严
幺不到台	不得了了

通信

重庆全境基本都通手机，信号覆盖全面广泛，从信号强度上来说，三家运营商的信号均表现良好，偏远地区则是移动最强，电信次之，联通最弱。一般除非进入深山老林之中，否则无须担心通信问题。

银行

重庆主城区及周边各区县，商业银行设施齐备，一般持具有银联标志的银行卡即可使用。但在小城镇，多是农业银行、邮政储蓄及农村信用合作社等机构，若是持有农行银联卡或是邮政绿卡前往，则较为便利。

节约技巧

住宿：选择入住品牌连锁酒店时，除了订房网站外，不妨到团购网站和酒店官网看看，往往有更多惊喜；在重庆，数量众多的客栈及青年旅舍，也是比较实惠的选择。

软件：要善于利用淘宝、大众点评及各种团购APP应用，不仅能吃到美味，还能得到众多优惠。

行程：合理安排行程不仅可节省时间，又能减少交通费用，可参考第一步等网站的行程攻略。

公共交通：在城市内，尽量选择公共交通，既环保又省钱。

淡季出行：是省钱的撒手锏。淡季不仅门票价格减半，避开众多的游人，也可以欣赏到别样的风光。

纪念品：在重庆购买旅行纪念品，大可不必非去商业街区的各种店铺。在当地人开的店铺或是从村民手中，不仅能买到理想的纪念品，而且对当地人的生活有实际的帮助。

风俗禁忌

山城重庆独特的人文自然环境造就了巴渝人独特的生活方式与习俗，爽直中带几分鲁莽，热情中带几分狡黠，幽默中带几分土俗，认真中带几分滑稽，闲逸中带几分急躁，宽容中带几分排外。

十八怪：重庆流传着“十八怪”（泛指数），所谓七十岁叫“女娃儿”不为怪，八十岁喊(称)“崽儿”很自在，男人染发装“老外”，女人的肚脐眼在衣服外等。外地游客可能会有些不习惯，但要注意尊重当地的习俗。

哭嫁：黔江地区的土家族，有“哭嫁”的习俗，这与大多数人想象中喜气洋洋的场景很不一样。注意要尊重少数民族的风俗习惯，不要围观议论。

苗族餐桌礼仪：客人来访，必杀鸡宰鸭盛情款待。若是远道来的贵客，苗族人吃鸡时，鸡头要敬给客人中的长者，鸡腿要赐给年纪最小的客人。

苗族饮酒礼仪：苗族习惯先请客人饮牛角酒，如客人酒量小，可以说明情况，主人不会勉强，但不吃饱喝足，则被视为看不起主人。

宗教：重庆自古就是各种宗教文化交融的地方，佛教、伊斯兰教、基督教以及天主教都有自己的教区，有的甚至只有一街之隔。注意尊重各种宗教禁忌，最好不要跟宗教人士谈论敏感的政治话题。

突发状况

旅途中总是会出现一些不可预料的情况，但只要做到“事前认真准备，事后冷静处理”，一切都会迎刃而解的。

汽车抛锚：开车自驾游之前您应当掌握一些简单基本的维修技术，若是途中出现汽车抛锚，先依据经验，判断是否可以自己解决。不能解决或无法判断，则要打电话给保险公司。

钱物丢失：在旅途中是一件十分重要的事，无论损失大小，总会给美好的旅行蒙上一层阴影。为避免财物损失，应以预防为主。最好做到少携带现金，把现金放到贴身衣物中，只把零钱放在包里；银行卡不要与身份证放在一起。若是钱物丢失，马上联系可以联系的朋友及时帮助，切不可拖拉，并准确找到丢失地点。

水土不服、食物中毒或生病：因为水土不服、食物不洁或者天气因素，生病也是旅途中难免会发生的事情。特别是一个人的话，更是需要时刻注意。因此，旅途中应带足相关药品（如感冒类、胃肠类药品等），出行时要保护自己，不随便吃东西、避免在太阳下暴晒、少在雨里蹚行等。不幸生病的话，要及时吃药或到医院就诊，若是严重的话要联系朋友及家人。

保护环境

重庆是一个热情似火的山城，我们前往重庆获得了旅行带来的快乐，也有义务减少带去的影响。每个人都应做到不随便破坏或是占有当地的动植物资源，旅途中尽量减少垃圾的产生，更不能乱丢垃圾，尤其是在偏远地区，应将其带回城市中，进行回收处理。重庆不可不去，在我们带走回忆的同时，不应当留下有形的痕迹。

重庆风光

发现者旅行指南

重庆城区

概览

亮点

解放碑

山城重庆的标志性建筑物非解放碑莫属，这座建于1941年的丰碑见证了重庆近代史的变迁，被誉为重庆的“精神堡垒”。

朝天门

朝天门位于重庆城东北长江、嘉陵江交汇处，因朝天门为历代官员接皇帝圣旨的地方，故此而得名。

磁器口

磁器口是重庆重要的大码头，素有“小重庆”之称。可以在这里感受“老重庆”的风土人情。

洪崖洞

洪崖洞以拥城市旅游景观、商务休闲景观和城市人文景观于一体而闻名，以巴渝传统建筑特色的“吊脚楼”风貌为主体。

歌乐山

素有“渝西第一峰，山城绿宝石”之美誉，以抗战时期的陪都遗迹和白公馆、渣滓洞监狱而享誉全国。

必逛街道

解放碑步行街 是中国第一条商业步行街，被誉为十字金街，有“最具投资价值CBD”“全国特色文化广场”“西部第一街”等称号。

磁器口老街 昔日热闹非凡的水陆码头，曾演绎“白日里千人拱手，入夜来万盏明灯”的繁茂景象。

线路

重庆市区二日游

第一天早上来到红岩革命纪念馆，追寻伟人的踪迹。随后来到歌乐山森林公园，感受历史的足迹。下午来到磁器口古镇，逛古镇，品尝地道的重庆美食。

第二天先到中国三峡博物馆，随后来到重庆人民大会堂，领略宏伟壮观的古建筑。之后来到朝天门，坐上游船，体验重庆最古老的码头的往日风采。午后来到解放碑看美女养眼。看完美女来到罗汉寺，访千年古刹。

魅力重庆一日游

早上出发游览华岩寺，之后游览红岩革命教育基地渣滓洞、白公馆，午餐后体验颇具老重庆风貌的千年古镇磁器口，游览独具重庆特色的标志性建筑人民广场，赏重庆古吊脚楼楼群洪崖洞风情街。

重庆夜景游

晚7点左右，游览人民大礼堂外景，以及以“吊脚楼”风貌为主体的洪崖洞，乘车经过长江复线桥，观菜园坝长江大桥，俯瞰全国最长的江岸公园——南滨公园。乘车顺山脚蜿蜒而上，登重庆夜景最佳观赏点——南山一棵树观景阁，俯瞰渝中半岛美景，之后乘车回市内。

为何去

人民大礼堂

依山而建的重庆，道路高低不平，建筑错落有致，城中陡陡弯弯的老街小巷，勤劳乐观的“棒棒”，市井气息十足，旅行的距离感瞬间不见。到江边与城中转转，传统的吊脚楼建筑，热闹的朝天门码头，还有时尚窈窕的重庆美女、麻辣爽口的火锅，绝对大饱眼福与口福。更不用说城里这数不清的民国建筑了，随处皆可看到历史的留言。

何时去

朝天门

重庆春季和秋季的温度相对而言比较适宜，适合大多数人的旅行规划。夏季虽炎热，但雾气相对其他季节较淡，此时观赏夜景十分不错。冬季重庆南山的蜡梅绽放，美不胜收，在这样的季节逛逛老建筑，吃吃麻辣又驱寒的火锅，自然是十分惬意。

景点推荐 解放碑周边

解放碑 ⓧ

重庆的标志性建筑

✉ 渝中区民族路和邹容路交会处

解放碑全称“重庆人民解放纪念碑”，最初落成于1940年3月12日——孙中山先生逝世纪念日，是重庆的标志性建筑物，是全国唯一的一座纪念中华民族抗日战争胜利的纪念碑。解放碑碑体绝大部分呈白色，上端有几架大钟，朝着四面八方，每到整点时，便会响起那高阔又洪亮的声音。

玩家 解说

解放碑曾经被命名为“精神堡垒”（1940年）和“抗战胜利纪功碑”（1945年）。命名为“精神堡垒”是为了激励中华民众奋力抗争以取得胜利，抗战胜利后改名为“抗战胜利纪功碑”。1950年由刘伯承改题为“重庆人民解放纪念碑”。

玩家 攻略

美女：解放碑商业街是中国西部最大的步行街，因此有“中国西部第一街”之称。“到解放碑打望美女”是了解重庆的必经阶段。重庆的夏天极长，从5月至10月，一年大半的日子，解放碑那些现代主义的高楼都在阳光下浮动光色。这条光影交错的时尚大街上，随时可遇见重庆女子。重庆女子极美，既喜裙装，又姿态婀娜，牙膏色的小腿在折射于玻璃上的灿烂日光下浮游，在叫人眼花缭乱的各色广告招牌间滋养着人的眼球。

美食：重庆市渝中区的商业以此处为中心，附近300米处有市内最大的小吃街——八一路。解放碑既时尚亦有层次。转个街角，你又可以在路边小店找到麻辣抄手、麻辣烫等传统小吃；到了夜晚，在解放碑不夜城的迪厅，会让你感觉到山城的热度。解放碑是步行街中的麻婆豆腐，红白细滑煞是好看，又麻又辣间带给你一层细汗，你方觉滋味无穷。

重庆时代广场

重庆时代广场是香港九龙仓旗下的百货商场，前身为美美百货，也就是铜锣湾时代广场的重庆店。这里汇集了国际一线大牌，是目前重庆最高端的商场。

这里有西南地区最大的一家LV，里面的音乐阶梯，每走一个台阶就会发出音乐声。轻轨二号线直通商场的LG层，交通非常便利。商场配套的那家星巴克是loft风格，很有小资情调，顶层几家餐饮也很高端，类似庆餐厅、石全食美，但也有像东淮西川这样的大众消费，这里的装修非常豪华，夜景也很漂亮。

重百大楼

时下去购物逛街，重庆有诸多时尚商场可供选择，重百就是其中颇受青睐的商场之一。其实重百不仅是都市时尚现代生活的一处代表，以其深厚的历史渊源，可以说是重庆这座城市半个多世纪以来发展的见证者。自1950年5月1日重庆百货成立起，几十年来，它提供着各样商品，也引领着生活时尚，在许多重庆人脑海中都留下了深刻的印记。

日月光中心广场

日月光中心广场地处重庆的解放碑商圈核心地段，建于轻轨1号线与轻轨2号线较场口站之上，是进入解放碑商圈的入口，交通

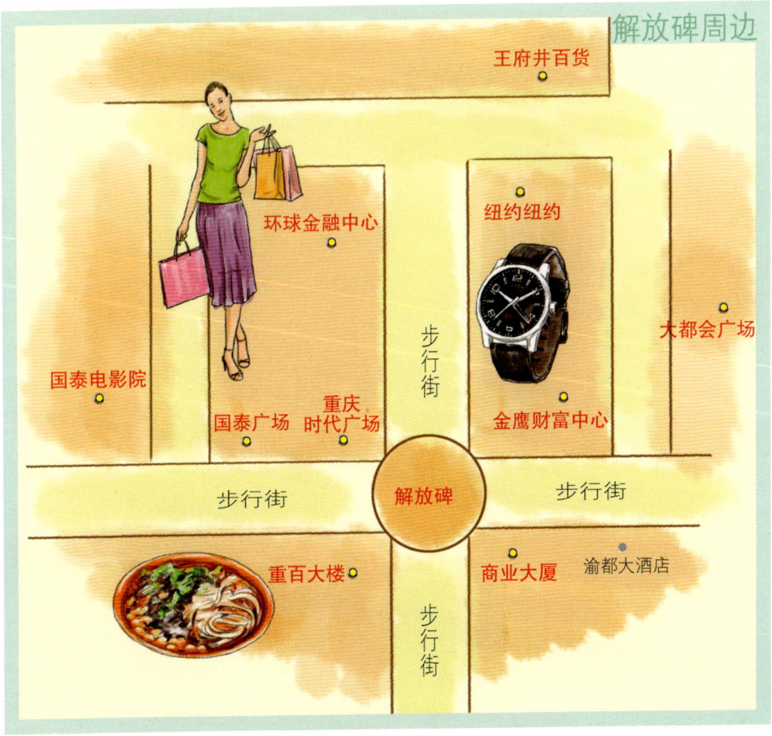

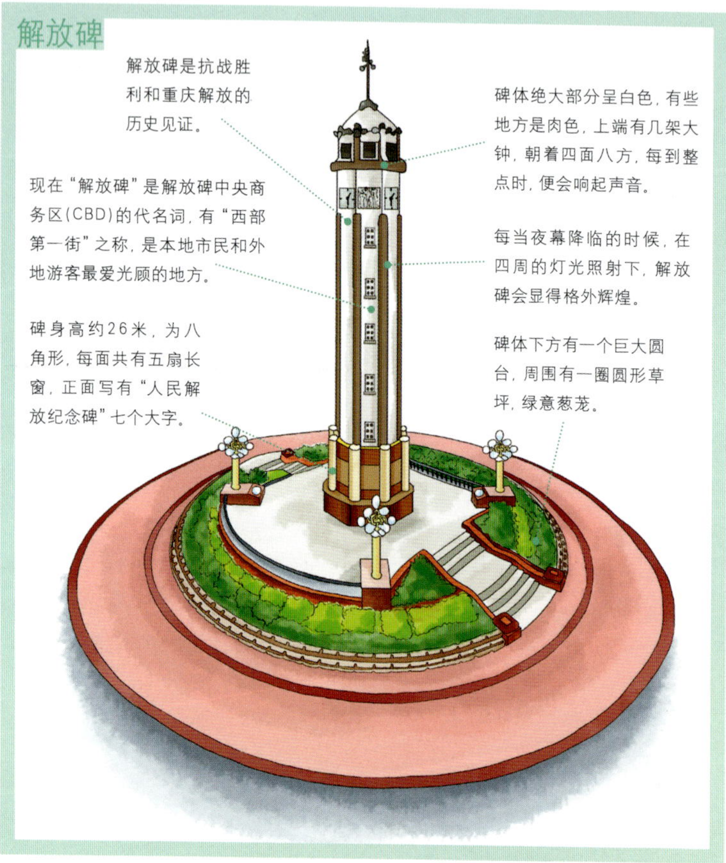

十分便捷。

重庆环球金融中心

重庆环球金融中心位于渝中区民族路188号，解放碑"十字金街"核心，建筑总高339米，为目前重庆第一高楼，共78层，其中地下6层，地上72层，是集6S国际超甲级写字楼、国际名品购物中心、顶级私人会所为一体的地标性超高层建筑，将成为中国西部的世界级城市地标和总部经济基地。

环球金融中心的1、2楼为国际名牌和奢侈品店铺，PRADA、Miu Miu等已经入驻。据规划，负一层至8层为商铺和餐饮店，9、10层为设备层，11层以上为写字楼。另外，楼顶为被喻为"解放碑之巅"的皇冠明珠平台，360度无死角一览山城美景也会成为现实。

能仁寺

大隐于市的佛教殿宇

渝中区中华路92号

能仁寺是重庆市规模较大的尼姑寺庙，原名"三教堂"，古时为海云寺，创建年代已不可考。能仁寺有四重殿宇，依次是韦驮殿、观音殿、祖堂、禅堂。1926年，能亮住持时改子孙庙为十方丛林。新中国成立前，该寺常住尼众10余人，信教徒众多，常年香火不断。

进门左边第一重佛殿是观音殿，供奉观音菩萨，而观音殿左边的小偏殿供奉的是弥勒菩萨。观音殿后面第二重佛殿就是大雄宝殿，供奉的是释迦牟尼佛和普贤文殊菩萨。能仁寺很小，在周围高楼大厦的包围下，显得很不起眼，却有一种大隐隐于市的闲适从容的风范。

大韩民国临时政府旧址

中韩交往的重要见证地

渝中区七星岗莲花池　免费

63820752　8:00～17:00　乘401路公共汽车，在七星岗站下即到

大韩民国临时政府旧址陈列馆是研究、展示韩国独立运动史的专题型博物馆。现馆址原为大韩民国临时政府在中国时期的最高权力机构所在地。

链接

大韩民国临时政府

大韩民国临时政府是一个在中国长期坚持反日独立运动的流亡政府，为“二战”时在中国境内唯一的外国流亡政府。

重庆是抗日战争时期朝鲜流亡志士从事反日独立运动的中心。抗战期间，先后在重庆活动过的有10余个朝鲜党派团体。朝鲜各党派合作的局面初步形成，韩国光复军的正式组建，争取国际承认的重大努力，等等，这些活动成为朝鲜反日独立运动和中朝关系史的重要组成部分。

1945年9月9日，在汉城总督府举行了日本投降仪式。10月下旬，陪都各界纷纷举行各种仪式，欢送韩国临时政府成员回国。11月5日上午9时，韩国临时政府部长以上人员及秘书侍卫29人分乘两架专机离开重庆，经上海回国。

大韩民国临时政府旧址

重庆时代广场

陈列馆占地约1300平方米，建筑面积约1770平方米，五幢砖木结构的复原陈列楼房。陈列馆在保留原建筑的基础上，最大限度地按原貌恢复了当年韩国临时政府办公遗址风貌。馆内现有陈列展厅284平方米，复原陈列房间21间，陈列实物468件，文物资料150件。

国民参政会旧址 文

抗日时期全国最高咨询机关

渝中区中华路

国民参政会旧址是一座别致西式小楼，二楼一底，楼宽18.9米，进深193米，楼高15.3米，共有房屋21间。

国民参政会是抗日战争时期由国民政府成立，包括国民党、共产党及其他抗日党派和无党派人士代表在内的全国最高咨询机关，是第二次国共合作的产物，也是抗日民族统一战线的重要政治舞台。

玩家 解说

国民参政会自1938年7月成立至1948年3月结束，总共开过4届13次会议。毛泽东、陈绍禹、秦邦宪、林祖涵、吴玉章、董必武、邓颖超等7人接受了国民政府的聘请，担任国民参政员。

1939年3～4月间，国民党召开临时全国代表大会。会前，中共中央于3月1日向大会提出成立国民参政机关的建议。大会通过了《抗战建国纲领》，决定组织国民参政机关。4月12日，国民政府公布了《国民参政会组织条例》，规定国民参政会为咨询机关，有听取国民政府施政报告、询问、建议之权，但所通过的决议案对国民政府并无强制执行的权力。6月，国民政府任命汪精卫为国民参政会议长、张伯苓为副议长；同时公布200名参

政员名单。"遴选"的参政员大多是国民党员，只有极少数是中国共产党和其他党派的代表。7月，第一届参政会在汉口召开，156名参政员出席了会议。

会议通过了《拥护抗战建国纲领案》等决议案，发表了《国民参政会首次大会宣言》，并选举了张君劢、左舜生、曾琦、董必武、秦邦宪、陈绍禹等25人为驻会委员。

洪崖洞 AAAA
重庆老山城人文景观

渝中区嘉陵江滨江路

乘公交111、151到洪崖洞下车，或乘轻轨2号线到临江门站下车即到

洪崖洞传统民俗风貌区以最具巴渝传统建筑特色的"吊脚楼"风貌为主体，依山就势，沿江而建，是重庆目前唯一遗留的一处老山城人文景观。洪崖洞传统民俗风貌区是新兴的集娱乐、休闲、观光、餐饮于一体的大型功能区域，也是时下重庆最火爆、最时尚、最具风情的都市休闲区。

洪崖洞整体分为纸盐河酒吧街、天成巷巴渝风情街、盛宴美食街及异域风情城市阳台四条大街。四条大街分别融汇了当下所有时尚元素，美国全球连锁海盗酒吧等一系列全球知名酒吧的加盟，不但可引领重庆新娱乐生活方式，也将带动重庆夜生活的新标向。

玩家 解说

耸立在重庆市嘉陵江畔的吊脚楼建筑群——洪崖洞，犹如一尊高耸入云的巨型宝塔，高75米，下宽上窄，逐层收缩，建筑面积达6万平方米，是目前全国最大的吊脚楼建筑。它以重庆明清时代的吊脚楼为原型，依山就势，通过分层筑台、退台以及吊脚楼架空的形式，营造一座具有浓厚巴渝民居特色的建筑群。

在这个13层高的吊脚楼群里，巴渝民俗文化无处不在：重庆旧时居民建筑主要有"三古""三街"。"三古"是在这个群楼内建造的古建筑、民居、古设施；"三街"是展现老重庆的江边码头街、天成巴渝街、纸盐河畔街，漫步其间，可看见一处处的老城墙、小青瓦、石板、木雕门窗，集中体现了独特的重庆建筑风貌和厚重的历史文化。

洪崖洞

天成巷巴渝风情街

这里为世人展示的是一种不同于以往的时尚潮流，以2300年前的巴渝盛景为载体，展示出当时盛行于世的青砖、石瓦、红檐绿瓦的古典民居，早已流传的前店后厂"民间工艺作品"也将现身于此。

纸盐河酒吧街

喜欢泡酒吧的人士有福了，这条酒吧街上拥有知名的全球连锁卡布雷登·海盗吧，还有当地的怪兽酒吧、非屿音乐酒吧等，各种风格可谓应有尽有，这里是重庆年轻人的天堂，一向引领着重庆夜生活的新标向。此外，位于洪崖洞西，紧邻江边的老酒吧概念98是喜欢安静的人的选择。

盛宴美食城

位于洪崖洞的5到8层。在盛宴美食城里，什么都不用说了，带着肚子好好饕餮一番吧，这里展现的是一种"另类美食城"的盛景，一个集中外古今名店于一堂的美食盛景。山城火辣而独特的热情让你绝对拒绝不了。这里有洪崖洞大酒店、全聚德烤鸭店、四星级龙门酒店等，可以吃到全国各地的美食小吃。

洪崖洞建筑

异域风情城市阳台

这里作为重庆最大的一个城市交通转换站而备受世人注目，这里的房子很像日本动漫大师宫崎骏作品《千与千寻》里的风格，让人好像漫步在童话里。洪崖洞城市阳台停车场可同时容纳30～40辆车辆的停放，需要游逛解放碑或停留在洪崖洞游玩的游客则可乘坐扶梯或观光电梯直上解放碑或到达洪崖洞的任何一层楼。

玩家 解说

洪崖洞拥有2000多年的历史。早在公元前316年秦灭巴时，就是一处军事要塞。在其后的悠长岁月中，可观吊脚群楼、洪崖滴翠，逛山城老街，赏巴渝文化，烫山城火锅，看两江汇流，品天下美食。

链接

洪崖洞历史

明初戴鼎筑重庆城，建有十七门，九开八闭，洪崖门是闭门。修有城楼，有门的样子，但却没有门。不能进出，纯粹用于军事。洪崖门面临嘉陵江，能控制好长一段江面。明末曾在洪崖门左面城墙上安有大炮，因而现沧白路过去就叫炮台街。那大炮面对两江汇合处，本是防备张献忠的。哪知张献忠从通远门攻入了重庆城。从临江门到千厮门之间，是悬崖，城墙和洪崖门都建在悬崖上。在洪崖门下面靠右的悬崖下有个洞，就是洪崖洞。洪崖洞上原来有一条小溪，那小溪发源于城内的大梁子（现新华路），经大阳沟、会仙桥到洪崖洞，从悬崖上跌下，形成瀑布。“洪崖滴翠”就一直是重庆的一大景观。后来，城里的树木被砍完，人口也增多，那小溪成了污水沟，洪崖就不滴“翠”了，而是悬着一条污水“瀑布”。抗战开始后，重庆人口猛增，重庆城中心从下半城移到上半城。上半城的污水往洪崖洞流，垃圾也从洪崖洞上往崖下倒，在这儿捡垃圾的人也就成堆，加上洪崖洞里可以避风雨，于是洪崖洞就成了叫花儿“丐帮”的窝子。

大约是20世纪40年代，才在那悬崖上开出一条小路来，沟通了城内外。洪崖洞下临镇江寺和纸盐河街，都是码头，且相当热闹。于是，那洪崖洞两侧的悬崖下就建起一排排吊脚楼，层层叠叠，错落有致，似摇似晃，构成重庆城特有的风景。

洪崖洞住的都是穷人，不是搬运工就是扯船子（纤夫）。最靠悬崖的人家，不少都是洗衣人。每天凌晨，那小巷就开始弥漫着热气，充满着肥皂气味，一片洗衣声。白天，从城墙上看下去，那吊脚楼伸出的一根根竹竿，晾满了衣物，在夕阳中摇晃，颇为壮观。嘉陵江年年都要发沙水，水一涨上来就把那纸盐河街淹没，当然也淹了那洪崖洞下的吊脚楼。弄得不好，那水还会把吊脚楼冲垮卷走。水退了，一条街的人一起努力，冲洗淤泥，然后把搬到坡上的家具什么的搬回家。用不了多久，那被冲垮的吊脚楼又重新立起来。年年如此。新中国成立后，沿江码头，特别是临江门、千厮门码头逐渐衰落，洪崖洞也逐渐失去往日的热闹，那吊脚楼经历了几十年风雨，成了危房。滨江路的建设，彻底改变了沿江两岸的面貌，洪崖洞的破棚烂房也拆迁了。后来这里建起了颇具重庆特色的饮食休闲街。那一幢幢仿古吊脚楼，依山而建，鳞次栉比，谁见了都会眼前一亮。

老鼓楼衙署遗址 文

古老的宋代建筑遗存

渝中区解放东路

老鼓楼衙署遗址地处金碧山下、长江左岸的台地之上，背山面江、坐北朝南，符合中国传统衙署建筑规制的同时又具有鲜明的巴渝地域特色。

遗址兴建于宋蒙战争的历史背景之下，是抗蒙山城体系缔造者南宋兵部侍郎余玠的帅府所在地，为南宋川渝地区的军政中心——四川置制司及重庆府治所。著名的川渝山城防御体系即在此筹建经营，在一定程度上影响了世界文明的发展进程。遗址规模宏大、纪年明确，文物遗存丰富，地层关系清晰，宋元、明代、清至民国三个时期的衙署建筑叠压分布。

巴蔓子墓

巴人文化的重要见证

渝中区民生路299号 8:00~17:00

乘114、152路公共汽车，七星岗站下可达

巴蔓子墓俗称“将军坟”，现存巴蔓子墓重建于1922年。墓地为拱形石洞，面积约20平方米。墓由石条砌成六角形，棱高约1米。顶为圆形，以三合灰封砌。正面嵌青峡石碑，墓碑上篆书“东周巴将军蔓子墓”，上款“中华民国十一年二月吉旦”，下款“荣县但懋辛题”。

链接

巴蔓子其人

巴蔓子是距今2000多年前战国时代巴国的将军。据《华阳国志·巴志》载：东周末期，巴国将军蔓子求楚国出兵平内乱，许诺以三座城池相谢。乱既平，巴蔓子不忍国家割让城池，“乃自刎以头授楚使”，请向楚王致歉。楚王感动，“以上卿礼葬其头”，巴国“亦以上卿礼葬其身”。有诗赞其事曰：“刎颈高风悬日月，存城旧事邈山河。”巴蔓子墓始建年代已不可考，历代皆有所修葺。

玩家 解说

重庆老鼓楼衙署遗址是重庆主城区内发现的等级最高、价值最大的宋代建筑遗存。作为重庆市已发现的等级最高、价值极大的历史建筑遗存，老鼓楼衙署遗址见证了重庆定名以来近千年的沿革变迁，填补了重庆城市考古的重大空白，对于丰富中国宋元时期都城以外的城市考古资料具有重要意义。

巴蔓子墓

巴蜀古文化中心

全面展示巴蜀文化内涵

渝中区到南岸区的主干道左侧一葫芦状浅谷中

30元

乘301、363路公共汽车可达

9:00~17:00

巴蜀古文化中心占地4600平方米。其建筑古朴典雅，楼、台、馆、榭全部置于水面。所展示的人文景观，除民俗、建筑外，还反映了古文化、民间工艺和生产技术，自有一番特色。

翔龙宫

南边的翔龙宫，根据中国古代天圆地方之说，建为一座平面呈外方内圆、四角带尖顶的两层楼房。二楼设作恐龙化石展厅，其中展出的最大的恐龙化石长18米，高8米。

吟凤殿

北边的吟凤殿，底楼为民间风味小吃及土特产销售厅，二楼销售名贵书画及文房四宝、竹木雕、丝绸刺绣、珠宝玉器、古乐器、戏剧脸谱等工艺品。

民俗表演长廊

东边的民俗表演长廊，展示水车车水、手工榨油、土法造纸、制作陶器、编织麻窝子（鞋）等中国传统生产技术片段，且供游客免费操作。

玩家 解说

巴蜀文化是华夏文化的一个分支，指中国巴蜀盆地中重庆的“巴”和四川成都的“蜀”所代表的文化。

巴文化以重庆为中心，最早源于三峡地区及湖北西南的清江流域，后活动于重庆、陕西南部及贵州北部地区。西周时建有巴国，有较高水平的农业。蜀文化以成都为中心，含川西、陕南、滇北一带。传说，曾建有地方政权，至公元前316年为秦所灭。考古发现，商至西周时，蜀人与黄河流域民族即有文化交流。出土商代后期陶器如深腹豆形器、高柄豆、小平底钵等，虽具地方特色，但铜镞、铜戈、铜矛却为黄河流域常见器形。出土的西周至春秋的玉石礼器与中原所出者一致。

景点推荐

朝天门周边

朝天门

长江与嘉陵江交汇处

渝中区渝中半岛的嘉陵江与长江交汇处

免费

地铁1号线、地铁6号线可到

朝天门位于重庆城东北长江、嘉陵江交汇处，明初戴鼎扩建重庆旧城，按九宫八卦之数造城门17座，其中规模最大的一座城门即朝天门。门上原书四个大字“古渝雄关”。因朝天门为历代官员接皇帝圣旨的地方，故此而得名。

1891年重庆辟为商埠，朝天门始设海关。1927年因修建朝天门码头，将旧城门拆除。1949年“九·二”火灾使朝天门附近2平方千米的区域化为一片废墟，从此，朝天门仅余城基墙垣。今天的朝天门客运码头，新建宏伟的朝天门广场，是俯瞰两江汇流、纵览沿江风光的绝佳去处。

玩家解说

朝天门为重庆沿江九门之一，位于重庆半岛的东南尖端，低水位沙嘴海拔为160米，是市区最低海拔处。长江的九大主要支流之一的嘉陵江在此与长江汇流，一泻数千里注入东海。重庆是素称“黄金水道”的长江的重要港口之一，是长江上游的经济中心城市。在这里，每天运送数千客人游览壮观的长江三峡，吞吐着万吨货物。

朝天门广场

朝天门广场位于重庆市朝天门码头旁，由观景广场、护岸梯道、交通广场、周边环境配套4个局部构成，是一处面积达5.6万平方米的多层广场，可停泊270辆车。

观景广场的主体建筑面积6万平方米，高21.8米，逐层跌落，一共4层。层顶广场面积1.7万平方米，是中国最大的层顶公共广场。广场最基层有一大两小3个“城门洞”，可直通朝天门观景广场顶层。排护岸梯道，长为700米，有128梯，由8万块混凝土砖铺

砌，全副梯道呈环江扇形，与广场互相映衬，显得极有气派。

玩家 解读

每当夏秋，碧绿的嘉陵江水与褐黄色的长江水激流撞击，漩涡滚滚，清浊鲜明，构成“夹马水”景色，其势如野马分鬃，极其壮观。朝天门广场是俯瞰两江汇流，纵览滨江风景的绝佳去处。

朝天门码头是两江枢纽，也是重庆最大的水码头，自古江面樯帆林立，舟楫穿梭，江边码头密布，行人如蚁。门外沿两边江岸有不少街巷，虽以棚户、吊脚楼居多，可也热闹成市，商业繁盛，门内则街巷棋布，交通四达。所以直到今天，这一带仍是城内最繁华的商业批发零售区。

重庆规划展览馆 AAAA

国内规模最大的城市规划展览馆之一

✉ 渝中区朝东路

🚌 乘地铁1号线、6号线可到

重庆市规划展览馆总建筑面积6万余平方米，其中布展面积3万余平方米。该馆囊括了重庆主城区及38个区市县及2个重庆国家级开发区的城市规划内容，将8.24万平方千米的重庆浓缩其中。

主展厅按照“节约低碳、突出特色”的建设思路进行了全面更新。新展厅布置了总体规划厅、重点片区厅、重大公共建筑厅、历史文化名城厅、三峡厅、区县厅、测绘地理信息厅、基础设施厅、美丽重庆厅、低碳生态厅等10个主题展厅，以及两江新区、中心城区、中央公园、两江四岸、城市建筑艺术等专项展厅。

湖广会馆 AAAA 文

规模最大的古会馆建筑群

✉ 渝中区长滨路 ¥ 50元

🕘 9:00~17:00

🚌 乘坐414、440等路车到湖广会馆站下即到

湖广会馆是广东公所、齐安公所、禹王宫等清初古建筑群及仿古新建筑群的统称，是目前已知全国城市中心区最大的古会馆建筑群。湖广会馆建筑规模宏大，布局错落有致，殿宇巍峨壮观，造型古朴典雅，是清代重庆作为繁华商埠的历史见证。

◘ 禹王宫

禹王宫始建于清康熙年间，包括禹王神殿、大小戏台、廊房、议事厅、会客厅几个部分，是重庆湖广会馆建筑群里最大的一处建筑，其面积约占全馆的三分之一。整个禹王宫雕梁画栋，涂朱镏金，各种人物及花草虫鸟图案雕镂精湛，栩栩如生。

链接

禹王宫戏台

禹王宫里有三座戏台，两大一小，大殿对面的戏台用来给大禹神唱戏，其规格自然是最高的，也是最大的。大殿后面是二殿，天井里正对二殿的也是一座戏台。

观戏厅屋檐下又是描金的龙头斗拱。小戏台的木雕极为精美。禹王宫戏台厅上面探出的龙头，称为斗拱。禹王宫斗拱的龙头都朝着长江，寓意为大龙锁江。在戏楼上面栏板雕刻的是八仙图案，下方是十八罗汉，左右两边小的雕版是戏曲故事。

□ 匾额博物馆

翰匾馆位于禹王宫大殿右侧的厢房，馆内匾额罗列，共展出巴蜀地区明、清、民国时期的69块匾额，每一块匾都有着一段耐人寻味的故事，按内容分为“褒绩、励学、题居、宏商、祝寿”五类。其中最古老的一块匾出自明宣德年间，距今已有576年历史，用“木中黄金”乌木制成的匾刻着“锦绣腾辉”四个金字。

□ 移民博物馆

明清之交，战乱频频，巴蜀之地狼烟四起、灾害相继。军阀连连混战，造成巴蜀之地人烟稀少，土地荒芜，一片惨景。清朝统一中国后，驱动湖南、湖北、广东、广西入川。因此，“湖广填四川”百年移民潮就此拉开帷幕。

链接

湖广填四川

“湖广填四川”是指在明末清初的数十年间，四川由于战乱、瘟疫及天灾接踵而至，境内人口锐减，耕地荒芜。在这个特定的历史条件下，清王朝为了解决四川劳动力和生产粮食的问题，采取“移民垦荒”的举措，全国包括湖北、湖南在内的湖广行省等十余个省的移民相继到四川定居的事件。

据统计，这次移民过程中入川100多万人，其中湖北、湖南两省的人数达一半之多。而在湖北省的移民中，麻城移民又占据重要地位，很多移民追溯祖先足迹的时候，都直指“孝感麻城乡”，虽未得到确切证实，但目前这是学术上的一个研究热点。

湖广会馆

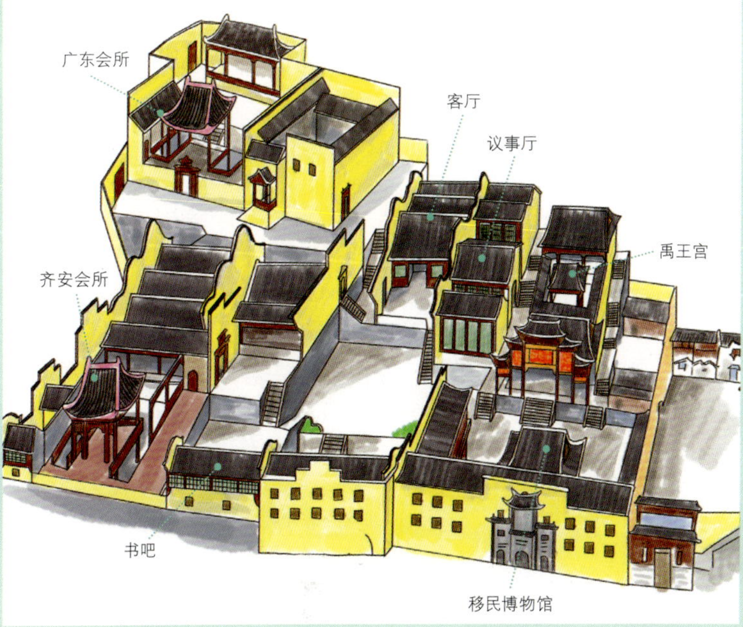

广东会所

广东会所修建于乾隆年间，现存建筑为嘉庆年间重建。会馆主题结构采用四合院布局，整个建筑物更崇尚工巧华丽，尤以戏楼的浮雕为最，内容丰富，历史沉淀深厚。

广东会所是湖广会馆的主要演戏场所。戏楼可以同时容纳300人看戏。看厅卷棚檐口下的撑拱，镂空雕刻着《封神榜》为主的戏曲故事图案；戏台下侧精湛的木雕，则以《三国演义》故事为主，两侧厢楼额匾，分别题有“游目”与“骋怀”四字，意为观戏足以使人大饱眼福，开畅胸怀。

天主教若瑟堂

典雅古朴的天主堂

重庆市渝中区民生路若瑟堂巷一号

天主教若瑟堂始建于1893年，占地面积1700平方米，正中经堂面积约500平方米，可容纳1000余人。之所以叫若瑟堂，是因为这里尊奉圣约瑟夫。按照老的翻译方法，翻译为若瑟堂。

东水门

见证老重庆的繁华

渝中区湖广会馆附近

东水门位于湖广会馆一侧，紧邻水码头，曾经十分兴旺，沿街布满了客栈、酒肆、商号等，随着时间的推移，古老的石板街渐渐消失。在重庆，古城门有“九开八闭”之说，而东水门是“九开八闭”的古城门之一，是保存得较为完好的城门，属于市级文物保护单位。现在的古城墙经过修复，已经重现古城门的风貌。

东水门下的东水驿传统商业街也得到修复，重新开放。商业街有百多米长，这里主要汇集了重庆的各种民间工艺美术，多达数十种，可以看到蜀绣、石刻现场表演，买到梁平竹帘画、荣昌陶瓷、荣昌扇子等民间工

天主教若瑟堂

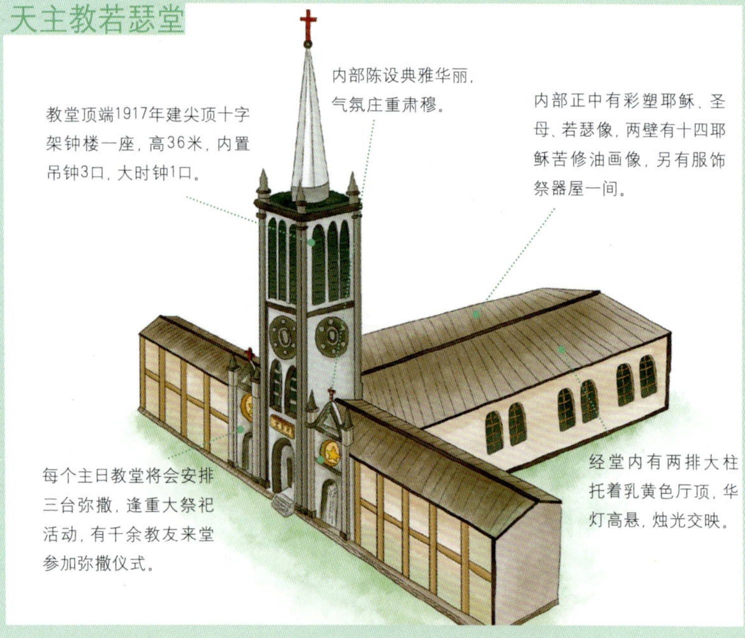

艺品。

链接

湖广会馆由来

明末清初，四川人口锐减，当时的执政者就将湖广百姓迁往四川，形成了中国历史上长达百年的“湖广填四川”的移民浪潮，一批湖广会馆也就应运而生。东水门一带，按照风水学说，河道弯曲的内侧是“吉地”，外侧是“凶地”。东水门一带恰好是朱雀翔舞之地，风水很好，会馆就选址于此。

罗汉寺

寺中可以“数罗汉”

- 渝中区罗汉寺街
- 10元
- 8:00~18:00
- 乘地铁1号线、6号线可到

罗汉寺，是佛教禅宗临济宗的主庙，是禅宗第八代祖师道一禅师的出家处和晚年说法处，素有“西川佛都”之举，盛名传诸海内外。罗汉寺同时也是全国汉族地区重点佛教寺庙之一。重庆市佛教协会设于此。

罗汉寺始建于北宋治平年间，原名治平寺。寺因罗汉洞而建，故名罗汉寺，又名古佛岩。1942年罗汉寺遭日机炸毁，后修复。“文化大革命”中，罗汉塑像全被捣毁，1984年政府拨专款重塑。始建时园池古迹今已湮没无闻，仅余“明碑亭”所嵌“西湖古迹”碑石，还依稀可辨字痕。

罗汉寺

景点推荐 人民大礼堂一带

人民大礼堂及人民广场 AAAA 文

重庆市标志建筑物

渝中区人民路 ¥ 10元

8:00~18:30。广场音乐舞会、彩色音乐喷泉开放时间:20:00~21:30

乘112、145路公共汽车可达

重庆人民大礼堂是一座精美奇巧的东方式仿古建筑，它始建于20世纪50年代，原名“西南行政委员会大礼堂”，1956年更名为“重庆市人民大礼堂”，是重庆市重要标志性建筑之一，也曾是新中国的十大建筑之一。它在1987年英国皇家建筑师学会主编的《比较建筑史》一书收录的我国当代43项建筑工程中名列第二位，是新中国建筑初期复古主义的典型作品。

人民大礼堂

礼堂的设计，仿明、清的宫殿形式，采用轴向对称的传统手法。

正中的圆柱望楼，是北京天安门的缩影；南北两翼，镶嵌着类似北京紫禁城的角楼。

现在的人民大礼堂是由牌坊、大礼堂主楼、东楼、南楼、北楼以及人民广场组成。

大礼堂主楼

穿过牌坊就是宏伟的人民大礼堂了。踏上128级台阶，一共三层，由下至上，恰当地烘托出整个建筑的立体美感。重庆人民大礼堂于1951年动工，1954年竣工。

重庆人民大礼堂的设计，仿明、清的宫殿形式，采用轴向对称的传统手法，结构匀称，对比强烈，布局严谨，古雅明快。主体部分的穹庐金顶，脱胎于北京天坛的皇穹宇，仿天坛有祷祝“国泰民安”之意。正中的圆柱望楼，是北京天安门的缩影；南北两翼，镶嵌着类似北京紫禁城四角的塔楼；广袤的庭院中，前阶宽阔平展，梯次六重。大礼堂现在是供游人参观、休息和举办节庆集会的重要景点和场所。

南北翼楼

重庆市人民大礼堂的南北翼楼，为柱廊式坡屋顶，首尾4个角楼均为重檐攒尖，既对称又协调。色彩使用强烈大胆，鲜艳夺目，富于变化又和谐统一。整个建筑在造型、装修和色彩处理上都集中体现了中国传统文化特色。

人民广场

人民广场于1997年和重庆直辖市一起诞生，广场面积为24万平方米，这在山城重庆算得上是一块很大的平地了。广场中央铺设花岗石，北侧建有一座直径28米的圆形露天舞台，主要用于周末广场文艺演出。广场正面四座大型音乐喷泉，具有任意定格和变幻水姿水型的功能。广场种植了多种花草，绿化面积达18万平方米。1000平方米的小广场喂养了数百只供群众观赏的广场鸽。

人民广场建成后，每周末都会在此举行“重庆市周末广场文艺活动”。而每天早晨也有数百名市民在此锻炼，傍晚数千名市民在此跳舞、休闲。还有许多单位和组织在此举行各种集会活动。现在，人民广场已成重庆市一个重要的市政文化休闲广场。

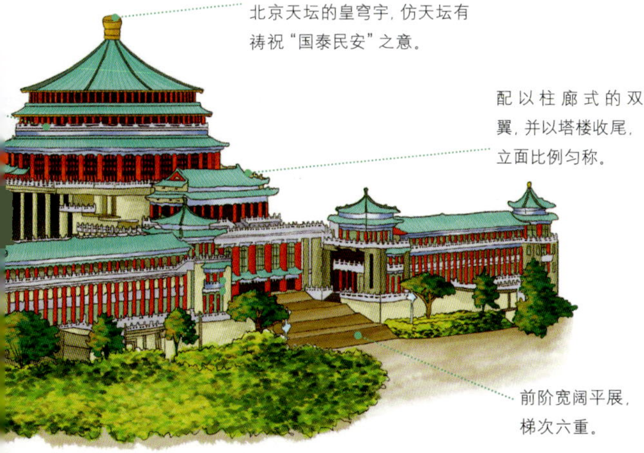

中国三峡博物馆

链接

大礼堂的建造

大礼堂的营造经历了一个十分艰难的过程。建设者在没有大型高吊起重设备的情况下，用“堆积法”，用35000多根楠竹、木板搭架，把总重量为280多吨、厚约1米的双层钢架，40000多颗铆钉连成的36片网架组成的大厅半圆形球壳顶架支撑在混凝土柱上。礼堂中径跨度长46.33米，整个顶盖可随热胀冷缩，在支点座上，顶壳可内外移动44毫米。

中国三峡博物馆 AAAA

长江三峡专题博物馆

渝中区人民路 免费

周二至周日，9:00～17:00

可乘坐112、145等路公交车在大礼堂站下车步行可到

重庆中国三峡博物馆前身是1951年3月成立的西南博物院，1955年6月因西南大区撤销，更名为重庆市博物馆，2000年改为重庆中国三峡博物馆（重庆博物馆），它是保护、研究、展示重庆和三峡地区历史文化遗产与人类环境物证的公益性文化教育机构。

这座气势恢宏，内涵深邃的博物殿堂，在建筑设计上也充分考虑了历史文化元素的完美融合。弧形外墙和对面大礼堂的圆形传统建筑，形成一种向心力的呼应和整体吻合：弧线代表着水利大坝，而圆形代表着古建筑的文化特征。

全馆有各类文物17万余件，包括陶器、瓷器、铜器、玉器和书画等23个文物门类，共计4层楼15个展厅（其中有3个展厅陈列的不是固定的展品），还有一个文物商店和环幕电影放映厅，是中外游客到访重庆的必游景观。

基本陈列

基本陈列即常设陈列，通过展览反映出重庆地区丰富的人文精神风貌。陈列展览主要包括反映三峡历史文化精神的《壮丽三峡》、反映地方历史源流的《远古巴渝》、反映重庆城市变迁的《城市之路》和反映重庆抗战文化的《抗战岁月》四个基本展厅；还有六个专题陈列，分别为《李初梨捐献文物》《历代书画》《历代瓷器》《汉代雕塑艺术》《西南民族民俗风情》《历代钱币》。

链接

长江三峡

长江三峡是瞿塘峡、巫峡和西陵峡三段峡谷的总称，是世界大峡谷之一，以壮丽河山的天然胜景闻名中外。

长江三峡西起重庆市奉节县的白帝城，东迄湖北省宜昌市的南津关，跨奉节、巫山、巴东、秭归、宜昌五县市，长204千米，是中国古文化发源地之一。三峡两岸高山对峙，悬崖峭壁，水流湍急，山峰一般高出江面1000～1500米，最窄处不足百米，古朴与自然美妙结合，使三峡景色更加美丽。

长江三峡，人杰地灵，大峡深谷，曾是三国古战场，是无数英雄豪杰用武之地；这儿有许多名胜古迹：白帝城、黄陵、南津关、孙夫人庙等。它们同旖旎的山水风光交相辉映，名扬四海。

中国民主党派历史陈列馆 AAAA 文

中国民主党派发展的见证

渝中区嘉陵桥路附近

中国民主党派历史陈列馆是统战传统教育基地，陈列馆原址为著名爱国民主人士鲜英先生公馆特园的一部分。陈列馆由序厅、八个民主党派分展厅、影视播放厅等组成。该馆通过大量历史图片、文献资料，

以及各民主党派主要创始人头像雕塑、“风雨同舟共商国是”纪念雕塑、语录墙等多种形式，展示了民革、民盟、民建、民进、农工党、致公党、九三学社、台盟等八个民主党派的发展历程，展示了各民主党派与中国共产党风雨同舟、荣辱与共的光辉历史。

陈列馆的“镇馆之宝”之一，是套16册、10万余字的《范朴斋日记》手稿，手稿详细记录了1944年至1949年间，民盟老前辈范朴斋先生在重庆、成都等地的政治活动经历，以及众多民主人士在此期间的活动情况，对研究民主党派历史具有重要的参考价值。

观音桥商圈 AAAA

重庆打造西部经济高地的堡垒

江北区建新路

观音桥是传统的商贸繁华区域，是中国著名商业街，西南地区规模最大、最宽敞、绿化率最高达40%的步行街，城市景观公共空间面积达20万平方米。步行街由占地3万平方米的商业建筑及一条长400米的商业步行街组成。观音桥商圈是以观音桥转盘为中心，以东、南、西、北路为辐射方向，半径1000米内的区域。

该商圈作为北部城区商业发源地，凭借邻解放碑及新区优势，曾为20世纪90年代中期的第二大商圈，但随着交通改善，商业结构、布局不合理而出现“商业空心”现象，限制了一些大型、综合性商业物业在此发展。

玩家 解说

特园始建于1931年，是抗日战争时期著名爱国民主人士鲜英的公馆，因为鲜英字“特生”，故名其宅为特园。特园占地二三亩，有大小房36间，园内布局典雅，结构严谨，居室宽敞，错落有致，庭院幽静。特园由两栋相连的三层式小楼建筑组成，其主体达观楼，是三层楼的青砖建筑，前后各一大花园以及一些附属建筑。

特园在抗战胜利前后曾是中共和各民主党派活动的重要场所之一，是南方局在重庆贯彻党的抗日民族统一战线政策的历史见证，也是民盟和民革前身的一部分——三民主义同志联合会的诞生地。国共在重庆谈判期间，毛泽东曾三次来到特园，与张澜等民主人士共商国是。

中国民主党派历史陈列馆

玩家 攻略

北城天街购物广场运用SHOPPING MALL国际商业流行理念，集购物、休闲、餐饮、娱乐于一体，拥有两家主力百货店，两家大型超市，三个休闲景观广场，一个多厅电影城及拥有数百泊车位的大型停车场，包容百货、超市、专卖店、大卖场等各种商业形态，吸纳全市消费力，是目前重庆规模最大、业态最丰的购物广场。

宋庆龄旧居陈列馆 文

重庆抗战文物遗址

渝中区两路口新村5号　8:00~17:00

2元

市内乘114、118等多路公交均能到

63894317

重庆宋庆龄旧居陈列馆，是战时宋庆龄在重庆的旧居，还是“保卫中国同盟”的总部旧址。这里是重庆市重要的抗战文物遗址。

宋庆龄旧居陈列馆是1936年德国留学回国的工程师杨能深所建，是一处欧式风格的建筑，旧址由主楼、后楼、防空洞三部分组成。主楼为宋庆龄及“保盟”总部用房，是一座二楼一底的中西式砖木结构小楼。楼前伫立着宋庆龄的庄严的塑像，前排小巧玲珑的扇形草坪，两边栽满了四季常青的小树，将小院装饰得分外美丽。后楼附属建筑为工作人员用房，房后有一个躲避日本飞机轰炸的防空洞。

宋庆龄旧居陈列馆内有实物和历史照片110件，有“宋庆龄生平事迹展”“宋庆龄在重庆文物资料展”“复原陈列展”三个展览区。

玩家 解说

“保卫中国同盟”是1938年宋庆龄邀请在港中外著名人士发起筹组的，是今日中国福利会的前身。1941年12月8日，太平洋战争爆发，香港战事严峻，10日宋庆龄在廖承志等中共人员的帮助下，从香港来到重庆，重建“保卫中国同盟”。她在弟弟宋子文的帮助下，住进了两路口新村3号（现两路口新村5号），“保盟”得以重新建立。

“保盟”吸收了国内外各党派、各阶层人士参加，是一个极为广泛的统战组织，其主要活动是广泛动员和争取海外华侨与世界各国人民支持中国的抗日战争，并以援助中国共产党领导的抗日部队为主要目标。成立会后，宋庆龄、宋子文、克拉克夫人、法朗士、爱泼斯坦联合署名发表了《保卫中国同盟成立宣言》，确定了“保盟”的组织性质及主要任务。

抗战期间，“保盟”积极组织募捐，赈济难民、伤兵和儿童，组织物资，把大量资金、药品、医疗器械、食品物资和其他救援物资通过种种渠道，源源不断地运往中共领导下的抗日根据地人民手中，积极介绍和输送外国医生到抗日根据地

鹅岭公园

工作，为支援中国人民抗战做出了卓越的贡献。

鹅岭公园

重庆著名私家园林

渝中区鹅岭正街 8:00~22:30

免费

乘坐地铁1号线在鹅岭站下车即到

鹅岭公园原名鹅项岭，是重庆最早的私家园林。鹅岭公园位于重庆半岛最高处，园中有绳桥、虎台、江山一览台、盆景园、瞰胜楼(两江亭)等景点。鹅岭背倚山城，高挑出世，瞰胜楼高耸九重，登楼远眺，览尽雄、险、旷、秀的自然风光。瞰胜楼还是入夜观灯海的绝佳去处。

榕湖绳桥是鹅岭公园最著名的景点，也体现了典型中国传统风格的园林艺术，美术家朱宣咸1960年以此为题材创作的作品《榕湖滴翠》，就是一件具有代表性的表现鹅岭公园这一标志性景点的艺术作品。

链接

鹅岭的历史

鹅岭公园前身为礼园，也称宜园，系清末重庆商会首届会长富商李耀庭的别墅，清末宣统年间(1909—1911年)，云南恩安盐商李耀庭父子羡鹅岭之奇美而于此营造园林，名曰“礼园”，亦称“宜园”。这是重庆最早的私家园林。李氏友人清侍御赵熙曾书赠“鹅岭”，刻石立碑。礼园建成之初，即有“园极亭馆池台之胜”的说法。光绪年间(1875—1908年)进士宋育仁的《题礼园亭馆》一诗中，所谓“步虚声下御风台，一角山楼雨洞开。爽气西浮白骑逝，江流东去海潮回。俯临木杪孤亭出，静听涛音万壑哀”，对礼园风光描摹颇有传神之处。

抗战时期，蒋介石夫妇在园中“飞阁”居住半年；英国大使卡尔也在“飞阁”居住达五年；澳大利亚大使馆曾设于园中。1949年重庆解放后，为西南军区司令部驻地。邓小平、刘伯承、贺龙、李达同志先后居住此处。在邓小平同志支持下，于1958年3月移交重庆市政府。1958年，重庆市政府对礼园旧址扩地修缮，新建楼台亭榭，广植林木花草，命名为“鹅岭公园”。

景点推荐 嘉陵江沿岸一带

重庆科技馆 AAAA

科普教育基地

江北区江北城文星门街

乘坐地铁6号线可到 61863051

重庆科技馆外观采用石材与玻璃两种材质。外墙石材使用多种颜色交叉重叠，像坚硬的岩石，隐喻“山”；占整个外墙的60%、近10000平方米的玻璃幕墙则清澈通透，隐喻“水”。石材的棱角分明、玻璃的透明如水，恰到好处地彰显出重庆“山水之城”的特征。

重庆科技馆分为A区和B区。A区建筑最高处约为57米，最低24米，从空中鸟瞰如同一个巨大的“扇形水晶宫”，造型大气恢宏。

金源方特科幻公园 AAAA

高科技打造的“梦幻王国”

江北区北滨路 120元

金源方特科幻公园是一个以文化为核心，以科技为依托的现代都市文化主题公园，总面积4万余平方米。园区由银河广场、恐龙危机、飞越极限、生命之源、嘟噜嘟比剧场、太空山、海螺湾、西部追忆、影视特技摄影棚、儿童天地等10个主题项目组成。形式新颖，内容丰富，惊险刺激，寓教于乐，参与性强。

基督教福音堂

百年特色老教堂

重庆市江北区江北城正街164号

重庆江北区基督教福音堂，1894年由美国卫理公会传教士马嘉礼修建，迄今已有上百年历史，非常具有西方特色。创建者马嘉礼是宽仁医院（现重庆医科大学附属第二医院）院长，当年他漂洋过海带着传福音的使命来到重庆，在江北书院街买了铺面，一边行医，一边向当地民众传福音。

福音堂

重庆花卉园

百里花卉长廊

渝北区花卉园红石支路　8:30～17:30

乘地铁6号线可到

花卉园是重庆地区唯一的花卉专类园，是花卉收集、驯化、展示的基地。园内荟萃了重庆地区主要花卉植物以及世界上部分珍稀名贵花卉，具有花卉种类丰富，造园布局新颖，地区特色鲜明等特点。已初步建成同兴湖区、芳茶区、草坪观赏区、南山观叶区及风雨廊等景点景区。

红岩革命纪念馆 AAAA 文

国共关系的历史见证

渝中区红岩村

8:30～17:00　免费

乘210、215路公共汽车可达

红岩革命纪念馆位于重庆市嘉陵江畔，于1958年建成开放，馆名由董必武题写。馆内举办有全面反映中共中央历史的“中共中央南方局暨八路军重庆办事处历史文物资料展览”“第二次国共合作与重庆谈判展览”等，展出了原中共代表团、南方局、八路军办事处和《新华日报》的大量文章资料和历史照片。

桂园

桂园位于渝中区中山四路，因院内有两株桂花树而得名，是毛泽东同志在“重庆谈判”期间市内办公、会客的地方。它是一座砖楼小院，位于曾家岩50号右侧200米处，原是国民党谈判代表之一张治中先生的公馆，为了毛泽东同志的安全和方便而特意提供的。

楼下会客厅是当年毛泽东、周恩来同国民党代表进行谈判和签订《国共双方代表会谈纪要》（即《双十协定》）的地方，毛泽东曾在这里接见过各界民主人士和记者。

红岩村八路军办事处

红岩村八路军办事处是一幢三层简易木结构楼房，位于沙坪坝区化龙桥红岩村13号。1939年5月至1946年5月，这里是八路军的办公旧址，毛泽东、周恩来、叶剑英、董必

武、邓颖超等都曾在这里工作过。

1945年8月，毛泽东亲临重庆与蒋介石举行"重庆谈判"的43天内，也住在红岩村13号。馆楼由当时南方局和八路军驻重庆办事处机关工作人员动手改建，底层用于机关工作人员办公，大门西侧传达室装有暗通多层的足踏电铃，如有意外情况发生，即踏铃报警。二楼为南方局领导同志办公用房。

链接

桂园的历史

1945年8月，"重庆谈判"期间，张治中将此处备作毛泽东在重庆市内办公会客的地方。桂园是当年毛泽东与周恩来代表共产党同国民党代表进行谈判和签订《国共双方代表会谈纪要》(即《双十协定》)的地方。

从1945年8月到10月，毛泽东与蒋介石历时43天的谈判期间，毛泽东、周恩来在此多次会见了各党派人士和社会各界人士。1945年10月10日下午6时，国共两党在桂园签署了著名的《双十协定》。桂园成为国共谈判的重要见证地。

桂园

曾家岩50号（周公馆）

曾家岩50号又称"周公馆"，位于渝中区中山四路，是当时南方局在重庆市城内租用的办公处，南方局军事组、文化组、妇女组、外事组和党派组均设在这里。

曾家岩50号占地面积364平方米，建筑面积882平方米。门前，是宽敞的曾家岩广场。广场中央塑着一尊周恩来风雨兼程、辛勤奔走的全身铜像。

玩家 解说

1938年，中共代表团由武汉迁移重庆后，为便于开展工作，周恩来以个人名义租赁了这幢房子，作为中共南方局在市内的一个主要办公地点。小楼地处街巷尽头，右侧为国民党军统局局长戴笠的公馆，左侧是国民党警察局派出所。1945年8月，毛泽东同志在重庆期间，曾在底层会议室接见中外各界人士。周恩来同志便是经常在这里会见中外记者的。

奇怪的是这里的环境看起来并不安全，左右两边都有国民党特务据点。当年，周恩来就在这大敌环视的险恶环境中，从容不迫地开展工作，表现了一代伟人的胆略和气概。如今在场馆内的广场上立有周恩来铜像。

景点推荐 南山风景区周边

南山风景区
自然风光和人文景观交融

南岸区南山镇南山公园一带

9:00~18:00　乘384路公交可达

一棵树20元，南山植物园20元，老君洞10元，蒋介石官邸20元

南山风景区包括汪山、黄山、袁山、蒋山、岱山、老君山、文峰山等数十座山峰，总面积约2500公顷，平均海拔400余米，最高峰春天岭海拔681.5米。隔江遥看，重峦叠嶂，沿江列峙，林木联袂，郁郁苍苍，恰似一道拱卫山城的绿色屏障。

风景区内旅游资源积淀丰厚，山、水、林、泉、瀑、峡、花等，自然景观俱全；佛、道、基督、天主、伊斯兰教建筑，以及完整的“陪都”遗址群等，人文景观毕集。

庙观亭楼缥缈于层峦翠柏之巅，历代朝山信徒，留下斑斑足迹，弄笔骚客，遗下累累华章。或涂山禹庙怀古，或“陪都”遗址寻踪，或林壑龙洞探幽，或南山公园赏花，或临古经堂礼拜庄严神佛，或登“一棵树”俯瞰“字水宵灯”，四时有景，八节各异。

涂山湖

涂山湖公园占地约7公顷，南北长700米，东西宽140米。整个公园分东西南北打造四季景色：湖东面参差的民居被错落有致的植被替代，与后面南山相连，构成“翠堤画屏”的春季意境；毗邻二外的北面，纵横交错的休闲步道穿梭于荷塘之上，凸显“荷塘月色”的夏季意境；西面的黄桷垭文化广场延伸到湖边，与银杏、香樟、桂花等名贵树林连成一片，打造出幽雅迷人的亲水岸线，体现“林木深秋”的秋季意境；南面则以大堤坝和游园为平台，形成冬日清晨“白雾青黛”的冬季意境……

涂山寺

涂山寺位于涂山之巅，这里山势高耸，古树参天，林壑幽深，岚光滴翠。涂山寺是现存最古老的寺院，因寺内供有尊武祖师，又称为尊武寺。涂山寺中现有殿宇8重，房间100间，占地1万多平方米，飞檐翘角，雄伟庄严，香火旺盛。主殿之内供有释迦牟尼像，又供真武祖师像，第三层殿中则供有禹王、涂后像，立有“禹王治水碑”，可称是佛道和睦共处的庙院。

链接

涂山寺历史

涂山寺庙历史悠久。据查，西汉年间为禹王祠、涂后祠，庙宇供奉大禹与涂后的塑像。唐时，任忠州刺史的大诗人白居易曾写有《涂山寺独游》一诗，可见当时此寺已易名为涂山寺。涂山寺，巴国人民仿佛格外尊重这个“四川女婿”，每年正月初一到十五，朝山盛会，游人如织，热闹非凡，清代名人王士祯曾用“飞瀑落长虹，登临见禹功”的诗句加以描述。史载大禹治水在涂山娶涂山氏为妻，古人为纪念夏禹治水的功绩，在山上建“禹王祠”，其后建禹王庙、真武寺。明清时期，寺庙有所扩大，真武寺因与禹王祠旧址合并，故人们称为“涂山寺”。

一棵树观景园

南山一棵树观景园位于南岸区南山之上，包括一棵树观景亭和野外休闲区。重庆南山一棵树观景台前身是1997年1月建成开放的一棵树观景台，此处因多年来保留一棵重庆市树——黄桷树而得名。观景台是来渝宾客观赏山城夜景的一大佳点。

南山植物园 AAAA

南山植物园是一个以森林为基础，花卉为特色的综合性公园，总规划面积551公顷。这里幽雅而清丽，远离喧嚣与繁杂；它山峦起伏，环秀而不失端庄；它树林阴翳、花草争芳，更可称为秀丽。

驻足此处，远望青山滴翠，雾海迷蒙，气象万千；近视则水流潺潺，花木繁盛，百草滋荣。置身其中，让人顿生“醉舞下山去，明月逐人归”之感，这便是“山城肺叶”——南山。

老君洞

老君洞位于南岸区上新街以东约2千米的山上，始建于隋末唐初，原名广化寺，为佛教寺庙，明万历九年（1581年）改为道观“太极宫”，俗称“老君洞”。清道光、同治、光绪年间多次扩建重修，先后共建殿宇九重。各殿结构精巧，依山而建，凿壁成像，悬山穿斗，登顶俯视，数十里山城美景尽收眼底。

黄山蒋介石官邸

黄山蒋介石府邸是原蒋介石

官邸之一。1938年，日本对重庆实施战略轰炸，为躲避日机轰炸，蒋介石侍从选中黄山，为蒋、宋修建官邸。黄山处于奇峰幽谷之间，遍山松柏簇拥，风景极佳。官邸海拔580米，面积约1平方千米。蒋介石住“云岫”楼，宋美龄住“松厅”。

“云岫”楼是一座中西结合式的三层楼房，蒋介石住二楼右角。松厅为一排中式平房，走廊宽敞，松林围绕，浓荫蔽日。“云岫”与“松厅”之间的凹谷小道旁挖有防空洞，专为蒋、宋避日机突袭时用。

加勒比海水世界 AAAA

加勒比海水世界位于南山旅游核心地，这里不仅融合了韵味十足的加勒比海文化，同时还具有浓郁而神秘的玛雅旧城风貌，炫酷的玛雅图腾、精美的雕刻彩陶、斑斓的城墙壁画遍及整个园区，是西部地区第一个集游乐、购趣、美食、异域景观的大型水主题乐园，每年可容纳100万人次观光游客。

南滨路

重庆外滩

南岸区滨江路

南滨路属城市公园类自然风景旅游景区，南滨路旅游观光区全长25千米，占地16万平方米，是集防洪护岸、城市道路、旧城改造和餐饮、娱乐、休闲为一体的城市观光休闲景观大道。

南滨路不仅是一条交通要道，还是一处游憩商业区，在此地段，尤其是正对渝中区的近8千米路段上，云集了大量餐饮、娱乐、宾馆、办公、高档住宅、旅游与观光项目。这里坐拥闻名遐迩的重庆夜景，是观赏渝中半岛都会风光的首选。

南滨路有黄葛晚渡、海棠烟雨、龙门浩月、字水宵灯、峡江开埠和禹王遗踪六大景区，全长6.8千米，形成中国最大的滨江公园。

岚苑度假村

重庆市民的后花园

南岸区黄桷垭文峰段

岚苑度假村占地169亩，是国家三星级旅游饭店、国家AA级风景旅游区。度假村内环境优美，终年林木苍翠，枝叶繁茂，植被覆盖率达90%以上，空气质量常年I级，负氧离子充足。享有“城市绿岛、森林公园”之称。

度假村拥有林间别墅、豪华套房、商务标间和普通标间，配有游泳池、网球场、乒乓球室、棋牌室、歌舞厅、观景茶楼、休闲茶园、户外健身小区等娱乐设施。可登岚苑观景台，看两山景、江景、夜景，让您心旷神怡、流连往返……

广益中学校园

江巴学校之冠

南岸区黄桷垭文峰段78号

重庆市广益中学校是由英国伦敦基督教公谊会创办的。1892年2月15日，从传教士罗贝特·陶维新在重庆大梁子（今渝中区新华路）招收男生行课，1894年迁校至下都邮街23号（今解放碑美美百货），由清廷川东道台批准，始称广益书院，1898年改称广益学堂，1904年由下都邮街迁往巴县崇文里（南岸区黄桷垭现址），更名为广益中学。1928年，因反教运动，学校与英国伦敦基督教公谊会脱离关系，由国人杨芳龄接办，改制为重庆市私立广益中学校。同年，四川省政府委员、川东军阀刘湘亲赠学校“江巴学校之冠”匾额。

南滨公园

新型滨江公园

南岸区南滨路长江外侧　乘872路公交可到

免费

重庆南滨公园是一座具有历史文化、巴渝文化特色的新型滨江公园。它是一个开放式带状公园，东起朝天门大桥南桥头，西至石板坡长江大桥南桥头，全长6.8千米。公园分成187道路景观、六大主题景区、180景区连接段景观三大部分。

南滨公园夜景

公园以绿色为生命，以文化为灵魂，以灯饰为特色，建成具有历史文化、巴渝文化特色的新型滨江公园。园内现有全国最大的浮雕及最长的音乐灯饰。

链接

重庆开埠的历史

鸦片战争后，英国政府与清政府于1890年签订了《烟台条约续增专条》，取得了在重庆开埠的特权。重庆开埠后，海关就设在南滨路“峡江开埠”景点附近。峡江开埠景点内现设有西式桥、中式桥，挡墙上嵌有开埠时期的殖民建筑图案、民族资本发展史文字等。1901年，日本在这一带建立租界，为中国西部设立的唯一租界地。重庆开埠的历史，既是一部没有主权的屈辱史，也是一部中西经济文化碰撞和交流的历史。

187道路景观

187道路景观工程路灯、庭院灯、栏杆造型简洁，优美顺畅；全线各个主要部位设有艺术品，如人物雕塑、场景地刻、光廊、石雕等；绿化以公园的模式，创造新的道路绿化理念。

黄葛晚渡

黄葛晚渡内建有以“黄葛晚渡”为主题的浮雕墙，点缀了纤夫、船的部件雕塑及儿童在河滩嬉戏的雕塑，较详细地介绍了南岸渡口及码头的历史文化。

黄葛晚渡公园的音乐广场，看似一艘即将扬帆远行的白船，实为绝佳的江边表演舞台，在那里可以听江涛阵阵，江风习习，看渔火点点。

链接

黄葛晚渡旧貌

传说这里原是一个渡口，有黄桷巨树，夕阳西下，大江浮金万点，小舟飘忽南北，若逢起雾天，天水苍

慈云寺

茫，小舟依稀隐现，令人遐想。长江大桥通车后，舟渡止，但傍晚华灯一线，天堑变通途，车流如织。

海棠烟雨

海棠烟雨公园，长700米，呈月牙状，绿地覆盖率为70%，内有上千种植物，其中加纳里海藻和中东蜜枣是重庆首次引进。景区内还建有具重庆民族风情的浮雕、南岸花木浮雕，刻有大量诗词歌赋。

整个景区由植物带、雕塑群、观景木平台、中心广场、瀑布等组成，公园下层的酒吧一条街更是风情万种。

字水宵灯

景区有两个主题：一是字水宵灯，二是宗教文化。而每到夜晚，船靠江岸，光映水中，万家灯火，高下齐明，下连江水，上接星空，叠山而起，顺流而走，如星月坠地，似渔火簇拥；阴晦时更见波澄银树，浪卷金花，“巴”字流光，时隐时现，若梦若幻，为巴渝十二景之一。景区内建有艺术景墙、广场、假山等景点。宗教文化以放生池、莲花图案铺地等来表现。

玩家解说

据《巴县志》记载：嘉陵江与长江自朝天门合，三折成“巴”字，故谓“字水”。

禹王遗踪

本景区不仅是观赏两江和朝天门码头的最佳位置，也是体验“夫归石”美丽传说的最佳去处。景区有诞子石雕塑、大禹雕塑、大禹治水故事雕塑、脚印地刻等。

龙门浩月

景区在挡墙上塑造表现传说中“龙门浩月”奇妙景象的浮雕墙，墙两侧置若干巨石，并刻有“龙门浩”几个大字等。景区内有鱼及渔网组雕、阳光年代儿童组雕、表演木平台、龙形挡墙等。

慈云寺

有“十万丛林”之称

南岸区玄坛庙狮子山麓　免费

乘坐338、373路公交可到

8:00~18:00

慈云寺位于重庆市南岸区玄坛庙的狮子山上，是国务院确定的汉族地区佛教全国重点寺院，现由佛教界管理使用。慈云寺创建于唐朝，初名观音庙。1927年，慈云法师进行重修，扩建为十方禅寺院，成为全国佛教寺院中唯一僧、尼并有的“十方丛林”。该寺传承法系为临济宗。著名祖师和兴寺大功德者是清乾隆年间的云岩大师。

慈云寺

藏经楼

藏经楼藏有影印宋版《碛砂大藏经》一部计6362册，以及佛教经典、金绣佛挂像、千佛衣、古代指书指画和日本早年出版的全套佛像影画等。

大雄宝殿

大雄宝殿正中供奉的释迦牟尼玉佛，高1.87米，重1500多千克，系中国四大玉佛之一，1931年由缅甸迎来。玉佛前悬挂着四个金刚幢，上面有五色金线盘结粘贴而成的《金刚经》全文。

大殿右厢临江依阁建有楼亭九个，上下两层，四角飞甍翘立，玲珑般的仙桃点缀于绿瓦之上，两根红柱上的白色宝瓶，撑托亭盖，共计18个楼亭，隔江遥望，甚为壮观。

弹子石摩崖造像 ⓧ

长江三峡规模最大的摩崖造像

南岸区弹子石街道集翠村长江边上

位于重庆市区南岸大佛鸿集翠村的长江边上。造像为结跏趺坐的弥勒佛，高7.5米，是长江三峡库区规模最大的摩崖造像，还是我国唯一可以确认的农民起义军政权

链接

龙门浩景观

传说江边有石梁，形如游龙，沿江而卧，斜切江水形成港湾，可停舟船，俗称“龙门浩”。每至洪水消退，浩内水清浪静，浩外波涛汹涌。皓月当空之夜，大江浮光跃金，银星万点；浩湾星月如画，回清倒影，一动一静，相映成趣。江天月色，上下齐辉，堪称奇妙。如此奇妙景色，被誉为“龙门浩月”，早在乾隆二十五年（1760年）就已列入巴渝十二景。

慈云寺

所制作的佛教造像。弹子石大佛为省级文物保护单位。

在弹子石大佛后面的崖壁上建有五佛殿。殿内有一龛明永乐十九年（1421年）凿造的五尊佛像。龛内中央为三佛并坐，分别为释迦牟尼佛的法身、报身和化身像，三佛两侧为骑坐青狮的文殊菩萨和骑坐白象的普贤菩萨。造像刻工精细，具有蒙藏合璧的艺术风格。

玩家解说

弹子石大佛海拔180米以上，三峡库区三期蓄水后，水刚刚淹到大佛座下，人们将有幸看到原样的大佛。弹子石大佛历来被百姓视为天然的洪水标尺，俗称“大佛洗脚”“大佛洗脸”来观测水位高程，这似乎意味着今后的游客可以脸贴脸地注视大佛，它将成为一座天天洗脚的大佛。

重庆黄山抗战旧址群 文

陪都花园

南岸区南山公园路

乘公交384路直达

黄山是见证抗战风云的陪都花园，占地面积约19公顷。抗战时期，蒋介石与宋美龄在重庆住了8年，大部分的时间都在这里度过。其现存有的云岫楼、松厅、孔园、草亭、莲青楼、云峰楼等15处遗址，是迄今为止西南地区乃至全国对外开放的抗战遗址中保护最完好、规模最大的抗战遗址群。

链接

黄山之名的由来

1913年，重庆富商黄德宣从南岸一带购得一片无名的荒山秃岭，修建别墅，培植花园。他去世后，长子黄云阶继承家产，修建宅邸，“黄山”之名由此而来。

重庆黄山抗战遗迹博物馆的13处文物，云岫楼（蒋介石官邸）、草亭（美国总统特使马歇尔旧居）、松厅（宋美龄别墅）、莲青楼（美军顾问团住址）、云峰楼（宋庆龄别墅）、松籁阁（何应钦寓所）、侍从室（蒋介石警卫人员所居住）、周至柔旧居（国民党空军司令周至柔居室）、黄山小学（抗战遗孤学习、生活地）、孔园（孔祥熙的二女儿孔令仪的别墅）、望江亭观景点、防空洞、发电机房。

云岫楼

云岫楼修建于1925年，为中西式三层砖木结构建筑。官邸位于密林中，周围壁崖陡峭，只有前后狭窄石梯相通。道路两旁苍松蔽天，浓荫覆地。

抗战期间，国民政府迁都重庆后，此楼成为蒋介石重要的寓居和办公场所。国民政府在此曾经召开许多重要的军事、政治会议，因此，也成为当时军政要务的重要决策地之一。临窗远眺，既可欣赏群峰争秀，又可洞察山上山下来往的行人。

如今在别墅二楼卧室、办公室、会客室里，分别展出了蒋介石在黄山工作、生活的

重庆黄山抗战旧址群

黄山步道

历史图片和重要文稿等文史资料。

孔园

孔园建于1939年，是当时国民政府行政院长兼财政部长孔祥熙的官邸，又名“孔公馆”。它坐落在花溪河畔的建文峰半山腰，四周有苍松翠竹环抱，环境十分幽静。

“孔公馆”主楼有810多平方米，为一楼一底中西结合式的砖木结构建筑，一侧有地下室三间，整栋别墅总共有22个房间，室内有精美的壁炉。除主体建筑外，还设有警卫室、防空洞、花园、亭阁等配套设施。

松厅

松厅位于黄山主峰东侧山脊上，原是黄云阶旧居，抗日战争爆发后，此处为宋美龄的别墅。

松厅为中西式砖木结构建筑，四周苍松翠柏，枝繁叶茂，正中门额上悬挂蒋介石手书“松厅”横匾，黑底白字，楷书阴刻。秋季时节，门前丹桂怒放，香溢山谷。因周围松林拥抱，浓荫蔽日，得名“松厅”。

草亭

草亭因屋顶最初铺盖进口茅草，隔热保暖，冬暖夏凉，故得名草亭。

草亭原是蒋介石接待贵宾之地，蒋先生长子蒋经国及侍从室主任张治中等要人曾在此居住。1945年美国总统特使马歇尔将军来渝后下榻于此，故又称马歇尔别墅。

莲青楼

莲青楼建于20世纪30年代，为富商黄云阶私产，因楼前建有莲池而得名。

该楼建于山坳平地，坐北朝南，一楼一底带屋顶阁楼，为一中西合璧式建筑，华丽壮观且最具西洋特色。楼前池水清澈，莲花盛开，锦鳞游泳，四周林木茂密，芳草青青。抗战期间，美军高级顾问团在此居住，是黄山陪都遗迹重要建筑之一。

云峰楼

云峰楼是抗战期间蒋介石为孙中山夫人宋庆龄准备的寓所。建于20世纪30年代，位于黄山东南侧的小山坡上，与松籁阁遥相对望。云峰楼为一栋别墅建筑，这里可观东方日出，西方落日，览黄山浅谷胜景，令人心旷神怡。

松籁阁

松籁阁又称“何楼”，是抗战时期国民党军政部长何应钦的办公及寓所地。位于黄山主峰东南侧的小山坡上，地势较高可鸟瞰黄山浅谷，眺望南山。此楼效仿日式风格，与云峰楼遥相呼应，风格各异。门前还有一呈月牙形的“听松台”，据说当年为何应钦练太极之处。

链接

条条步道上南山，南岸登山步道大盘点

1.最具人气——黄葛古道；2.看得最远——指月峰步道；3.最险峻——龙脊山步道；4.最幽静——春天岭步道；5.最鲜为人知——慈母山步道；6.最有情趣——清水溪步道；7.最清幽——涂山步道；8.最“森林”——白耳山步道。

洋人街

欧式风情街

南岸区的弹子石附近

可乘坐315、318路公交到达　免费

洋人街濒临长江之滨，风光宜人，欧美风情，洋人街的建筑大体可以分为两个部分。欧洲风格：欧式的小楼，欧式的教堂，欧式的餐厅；另一个不容忽视的部分就是坐落于园心的中国古典建筑群：江南小楼，亲王府，清明上河图，还有一座古色古香的寺院。

洋人街游乐园

在洋人街游乐园可体验各种刺激娱乐设施。作为一个游乐园，洋人街有丰富的游乐设施。这儿的大摆锤，摆的幅度极高，非常惊险刺激。还有云霄飞车、急流勇进、鬼屋等游乐项目。这里也专门为儿童开辟了一个大型的游乐场，非常适合与家人一起前来游玩。

洋人街

玩家攻略

在洋人街，还能够尝到最正宗的欧式咖啡、最地道的日本寿司，还有美味的比萨，当然也能看到精彩的印度甩饼表演。

创意露天厕所

凡去过洋人街的人，必定都要亲身去体验一下迄今为止世界上最富创意的厕所，那数十根希腊爱奥尼式的廊柱和欧洲中世纪风格的堡墙联袂构造而出的方便空间蜿蜒而上，绵延于半坡数百米，极目所至，恍然身在罗马。这种经历只需一次，恐怕就令人终生难忘。

外观为狮身人面像造型、四周修建如古老欧式城堡的“世界最大厕所”全部用炭灰、泥沙等环保材料制成，共分4层。它象征着人们越来越开放的思想观念，同时也是向中国根深蒂固的封建思想的挑战，具有巨大的象征意义。

慈母山温泉

可以直接饮用的天然水温泉

南岸区鸡冠石岩口村

从南坪坐到弹子石方向的公交车，在到弹子石前一个站大石坝的三岔路口下，然后转乘385路公共汽车，“温泉”下车即可

慈母山温泉已开发出两眼泉井。一眼为饮用型天然矿泉水井，井深647米，枯水期的日开采量为500吨，属钙、镁型含锶天然矿泉水。另一眼为医疗热矿泉井，水温40℃，系偏硅酸氟锶型医疗矿泉，极具医疗保健价值。温泉浴室从建筑到装饰均具有浓郁的西方风格，浴室外有一座大型钟楼，文化城内设有客房、泡池、泳池、健身房、乒乓球室等，服务功能齐全。

景点推荐 重庆动物园一带

重庆动物园 AAAA

濒危动物的保护、繁殖基地

九龙坡区杨家坪

40元

可乘坐148、204、207、226、962等多路公交车到动物园站下车。也可乘坐轻轨2号线，到动物园站下车

68422285

重庆动物园始建于1953年，占地约7公顷，园内山峦绵亘起伏，自然风光清新绮丽，常有展出动物230余种，6000余只，是国内大型的城市动物园之一。

重庆动物园是大熊猫、小熊猫、华南虎等濒危动物的保护、繁殖基地。园内有羚羊馆、大象馆、长颈鹿馆、熊猫馆、猩猩馆、濒禽馆、缩景园和综合性茶园等。

重庆抗战兵器工业旧址群 文

中国人民抗日的重要实物遗址

九龙坡区谢家湾街道黄家码头社区

重庆抗战兵器工业旧址群是中国人民抗击日本法西斯的重要实物遗址。它由开凿于张家溪面临长江之崖壁上的116个岩洞组成，其中9个装配车间，107个生产洞，总面积21001平方米。岩洞高4至5米，最高10米左右，深30至50米不等，岩洞之间逐个相通，以编号为序。离最大一个岩洞100米处，开凿有一条高6米的隐蔽隧道直通长江边，用于运送兵器产品。该遗址群现存较为完整的岩洞

玩家 解说

1937年抗日战争爆发，日军大举入侵中国，国民政府宣布"移驻"重庆。为适应抗战局势的变化，国民政府军政部将所属兵工厂、军事院校、研究所大量向云、贵、川等地转移，战时"首都"重庆担负起兵器制造中心的历史重任。

1938年，国民政府兵工署迁到重庆，对军工生产进行调整改组，形成了新的兵工生产体系。重庆鹅公岩抗战兵器工业生产群，就是这一时期的"汉阳兵工厂"搬迁到重庆后的一个生产基地，当时为21兵工厂1分厂。汉阳兵工厂的前身是"湖北枪炮厂"，由晚清"洋务运动"代表人物张之洞创办，民国初年改名为"汉阳兵工厂"。

1939年迁到重庆鹅公岩后，生产马克沁重机枪、捷克式轻机枪、82毫米迫击炮和汉阳造步枪。

1942年7月，改生产中正式步枪及其他陆军轻武器。抗战期间，该厂生产的各类武器，源源不断地运往抗战正面战场，为抗战的胜利发挥了重要作用。

抗战胜利后，1946年3月，该厂奉令结束兵器生产，员工及机器设备、半成品等作相应调配，仍隶属第21兵工厂。

1949年11月重庆解放，重庆军事管制委员会接管该厂后，改名为"国营建设机床厂"。几十年来，该厂发展成立建设工业集团公司，为新中国的国防工业和经济建设做出了巨大贡献。

重庆动物园一隅

有14个，面积8213平方米。

"重庆抗战兵器工业旧址群"是抗战时期以重庆为中心的兵工生产基地，这些重庆兵器工业旧址支撑了长期抗战，为西南大后方的经济建设与兵工人才培养做出了贡献。

巴国城 AAAA

全面展示巴文化的魅力

九龙坡区红狮大道

巴国城是一个千年古城门。城门修建于汉唐时期，清朝时期进行过大规模的修复。巴国城占地约23公顷，是重庆唯一纯商业大型宫廷建筑的生态旅游古城，是巴文化教育基地、研究基地、传播基地，是一个集文化、观光、旅游、休闲、餐饮、娱乐、商务、会议等众多功能为一体的商业项目。

华岩风景区 AAAA

巴山灵境

九龙坡区华岩乡大老山

8:00~18:00

市内乘坐203、428等多路公交均可到达

华岩寺风景区由华岩寺、华岩洞、华岩湖三部分组成，集青山、绿水、古刹、金佛于一身，自然环境幽美，庙宇建筑精美，自古就是游览胜地。

华岩寺历史悠久，乃蜀川名刹、西南"十大丛林"之一，有"巴山灵境"之称，是重庆市级文物保护单位。景区内古刹、佛塔、石刻、雕塑、古桥等人文宗教遗址俱全，景色清幽，颇有禅意，其中"曲水流霞"被列为重庆小十景之一。

1937年华岩寺创办华岩佛学院，2005年5月，经国家宗教事务局批准的西南地区唯一

的高等宗教院校——重庆佛学院在景区内正式挂牌。

华岩寺

华岩寺又名花岩寺，因山岩有洞有泉，雨时涧泉从洞顶飞溅而下，状如散花，故古人以花岩为洞名。

寺院分大寺、小寺两部分，前后共有15个天井，规模宏大。华岩寺的建筑元素处处体现出佛文化的特点。庙门两旁的石雕雕刻的是佛经故事，就连石头栏杆上的雕花也雕刻的是“禅”字。一来到这里，浓浓的佛文化气息便扑面而来。

大寺殿堂建筑系传统庭院式砖木结构建筑群；分为前、中、后三殿堂，即大雄宝殿、圣可祖师堂和观音堂；寺左侧为接引殿；大雄宝殿内的十六尊者木浮雕，为寺院所少见，寺内还珍藏有印度玉佛及铜、玉、石、木、泥雕像及大金塔模型等；小寺即华岩洞，与大寺隔湖相望，为华岩寺之祖庙。

玩家解说

华岩寺岩高百丈，形状像笏，寺内外松竹修茂，十分幽邃，有天池夜月、万林松涛、远梵霄钟、疏林夜雨、双峰耸翠、古洞雨声、曲水流霞、寒岩喷雪八景驰名于世，诗情画意，妙景禅机，蔚为大观。其中“曲水流霞”被列为重庆小十景之一。

华岩洞

华岩洞即华岩寺小寺，与大寺隔湖相望，为华岩寺的祖庙。华岩洞是华岩寺的祖庙，此处岩高百丈，岩下古洞天成，依势而建，坐东朝西，分为两段，以石阶相连。洞庙飞檐高耸，腾跃于云雾之中，蔚为奇观。尤其上段右侧岩壁上的摩崖石刻“有龙则灵”四个大字，苍劲雄浑，至今完好无损，十分壮观。

延伸

洞天福地牌坊

在通往华岩洞的小路上，有一座古朴凝重的石牌坊，建于清同治三年(1864年)，为四柱落脚、石凿榫卯结构。柱基宽大呈长方形，坊柱方形，各有两个石雕护脚，每个护脚上立有直径92厘米的石鼓一面。石牌坊正面凹刻“洞天福地”四个红色大字，题款“容齐恒保题并书”，背面凹刻“智光重朗”，题款“同治三年孟冬月”。此牌坊屹立于华岩八景“曲水流霞”处，周围绿树掩映，连接幽曲石径，景色十分秀丽。

链接

华岩建寺

传说唐朝佛教极盛时期，便有僧人在华岩古洞依岩建庵，礼佛诵经，寺称“湫溢寺”。世事变迁，几经兴废，明万历丁亥年，本地乡绅杨益邀寓居于此的泸州僧人无权大师一道募化善资，重修栋宇，再塑金身，寺院规模初成。

康熙己酉年四月八日浴佛节，杨继芳居士将位于待漏山的自家宅基地捐为寺址。在杨继芳居士的带动下，一时善男信女纷纷捐资献金，襄赞修庙，历时8年终于建成，寺称“华岩禅寺”。

□ 华岩湖

华岩湖细长蜿蜒，更像是一条河流。两岸青山葱茏，湖面波光粼粼，白鹭翩翩飞舞，水鸟悠然游弋，生态环境极佳。蓝天白云下，寺庙的金顶从绿树中星星点点地露出，再倒映在湖中，自然而和谐，更显庄重神圣。

□ 金佛

释迦牟尼佛金像，被誉为全国第一露天金佛像，总高24.6米。佛像身高16米，严格按照《佛说度量经》所载“三十二相”和“八十种好”的法相塑造，相貌庄严，慈眉善目，不怒而威；在佛像最下面的石台叫做须弥座，高4.6米，须弥座来源于“须弥山”，也就是喜马拉雅山，意思就是佛祖坐在世界的最高峰，所以他的思想达到了最高境界；上有6面石壁雕刻，描绘的是释迦牟尼生平6个传说故事；须弥座的上面就是莲花座，共有88个金色花瓣，高4米，释迦牟尼佛结跏趺坐在莲台上，右手施无畏印、左手为与愿印，所以佛祖法力无边，能够满足众生的一切愿望。在佛祖的胸口上还有“卍”字符。

佛像前有四级台阶，每级九步，也是按照佛教经意设计创作，充满了佛教的氛围。每一级的台阶中间都用汉白玉雕刻有象征吉祥如

华岩湖

意、镇凶避邪的“狮子、仙鹤、九色鹿、大象”等传说故事浮雕图案。在佛像的正后方有五根柱子，叫做“经幢”，表示佛的威严，也代表这里是佛的道场。经幢上刻有《金刚经》，《金刚经》是大乘佛法中的精髓，也是在中华文化历史上影响很大的一部经书。

玩家 解说

“跏趺”是佛教徒的一种特殊坐法，就是盘腿而坐，脚背放在大腿上，如果是左脚压右脚，那就是“吉祥坐”；而右脚压左脚就是“降魔坐”。

“卍”是上古时代许多部落的一种符号，在古代印度、波斯、希腊、埃及、特洛伊等国的历史上均有出现，后来被古代的一些宗教所沿用，最初人们把它看成是太阳或火的象征，以后普遍被作为吉祥的标志，随着古代印度佛教的传播，“卍”字符也传入了中国，这个字梵文的意思是“吉祥海云相”，也就是呈现在大海云天之间的吉祥象征，它被画在佛祖如来的胸口，被佛教徒认为是“瑞相”，能涌出宝光，可以集天下一切吉祥功德。

七步荷塘

七步荷塘位于华岩湖畔，开辟大小荷花池共7个，占地约2公顷。华岩旅游风景区是重庆市的荷花生产展示基地，景区内荷花品种繁多。每到仲夏之时，景区都要举办盛大的荷花展。

龙门阵旅游度假区 AAAA

重庆的方特欢乐世界

九龙坡区半山环道　120元

乘203、428路公交可到

龙门阵国际旅游度假区由加拿大FORREC公司进行规划设计，有“龙门阵·魔幻山”“龙门阵·水魔方”两大主题乐园，是重庆设施最先进的现代主题乐园，也是中国唯一一座将本土文化与国际顶尖游乐设备完美结合的“中国人自己的主题乐园”，融参与性、观赏性、娱乐性、趣味性于一体。

龙门阵·魔幻山

龙门阵·魔幻山将巴渝传统民俗文化与先进的游乐设备完美结合。乐园拥有众多国际先进游乐设备：中国首台多维翻滚设备——“波浪翻滚”；中国首台叠加式旋转游乐设备——“磨盘飞车”；中国首台爪式大摆锤——“雷霆魔爪”等数十个老少皆宜、丰富多彩的游乐项目。

龙门阵·水魔方

龙门阵·水魔方是一处以魔幻“水”文化为主题的大型水上主题乐园。乐园拥有水上过山车等众多国际顶尖戏水、休闲设施：全亚洲最大的海啸冲浪，让上万人同时激情狂欢；一万平方米全国最大的真沙海滩，可足不出户尽享黄金海岸风情；国内首台水上过山车，极速冲刺滑道、四并列高速竞赛滑道、大浪摆等，充分领略海上惊险。更有少数民族风情表演、海盗大巡游、滑板冲浪秀等精彩互动。

链接

荷花的佛缘

相传释迦牟尼佛一降生便会走路，每走一步，脚下便生出一朵莲花，一共走了七步，被称为“七步莲花”。“七步荷塘”便因此而得名，荷花也就与佛教结下了不解之缘，荷花的装饰图案在寺庙里随处可见。因为荷花的“出淤泥而不染，濯清莲而不妖”，所以平常百姓也是对荷花情有独钟。

荷花

景点推荐

歌乐山·磁器口

歌乐山 AAAA

红色记忆的承载

沙坪坝区歌乐山森林路

免费

乘坐278、280等路公交可到

歌乐山属缙云山的一支余脉，因“大禹会诸侯于涂山，召众宾歌乐于此”而得名。有马蹄井、龙泉井、聪明泉、巴文化雕塑长廊等众多融入神话传说充满灵气的巴渝人文景点；有“歌乐灵音”“云顶烟云”“狮峰幽岩”等几十处秀美清幽的自然景观，历来为巴渝游览胜地。历代文人骚客、达官名士都爱到此探幽览胜。

歌乐山风景区由主峰中心景区、蒋介石官邸“林园”和重庆烈士陵园三个景区组成。山脚下的烈士陵园景区有中美合作所、白公馆、渣滓洞等历史遗迹，这一景区纵横10多千米，其中很多都是全国重点文物单位。

链接

歌乐灵音

歌乐山中，最负盛名的当数歌乐灵音。所谓的“灵音”，就是风动谷应，涛声渐起，由远及近的悠鸣声。风小则鸣音微弱，风劲则涛声大作，若遇暴风骤雨，则风松齐鸣，水石相击，堪称大自然最为奇绝的交响乐演奏。清代，歌乐灵音被评为巴渝十二景之一。狮子峰是聆听歌乐灵音的最佳去处，其下还有清末西北将军鹿仲麟的旧屋遗址可供参观。

歌乐山森林公园

歌乐山森林公园位于沙坪坝区，距重庆市中心16千米，是国家4A级景区，2003年被

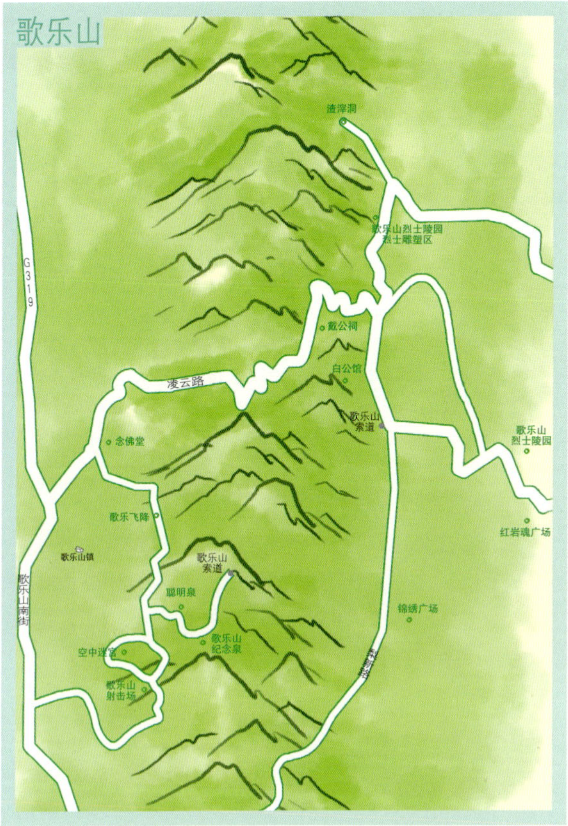

评为国家森林公园和重庆市体育主题公园。歌乐山森林公园以山、水、林、泉、洞、云、雾等自然景观和“清丽、幽深、古朴、旷达”的风格被誉为“山城绿宝石”，是重庆除南山之外的又一个“天然大氧吧”。

链 接

歌乐山“道”

歌乐生态登山道：歌乐山风景区6条“歌乐生态登山”线路总长度约2000米，分布于歌乐山观光索道沿线、烈歌路及歌乐山国家森林公园内。有专为儿童设计的“成长阶梯”，有以爱情为主题的“同心道”，有围绕歌乐山美丽传说的“仙乐峰登山道”，有感悟人生的“人生路”……每条道都设置了指导游人科学登山的标牌，每条道都赋予了独特丰富的文化内涵，使游人在登山过程中既强身健体，又愉悦身心。

歌乐山观光索道：是重庆市第一条旅游观光索道。它直接通向素有“渝西第一峰”之称的歌乐山主峰——云顶峰，索道长900余米，运行速度约1米/秒，全程共需时间17分钟。人们坐在索道吊篮上即可观赏满山葱郁繁茂的森林风光，又可俯瞰嘉陵江及沙区、江北区、渝中区城市景观。

◘ 林园

林园是抗日战争时期国民党政府主席林森的官邸，位于歌乐山双河街。1945年8月28日，毛泽东从延安飞赴重庆参加国共谈判。蒋介石于当日晚邀毛泽东、周恩来、王若飞至林园，为其接风摆宴。毛泽东等当晚宿于林园2号楼。29日清晨，毛泽东在花园散步，于小礼堂前林荫处与蒋介石不期而遇，两人便就近在一张石桌边对坐交谈，毛泽东等于30日离开林园。

玩家 解说

1937年11月国民政府内迁重庆，次年11月，蒋介石抵渝。时任国民政府军事委员会侍从室第一处主任的张治中，为确保蒋介石、宋美龄住所安全，选定山洞双河桥、万家大坝一带修建蒋宋郊外官邸。后赠给国民政府主席林森，改名林园。林森在1943年因车祸去世后，蒋介石迁入，林园成为蒋介石郊外别墅之一。

◘ 歌乐山烈士陵园

重庆歌乐山烈士陵园，修筑于原“中美合作所”集中营旧址，地处重庆市西北郊的歌乐山下。进入陵园的大营门，首先映入眼帘的是原“中美合作所”阅兵场。昔日的阅兵场，现为一条美丽的绿化带，大型浮雕《不朽》坐落在阅兵场的东部。浮雕北面是陈列总馆，基本陈列为“中美合作所”集中营史实展，以490张图片、108件实物和“一·一”“二·七”大屠杀半景画，详细披露了国民党军统集中营和中美特种技术合作所黑暗凶残的内幕，生动翔实地介绍了众多革命先烈为新中国的建立前仆后继、英勇不屈的斗争事迹。

渣滓洞

渣滓洞位于重庆市郊歌乐山下磁器口、五灵观一带，原为人工采煤的小煤窑，因煤少渣多而得名。它三面环山，一面临沟，地形隐蔽。1938年起，这里被国民党特务机关改造成秘密监狱，专门用来关押和迫害革命者，许多可歌可泣、英勇悲壮的事迹便发生在此。

渣滓洞分内、外两院，内院有一楼一底的男牢16间，另有两间平房做女牢，外院为特务办公室和刑讯室。新中国成立前夕，国民党特务纵火焚烧了渣滓洞，仅逃出15位被囚禁的革命者，其余皆不幸牺牲。

红色文艺作品《烈火中永生》《红岩》《江姐》等均是以此为原型。

玩家解说

为了从精神上瓦解革命者的斗志，特务们特意在渣滓洞内院墙上写“青春一去不复返，仔细想想，认明此时与此地，切莫执迷”“迷津无边，回头是岸”“宁静忍耐，毋怨毋忧”的标语。外院墙上写有训示特务的标语“长官看不到、想不到、听不到、做不到的，我们要替长官看到、想到、听到、做到”等标语。

白公馆

白公馆原为四川军阀白驹的郊外别墅，1939年军统特务头子戴笠为审讯、关押的保密性起见，将其选中为军统局本部直属看守所。院内墙上写有“进思尽忠，退思补过”“正其谊不谋其利，明其道不计其功”等标语。

白公馆

公馆是一处使后人缅怀英烈并为之扼腕叹息的革命遗迹，这里曾关押过军统认为“案情严重”的政治犯。

这是一幢灰色的楼阁式建筑，隐匿在山间，粉墙灰瓦。

厚重的墙面上只有狭窄的小窗口，以供通风，整座建筑异常坚固。

作为看守所，曾经有很多革命烈士在这里牺牲，著名的革命少年“小萝卜头”的故事就发生在这里。

歌乐山烈士陵园

1943年“中美合作所”成立后，白公馆曾改为来华美军人员招待所，到1945年又作为“特别看守所”重新关人。至新中国成立前夕，关押的除息峰监狱撤销后转移来的“政治犯”，如黄显声、许晓轩等20余人外，还有重庆行辕二处第二看守所寄押的刘国志、周从化、周均时、张泽后等30人。

链接

狱中八条

白公馆的烈士遗书——红岩“狱中八条”：一、防止领导成员腐化；二、加强党内教育和实际斗争的锻炼；三、不要理想主义，对上级也不要迷信；四、注意路线问题，不要从右跳到“左”；五、切勿轻视敌人；六、重视党员特别是领导干部的经济、恋爱和生活作风问题；七、严格进行整党整风；八、惩办叛徒特务。

重庆红岩魂广场

烈士精神永放光芒

✉ 沙坪坝区童家桥正街附近

🚌 从市区乘坐轨道交通1号线可到

重庆的“红岩魂”广场，是全国第一个以烈士精神命名的广场。1999年，在纪念“11·27”革命烈士殉难50周年之际，重庆人民在原“中美合作所”阅兵场的基地上修建而成。

广场分为瞻仰区和纪念区两个部分，一座宽21米、长18米的人行桥廊凌空架设，将

红岩魂广场

两个部分上下贯通，浑然一体。广场气势恢宏，格调沉稳。

玩家 解说

瞻仰区主题为“浩气长存”的赤色花岗石烈士群雕耸拔入云，伟岸雄奇，犹如镶嵌于万绿丛中的巨型红宝石，体现出“在那青翠的歌乐山颠仰望黎明”的意境，瞻仰区的顶端是覆斗形的“11·27死难烈士之墓”。与此相呼应，还有烈士诗文碑林和《血与火的洗礼》大型壁画。

广场纪念区西端有一水晶汉白玉砌成的碑体，上面镌刻着邓小平题写的“重庆歌乐山烈士陵园”，纪念区中轴线外两侧列有18根花岗石纪念柱，柱顶红梅怒放，取形“牢破梅开”，挺拔的柱身象征着烈士们不朽的人格，柱壁四边镌刻有烈士的遗诗遗言。轴线收头的广场东端，《不朽》浮雕墙衬托着刻有《红梅赞》词曲的喷泉音乐壁，与瞻仰区的烈士群雕遥相呼应，寓意时间虽在不停地流逝，但红岩英烈的精神却凝固在历史的长河中。

巴文化雕塑区

将古老巴文化引向大众生活

沙坪坝区歌乐山风景区

重庆是古代巴国的首都，在这里，巴族先民创造了独具特色的古代文化，属于中华民族古代文化的重要组成部分。巴文化雕塑区旨在把这段文明从史料和博物馆中引出来，进入大众空间。

巴文化雕塑区在取材上尽可能搜寻能代表巴文化特征的史料、神话。大型浮雕《巴人之舟》取材于《世本·氏姓篇》，是史学界较为肯定的关于巴人种族来源的古史传说。大型雕塑《栈道文明》集中地表现了古代巴人开凿栈道的艰辛和伟大。大型浮雕《祭奠》取材于巴蔓子将军和巴族独特的丧葬民俗，在高高的悬棺之下，跳丧舞蹈宣泄着巴族宏大的生死观和巴蔓子将军刚烈之精神。

雕塑区在构成上造成强烈凝重的原始文化氛围。雕塑手法粗犷豪迈，充分表现了巴民族开拓向上的精神。

融汇温泉

集多种功能于一身

沙坪坝区汇泉路6号

融汇温泉城总营业面积3万余平方米，是国内唯一一个集露天温泉、室内水疗、温泉水乐园及SPA于一体的城市休闲温泉项目。该温泉日出水量约4800立方米，出水温度53℃，富含偏硅酸、偏硼酸的氟、锶医疗热矿水成分，属硫酸钙泉质，对皮肤、神经系统及运动系统等疾病具有较高的辅助疗效，极具医疗、保健及美容价值。

室内温泉馆

3000平方米的室内温泉水疗中心，让您尊享最纯正的温泉养生之道，身心得到彻底放松和呵护。馆内的会员专属服务区，保健理疗室、阳光SPA房、香熏房、茶艺室、棋牌室、台球、乒乓球、游戏厅、网吧以及配备200余个智能躺椅的休息大厅，2300余个男女宾更衣柜等配套设施功能齐备，让您尽享活力与梦幻的温泉之旅。

动感水乐园

8000平方米的动感水乐园，集趣味性、娱乐性于一体，将水的乐趣发挥到极致。儿童戏水天地、水上迷宫、高速滑道……让游客尽情释放热力与激情，共享美好时光！

特色养生

泉内设置了养生理疗/SPA、养生餐厅、养生系列汤池。

养生理疗/SPA：养生理疗/SPA传承传统中医推拿文化，结合现代养生理疗概念，打造传统与时尚相辅相成的高品质养生理疗与SPA项目，并设养生理疗房32间、特色阳光SPA房10间。

养生餐厅：养生餐厅遵循四季养生的规律，结合中国特色膳食养生之道及多元素新理念，打造独具特色的养生滋补系列菜品，使保养、调养及颐养从养生餐饮中体现出极致魅力，并设拥有豪华餐饮包房、雪茄吧、红酒吧、书吧及专属休息区的600平方米会员区，以及拥有大型宴会厅、养生包房、世界风情自助餐厅，可同时容纳300余人用餐的1000平方米温泉餐厅。

养生汤池：养生汤池融合传统中医药浴疗法和国际时尚的芳香疗法，在温泉池中加入精心调配的中草药、精油等原料，形成各具疗效的特色温泉浴。

链接

融汇温泉城

融汇温泉城总规划面积达近200万平方米，其中温泉及商业休闲旅游部分达近50万平方米。作为国际温泉城的第一期项目的“融汇温泉”，内设全国最大的3000平方米的室内温泉水疗馆、温泉养生餐厅，2万平方米室内休闲空间、1万平方米户外温泉区、

融汇温泉

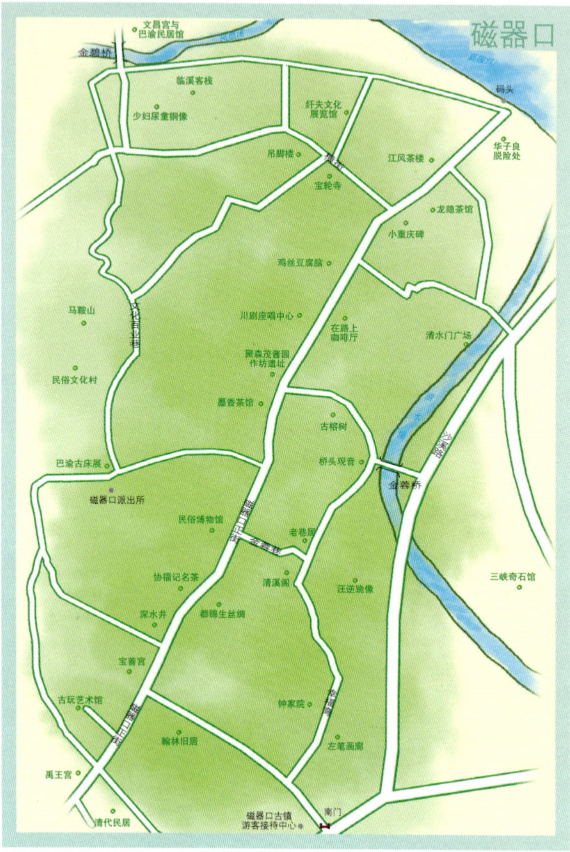

8000平方米动感水乐园在重庆市也是首屈一指。

融汇温泉城项目总用地面积83万平方米，总建筑面积196万平方米，预计投资约70亿元人民币，是重庆主城核心地区少有的超大型温泉项目、重庆“五方十泉”中投资规模最大的项目。融汇温泉汇聚旅游、商业、休闲、娱乐、餐饮、购物、运动、养生等多元业态，致力于打造成为“国内一流、国际领先”的综合性温泉旅游项目，引领“温泉之都”的建设和发展、有效地提升城市形象、完善城市功能，持续地促进区域经济增长和就业需求，创造领袖级的温泉生活样本。

磁器口古镇 AAAA

千年古镇

沙坪坝区磁器口　免费

乘坐220、224路公交可到

磁器口古镇，是重庆20多个古镇中唯一坐落于主城区的一个。磁器口古镇原名龙隐镇，因出产瓷器而得名。1918年，当地商户在青草坡创建了“蜀瓷厂”开始用新工艺生产瓷器。蜀瓷质地良好，品种繁多，随着名气的变大，磁器口之称渐渐取代了“龙隐镇”而成为该地的新地名。

磁器口古镇共有12条街巷，建筑大多是明清风格，地面以青石铺就，因此“一条石板路、千年磁器口”是古镇的真实写照。由于山城重庆地形的缘故，古镇的街道分为有重庆特色的正街和横街。沿街各色店铺众多，棉花糖、捏面人、川剧表演、茶馆……林林总总，目不暇接。作为嘉陵江边重要的水陆码头，曾经“白日里千人拱手，入夜后万盏明灯”，繁盛一时，被誉为“小重庆”。那千年不变的浓郁淳朴的古风，承载着巴渝文化的厚重，依然在嘉陵江边延续着。

玩家解说

磁器口昔有“三多”：庙宇多、名人足迹多、茶馆多。

毛泽东、周恩来、蒋介石、冯玉祥、丁肇中、徐悲鸿、丰子恺、马寅初、罗家伦等众多名人曾留足其间，在国际国内形成了深远影响。在古镇磁器口最有特色的一景是茶馆。昔日在这千年古镇，随处可见茶馆。当年的水手、袍哥大爷、闲杂人等都喜爱出入此间，茶馆成了龙蛇混杂之地。直到如今，茶馆仍是磁器口一景，百米来长的老街便有13家茶馆，家家茶客满座，古风犹存。

玩家指路

磁器口古镇距沙坪坝3千米，乘坐出租车起步价内即可到达；乘中巴车和220路公交车十分钟可到达古镇，车费1元。北碚方向游客，可在童家桥下车，从金蓉门进入古镇。江北、南岸、九龙坡、渝中区到沙坪坝交通极为方便，乘坐大巴、中巴、出租车均可。

翰林院

翰林旧居"一门三举子，五里两翰林"，磁器口翰林院原为鲤鱼石学舍，清末有一家姓孙的在此办学授课。其后人在此读书，考中三个举人。另有学生黄钟音、段大章中进士等，授翰林院编修，故有"一门三举子，五里两翰林"之说。

宝轮寺

宝轮寺背依白岩山，面对嘉陵江，建于宋真宗咸平年间（998—1003年），至今已有1000年的历史，为重庆市最负盛名的佛教名刹之一。传说建文帝朱允炆在"靖难之役"后辗转流落到磁器口避难时，曾在此隐居，又称为龙隐寺。宝轮寺在明朝曾有两次大

宝轮寺大雄宝殿

宝殿建于明宣德七年（1432年），屋顶脊饰起翘，雕梁画栋，古朴精致。

大殿占地面积400平方米，建筑占地约250平方米，面阔三间，系重檐歇山式。

大殿系全木结构，建筑内外不用一钉，而仍牢固如初。

大殿对采光、挡风、排烟均有独到设计，殿内采光均匀，外面风雨不能入殿，殿内佛香烟尘都能排出殿外，堪称绝妙。

上下两檐均施斗拱，角檐翘升，屋顶由黄釉筒瓦覆盖，饰脊兽。

修，可惜在明末毁于战火，只有大雄宝殿至今保存完好。

巴渝民居馆

巴渝民居馆内浓缩着磁器口古镇建筑的精髓，通过木、石、砖的建构，形成围合的空间与恬静的院落。

文昌宫

文昌宫磁器口辖区是九宫十八庙的圣地。香火最旺的庙数宝轮寺，道观中最热闹的就是文昌宫。磁器口民谣：歌乐灵音寺，龙隐凤凰台，渠涪文昌水，石马桂花香。

深水井

深水井是古镇保存完好的明代古迹之一，相传明建文帝辗转流落到磁器口时，为躲避官府追捕，曾于枯井中藏身，饥渴难耐之时，井中突生甘泉，饮后饥渴顿消，脱险后到磁器口的宝轮寺出家隐居。故乡人们称其为“生水井”“僧水井”。后误为“深水井”，世代相沿流传至今。

金色蛋糕梦幻王国

重庆版的“欧洲小镇”

大渡口区凤祥路123号

金色蛋糕梦幻王国占地约133公顷，由中央工厂、中央广场、游客中心、欧洲小镇、博物馆、旗舰店、梦幻生态园、购物休闲中心等组成。游客可以参观现代化中央工厂、蛋糕DIY、真人CS镭战等，是集旅游观光、康体娱乐、科普教育、亲子乐园、实作体验于一体的特色文化旅游景区。

华生园内欧式建筑物错落有致。欧式建筑的风情小镇，小镇曲折蜿蜒，建有欧洲中世纪的教堂、塔楼、文艺复兴时期的宫殿、别墅、罗马城堡、瑞士有顶小桥、意大利碎石小道、欧式建筑的博物馆、极品展示中心。其建筑风格各异，墙内外的浮雕壁画、雕塑美不胜收。

宝轮寺

攻略资讯

- 交通
- 住宿
- 美食
- 购物
- 娱乐

交通

飞机

重庆江北国际机场简称江北机场，位于重庆市郊东北方向21千米的渝北区两路镇。江北机场是西南地区三大航空枢纽之一，也是国家大型枢纽机场、中国十大机场、世界百强机场。机场发展目标为成为世界一流、亚洲领先的大型商业门户枢纽，将重庆江北国际机场打造成为最受公众欢迎的机场、旅客中转的首选机场、科技与人文完美结合的典范机场。

机场交通：

机场大巴车运行线路为机场—上清寺，全长28千米，行驶时间约40分钟，停靠站点为：

1.机场—上清寺：机场—加州车站—外贸大厦—上清寺，发车时间为每日第一个航班到达时，到最后一个到达航班截止。

2.上清寺—机场：上清寺—加州车站—机场，发车时间为6:00～21:00，每半小时一班。

重庆轨道交通3号线已经于2011年12月30日开通至江北机场。

此外，重庆还有万州五桥机场和黔江舟白机场两个民用机场。

重庆江北国际机场

火车

●重庆站

重庆站位于中央直辖市重庆渝中区菜园坝，是重庆铁路枢纽三个主要客运站之一，于1952年7月1日建成启用。接入线路有渝黔铁路、成渝铁路及襄渝铁路，今后将作为成渝高铁起讫站。

车站濒临长江，与菜园坝长江大桥相邻，有轨道交通1号线、3号线通达。

●重庆北站

重庆北站，俗称龙头寺火车站，位于中央直辖市重庆渝北区龙头寺，是重庆三个主要客运站之一，目前重庆使用中规模最大的铁路客运站，属特等站。

重庆北站建成于2006年，位于渝怀铁路上，由于位于重庆沙坪坝的沙坪坝火车站在此站启用之前原名为“重庆北站”，故当时不少市民将这两个车站混淆，于是原来的老“重庆北站”更名为“沙坪坝站”。车站目前开通有重庆到武汉的精品旅游动车专列“奉节”号（D2278次），全程7小时16分，这一专线将极大地推动重庆旅游业的发展。

●重庆南站

重庆南站原名九龙坡站，位于重庆市九龙坡区。另外，每天还是有部分客运业务办理。现有往返内江和遵义的对开列车：5629次普快，重庆南到遵义。

水运

重庆拥有得天独厚的黄金水道——长江。三峡工程竣工后，万吨级轮船可以直达重庆港。重庆寸滩国际集装箱港是目前国内内陆航运最大港口。同时万州港和涪陵港在重庆水运体系中也占有重要位置。重庆的水运，顺长江东行，万吨级的轮船可顺江至武汉、南京、上海等地，以及沿海城市。逆长江西行，1000吨左右的轮船可到四川宜宾。较小轮船沿嘉陵江北上，可至重庆合川、重庆潼南、四川南充、四川广安等城市；经长江从重庆涪陵入乌江，向南能通航到重庆武隆、重庆彭水，直至贵州境内。

汽车

公路路网四通八达，交通十分便捷。众多各式各样、形态各异的桥梁沟通长江南北，天堑变通途，成渝、上界、渝长及环城高速公路横贯境内；从解放碑到大渡口的高架轻轨横穿区内。新建了大件路、杨家坪环道、华龙大道等城市道路，改建了白彭高等级公路和金马路、白走路、含金路等一批乡镇主干公路，初步形成以高速公路和华福路为骨架的“一井、一环、八通”的公路路网结构。

●重庆菜园坝汽车站

重庆菜园坝汽车站位于重庆市渝中区菜袁路6号。主营线路：遵义、贵阳、永八线（永川、铜梁、江津、大足、璧山、丁家、荣昌、潼南）、自贡、南充、达州、内江、隆昌、宜宾等。

●重庆汽车站

重庆汽车站位于重庆市渝中区菜袁路，为一级车站，全市各地有多个汽车售票点。主营线路遵义、贵阳、永八线（永川、铜梁、江津、大足、璧山、丁家、荣昌、潼南）、自贡、南充、达州、内江、隆昌、宜宾等。

乘坐公交线路102、108等路公交车可到达。

●龙头寺长途汽车站

龙头寺长途汽车站是西南最大的汽车站之一，这已涵盖了重庆市能通达的主要目的地。发车线路与重庆汽车站相仿。

●陈家坪汽车站

陈家坪汽车站位于九龙坡区石杨路，按部颁一级车站标准设计建设，总建筑面积3.7万平方米，是西南地区规模最大、功能最全、设施先进的客货运输及信息中心，与重庆汽车站东西衔接组成直辖市公路客运主枢纽。

市内交通

●轻轨

重庆轨道交通，是中国重庆市的城市轨道交通系统，由重庆市轨道交通（集团）有限公司运营，于2004年11月6日开通。截至目前，运营线路已有10条。

2004年11月6日运营的重庆轨道交通2号线，不仅是国内首条跨座式单轨线路，也是西部地区第一条城市轨道交通线路。2011年开通的重庆轨道交通1号线是山城重庆开通运营的第一条地铁线路，重庆轨道交通3号线是国内第一条跨越长江的城市轨道交通线。

重庆陈家坪汽车站

重庆轻轨

住宿

总体来说重庆的酒店很多，有豪华五星、四星、三星、两星的酒店，也有各式快捷宾馆、客栈和青年旅舍，各种价位的住所分布齐全。豪华五星的酒店主要有世纪金源大酒店、君豪大酒店、海逸大酒店、万豪大酒店、洲际大酒店、希尔顿酒店、申基索菲特酒店等，根据到重庆旅行的性质可以选择不同的酒店。如果想看重庆的夜景就可以选择位于滨江路的万豪大酒店，还有就是独具特色的洪崖洞大酒店。

游客来到重庆，多数会选择在解放碑、朝天门、人民广场等景点周边住宿。

解放碑—人民广场一带

区域特色：位于重庆市中心，是重庆最繁华的商业中心，重庆的标志性建筑——解放碑、大都会广场、步行街购物中心、重庆市人民政府办公地点均汇集于此。附近的八一路美食街是重庆名小吃集合地。

●重庆斯威特生态酒店

酒店紧靠嘉陵江，毗邻解放碑购物中心、罗汉寺、人民公园和洪崖洞旅游景区，可零距离鸟瞰解放碑360° 全景。酒店周边20余条公交线路直通江北、南岸、沙坪坝、中央商务区。 渝中区青年路7号解放碑时代豪苑D座21楼 63838380

●戴斯雾都宾馆

戴斯重庆雾都宾馆外观雄伟，环境幽雅，设施完善，拥有各类精致客房及豪华套间。同时，宾馆设有宴会厅、中餐厅、西餐厅、粤菜厅、火锅厅、贵宾厅、点菜厅等餐饮设施，可容纳几百人同时就餐，周边美食、休闲、娱乐精彩纷呈。 嘉陵江畔，渝中区上曾家岩24号 88118888

●如家快捷酒店（加州城市花园店）

如家快捷酒店（重庆解放碑洪崖洞店）与巴渝民俗风貌区仅一尺之遥，位于重庆著名的解放碑商业区，周边商场林立，是重庆市贸易、娱乐文化中心。环境优越，出行便捷。渝北区金龙路273号 023-88953888

沙坪坝—磁器口一带

区域特色：位于重庆市的西部，是重庆市文化重镇，重庆大学、西南政法大学、四川外国语学院等著名高校云集于此。另外，沙坪坝区还是成渝高速公路、渝合高速公路的起点，所以此区域的消费住宿都比较便宜，交通也很便利。可近距离接触名扬巴蜀大地的磁器口古镇，静心体会古镇的沧桑和历史厚重的积淀。

●GO小时代酒店

酒店房间干净整洁，内部设施齐全。交通便利，可以直接乘坐轻轨到达大剧院和洪崖洞等景点。重庆渝北区龙塔街道黄龙路28号 15025383589

●山隐秋鸣酒店

重庆山隐秋鸣酒店是一家集餐饮、娱乐、住宿、商务会议、旅游为一体的休闲度假

沙坪坝住宿

酒店，距沙坪坝三峡广场3千米，距朝天门码头15千米，道路畅通，出入方便快捷。另外还有可容纳300人同时进餐的宴会大厅和15间装修精美的包房，餐厅设有川、粤两大菜系。沙坪坝区金松岩1号 65443030

●重庆磁器口嘉古院客栈

嘉古院客栈位于磁器口古镇中，地理位置非常优越，交通尤为便利。东临嘉陵江，是重庆少有的处于城市中心的特色客栈，客栈也可以提供适合20~100人的中小型包场聚会、派对、展览及会议等，还可提供酒会、西式甜点、简餐等各类形式的包餐。沙坪坝区磁器口横街16号 65477168

杨家坪商圈

区域特色：杨家坪商圈作为重庆老牌商圈，位于素有工业老区之称的九龙坡区，并且作为九龙坡区的城市中心，自然有着得天独厚的优势。杨家坪又有着相当庞大的居住人群，因此整个商圈的消费能力不容小觑。

●重庆锦怡豪生酒店

重庆锦怡豪生酒店位于杨家坪西郊路，与重庆市动物园咫尺相邻，交通便利。酒店设有各类餐厅、酒廊、会议场所，设施齐全。酒店整体大气高雅，设施完备，窗外的风景也是独好。九龙坡区杨家坪西郊路24号 023-68788888

●汉庭酒店重庆杨家坪步行街店

汉庭酒店重庆杨家坪步行街店，位于重庆市主城区最繁华最方便的商业中心之一的杨家坪步行街，不仅经济实惠，而且步行街上汇聚新世纪百货、超市、大洋百货、立丹百货、重百大楼、西城天街、全国连锁的大型超市家乐福等，购物、娱乐、休闲便利。九龙坡区前进路53号 68166269

南坪商圈

区域特色：集会展旅游、商务总部、时

尚购物、娱乐休闲等多种功能于一体，以南坪中心商业广场为中心，以五条特色步行街的建设为核心，并以沿东、南、西、北四条轴线的不同业态发展为重点，使南坪商务圈成为重庆乃至西部地区最具活力和影响力的中央商务区之一，成为重庆市江南商务中心的核心组成部分。

●重庆丽笙世嘉酒店

重庆丽笙世嘉酒店坐落于繁华的重庆南滨路风景及餐饮休闲区，优越的地理位置及便利的交通连接市内著名景点及购物场所，包括南坪和解放碑商业区、重庆新天地及南山风景区等。步行约5分钟可至南滨路美食街。 南岸区南滨路22号 88668888

●重庆艾夫酒店（南坪万达店）

重庆艾夫酒店坐落于重庆著名的繁华商贸区，专业打造温馨酒店和公寓，酒店紧邻南坪汽车站，距江北机场40分钟车程，距南坪会展中心2.6千米，交通十分便捷。酒店拥有温馨、舒适的各类客房，是各界人士理想的下榻之地。 南岸区万达广场时尚楼6楼 62789997

●99旅馆连锁重庆南坪店

酒店附近交通十分便利，南坪公交枢纽站和南坪汽车站就在酒店对面，是所有到南坪方向车辆的必经之路。周边有著名的火锅品牌过江龙、江龙、红今渝、刘一手、六十一度等。南山、洋人街、三峡博物馆及大礼堂，距离该店都较近。附近各大银行给各位旅客提供方便。 南岸区南坪东路15号 86318999

美食

重庆的美食，辣占据主要地位，这种辣不是单纯的辣，而是辣得通透，辣得爽快。重庆的美食同时具有麻辣酸香的特点，花椒、胡椒等材料经过厨师的手变幻出各种奇妙的味道，让人回味无穷。

●重庆火锅

重庆美食头块招牌当数火锅，最初为船夫和纤夫应对潮冷冬季所创，现已风靡全国，火爆程度可见一斑。重庆火锅又称为毛肚火锅或麻辣火锅，起源于明末清初的重庆嘉陵江畔、朝天门等码头船工纤夫的粗放餐饮方式，原料主要是牛毛肚、猪黄喉、鸭肠、牛血旺等。

齐齐火锅（解放碑店）：远近闻名的火锅店。牛油锅底、九宫格子、麻油蘸水，标准的重庆范儿，一看就流口水。涮菜都非常新鲜，鳝鱼没有腥气，入口香滑；烫毛肚本着“七上八下”的原则，爽脆无比！而且价格十分平民。大概由于价廉物美，生意日日火爆，再晚去人都超级多。 渝中区邹容广场B座2-3楼(近二十九中) 63799369

重庆德庄火锅三峡广场店：老牌火锅店，生意一直挺火。独门配方的菌汤味道不错，红汤“中规中矩”，口味稍淡；涮菜品种不少，招牌“德庄毛肚”值得一试，脆脆的，有嚼劲，绝对巴适。

●水煮鱼

水煮鱼煮过后肉质口感滑嫩，油而不腻。既去除了鱼的腥味，又保持了鱼的鲜嫩。满目的辣椒红亮养眼，辣而不燥，麻而不苦。“麻上头，辣过瘾”，让水煮鱼在全国流行得一塌糊涂。

重庆火锅

翠云水煮鱼大酒楼（解放碑店）：据说“翠云”的水煮鱼便是风靡全国的沸腾鱼鼻祖——鱼现点现杀，新鲜不必多说，汤汁麻辣鲜香，鱼肉完全入味，叫人停不了筷子。番茄鱼是不爱辣之人的首选，鱼腥味被压得很好，肉细嫩，汤鲜美。环境和服务一般，但生意非常好，来客尤以外地朋友居多。 渝中区五四路35号赛格尔大酒店5楼(近美美百货) 63831717

水煮鱼

●烤鱼

烤鱼发源于重庆万州，融合腌、烤、炖，充分借鉴传统川菜及川味火锅用料特点，口味奇绝。吃过烤鱼的人，都会对它念念不忘，那个香、那个辣简直是人间极品。

万州烤鱼（七中店）：人气很旺的店。烤鱼自然是特色，火候拿捏得恰到好处，外皮香脆，肉质鲜嫩，麻辣适中，非常入味；配菜里魔芋、藕片、木耳什么的都不错，不够还可以再点。环境比较一般，不过“热热闹闹”的才过瘾呀。 沙坪坝区北街92号学林雅园(重庆七中旁) 023-62602199

重庆烤鱼

探鱼—炭火烤鱼（万象城店）：环境幽雅，很有情调，豆花烤鱼是他们家的招牌，鱼肉鲜嫩刺少，豆花可以随便加，味道独特，深受欢迎。 九龙坡区重庆华润万象城南区L2层L253号 68688246 11:00~22:00

●毛血旺

重庆的名小吃之一，也是磁器口三绝之一。将鸭血旺切成一字条形，和鸭胸肉、猪肚、猪心、火腿肠片加辣椒炒至香，再加入配菜后浇上牛油、味精等。味道麻、辣、香、鲜、烫，汤汁红亮，味道醇厚。

毛血旺

●酸辣粉

重庆传统小吃，走在大街上随处可见有人坐在路边的椅子上吃着酸辣粉。主要由红薯、豌豆制成，是纯天然绿色食品，爽滑筋道，很有咀嚼感。汤酸辣鲜美，放入碗中后加点豌豆尖或者香菜。物美价廉，一直深受人们喜爱。

●山城小汤圆

山城是重庆的别称，山城小汤圆以其小巧玲珑、皮薄馅大、香甜滑糯而著名。别看汤圆个头“不大”，黑芝麻馅儿却给得“很足”，轻咬一口芝麻香味便充溢整个口腔，“太安逸了”！可在解放碑的八一好吃街吃到。

●南山泉水鸡

重庆的特色菜品，通常一鸡三吃，鸡烧、鸡杂炒、鸡血煮汤，是重庆江湖菜的代表之一。鸡肉鲜嫩，风味独特。发源于南山，如今南山已有泉水鸡一条街，用当地鲜活土鸡，以南山泉水烹制，南山泉水鸡之名由此而来。

●口水鸡

口水鸡是重庆有名的凉菜，一般在外面点的口水鸡都属于川味的。这道凉菜麻辣爽口，味美鲜嫩，有“名驰巴蜀三千里，味压江南十二州”的盛名。此菜主料选择十分讲究，一定要家养土仔公鸡，重在调味，作料丰富。

口水鸡

●小面

重庆小面的知名度绝不亚于火锅，在重庆，街边的面摊格外火。小面一般作为重庆人的早餐或者简略的午餐，但是它的制作过程却不会因此而简易，面条韧性十足，滋味鲜美无比，价格实惠。生意好的面摊经常没有位子，所以在路边就可以吃完一碗小面。

十八梯眼镜面：重庆小面50强，浙江卫视美食节目《爽食行天下》和台湾三立都会台詹姆士主持的《爱玩客》都有它的镜头，因此很多人都慕名而来。✉ 渝中区解放西路171号 ☎ 63917824

胖妹面庄：胖妹面庄在重庆口碑也不错，生意也很火爆，牛肉松软，麻辣到位，面中带甜，服务周到，分量也很足。✉ 渝中区中山三路139号

重庆小面

购物

重庆是一个山城，同时也是一个开阔的城市，资源丰富，地方特色产品也很多。重庆不仅美食远近闻名，重庆的民间手工艺品历来名播四方，堪称购物的理想去处。

重庆特产

●酱核桃

酱核桃为上满糖衣的半个核桃仁，表面呈蜂窝状。酱核桃的糖衣与核桃仁结合紧密，酥脆化渣，香、酥、甜，略有酱香味。

●磁器口麻花

磁器口麻花选料上乘，采用全手工制作，具有香、酥、脆、爽、久放不绵等特点。磁器口麻花有四个品种：甜、椒盐、麻辣、蜂蜜。

●菊花酥

菊花酥为川式糕点中的油炸品种，酥脆化渣，香甜可口。菊花酥形制美观，如盛开的菊花；复瓣舒展，黄红相间，色泽雅致悦目。

●涪陵榨菜

因其表似碧玉、红如玛瑙的外观形态，鲜、香、嫩、脆的风味特色，营养丰富、方便可口和耐储存耐烹调等许多优点，以及佐餐、调味等多种用途而驰名中外。

●熨斗糕

熨斗糕是将米粉浆加入鸡蛋、白糖、蜜桂花等，装入专制的烙碗内翻烙至金黄色。熨斗糕酥香甜嫩。

菊花酥

荣昌折扇

●荣昌折扇

荣昌四宝之一的荣昌折扇造型轻盈灵巧，线条外圆内方，明快流畅；其选料考究，制作精细，工艺精湛，是实用与工艺相结合的日用佳品。

●三峡石砚

是以嘉陵江沥鼻峡段所产紫云石刻制而成，主要出产于北碚。其石质细腻，色泽灰黑，造型优美，雕刻精巧，并有溶墨快、墨汁不易挥发的特点。

●梁平竹帘

“薄如蝉翼淡如烟，万缕千丝总相连。”梁平竹帘是流传千年的历史文化遗产，有浓厚的诗情画意，极富有东方色彩和民族气派，既实用，又是重要装饰品。

●垫江棕竹手杖

重庆垫江的棕竹手杖选用多年生棕竹，经烧弹、打磨、抛光、镇直成杆；并精选水牛角，经锯、烧、锉、抛光为柄，再以银焊铜匝针杆、柄连接而成。特点：产品坚韧细致，精巧适用，金丝竹纹，流畅明快，色泽古朴。

重庆购物场所

●解放碑

有“西部第一街”美誉的解放碑商贸中心区（CBD）有望跻身中国第三大商圈。不足1平方千米的面积，日均人流量超过30万，拥有4400多家商业网点，20多家大型商场，近百个金融网点和证券交易所，同时还汇聚了超过500家餐饮宾馆、休闲娱乐、信息中介等社会服务场所，弹丸之地寸土寸金，年商贸销售总额达到上百亿元。🚌 可乘坐302路、401路区间空调车，402路、405路、463路等公交到解放碑站下车

●北城天街

购物广场运用国际商业前沿理念建造而成，建筑面积约为14万平方米，是目前重庆规模最大、功能最完善的超大型购物中心之一，集购物、休闲、餐饮、娱乐为一体。北城天街拥有3座休闲景观广场、2家大型生活超市、1家主力百货，300余家国际一线潮流品牌专卖店、1个专业体育用品连锁卖场、1座全国放映厅最多的五星级电影院、近千个泊车位的大型停车场——重庆龙湖北城天街车场……是重庆时尚人群休闲、购物的首选之地。🚌 可乘坐461路、471路公交车到北城天街下车

●朝天门

朝天门位于重庆渝中区渝中半岛的嘉陵江与长江交汇处，是重庆以前的十七座古城门之一，南宋时期宋朝定都临安，即今天的杭州，那时有圣旨传来是经长江到达朝天门，所以才有了朝天门这个名字。朝天门左侧嘉陵江纳细流汇小川，于此注入长江。朝天门是两江枢纽，也是重庆最大的水码头。

解放碑

朝天门现在是服饰批发基地，类似于北京的动物园服装批发市场。可乘114路、141路等公交到朝天门下车

娱乐

火辣辣的重庆人，就像火辣辣的重庆火锅，没有清淡的时候。遍布重庆大街小巷的各种娱乐场所，是重庆人休闲解闷的好去处。

重庆茶馆

坐茶馆是重庆人的生活习俗，传统的重庆茶馆，竹躺椅前摆小茶几，可躺可坐，久坐不累，端茶顺手，搁茶方便。

如是心茶坊：如是心茶坊位于重庆江北观音桥商圈，闹中取静，环境古朴典雅、雍容华贵，让人流连忘返，是品茗闻香、朋友聚会、商务洽谈之地。江北区观音桥东环路红鼎国际C座10楼22号 67608393

鸿儒茶艺会馆：鸿儒茶艺会馆属重庆首家专业文化茶艺馆，沿袭明清时代的装修风格，古朴典雅、雍容华贵，让人流连忘返。鸿儒茶艺会馆以品茶、赏茶、茶艺表演、茶道研究、茶艺培训为主，同时销售名人字画、名茶、茶具、古董家具等。渝北区新溉大道鲁能星城二街区大门口(龙头寺公园旁) 67129099

重庆酒吧

深夜，也许才是年轻人夜的开始。昏暗的灯光与劲爆的音乐，摇曳的身体与迷离的眼神，都在酒中尽情释放。

琉璃酒吧：琉璃酒吧配置了西南地区最大的电子数码墙，时刻营造迷幻音乐氛围。琉璃酒吧以动感音乐、互动节目、时尚演艺、KTV包房为四大经营元素，开创了重庆娱乐夜店多元化经营。江北区金源不夜城内 67953339

MUSE酒吧：MUSE酒吧引进的是美国洛杉矶的MUSE俱乐部品牌，够劲够酷的音乐、够热够辣的美女，但这些不是MUSE全部的吸引力。MUSE的老板就是大名鼎鼎的明星刘嘉玲，所以这里也是明星们出现率极高的地方。重庆近郊万州区滨江路万州港1楼 58306888

重庆户外活动

除了在市内尽情娱乐之外，你还可以去成都近郊，泡泡温泉蹦蹦极，抛去在繁华城市里的喧嚣与压力。

融汇温泉：离主城区稍近，环境幽雅，设施齐全。室外有大大小小不同的温泉池，可满足您的不同需要，还有个鱼疗的池子，将脚泡在里面，就会有很多小鱼来咬你脚上的死皮，痒痒的，却很舒服。室内还有免费水果茶水供应。沙坪坝区梨树湾融汇温泉城 65353399

统景蹦极：你是不是感觉工作日复一日很乏味？是不是感觉生活中少了些什么？如果你爱好刺激，爱好冒险，那就来统景蹦极吧，将生活中所有的烦恼都在高空中释放。渝北区统景温泉风景区

重庆茶馆

发现者旅行指南

重庆近郊

概览

亮点

缙云山

被誉为“重庆小峨眉”，山中古迹遍布，山间早霞晚云姹紫嫣红，更是令人称奇。

巴渝民族文化村

是展现巴渝民俗文化特色的游览胜地，是了解重庆传统习俗的最佳课堂。

南温泉

重庆著名的“老五泉”之一，尤以温泉、植被、花溪河的自然景观和陪都遗址的人文景观著称。

统景温泉

不仅景色居“巴渝十二景”之首，温泉更是有“统景温泉甲天下”的美称。

统景温泉

抗战名人旧居

郭沫若、冯玉祥和张治中三位名人的重庆旧居，展现了抗战文化风貌与爱国精神的内容。

线路

东郊休闲一日游

从重庆市区出发，前往统景温泉，体验全国最大的生态温泉浴场，尽情放松心情。下午抵达张关水溶洞，观览亿万年沧海桑田形成的天然地质博物馆，感受漂流带来的刺激。

北郊度假两日游

第一天从重庆出发，前往缙云山，听道家传说，访佛家名刹；下午去北温泉，尽情享受温泉带来的身心放松的感受。第二天先前往原始古老又神奇的金刀峡，观览千姿百态的喀斯特景观，再抵达工商历史悠久的偏岩古镇，感受历史与文化的无形之力。

西郊周末一日游

上午前往抗战名人旧居，分别参观郭沫若、冯玉祥和张治中三位近代名人在重庆的旧居，感受当年抗战的文化气息与爱国精神，下午前往海兰云天温泉，赏湖景、泡温泉，体验世外桃源般的美好。

牌坊

南郊经典两日游

第一天先前往云篆山，探寻历史遗迹，感受巴南美景；接着抵达南湖，钓钓鱼、划划船，感受自然的美妙气息。第二天先游览孔公馆，回顾历史往昔，再到南温泉洗去一身疲惫。

为何去

作为中国的温泉之都，重庆有众多的温泉资源分布在城市郊区，不仅能在这里泡泡温泉，寻求放松，更是一种健康的生活态度，除此之外，市郊也分布着缙云山、金刀峡等峻山秀水、人文荟萃的景点，更是为周末的休闲找到了绝佳的去处。

金刀峡

何时去

冬春时节是到重庆郊区游览的好时节，不仅能安静欣赏古镇、历史遗迹的模样，还能泡泡温泉，感受冬日的浪漫与温暖。夏秋之际是到郊区游玩的美好时光，不仅能避暑消夏，还能亲近大自然，感受生命的勃勃生机与浓浓绿意。

重庆温泉

景点推荐

重庆东郊

老龙洞

地下公园

南岸区的南山街道堤龙路 ¥20元

地下公园老龙洞是一个距重庆主城区最近的天然溶洞。清冽甘泉自上洞出，行约100米后入中洞，穿山伏流，从下洞口奔出，注入八百里澄碧清江。

溶洞内经千万年生长而成的钟乳奇石，琳琅满目，栩栩如生，阴河泉流贯穿其间，游人置身洞中览胜观景，探险漂流，尽显情趣与刺激，是休闲观光的好去处。

老龙洞一带群山环绕，林木葱茏，小径沿清江而通幽，大桥、渡槽如飞虹而映波。阳春三月，梨花如雪，桃李芬芳，垂钓江边，与自然融为一体；盛夏金秋，绵绵瓜瓞，硕果累累，鹤飞蝉鸣，纳凉饮泉于洞口，得天地之灵气，不失为修身养性的好地方。

链接

老龙洞的由来

传说古时天旱为洞中有一老龙作怪，巫端公设坛洞口，作法洞中与老龙斗，入洞前嘱其弟子，见洞口草鞋打架，即为与老龙搏斗情景，当急锣紧鼓以助威，不料众弟子真见草鞋打架时，竟一个个忘了师嘱，只

老龙洞

顾观看，忘了助威，于是巫端公战败，死于洞中。这就是老龙洞名称的由来。

古樵风景区

古色古香，古风犹存

巴南区南泉镇境内

重庆南坪汽车站有开往樵坪山的班车，也可乘170路公交直达

古樵指的是樵坪山，为向斜地台低山，平均海拔650米，最高峰马鞍山海拔750米。从山下往上看，樵坪山于盆地中孤峰拔起，峭壁险峻；登临山头，则四周冈峦列布，高下无殊，俨如平川。山区森林万亩，繁花似锦，众多湖泊、清泉、梯田、茶果园点缀其间，风景十分美丽。

樵坪山景区以古寨、古寺、古墓而著称于世，有黑龙湾、水槽口、白云峰、龙进口、老姥洞、碾盘山、将军岭、鬼狮崖、老龙洞、马鞍山十大景点。

古寺

宋代以后，樵坪山成为佛教圣地，山中共有大小寺庙48座，其中规模宏大的有14座，尤以天城古刹、白云寺最负盛名，众多古迹今犹可睹。明万历二十五年(1597年)，瑞王朱章洁避难重庆，曾于白云寺驻足。

古墓

樵坪山古墓成群，俗称“蛮子洞”者即汉代岩墓。明、清古墓更多。将军岭上巴蔓子将军园丘墓，轿子顶峰前明代礼部尚书刘春的陵墓均规模宏大，如今都保存完好。

古寨

樵坪山以樵坪古寨著称，为原巴县江南五大寨之中心。樵坪古寨方圆27平方千米，共有城门48座，依山据险而建，四周岩石层叠，绝壁直立，上下百丈，形成山即寨、寨即山，实为“险阻天成”。古寨虽已历数百春秋，多经战乱，至今仍巍然屹立在樵坪山上。在48座城门中，尚有24座基本完好。

东温泉风景区 AAAA

山水画里的养生地

巴南区境内东温镇五布河畔　42元

巴南区东泉镇从四千米上渝黔高速，或从江北上内环高速过真武山隧道，茶园下道走茶涪公路到东温泉正街即到

东温泉风景区是“中国温泉之乡”巴南区的温泉景区之一。温泉总储量45亿方，日可开采量5万方。东温泉的泉水共有10余处之多，有冷泉和热泉，四季均可沐浴，温泉水温最高达50℃。水中富含氡、氟、锶、锌、锂等人体必需的多种元素，是十分珍贵的医疗型矿泉水。

东温泉景区拥有热洞温泉天然桑拿、温泉裸浴、五布河、重庆市最具特色风貌小城镇等特色旅游资源。还拥有仙女峰、飞鹰峰、慈云峰、翠屏峰、宁安山、木耳山等奇山异峰，仙女洞、古佛洞、打儿洞、龙洞清泉等溶洞奇观，狮子蓬莱岛屿仙境、双江胜景、关津峡谷等河谷奇观，白沙寺、钟山飞阁等宗教殿堂，被誉为东温泉24景。

景区山、水、林、泉、瀑、峡、洞等自然景观与文化古踪、历史遗迹都较丰富。景区山清水秀、风景秀丽，山水交相辉映、相得益彰，俨然一幅美丽的水墨山水画。景区内拥

有温泉洗浴、养生理疗、登山健体、拓展训练、五布泛舟等休闲度假项目。

链接

东温泉二十四景

东温泉有热洞、古佛洞天、仙女洞庭、打儿奇洞、龙泉翠流、珍珠喷泉、袖珍飞瀑、龙眼泉涌、送子幽泉、温泉浴泳、露天裸泳、十八半树、慈云岩影、关津峡口、半岛览胜、翠云阁楼、摩崖栈道、钟山飞阁、五布河泛舟等二十四景。

关津峡口下游处的一处温泉，被当地人及邻县和贵州的乡民奉为“神水”。不论春夏秋冬、白昼黑夜，男女皆在此入浴，毫无拘泥羞涩之态，可称民俗一绝。

热洞温泉

热洞温泉位于木耳峰南麓，形成于喀斯特槽谷地形，是亚洲唯一、世界三大热洞之一。洞中恒温43℃，洞长100余米，洞径大小各异，大如厅，高大宽敞，小如巷，低矮狭窄。洞内有两孔温泉，泉水涌流不息。热洞沐浴，可蒸浴也可水浴，被誉为“天然桑拿”。水中含有氡、氟、锶、锂等丰富的矿物质，同时空气中含有氦气等稀有气体，对伤风感冒、肩周炎、风湿痛、呼吸道疾病有特别疗效。被国内外学者誉为“喀斯特卢”的中国工程院院士卢耀如先生曾赞誉：“东泉热洞奇观，世之自然瑰宝。”

温泉裸浴

东温泉露天裸浴场，位于东温泉五布河的西岸。东温泉裸浴历史悠久，自明朝延续至今已有600余年历史，是当地老百姓一种淳朴的生活习俗。不论春夏秋冬、白天黑夜，男女老少均在此裸浴戏水，古朴纯真，无男女授受不亲之嫌，无拘泥羞涩之态。东温泉民俗裸浴已成为巴南区独特的地域民俗，堪称东温泉一绝。随着世俗观念的改变，越来越多的游客慕名而来，在此抛开城市的喧嚣，和大自然来一次亲密接触。

古佛洞

古佛洞景区是东温泉风景区主要景区之一，与东方民俗温泉广场隔河相望，为喀斯特地貌的石灰岩溶洞。洞分前后洞，全长200余米，可同时容纳300余人观光。蜿蜒而上的古佛栈道通达飞鹰峰山顶，是总览东温泉全景、呼吸清新空气、席地畅想的理想圣地。

白沙寺

白沙寺又名佛林山，位于五布河畔南岸、宁安山脚公路旁。寺庙坐北向南、依山而建，有400多年历史。因寺侧有一古井，水清

东温泉风景区

似沙白，故得名白沙寺；又因寺庙前后古木参天，白鹤翩翩，故又名白沙鹤林。白沙寺法嗣承接于重庆华岩寺，高僧辈出，有大雄宝殿、天王殿、藏经楼、五观堂及东西厢房等设施。古朴的白沙寺内，存一棵百余年的奇树，称“十八半”，即半死半活，半干半湿，半遮半露，半阴半阳，半正半歪，半主半客，半古半今，半老半少，半喜半忧，颇予人哲理思考。

丰盛镇 AAAA ㊖
长江第一旱码头

巴南区丰盛镇政府附近

丰盛镇历史源远流长，文化积淀深厚。丰盛镇建于宋朝，自古以来商贾云集、店铺林立、商贸发达，素有“长江第一旱码头”之称。

丰盛镇境内自然景观、人文景观、地质奇观颇多，有三潮水(间歇泉群)、出鱼洞、响石(国内少见)、打铁洞、歇凉洞、黑风洞、云封洞等60余个溶洞(溶洞群)、天然枫林、响水湖(水面30余公顷)，12级响水瀑布群；各类碉楼、寺、庙、寨近30座，如紫云寺、铁瓦寺、女王庙、江西庙、铁瓦寨、天平寨、万人坟等具有科考价值的历史遗址；还有散落于民间的根雕、盆景、草编、竹编、刺绣等传统工艺品。

天然枫树林

这里保存着超过13公顷的枫树林，最大的胸径在50厘米左右，是重庆市主城近郊面积最大的一片天然枫树林，为秋季观赏红叶的最佳去处。

三潮水（间歇泉）

每次涨潮时间长，且大潮中有小潮，此现象为其独有；退潮时间与涨潮时间间隔短，仅数分钟，每天可潮涌数次；在其下游的龙潭及附近地下暗河均有潮泉，形成一个间歇泉群；涌水量大，估计每天在5000立方米以上；是距重庆市区最近、最壮观、持续时间最长、间歇时间最短的间歇泉。

玩家 攻略

夜晚可从镇上徒步到最高峰的铁瓦寺山顶扎营，晴朗的夜晚能尽览天上繁星。丰盛镇还拥有奇特的地质景观，镇内遍布大小溶洞、间歇泉、地下潮河……有一种奇怪的石头看起来像鹅卵石，摇两下却会发出声响，当地人称之为响石，20元能买到小号的。

丰盛镇

统景温泉 AAAA
重庆最美的温泉

渝北区统景镇景泉路　¥ 108元

周一至周四：8:00~24:00，周五至周日：8:00至次日凌晨1:00

从重庆汽车北站乘旅游巴士车：早上6时始，每半小时一班，只需50分钟可到达；从渝北区两路镇乘车：早上6时始，每半小时一班，共计40分钟可到达

统景温泉位于渝北统景风景区内，统景峡边，有“统景温泉甲天下”之美称。统景有天然温泉25处。水温20~30℃，最高达62℃，泉水日涌量3万吨。水质属硫酸钙矿泉类，富含锶、氟、锂、氢、氡、硫酸钙、偏硅酸等多种成分和微量元素，其中锶的含量达15.91毫克/升，医疗、保健效果极佳。

链接

统景景区

统景温泉所在的统景风景区以“统景峡猿”居“巴渝十二景”之首，统览山、水、林、泉、峡、洞、瀑、天池、小岛、古寨、鹰群诸景，被誉为“自然博物馆”，历代文人墨客盛赞为“武陵仙境”。

景区内自然资源十分丰富，6670公顷原生态森林植被覆盖于铜锣峡山脉和明月山脉，织就一幅原始的自然风光；温汤水滑，峡谷蜿蜒，茂林修竹，洞奇山幽，一步一景，犹如置身山水画廊。

风景区内溶洞70余处，洞内钟乳石瑰丽多姿，各具其趣。猴子洞长2000米，洞内石柱林立、充满野

重庆知名温泉

重庆拥有丰富的温泉资源，有着1600年的温泉历史文化，温泉旅游也是重庆旅游的重要名片，有“世界温泉之都”的称号。重庆著名温泉有——老五泉（北温泉、南温泉、东温泉、西温泉和统景温泉）、新五泉（天赐温泉、海兰云天温泉、海棠晓月温泉、桥口坝温泉、中华龙温泉）以及中央半岛温泉。

● 南温泉

南温泉为新“巴渝十二景”之一，位于巴南区南泉镇花溪河畔，山、水、泉、林、洞、瀑皆具，独具特色的温泉和蜿蜒而过的花溪河组成优美的自然景观。园内还有多处抗战文化遗址。

● 北温泉

景区位于北碚区雄伟的缙云山麓和美丽的嘉陵江畔，初建于南朝刘宋年间，重建于明代。1927年，著名爱国实业家卢作孚于此创建嘉陵江温泉公园，后更名为重庆北温泉公园。

园内有温泉泉眼10处，泉水日流量5675吨，水温35℃～37℃，属弱碱性硫酸型矿泉，对皮肤、关节、肠胃等部位疾病有一定疗效。北温泉除有充足的温泉水外，还有乳花洞和各种独特的植物资源。

● 东温泉

位于重庆巴南区境内五布河畔，景区内有大小泉眼48处，主泉日流量1229吨多。热洞尤为奇特，洞中水常年保持40℃水温，系碳硫性、热医疗效用明显的优质矿泉水，被赞为亚洲奇观——天然桑拿浴，同时人文景观也十分丰富。

● 西温泉

位于铜梁区西泉山谷中，泉水自天然的溶洞中溢出，顺流流入两旁的池子中。温泉的水温约有32℃，水质中含有硫、钙、镁等元素。

● 天赐温泉

天赐温泉位于重庆九龙坡区，是重庆市高品位温泉休闲度假旅游区。温泉区内花木扶疏，竹林掩映，有露天及室内温泉100多处，有各式泡池几十处，池池特色不同。园内设有风车、竹长廊、鸽亭等休闲观光游览景点10余处。

● 海棠晓月温泉

海棠晓月温泉度假村建立在古巴渝十二景之一——“海棠烟雨”——旧址上，位于著名的“重庆外滩”南滨路，环境优美，交通便利，是重庆市区唯一的温泉休闲度假胜地，区内不仅可享受常规温泉，还可体验零下100℃低温理疗、亚健康康复调理等专业理疗服务。

● 桥口坝温泉

位于巴南区百节镇和一品镇之间，景区山清水秀、竹修林茂、泉多洞奇、环境清幽，拥有泉眼多处。景区四周崇山峻岭，山色奇异，林木茂密，风景清幽。

● 中华龙温泉

毗邻铜梁区城巴川镇，包括中华龙温泉、巴岳山风景名胜区和玄天湖大水库，使山、水、林、泉、浑然一体。中华龙温泉富含人体需要的硫化氢、偏硅酸、偏硼酸及氟、锶等微量元素，属硫酸钙镁型优质医疗恒温热矿水。

● 中央半岛温泉

位于重庆鹅公岩大桥南桥头的长江岸边，泉水经过了千百年大自然的净化，是纯净的硫酸钙镁钠型活力之水，具有极高的医疗、保健及美容价值。

温泉

重庆温泉分布图

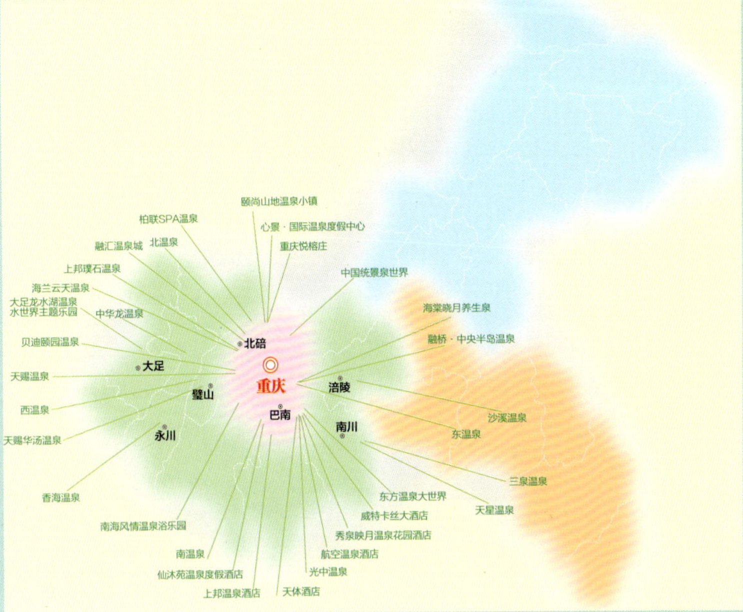

趣；杨家洞螺旋而下，深达105米，洞内石钟乳密如星辰，荧光闪烁；下感应洞长达537米，洞内阴河潺潺，令人神往；如佛洞全长668米，传说有烟雾从洞内喷出，其形似打坐在莲蓬上的如来。名副其实的是洞中有一天然钟乳石形似“如来佛”，守候洞口，如佛洞便由此得名，洞内犹如迷宫世界，仿佛上入天堂下进地狱般鬼斧神工。

步入景区，踏竹篁幽径，攀金、银塔山，听松涛阵阵，统景风光尽收眼底一览无余。拾阶而上，寻古寨遗址，瞰天池绿波。观白莲教遗址，侃建文帝避难时“跨越时空的爱恋”；听采生与七仙女的传说故事，谈女娲炼石补天体恤子民的义举……

龙兴古镇 镇

巴渝古迹民俗地

渝北区东南部龙兴古镇　8:00~18:00

龙兴古镇历经沧桑，但保存完好，文化遗产丰富，共有八大群体序列七十余处文化遗址，典型建筑有古寺庙、古寨子、古祠堂、老街民居等。这些建筑风格各异、造型独特，具有古朴典雅、庄严凝重、神秘清幽的特色，显示了古镇深邃的文化内涵。

龙兴镇内12条大小街道纵横交错，路面宽敞整洁，道旁绿树成荫，富有都市气息的群众文体广场、现代办公大楼、商业步行街、中心大转盘和高杆路灯、龙湖水上公园、生态园，现代城镇与古镇老街民居、祠堂、寺庙、寨子得到完美的结合，具有独特的民俗文化气息和显著的人文景观特色。

链接

龙兴镇的民俗活动

龙兴镇自古繁华，民风质朴，钟灵毓秀，人才辈出，历代文化名人有200多位，留下了众多的人文胜迹。镇区空气清新，风光秀丽，有鲜明巴渝特色的人文精神和民俗历史，使古镇具有很高的旅游观光价值和艺术欣赏价值。

徜徉街上，品特色小吃，观传统民间用具，别有一番风味。古镇还保留了许多传统的民俗活动，如腰鼓、川剧坐唱等。土特产有龙兴豆干、老腊肉。

龙兴老街

龙兴古镇老街内古建筑林立，一抬脚，就步入了明清时代的古建筑群，一条蜿蜒曲折的石板路，两侧明清时代民居，往来行人，一派清闲，仿若走进了另外一个时代；一伸手，抬头高楼林立，低头道路笔直宽阔，转眼间车流涌动，商贸繁荣，好一个现代化的小城镇。古代与现代交融，互通互助，均衡发展，展现了不同于别处的特色古镇老街风貌。

刘家大院

刘家大院坐落在老街，三开间门脸，四层进深大院，深褐色的中国漆，白色粉墙，窗小，窗棂密，仅三、四进中间有一狭小天井，屋里摆设着老式家具。唯中堂大厅挂着一副对联，给晦暗的刘家大院增添一丝喜气。悬挂对联的木板油漆尽落，只勉强认得出字，保留了历经数百年风雨的本来面目。

张关水溶洞
天然地质博物馆

渝北区洛碛镇水溶洞村

100元

旺季8:00～18:00，淡季8:30～17:30

张关水溶洞景区占地32平方千米，这里群峰延绵叠翠，幽雅安详，是亿万年沧海桑田形成的天然地质博物馆。景区分为御临洞、泫恋河、张家洞、张关古寨、老君山、白岩茶山六大游览区。

张关水溶洞景区拥有亚洲最长的地下长河，全长为5千米的水溶洞。现已开发的溶洞是其中最为壮观的一层，石钟乳、石笋、石幔，鬼斧神工，千姿百态，飞珠溅玉，水声潺潺，梦里水乡，烟霞云岚，使人疑为天上人间，浮想联翩，真可谓集幽、奇、险、秀于一身。

玩家解说

张关水溶洞最令人拍案叫绝的是洞内那亦真亦幻的洞穴倒影、旷世绝伦的地下三重飞瀑、梦幻神游的银河荡舟，还有那堪称生物界一大奇迹的“地衣类植物、蕨类植物、苔藓植物在暗无天日的溶洞里竞长”。

洞内空气清新，冬暖夏凉，常年恒温在18℃左右，清澈透明的地下河水终年不断，此乃地腹深处的“天然大氧吧”。据中科院植物学家、洞穴专家考证，张关水溶洞洞内空气含氧量极高，土壤、空气温度、温度等为植物的生长提供了良好的条件。就目前发现的几十种洞穴植物的种类和数量看，张关水溶洞不愧为“天然洞穴植物博物馆”。

张关水溶洞得名于元末明初，当年大夏国皇帝明玉珍与朱元璋交战，曾亲临此洞。张关水溶洞以“水”为胜，它是重庆市郊最近、最大的溶洞，在经过漫长的地质运动之后形成了层层叠叠的四层溶洞。

龙兴古镇

景点推荐

重庆南郊

南温泉风景区

幽静休闲佳地

巴南区南泉镇花溪河畔 在南坪、渝中区道门口、渝中区五一路乘坐公交车，南坪长途汽车站乘坐小巴都能到达南温泉

南温泉起源于明朝万历五年（1577年），距今已有430多年历史，是重庆著名的“老五泉”之一。景区内有两个泳池，一个室内，一个室外，水温在39～42℃，冬季可谓是去那里泡温泉的最佳时节。

南温泉为硫酸钙镁钠型，含钙、镁、钠、硫、钾、氡、碘等26种元素。其水质、水温堪与临潼华清池媲美，是国内最优秀的温泉之一。每当浴池开放，玉池滚滚，白烟蒸腾；细雨霏霏，暖气袭人。荡漾豁尘襟，馨香易初服，沐温泉浴的乐趣，广为游客所称道。

南温泉旅游风景区为海拔400～500米的低山和岩溶槽谷地貌景观，出露地层属三叠系。山势由东向西，起伏错落，花溪河蜿蜒曲折，横穿境内，形成峡谷风光。南温泉是重庆市“十佳”旅游风景名胜区之一，景观资源丰富，境内群山环绕，松柏遍布，山崖嶙峋，藤萝垂蔓，竹柳沿溪，山、水、林、泉、瀑、洞之胜皆具，尤以温泉、植被、花溪河的自然景观、历史遗址与“中华民国”时期的陪都遗址的人文景观著称。

景区内山峰雄壮，林木秀美，泉流暖骨，溪河多姿，溶洞奇妙，有“南塘温泳”“峭壁飞泉”“古仙女洞”“建文遗址”等著名的南泉老十二景。另有小泉、孔园等景点。

南温泉

南温泉（大泉）景区位于南泉花溪河两岸，包括公园、游泳池、铧园、仙女洞及附近景点，以秀幽为特色，以泉、瀑、洞、溪水为主要景观。

小泉

小泉景区包括“重庆小泉宾馆”“医博集团”“天门洞”及附近景点，以秀、奇为主要特色，以温泉、溪水、园林风光为主要景观。

建文峰

建文峰景区包括孔园、林森别墅、建文观观光索道（南泉索道）、旱地雪橇（滑道）、建文峰度假村、速滑等。

链接

南温泉历史

南温泉发现于明朝，始建于清，为硫酸钙镁钠型热泉，是中国最优秀的温泉之一。抗战期间，蒋介石、宋美龄、林森、孔祥熙等长期在此作温泉浴；新中国成立后，朱德、刘伯承、邓小平、郭沫若、黄炎培、张爱萍、杨尚昆等人均曾到此泳浴。

南温泉

公共公园

公共公园位于花溪河右岸，这里是以亲和、趣味为创意，温泉、休闲娱乐、花卉雕刻为主题的大众型开放温泉会所。

阳光温泉度假村

阳光温泉度假村位于南泉风景区中部，是具有三星级水准的休闲度假及商务型涉外酒店，集吃、住、娱、健、行为一体，设施完备，功能齐全，有“桃都山庄”“李远蓉墓”“林森石刻”“解放纪念碑”等景点。

涵村坝

涵村坝景区位于南泉风景区东边，花溪河中上游两岸，以“虎啸悬流”“田园风光”为特色。

南温泉养生庄园

南温泉养生庄园位于巴南区南温泉主题公园内，沿花溪河而建，是集温泉浴场、专业SPA会所、医疗美容、餐饮、住宿、会议、娱乐于一体的综合性的养生休闲庄园。

孔公馆

孔祥熙故居

巴南区南温泉虎啸泉旁

孔公馆是原国民党政府财政部长孔祥熙官邸，建于1939年。建筑风格为中西式结合，集楼、台、廊、阁于一体，有大小厅室22间。进楼左厅系原孔氏舞厅，右室存有部分孔氏用具原物及宋氏三姊妹的照片。楼房右侧后有一防空洞，洞长150米，洞内有大小厅室6间，3个出口。该洞为当时躲避日机轰炸而修建。沿楼房左侧山路而上，可达孔氏二小姐孔令仪旧居。沿右侧小路而上，可到练兵场。

孔公馆

云篆山
巴渝胜景

巴南区鱼洞境内　乘坐162公交即可到达

云篆山海拔高度为650米，是重庆老“巴渝十二景”和“巴南新八景”之一。云篆山地处长江边，素有“滔滔长江水，巍巍云篆山”之称。明朝著名政治家、军师刘伯温给予云篆山“天下大乱，此地无忧；天下大旱，此地得半”的高度评价。

云篆山呈宝塔形，气势雄伟，由九堡十三湾组成，远视如睡佛望月，近看犹如一根庞大的擎天柱，山间地势险要，妙趣横生。有云篆松林、云山湖、长清水、牛舌头等自然景观20余处，林木高大茂密，遮天蔽日，湖水清澈，碧波荡漾；有山寨门、云篆寺、老院木刻、清风楼、罗汉井、文昌宫、宝莲寺等人文古迹，历史悠久，源远流长。

桥口坝温泉度假区
华清第二汤

巴南区鱼洞境内　30元

桥口坝温泉度假区幅域5平方千米。景区四周崇山峻岭，山色奇异，如马脑山、青狮崖、凤鸣山、象头山、凤凰山、灵佛山等。山上林木茂密，风景清幽。另有青狮沟溶洞、花滩子溶洞等岩溶景观。景区山清水秀，竹修林茂，泉多洞奇，环境清幽，可在此进行避暑疗养、游泳划船、温泉沐浴、游洞观奇、登山览胜、狩猎打靶等多种旅游娱乐活动。

景区内温泉资源十分丰富，泉眼多处，水温达41℃，日流量达5000余吨，可与南温泉媲美，民国《巴县志》誉之为“华清第二汤”。泉水中含多种矿物质，沐此温泉有治病健身的作用，尤其对皮肤病疗效显著。

南湖

风光旖旎、水质清澈

重庆市巴南区南彭镇 8:00～17:00

南湖为人工湖，原名南彭水库，湖区水域面积130多公顷，陆地面积17公顷，库容水量1330万立方米，是重庆近郊较大的湖泊。南湖是集灌溉、供水、养殖、旅游等为一体的湖泊。

南湖地处群山之中，松柏成荫，凤尾参天，环境十分优美。湖中央鲤鱼岛上建有南湖渔村，其运用竹、木、石等天然建筑材料，匠心独运地进行布局结构，与周边的湖、山等自然环境浑然融为一体。放眼望去，湖水浩渺，山色青黛，鱼跃鸟鸣，心旷神怡。湖区气温一般比市区低3～4℃，十分宜人。

姜家溶洞

地下艺术长廊

巴南区姜家镇 乘946路公交可达

姜家溶洞风景区，地处桃子荡背斜北岩溶槽谷区，景区溶洞成群，被誉为“地下艺术长廊”。已开放的有雾露洞和龙池洞。

雾露洞长800余米，有迎客厅、遇仙洞、奇观厅、千乳长廊、千丘田、仙山琼阁、音乐厅等7个景区100余个景点。长20米、宽5米的亚洲第一大穴洞，微缩长城似的千丘田，横长5厘米的卷曲石以及洞口常年缠绕的雾霭，被称为雾露洞四绝。

龙池洞长2500米，分为9个景区，龙池洞景区内还有涤园诗社旧址和万天宫、禹王宫等古庙遗址。龙池洞外有瀑布三叠，泉水冬暖夏凉，可供人们四季沐浴，山梁上雄踞

南湖

圣灯山

7座明、清古寨，寨内绿荫如盖，寨外悬崖绝壁，是观日出、云海的好去处。

圣灯山
自然与人文景观俱全

巴南区跳石镇 ¥ 40元

圣灯山亦名"圣登山"，相传明代建文帝避难至蜀曾在此结庐而居，故名。山上森林茂盛、繁密，尤多奇树珍禽，富有天然奇趣，因其奇特、幽美、古老、惊险的自然景观而闻名遐迩。

山上植物种类繁多，有松科、杉科等120余种，在成片的亚热带原生植被中，有树龄300～400年的楠木、古松，有珍稀树种穗花杉，有树龄500多年的古银杏等。

特殊的地质结构，形成独特的地貌景观。千姿百态的石峰、石壁、石块散布在山中，著名的有棋盘石、蛇脱壳、舍身岩、铁门槛、灯盏石、玉米窝等。

蛇脱壳

灯山棋盘石北去约100米处，两巨石棚立，一石覆顶，阻绝于途。中有扁洞，洞由南而北下斜，长近5米，底略成梯道。此洞是游人沿山脊观景的必经之路。顶之南端有一竖孔，需双足先进，俯身紧缩方可入。洞北端特狭，仅一扁缝，宽仅0.2米，可立身，唯扁身收腹尚可挤出。在欲出而难出之时，出者维艰，观者捧腹，饶有趣味。

铁门槛

由蛇脱壳而北趋，高石薄岭，宽不足2米，两面悬崖。走60米左右，石岭从中断开，缺口宽近1米，长1.5米，深2.5米，走到缺口边时头晕目眩。此缺口看起来较窄，想要跨过感觉又很宽，只有鼓足勇气跳跃才能过去。此为途中又一难关。跨越它可以考验意志和胆识，因此有铁门槛之称。

狗钻洞

大舍身岩之北，相去100余米。数块巨石重叠阻隔了道路，东西北皆悬崖，东西崖高近60米，在几块巨石中有一窄洞是必经之道。洞内不能蹲立，只可手着地梭行。出口处右侧临空，所有蹲石可落脚，以手扶洞内石壁，脚点石壁间痕，弯身而下，方可通过。因过此洞形同狗爬状，故得名狗钻洞。

景点推荐

重庆西郊

抗战名人旧居

重庆抗战记忆的集中体现

沙坪坝区陈家桥街道　免费

乘292路公交可到　9:00~16:30

重庆沙坪坝抗战名人旧居景区包括重庆郭沫若旧居、重庆冯玉祥旧居、重庆张治中旧居三处景点。

张治中、郭沫若和冯玉祥这三处抗战名人旧居，承载着民族文化的传承、爱国主义精神的传播、和平统一的宣扬等重要作用。目前，沙坪坝区抗战文化遗址群基本显现，重现了当年“出将入相”的抗战文化风貌，丰富了沙坪坝区作为文化区的人文环境和历史内涵，成就了一幅独特的城市景观。

张治中旧居 文

张治中将军旧居位于沙坪坝区土主镇三圣宫村，也是国民政府军事委员会政治部旧址。其原为三圣宫，是一座距今已有200多年历史的清代宗教庙宇。抗战期间，时任国民政府军事委员会政治部部长的著名爱国将领、“和平将军”张治中曾在此居住和办公。建筑的前方矗立着张治中雕像。

三圣宫由山门、前殿(前厅)、戏楼、黄金堂和左右厢房构成，还有水池、石缸、花坛等附属建筑，十分雅致。

新中国成立后，该址作为村小学用房，后

为农舍，由于年久失修，损毁严重，岌岌可危。

玩家 解说

1938年12月9日，国民政府军事委员会进驻重庆。其政治部留渝期间，一部分在渝中区两路口，一部分在沙坪坝区三圣宫办公。

抗战期间，位于重庆市中心两路口的国民政府军事委员会政治部受到日本飞机狂轰滥炸的威胁，国民政府军事委员会政治部于1939年迁驻三圣宫。时任政治部部长的张治中住在三圣宫的黄金堂，并在此办公，直至抗战胜利。

郭沫若旧居

郭沫若旧居位于沙坪坝区西永镇香蕉园村（全家院子），也是国民政府军事委员会政治部第三厅和文化工作委员会旧址。旧居占地面积10 190平方米，建筑面积1566平方米，建筑风格为清晚期四合院，穿斗结构，小青瓦屋面，歇山式屋顶。

玩家 解说

郭沫若于1938年12月抵渝，任国民政府军事委员会政治部第三厅厅长。抗战时期，三厅作为在国统区内由共产党起主导作用的政府机构，成为了以共产党员为核心，动员各民主党派、人民团体和民主人士参加的抗日民族统一战线的营垒。

1940年，国民党政府撤销三厅，设立为文化工作委员会，周恩来任指导员，郭沫若任主任。抗战时期，郭沫若在重庆领导文化界人士进行抗日宣传工作，全家院子逐渐成为当时大批文艺界人士活动的重要阵地。郭沫若在此完成了《屈原》《虎符》《高渐离》《棠棣之花》《孔雀胆》《南冠草》等历史剧的创作，被毛泽东高度赞赏并列为延安整风学习文件的《甲申三百年祭》和《青铜时代》《十批判书》等也相继问世。抗战胜利后，1946年5月，郭沫若离开了重庆。

冯玉祥旧居

冯玉祥旧居位于沙坪坝区陈家桥镇白鹤村，为晚清普通民居，是土木结构，穿斗式梁架，单檐悬山式屋顶，小青瓦铺面，四合院结构住宅。冯玉祥亲自将此宅命名为“抗倭庐”。

旧居分上下两重堂结构，上院为副官、后勤士兵居住地，下院为冯玉祥及子女、警卫居住地，是由前一坝、内三个天井组成的三套四合院式建筑群，共36间房。

玩家 解说

冯玉祥将军一生极具传奇色彩，在重庆的抗战岁月里，他积极从事抗日宣传活动，抵制蒋介石的独裁内战。1938年，冯玉祥随国民政府迁来重庆。1939年年初，冯玉祥买下了当地乡绅张海南的小院，偕夫人、子女迁居此处，在这里工作、生活了7年，并为此住宅取名为“抗倭庐”。

海石公园

重庆的第二块“肺叶”

位于沙坪坝区中梁镇歌乐山北部环形山麓

15元

海石公园，处于长江中上游防护绿化带，是重庆市除南山之外的第二块“肺叶”。

海石公园独特的喀斯特地貌使其拥有了千姿百态、惟妙惟肖的海花石。天然石林经过岁月的风吹雨打，呈浅灰色，畅游其间，

玩家 攻略

四季皆宜，是天然的氧吧。春天，园内万物复苏、空气清新、嫩芽吐绿、桃花盛开、百鸟欢唱；夏天，园内凉风习习、蓝天白云、睡莲吐芳、绿肥红瘦、一片葱茏；秋天，园内满山金果、菊花争艳、金风送爽、艳阳高照；冬天，园内蜡梅傲雪、北国风光、银色世界，孕育着春的希望。

海石公园

让人不由得赞叹岁月的鬼斧神工！而融合着中西文化的欧式古典城堡，其天然石灰岩式的装饰风格渗透到建筑内外的每一个角落，极近欧式仿古风格和雄伟特色。

海兰云天温泉度假区 AAAA
都市中的“世外桃源”

九龙坡区海兰湖畔 13:00～24:00 108元

海兰云天风景区背靠白塔坪森林公园，植被丰富，空气清新，风景秀丽，独特的地理位置以及幽雅的环境，堪称都市中心的“世外桃源”。

海兰云天温泉为重庆新四泉，其建筑规模12100平方米，共有大小泉池30个，包括独一无二的室内温泉池1个、冲浪池6个及大型温泉炕池1个，带临湖后花园的五星级包房8个及温泉别墅6幢。风景区内设有海琴酒店、海韵宾馆、温泉城、休闲运动中心。

海兰湖

海兰湖又名“龙潭湖”，水域面积约40公顷，波光潋滟，景致幽雅，有着“月白风清，淡妆浓抹”的雅景，别有一番风味。环湖四顾，山色、森林、田园、村墅等分外清新俏丽，湖内三个半岛矗立湖中央，恰似青龙互斗，水跃蛟龙；湖心岛上松柏葱郁，倒映平静湖面，偶有小船划破幽静湖面，胜似镶嵌画卷。山水之间，阁楼觞亭，宫阙台榭，使人赏心悦目。

玩家攻略

风景迷人的海兰湖畔其实已经让人流连忘返，再加上完美的温泉洗浴，一连住上几天也是划算的。而且这里还有独一无二的室内温泉池、冲浪池，带临湖后花园的五星级包房温泉别墅更是让人倍感尊贵。闲暇之余置身其间，仰视则是蓝天白云飞鸟不绝，远眺则是青山叠翠碧水清流，爽身悦心那是自然的。

温泉城

温泉城的温泉产自缙云山脉，井口离这里只有1500米，井深3220米，日产4000立方米，水温达50℃，富含偏硅酸、锂、锶、碘、锌、硒、硼酸等20多种微量元素，是温泉疗养、康复保健的宝贵资源，对皮肤病和各类

海兰湖

风湿疾病有很好的疗效。

温泉城采用天然石、木材修建，环境幽雅，绿树掩映，氤氲四起，亭台流黄，长桥卧波。

玩家 攻略

温泉城内花木扶疏、竹林掩映，设小吃、烧烤、游船、茶社、美容美发、中医理疗、气功推拿、中式、古典、宫廷、日式、现代、各式按摩。在享受完温泉浴的洗礼后，你可以去阳光茶室品茗谈心，到垂钓区体味钓胜于鱼的乐趣，或者去天籁音乐厅聆听乐曲，到天赐生态园观赏动植物，或者干脆到天谷食肆品尝美味佳肴，回客房好好睡上一觉。

上邦高尔夫俱乐部

海兰云天上邦高尔夫俱乐部，现拥有一个18洞国际标准高尔夫球场，总占地面积约100公顷。球场是极具挑战性的山地高尔夫球场，充分利用天然的峡谷地形，保持了原有的丘陵景观和茂密的自然植被，大量湖泊相互串联，暗藏杀机，121个沙坑点缀其间，星罗棋布，重峦叠嶂、丘陵起伏、溪流环绕成为上邦球场的显著特征。

三多桥白鹭自然保护区

全国第一个白鹭自然保护区

九龙坡区白市驿镇　9:00~17:30

在陈家坪汽车站乘坐经成渝高速公路的汽车在白市驿转车前往三多桥村

三多桥白鹭保护区内有各种鹭类2万多只，成群的白鹭栖息在葱绿的竹林内，形成了一道以田园风光和白鹭相映成趣的独特风景画。三多桥村有成千上万的白鹭，鹭群中有白鹭、池鹭、夜鹭等，从开春后到8月是繁殖季节，搭巢产卵养育小鹭；从8月后到次年开春前是小鹭的成长期。它们早出觅食，晚归栖息。

三多桥白鹭自然保护区

天赐温泉度假区

温泉种类众多

九龙坡区含谷经济开发区天赐温泉路　¥70元

全天开放

重庆天赐温泉度假区是一处以温泉为主题，以生态园艺术为烘托，蕴含中华文化传统，集温泉洗浴、保健养生、餐饮、客房、商务会议、垂钓、娱乐、休闲为一体的旅游区。

温泉区内融山、石、林、泉、瀑布、花草于一园，移步易景，美不胜收。内有瀑布“天赐泉”、有供千人戏水的“众生泉”、可美容的“美颜泉”等，更多的温泉池在花树丛中时隐时现。天赐温泉区内分布着大小喷泉池上百处，热泉、同源泉、矿砂浴、栖凤池、归真泉等不同功效的泉水可供自由选择。

玩家 指路

1.朝天门到西彭的车（依维柯），走高速公路，可在天赐温泉门口下。

2.沙坪坝、石桥铺、杨家坪可乘车直达天赐温泉门口。

3.长途车站乘车可直达天赐温泉门口。

贝迪颐园温泉 AAAA

设施齐全、独具特色

九龙坡区白市驿农科大道

9:30到次日1:00　¥138元

贝迪颐园温泉旅游度假区由温泉中心、度假酒店、度假别墅、颐膳阁养生餐厅、网球中心、智能蔬菜大棚、湖区等组成。

温泉中心分为室内和室外两部分，室外部分有温泉特色泡池和独立汤屋。室内部分由水疗馆、SPA房以及温泉美食坊、网吧、棋牌室等组成。温泉酒店有客房126套，提供客房服务以及商务中心、礼宾等服务。酒店一楼有会议室、多功能厅、餐饮VIP豪华包房、KTV、大堂吧、西餐厅。

南海风情温泉娱乐园

养生天堂

大渡口区跳磴镇红胜村

经华福大道“跳磴3号桥”头—重庆小南海水泥厂出口处—下道直行5千米即到

南海温泉风情园简称南海温泉，园区尽拥碧水、青山、宁静之天成，其温泉更是得体，乃别具芬芳之瑰丽奇葩。温泉涌流于中梁山脉末端地下2500米深处，水温达57℃，水质上乘，富含硫、钙、镁、锶、氟等多种微量元素。温汤一沐，极具调节人体机能、改善血液循环、促进新陈代谢之绝妙功效。

温泉风景区

温泉风景区，沿途悠悠中梁山，园区背靠长江，四周尽是田园农舍，园内花木丛生，环境十分幽静，空气格外清新。

温泉城

在温泉城可自由享受温泉园区一流服务。高温池、水锤水床按摩池、多功能池（脉冲、超声波、弧沟泉）、漩涡池、儿童池、游泳池、豪华温泉功能内池、干湿蒸、地热休闲、餐饮、棋牌、住宿等一应俱全。

南海风情园

南海风情园位于大渡口建桥工业园C区红胜地段，系重庆小南海水泥厂投资打造的一座以温泉为主，生态园林和新农村建设完美结合的新兴休闲度假胜地。

园区设施一流，功能完善。有高温池、水锤水床按摩池、多功能池（脉冲、超声波、弧沟泉）、漩涡池、儿童池、游泳池、豪华温泉功能内池等各种池子，另外干湿蒸、地热休闲、餐饮、棋牌、住宿等一应俱全。

天醉园

大型生态果园

九龙坡区西彭镇

乘坐216、217等路公交车可到

天醉园依托约200公顷大型生态果园，建有按国际三星级标准设计的游客接待中心，是一个集休闲、娱乐、会所于一体的度假山庄，是目前西彭地区接待规模最大、功能最全、档次最高、环境最美的理想休闲场所。

天醉园内，绿树成荫，空气清新，环境优美，鸟语花香。园内有别墅区、旱冰场、游泳池、休闲会馆、儿童游乐场、荷花池、烧烤城、喷泉石雕、枇杷园、桃花岛等。

玩家解说

桃花岛位于天醉园核心区域，三面环水，三级台阶，因周围全是香水桃而得名。岛中央是石头雕砌的大型黄桷树，直径10米，中空且四面都通，可供游人玩耍，树高6米，从内拾级而上，来到树顶，举目四望，天醉园尽收眼底。桃花岛四周，亭台楼榭比比皆是，小溪潺潺流水，池塘睡莲自由飘逸，无事时坐在溪边的石凳上，可以一边打牌或闲谈，一边欣赏那塘里五颜六色的鲤鱼时而漫不经心地游来游去，时而跳出水面逗你玩耍，让水面荡起层层涟漪。

天醉园

景点推荐 重庆北郊

碧津公园

渝北大地的明珠

渝北区两路镇胜利路　免费

8:00~18:00

乘地铁3号线可到

碧津公园始建于1986年，占地约200公顷，园内山势起伏，林木绵亘，亭台掩映，池沼棋布。造景必求意境幽远，错落有致，建筑则飞檐斗拱，实为典型中式园林之作。

公园为综合性文化休闲公园，分广场区、碧湖水景区、茶园垂钓区、儿童游乐区、石刻文化区等几大区域，主要有鹤鸣清泉、碧塔耸翠、曲桥风荷、七夕飞虹、神祖灵童石刻壁等景点。

玩家解说

碧津公园以林木见长，依湖杨柳，漫山桃李，雨鹃风荷，秋棠冬梅，秀色四时不易。园内的碧津塔是公园的重要景点，有8层，塔下有3个草坪，每个草坪长20多米，宽有10米。

巴渝民俗文化村

巴渝文化大舞台

渝北区双龙大道

09:00~17:00

重庆巴渝民俗文化村是展现巴渝民俗文

玩家 解说

“四院”是指四个风格不同、结构各异的民居大院，分别展出古代巴人“人生礼仪”系列中的“诞生礼”“婚礼”“寿礼”“丧礼”“节俗”以及农耕机具、手工作坊的生产工艺程序等。观音古庙展示了古代巴人的祈神活动与宗教观念。

巴渝民俗文化村

化特色的游览胜地，全村占地面积约6公顷。村内树木葱茏，繁花似锦，万绿丛中掩映着数座风格不同、结构各异的民俗院落，或粉墙灰瓦、飞檐花窗；或竹篱茅舍，不染尘埃，给人以世外桃源之感。整个游览区由一馆、四院、一寺庙、一牌坊构成游览主体，另有索桥、广场、湖泊、农舍、曲形长廊茶园及民俗风情街等与之配合，相得益彰。

◘ 巴渝民俗博物馆

博物馆内陈列展示了多年征集的民间工艺品、服饰和其他生活用品等实物1000余件，其中重点陈列了巴渝地区清末民初遗存下来的木雕精品250余件，其中最具民俗工艺特色的是近20件大型雕花桌、椅、案、台、看坊等，最为引人注目，特别是那间满金雕花的五檐六柱大床，更是造型富丽堂皇，工艺十分精湛，令人叹为观止。

此外，馆内还陈列有当代民间艺人姜凤鸣先生雕刻群像200个，壁挂数十件，以及根雕作品多件，都具有较高的艺术品位和较重要的收藏及研究价值。

玩家 解说

馆内的五檐六柱满金雕花大床被誉为“中国第一床”，内容丰富，雕刻精美，俨然一幅巴渝地区的民俗风情画。

被盖架上雕刻的是称之为“四君子”的梅、兰、竹、菊，比喻品行高洁。由内向外看，第一层檐板上雕刻均带着“福”的图案——蝙蝠、蝴蝶、佛手瓜，象征幸福吉祥。

第二层的大床牌面，为雕刻之重点，藤蔓缠绕相连着象征富贵的五朵牡丹之花，两侧各有一对白头翁相向而立，表示的意思是富贵绵长，富贵白头；而两旁扶手雕刻的五种瑞果——佛手瓜、金瓜、寿桃、石榴、柿子，表示福禄寿禧，四季平安。

第三层檐两旁是累累葡萄。中间是锦鸡繁花，希望多子多福，再锦上添花。

第四层缨须飘动起舞，令人好不自在逍遥。

第五层一对红灯笼分挂两端，令人感到喜庆欢乐；而灯笼上方左面一幅年年有余（莲、鱼图），右面一幅夫妻和谐（河蟹图），则表达了人们美好的祝愿。

◘ “人生礼仪”系列展（四院）

“人生礼仪”系列展览通过四个风格不同、结构各异的民居大院，分别展出巴渝人家“人生礼仪”系列中的“诞生礼”“婚礼”“节礼”“寿礼”“丧礼”以及农耕机具、手工作坊的生产工艺程序等。特别是与著名雕塑家、副教授叶荣华先生创作并制作的200个雕塑配合，使情节形象生动，人物栩栩如生，给人以身临其境的感觉。

玩家 解说

人的一生都必须经历的几个生活阶段，在各个阶段自古就有一定的仪式来表示，形成了比较固定的模式。第一院：“诞生礼”“婚礼”，第二院：“寿礼”“节俗”，第三院：“丧礼”，第四院：农耕机具和手工作坊。在这里，可以感受一个普通巴渝人一生的历程。

◘ 清代石牌坊

这座石牌坊为节孝牌坊，也叫做龙溪牌坊，建于光绪三十年（1904年）。牌坊高15米，重300吨，是从龙溪镇搬迁来的，安放在村中最高处，显得高大雄伟，成为全村的镇山之宝。该牌坊做工精细，雕刻细腻，字体遒劲有力，人物形象生动，是难得的保存如此完好的文物古迹。

玩家 解说

姜凤鸣先生是重庆市巴渝十大民间艺术家之一和重庆市民间工艺大师，他以拙朴的手法雕刻的各式人物神形俱备，其雕刻的人物像是当今重庆地区民间工艺的代表作。

重庆市鳄鱼中心

西南地区罕见的鳄鱼养殖场

渝北区宝石路 ¥ 50元

乘603、629等路公交可到

重庆市鳄鱼中心园区内绿树成荫，鸟语花香，曲径通幽，布局协调紧凑。主要由鳄鱼湖区、两栖爬行动物馆、亚洲巨鳄馆、尼罗鳄馆、动物表演场、猿猴馆、鸟语林、森林蟒馆、长臂猿馆、绒猴馆、巨龟潭、热带鱼馆、松鼠猴岛、小熊猫岛、动物科普区、憩园、天鹅池、悬猴馆、澳洲袋鼠馆、热带小型猴馆、澳洲鸸鹋馆、浣熊馆、鳄鱼王子酒店及野生动物宝宝乐园等组成。

缙云山 AAAA

重庆“小峨眉”

重庆市北碚区缙云路

¥ 15元 8:00~17:00

市区多处汽车站有高速大巴、公共汽车到北碚，到北碚后在地下商场车站换乘至缙云山的旅游专线客车，或是换乘公交510、518路在索道站下车

缙云山，雄峙重庆市北碚区嘉陵江温塘峡畔，是七千万年前“燕山运动”造就的“背斜”山岭，古名巴山。因山间早霞晚云，姹紫嫣红，五彩缤纷，古人观云雾之奇，称“赤多白少为缙”，故名缙云山。

缙云山有朝日峰、香炉峰、狮子峰等9峰横亘，其中玉尖峰最高，海拔1050米。景区除了相思岩、黛湖、白云竹海等众多优美的自然景观外，还有缙云寺、绍龙观等八大古刹和晚唐石照壁、明代石牌坊、宋代石刻等名胜古迹。

缙云寺

缙云寺

缙云寺始建于南朝刘宋景平元年（423年），是具有1500多年历史的佛教圣地。曾称“相思寺”“崇胜寺”“崇教寺”，受到历代帝王封赐。寺中自古办学，名为“缙云书院”，其中汉藏教理院号称世界佛学苑四大分院之一。

寺内现存有宋太宗诵读过的24部梵经。寺外石照壁上的“猪化龙”浮雕，为六朝文物。另有出土的石刻天王半身残像，据传是梁或北周作品。

绍龙观

绍龙观始建于明代成化年间，坐落在海拔1050多米的缙云养生名山的幽谷之中。历史上曾几经兴衰，现今是中国西部地区最大的道教正一派道场，也是源远流长的道教养生修炼名观。

道观坐西朝东，三面环山，一面临水，有三清殿、玉皇殿、灵官殿、元辰殿、慈航殿、财神殿共三重主殿六大殿堂，景区于1998年重修，正焕发出新的活力。

玩家解说

缙云山与四川青城山、峨眉山并称为“蜀中三大宗教名山”，自轩辕黄帝炼丹开始，缙云山历来都是人文荟萃之地，道教创始人张道陵天师、陈抟老祖、张三丰祖师皆曾于此养生山修行，创造了以“道家宴”“道家茶”“道家酒”“道家法”为特色的“缙云四绝”，铸就了缙云山养生修行的文化风格。

狮子峰

狮子峰海拔864米，是缙云九峰中最为险峻壮观的山峰，远眺如雄壮的狮头，由下仰望则状似雄狮俯卧峻岭，故名狮子峰。

狮子峰峰顶前，有古寨遗迹，上峰顶等景点，穿过一道窄窄的寨门后，还有清咸丰十一年（1861年）立的《修砦碑记》。狮子峰峰顶岩石裸露，突兀嵯峨，峰头上有两个足印，传说是真武祖师立于山头一跃而至重庆南岸真武山留下的神仙足迹。峰顶有座方形石台，名叫太虚台，当时专供太虚法师在此练功。台内嵌有太虚石碑，刻有《太虚台记》。

绍龙观

绍隆寺

绍隆寺建于明成化二十一年（1485年），位于北温泉后山幽谷之中，为缙云山八大寺庙之一。清雍正和道光年间，先后两次重修。寺分三殿，飞檐翘角，雕梁画栋，殿柱为合抱乌木所造。

寺内有石造佛二尊，身高丈余，雕刻精细，为明代作品。泥佛十尊，造型精美，塑于清同治元年（1862年）。这里翠竹青松，山峦环抱，前有古松银杏，背负桶竹密林，一脉清溪，绕寺而过。抗战时期，寺内办有北碚慈善院，收容战区儿童数百人。后改作云山植物标本陈列室。现辟为道教文化园区，将东方道教绝技、道教文化陈列其间。

相思岩

相思岩在缙云寺侧的香炉峰下，纵横百米，深山一壁，光滑峻峭，气派壮观。岩下古木森森，幽重成林。岩崖底部，多处刻有宋代摩崖石刻，形状如堵，塔下凿有石窟，系埋葬俗人骨灰之地。其上刻有“相思岩”三个大字。岩巅高处有一巨石，远远望去，像是一个人在沉思，相传这就是相思岩的来历。

黛湖

黛湖位于缙云山与北温泉之间的幽谷中，群山环绕，林荫蔽日。前有绍隆古寺，右有九龙古寨。黛湖虽刚进山不远，但却已是古木参天，火红的杜鹃花，星星点点，镶嵌在青碧丛中。山光水色，湖堤倒影，相映成趣。

黛湖湖面水平如镜，湖底绿藻参差。据记载，湖中鼓藻类植物相当丰富，现今已发现的20属140余种，占了我国鼓藻记录的70%，有“水生植物宝库”之称。

白云竹海

白云竹海地处缙云山腰的白云村，背靠夕照峰，因此地有一古刹名为白云寺而得

玩家 解说

民国《北跨志》称："山有相思岩，娟秀美丽，攀其巅者，徘徊不忍去。"宋时状元冯时行当年在寺中读书时，常流连于相思岩，后被贬谪重回缙云山，作有情题《相思寺》五律一首："系艇依寒溶，扶年上晚林。山山春已立，树树雨元深。扫叶移床坐，穿云买酒斟。相思思底事，老大更无心。"清人毛澄在其《相思寺》中也曾有写相思岩的诗句。

相思岩

名，又因这片竹海在缙云山保护区内，所以有人又称之为缙云竹海。这里是缙云山竹类生长最为集中的地方，主要有桶（毛）竹、慈竹、平竹、苦竹、金竹、水竹、山竹、罗汉竹、佛竹和凤尾竹等20多个品种。

白云竹海景点较多，主要有白云寺、千年古松、缙云古道、金毛竹、悬崖高观音、石笋、牛心石、鱼儿石、万人坑、竹海石船等。竹林之下就是蜿蜒的嘉陵江，秀丽小城，清楚可见，给人一种清心、爽目、恬静之感。

北温泉风景区 AAAA

中国最佳温泉度假胜地

重庆市北碚区嘉陵江温塘峡西岸212国道旁

在重庆渝中区的朝天门、牛角沱以及重庆宾馆门口等处均有车可达北温泉。渝武高速路转212国道可直达景区

北温泉风景区前临峻峡，后屏峭崖。仰望缙云山，密林葱茏，紫雾浓淡，松涛隐约；俯瞰嘉陵江，浪涛奔流，舟楫往来，渔帆飘忽。整个风景区占地面积160公顷，集山、水、林、泉、峡、洞、石于一体，精美雅致，属"盆景式"自然风景区。

公园依自然地形而建，楼台亭阁错落有致，翠竹森森，林木葱茏，山光水色，风景如画。其园林景观以小巧精雅闻名。园中景点错落有致，各呈风采；其间小径纵横，怪石星罗，暖泉回环，亭阁相望，犹如一座巨大的盆景。这座"大盆景"的一个显著特点，便是以泉水造景。殿堂周围，都有石砌的沟渠和小池。沟内清泉环流，池中碧水软滑，为景区平添了几分灵秀。天气稍凉，池中暖泉热气蒸腾，池内鱼儿依然穿梭戏水，游客无不啧啧称奇。

景区内景观资源十分丰富，既有优美的自然景观，又有丰富的人文景观。其"山岳江河，温泉峡谷、溪流瀑布、丛林古刹、奇葩异卉"，展示了巴山蜀水幽、险、雄、奇的特色，是镶嵌在嘉陵江畔熠熠生辉的一颗绿色明珠。由于地壳运动、地质灾变和溶流沉积而形成了北温泉独特的溶洞、峡谷地理景观。风景区内还有农庄、竹楼、数帆楼、柏林楼等历史名楼。

北温泉现有泉眼10处，温泉水为硫酸盐泉类的硫酸钙、镁型，低渗、中性自然温水泉。最妙的是三角池的"浣尘"。这里因温泉出露地势高，水流量大，泉水形成一道高3米、宽10米的瀑布淋浴水幕。游客置身水幕下，任温泉瀑布冲润肌肤，爽怡之感直沁心脾。这种快乐，在重庆温泉中绝无仅有。

园内名胜古迹众多，文化内涵丰厚，它是重庆山水园林的代表和精品，现存的温泉寺庙是于明、清时期重新修建的古寺，寺后山麓为宋代摩崖石刻；自然资源也十分丰富，有"天下第一假洞"之称的乳花洞，有国家珍稀保护树种水杉、银杏、青檀等，还有北泉独有的模式植物——北碚榕。

北温泉有温泉寺景区、抗战名楼建筑、古香园景区、荷花池景区、石刻园景区、戏鱼

池景区、桃花叠翠景区、乳花洞景区、芭蕉园景区、温汤峡景区、生物景观区等10多个主要景区。

玩家解说

北温泉的前身为温泉寺，创建于南北朝刘宋景平元年（423年），后因山崖崩塌而被毁。明代重修成一门三殿，清康熙年间补修，形成现有的格局。北温泉是中国乃至世界上开发利用最早并至今仍在使用的温泉之一，故有“中国温泉故里”之称。明万历《合州志》载：“南宋开庆元年（1259年），元宪宗蒙哥为炮风所震，因成疾，班师至愁军山，病甚……次过金剑山温汤峡而崩。”从此，温泉寺之名遂列上正史。明、清两代，是温泉寺的黄金时代。清康熙文学殿大学士张鹏翮（he）亲笔书写的“第一泉”三字刻于温泉寺下嘉陵江边岩壁上。

1927年5月，在著名的爱国实业家卢作孚先生倡导下，巴蜀各界名流募捐万余大洋，建成嘉陵江温泉公园，如今园内仍保留着石碑，铭记着当年造福桑梓者的姓名。新中国成立后，人民政府多次拨款修葺，风景区面貌不断更新，现已成为中外游人的旅游胜地。

抗战期间国共两党要员冯玉祥、陶行知、蒋介石、林森、周恩来夫妇等曾多次来此住宿，新中国成立后朱德、贺龙、董必武、邓小平、刘伯承、陈毅、聂荣臻、叶剑英、李鹏、布什等中外政要都曾在此住过或小憩。1948年公园董事会撤销，园名改为“重庆市北温泉公园”。1985年10月，公园管理机构改名为“重庆市北泉风景区管理处”，直至今日。

近些年来，北温泉改封闭绿地，建开放庭园，新辟流翠园、香蕉园，建成汤池、兰池、行知桥、濂溪亭、桃花溪、戏水车、温汤史歌等一批新景点。这批景点也充分借用温泉的优势来辅助造型。各景点依山石地势高低参差，泉水在其间曲折回环，或成潺潺溪流，或成缩微飞瀑，或成镜塘碧池，配以奇花异卉、假石诗刻、曲桥石陛，有步移景异之妙。

温泉寺

景区景物以四大殿为中心，为四重殿，依次为关圣殿、接引殿、大佛殿、观音殿，寺内香火兴旺一时，庙宇辉煌，石雕甚众。关圣殿，又称三圣殿，为温泉寺山门。接引殿后有一山泉细流汇成的方池，池上石桥栏杆上刻有麒麟、芭蕉及花鸟等图案，皆为明代之作。大佛殿内现存一尊明代佛像；殿前一对

温泉寺

石狮怀抱小狮，十分别致。观音殿以石柱支撑，铁瓦盖顶，俗称“铁瓦殿”。

古香园

古香园系温泉寺旧址，园中古木参天，浓荫蔽日，存有宋、明、清三代僧人墓塔。

石刻园

石刻园内现保存有18尊宋代（1120—1122年）摩崖罗汉、明代诗碑7块和历代石像、石雕、石刻，极具考古、文化艺术研究及观赏价值。石刻园内多为宋、明、清三代石碑，其中明代盘龙塔为石刻珍品。

乳花洞

乳花洞洞深157.5米，高低落差30米，是5万年前的温泉泉华沉积物，并非石灰岩，科学家们称乳花洞为“天下第一假洞”，该洞堪称举世无双的世界奇观。

“五龙壁泉”，以青石砌成，长24米，高3米，壁上雕出5条飞龙，龙首头角峥嵘，从青石壁中直探出来，张牙舞爪，气势威猛。敲击石鼓，5张龙嘴喷出温泉，泉水叮咚洒入壁下清池，好一幅立体的五龙行雨图。

温汤浴泳是游北温泉的一大乐事。浴泳中心依山势高低排列，混凝土结构，琉璃瓦覆盖，富有民族特色。整个中心占地3400平方米，有供游泳的浣尘、室内游泳池、儿童游泳池、浸泡池和供沐浴的陵江池。三个游泳池首尾相衔，供游客任意戏水；陵江池设花浴、特浴、中浴等各种档次浴室75间，并配设保健按摩、美发、娱乐、小卖、茶园等服务项目。

1999年建成的我国西南地区第一家56米的高空蹦极跳有惊无险，是勇敢者寻求刺激的乐园。我国首家过江速滑长240米，建在温塘峡峭壁上，30秒钟飞越嘉陵江。两娱乐项目早已声名远播。

链接

北温泉“四绝”

“云根泉泻，汩汩然与松涛响应”，此为一绝；泉流殿池，“沸水中绿藻参差，赤鱼游泳”，此为二绝；泉水含钙量居重庆温泉之首，并含有微量元素和氡射气，医疗效果甚佳，此为三绝；泉眼多达10处，泉流量大，仅三角池泉眼日涌量就达3628吨，水温一般为37℃，四季浴泳皆宜，此为四绝。

北温泉

颐尚温泉

有“药泉”美誉

北碚区施家梁陵峡路 ¥128元

乘坐505、506路公交车可到

颐尚温泉是集温泉度假、餐饮住宿、商务会议、娱乐休闲为一体的旅游度假区。颐尚温泉日出水量4300吨、出水温泉44℃。温泉水区拥有大小特色山地温泉池30多个，泉水富含钙、镁、氟等30多种微量元素，尤其含罕见的锶、镭、氡元素，对关节炎、风湿症、高血压等多种顽疾有显著疗效。

颐尚温泉水质优良，富含离子氧气，四周森林茂密、山泉甘甜、湖泊优美、四时花开、果蔬丰硕。开发环境控制面积约100公顷，建设占地面积约37公顷，总投资10亿，集温泉养生、森林健身、特色餐饮、休闲度假于一体，蕴含文化气息和时尚品位，是生活配套、设施齐全、国内一流的山地温泉小镇。

静观镇

中国花木之乡

北碚区静观镇 68235358

静观镇文化积淀深厚，始建于乾隆十

七年（1752年），境内有800年塔坪古寺、500年蟠扎工艺等历史文化遗存，清末民初镇内彭、胡、刘、江四姓私家花园享誉巴蜀大地，华蓥山双枪老太婆经常出没，以鲜血换来重庆解放的王朴烈士亦长眠于此。

静观镇旅游资源丰富，以花木观光为主要特色的静观花木生态旅游景区有A、B两个蜡梅观赏区，有陶花源、静观苗圃、同力花木、多彩园艺、龙泉山庄、花漾栖谷等一批集观花、垂钓、餐饮、休闲为一体的精品园林和休闲山庄。

塔坪寺

塔坪寺即塔坪禅院，位于塔坪村古藏山坪。禅院始建于南宋绍兴十六年（1146年），乾道四年（1168年）落成。石塔高7层，塔中有石梯逐层通上塔顶，每层有窗口观望四周景色。

王朴烈士陵园

王朴烈士陵园占地约0.3公顷，现建有王朴烈士墓和金永华墓、王朴烈士陈列馆，是重庆市的爱国主义教育基地。

静观苗圃

静观苗圃前身为胡家花园，又名淳园，为清末民初静观乡绅大户胡中行重金搜集海内外名贵花木所创。现苗圃面积约47公顷，为静观镇花木种植资源圃，集盆景蟠扎、苗木培育、休闲健身、生态观光于一体的综合

塔坪寺石塔

休闲区。

重庆温泉谷

重庆温泉谷总占地面积约360公顷，依托境内上千亩的素心蜡梅和山水田园风光为背景，以温泉体验、科学养生、田园休闲为突破口，打造以田园情景温泉为特色的，集康体养生、运动休闲、度假安居、会展培训、乡村观光等多功能于一体的大型温泉休闲度假区。

美丽乡村嘉年华

新农村风貌展示区

北碚区静观镇双塘村

美丽乡村嘉年华是一个以山地农业为示范、农俗体验为依托，以中国五千年农耕文化为主题，以巴渝“农”文化为魂而打造的中国西部地区唯一的集观赏、体验、参与及度假于一体的特色乡村旅游园区。共分为乡村印象区、嘉年华体验区、美丽湖水上世界、花卉园艺观赏区及乡村度假区等五大旅游板块。

链接

王朴烈士

王朴早年毕业于复旦大学新闻系，后在母亲金永华的支持下，变卖所有家产支持和参与革命事业，重庆解放前夕因《挺进报》案件被叛徒出卖，成为“11—27”死难烈士之一。后世评价为：富家子弟，革命母子，毁家纾难，资助革命。

静观镇

金果园生态旅游区

都市难得的农业生态旅游区

北碚区澄江镇　从渝中区的重宾、朝天门、南坪、杨家坪、沙坪坝等处乘车，经北碚（518路）、澄江，到金果园车站下

北碚金果园生态旅游区总占地面积约93公顷，其中果园面积约60公顷，是一座农业生态观光园区、全国首批农业旅游示范点。园区千亩果林，四季鸟语花香，山间湖光潭影，层峦叠翠，幽深迷人。

金果园依托得天独厚的自然景色和精心培育的千亩果园，以四季花果为主题，以丰富的文化为内涵，依山就势分为17个功能区，共有40余个优质特色瓜、果品种。赏四季鲜花、品四季鲜果、游葡萄长廊、踏缙云古道、观百鸟争鸣、忆五千年农耕文化，成为游客休闲、度假的理想胜地。

中国西部科学院旧址

培养出众多科学人才

北碚区文星湾42号

中国西部科学院是中国第一家民办科学院。1930年秋，爱国实业家卢作孚在其“乡村建设”实验区北碚创办。院址初设火焰山东岳庙，1934年院部及理化所迁往文星湾惠宇。1943年该院联络中央地质调查所等十余家科研机构在此又兴建了中国西部博物馆，现今为重庆自然博物馆。

旧址主体建筑有惠宇楼、地质楼、卢作孚旧居和地磁测点碑等。中国西部科学院以及中国西部博物馆是我国西部地区最早建立的自然科学研究机构和自然科学博物馆之一，在研究我国民族科学的发展、西部地区的开发建设以及抗战内迁科学家的科研活动上有重要的学术研究价值和历史价值。

金刀峡溪降

金刀峡

峡谷险峻，山雄水秀

重庆市北碚区金刀峡镇

8:00~16:00

100元

金刀峡位于重庆直辖市北碚区华蓥山西南麓，距重庆市中心70千米，是一处新近发现的保持着原始古老神奇的峡谷自然风景区，以上亿年的峡谷幽壑景观为主，以岩溶地貌为辅，兼有大量的地质学上称“壶穴”的深潭绝景。

金刀峡全长约10千米，分上峡、下峡两段，峡谷内有栈道长约7千米。上峡两岸石壁如刀削斧砍，山势陡峭；下峡洞穴众多，深潭连连，更有石钟乳、石笋、石柱等，个个千姿百态，仪态大方。谷内主要景点有惊魂台、藏刀洞、悬天飞瀑、天犬洞、神鹰峡、狮头峡、一线天、沙溪湖、中峡天然浴场、千幻古岩、弥勒佛、心形潭等40多个。

金刀峡还是重庆市重要的户外探险基地之一，每年都会举办峡谷旅游探险节，热闹非凡。

惊魂台

进了山门，步行约5分钟便可看到一平台，长约5米，宽3米，站在台上往山崖下望去，确有触目惊心之感，有恐高症的游客可要小心了。相传解放战争时期，双枪老太婆派她队下10余人去解救被捕的共产党人，结果失败，被敌人围追至此，弹尽粮绝，他们一行10余人手挽手肩并肩跳下山崖，英勇就义，吓得敌人魂飞魄散，由此得名惊魂台。

神鹰沐浴

金刀峡上段入口处，右侧峡岩雄屹突兀，如一巨大鹰嘴头突入峡空，清澈泉水从鹰嘴洒淌而下，使峡口显得特别阴凉滋润，森严壁垒，这就是金刀峡内第一胜景——神鹰峡。站在本道上远观神鹰，其鹰爪又幻化为一只俯视清潭的小鹰头，从它张开的嘴中流出晶莹剔透的珠串。这一大一小两个鹰嘴泉集于一身，使得神鹰峡更加神奇壮丽。

悬天飞瀑

在金刀峡上峡口右侧日照壁，山崖巍峨，笔直冲天。一股银白色的飞泉傍着雄伟的山势从天而降，瀑高约150米，宽10米左右。干旱时节，飞泉如银丝链串飘洒于天地之间；凉风拂过，泉水随风飘散，五光十色，如仙女散花一般，点点滴滴甚是好看；山雨过后，山洪入峡，泉如潮涌飞泻直下，瀑布猛增达10余丈，瀑声震天动地，如百鼓齐鸣，其势如虹，十分壮观奇特。因为瀑布随雨旱时节变化显著，所以人们又称它为双面飞瀑。

玩家攻略

崖畔有一横穿日壁的天然便道，瀑声如雷，震耳欲聋；水花飞溅，空翠湿人衣；隔帘遥望，外面的世界更精彩。

狮头峡

距神鹰峡不到200米就是金刀峡上段第二胜景狮头峡。此处峡岩突峙，形成幽窄深涧，栈道下溪流时而潺潺娓唱，时而如鼓咚响，栈道随峡崖急转弯处右岸，一巨大岩石突入峡空狮头下有一绿色深潭，潭水如玉翠般闪光。

弥勒佛

位于金刀峡下段中部右侧，凭栈观佛，其袒胸露肚，笑容可掬，好像正在重复他的名言：“笑口常开，笑天下一切可笑之人；大肚能容，容天下一切难容之事。”逢阳光直射，则有一道七色彩虹横跨佛身，此谓佛光显现。佛经上讲，若遇佛光，必有好运。

金刀峡

老君醉酒

经过幽深曲折、串珠般的深潭，在下段区中部有一50余米的石龛。壁龛上小下大，上浅下深，龛底可容纳百余人。从龛顶坠落而下的一幅银帘，散珠溅玉，飘洒空际，好似天上垂下的，醉倒了天上的神仙，这才有神仙坐骑私下凡间，享受人间天伦的故事。

藏刀洞

穿过观佛路来到藏刀洞，四周绿荫环抱、景色奇丽。相传这就是大夏国将军张昆得获金刀之处。洞内钟乳石造型奇特，有一处钟乳石酷似一柄空的刀鞘直刺入峡，虽然金刀早已不在，但刀鞘依然留在洞中。站在观景台，放眼望去，仿佛一把金刀高悬洞顶，刀光闪闪，寒气逼人。

其实藏刀洞乃是一座横卧于峡中的自生桥。洞口两侧悬崖峭壁、鬼斧神工，它高50余米，宽处10余米，窄处7~8米，长约45米，地质构成甚为奇特。该洞是由于亿万年前的地壳运动形成的溶洞，洞内长年在二氧化碳流水的作用下，形成了今天的藏刀洞，用手轻轻一摸，上亿年时光便从指间悄悄滑过。

玩家解说

谷底探幽的溪降活动已成为金刀峡最具特色的旅游品牌。溪降是一种新兴的户外休闲活动，它是由上游向下游，由瀑布主体缘绳下跃或顺水滑降，是集体育、旅游、休闲、竞技于一体的大众化活动。

溪降的意义，在于进入峡谷溪流中去体验大自然，锻炼胆识，磨炼意志，迎接挑战，享受刺激，培养团队精神。但是溪降运动受到一定地理环境限制，要求在有一定落差高度、有河流溪沟的峡谷里进行，地理环境非常重要。金刀峡不但拥有这样的天然地理环境，具备溪降运动的所有条件，而且风景优美，变幻多端，在接受挑战的同时，可以从不同角度感受金刀峡的溪流河谷，峭壁瀑布。

偏岩古镇

巴渝“接龙场”

北碚区金刀峡镇　8:00~17:00

免费

偏岩古镇坐落在华蓥山脉西南面的两支余脉之间，因镇北处有一岩壁倾斜高耸，悬空陡峭，故名偏岩镇。该镇是旧重庆通往

偏岩古镇

华蓥古道上的一座工商古镇，昔日商贾云集，商贸繁荣，名播川陕湖广。

虽经数百年的时代变迁，但其街道、建筑、民风、市情仍然保留着昔日古朴、优雅的风貌。街道两旁的店铺鳞次栉比，店铺建筑多为木竹结构，或以长条木板拼合为墙，或以竹编篱笆糊满膏粉为墙。有些临街而筑的小楼，底层空间多设为店堂。上层宅楼呈吊脚式楼，悬空依柱而筑，既节省了街道路面，又达到了“让出三尺地，多占一份天”的设计效果。古镇处处透着恬淡之美，颇具“小桥、流水、人家”般的诗情画意。

玩家 解说

清代这里被称为“接龙场”，在康熙年间，因常有山洪暴发成灾，民间传说系孽龙出山兴风作浪，遂将此地取名为“接龙场”，以示平安吉祥。接龙场上场横街处有一高30米的悬崖向西北方向倾斜，就是人们现在看到的“偏岩”。

嘉陵江小三峡

媲美巫山小三峡

北碚区境内

免费

在红旗河沟长途汽车站坐去金刀峡的车，现在多数都不直接到金刀峡，都在柳荫下，时间2个半小时，然后坐小三轮车半小时后到偏岩古镇

嘉陵江小三峡又名御临峡，它以北碚为中心，由沥鼻峡、温塘峡、观音峡组成，全长27千米。

上为沥鼻峡，又称牛鼻峡、铜口峡，全长3千米。峡中江流湍急，水深莫测，峡岸群峰高耸，峻峭幽深，有巨梁滩、狮子坟、笑和尚、牛鼻洞、猴子石、磨子沱等绮丽景观。

中是温塘峡，又称温泉峡、温汤峡，全长2.7千米。古时峡口建有温泉池，称为温塘，故名。入峡江水咆哮奔腾，漩涡迭生，气势磅礴；峡壁两岸相距不过200米，悬崖挺立，犹如刀凿斧削；峡岩之腰，泉如汤涌，云根窦生，景色秀丽，为小三峡之冠。

下有观音峡，又名文笔峡，全长3.7千米。峡口岸边有巨石屹立，形如石笏，俗称文笔石，旁边悬崖高处有一古刹，名观音阁（今不复存），峡以阁得名。观音峡两岸绝壁万仞，怪石嶙峋，江水蜿蜒曲折，为嘉陵江小三峡中最险峻的一个峡。峡中不到1千米的范围内，已建成或正在建设的有朝阳桥、朝阳复线桥、碚东大桥、襄渝铁路嘉陵江大桥等6座大型桥梁，为国内桥梁密度之最。

玩家 解说

据《明史·纪事年末》载，明洪武三十一年（1398年），太祖崩，皇孙朱允炆即位，年号建文。在位3年就被燕王推翻，遂削发为僧，流落南方。曾分别于永乐三年（1405年）和永乐七年（1409年）到善庆里（今御临一带）寻访旧臣杜景贤，他们常游峡中。后人为纪念其事迹，便将邻水的西河改名御临河，峡以河名。

嘉陵江小三峡

观音峡

观音峡森林公园
历史文化遗迹众多

重庆市西北、北碚区中部

30元

8:00~18:00

观音峡国家森林公园由分布于嘉陵江观音峡两岸的张飞岭、鸡公岭和凤凰岭等3个景区组成。园内森林壮美，季相多彩，修竹万竿，古木苍劲，猕猴啼峡，白鹭翔集；长岭横亘峰峦耸翠，观音峡谷雄奇险秀，岩溶地貌景观荟萃，奇岩怪石象形生动；朝霞夕照绚丽，皓月冰雪清丽，雾岚云海幻丽；嘉陵大江连两山，山涧溪流飞瀑泉，龙驹平湖写诗意，山塘散布似翡翠；张飞道、天府寨、珠现门、龙车寺、道明寺、观音阁宗教文化遗存丰富。

龙车寺

龙车寺因背依龙踞山，面临古驿道而得名。龙车寺庙宇由西向东依次布建，有山寺、戏台、前殿、中殿、后殿及南北两廊。龙车寺东侧现建有由3座巨大灵塔组成的“龙车塔陵园”。

观音阁

观音阁位于张飞岭南端西侧、观音峡上峡口北悬崖绝壁上，是一座依岩搭建的石刻崖庙，庙舍偏厦，神像岩刻。观音阁几经毁损，仅存8龛14尊神像，尚见崖壁檀椽孔眼和残存的一排青瓦。现有众多居士募捐修建的临崖平台，已修复的神像有观音、普贤、文殊、阿弥陀佛、如来、大势至、日光、月光、眼光、财神、药王等14个。

胜天湖
华蓥山“人间瑶池”

北碚区金刀峡镇北部　免费

胜天湖约53公顷，水面曲弯秀美，四面环山峻逸，以境幽、水绿、瀑高、石怪为特色。景区内碧水、秀山、高瀑、怪石、孤岛、游鱼、幽境，主要景点有大坝溢瀑、半岛寻芳、雄狮卧水、仙女飞花、峡洞奇观等。古镇、湖泊、峡谷、高山，各景区景色互补，是人们周末旅行的好地方。

发现者旅行指南

渝西

概览

亮点

茶山竹海

茶山竹海茶园连片，如环似阵，层层叠叠；天然竹海，幽深迷离，浩渺苍茫，如烟似歌，荡人心襟。

茶山竹海

大足石刻

大足石刻集中国佛、道、儒“三教”造像艺术的精华，规模宏大、雕刻精美、题材多样、内涵丰富。

黑山谷

黑山谷被誉为“渝黔生物基因库”，目前是重庆地区最大、原始生态保护最为完好的自然生态风景区。

四面山

四面山以原始森林为基调，众多溪流、湖泊、瀑布点染于苍山绿树之间，丹霞地貌丰富其自然色彩。

金佛山

金佛山较为完整地保存了古老而又不同地质年代的原始自然生态，山势雄奇秀丽，景色深秀迷人。

线路

永川、江津、大足三日游

第一天去茶山竹海，这里是中国国家国际象棋队集训基地和武侠巨片《十面埋伏》的国内唯一外景地。下午坐车去松溉古镇，走一走石板路，尝一尝著名的八大碗，晚上返回永川城里住。第二天坐车去江津，游览四面山，欣赏瀑布美景。第三天去大足，参观世界文化遗产——大足石刻，感受古人的劳动智慧。

渝西地区精品游

第一天参观合川钓鱼城，这里因发生在一千多年前的宋元钓鱼城之战而载入史册。第二天开车去大足，这里不光有举世闻名的大足石刻，还有渝西地区最大的天然湖泊，是重庆地区难得一见的湖滨避暑胜地。第三天驱车去南川金佛山，这里是观光、避暑、生态探险的好地方，还有舒适的温泉可以泡，非常值得一游。

渝西周末轻松游

第一天去綦江丁山湖，泛舟湖上，清风扑面，很是惬意。第二天坐车去江津珞璜镇尖山生态园。这里空气清新，绿荫相拥，可住农家乐，也可自带帐篷居住。第三天到荣昌荣隆镇刘家农家大院：院子呈椅子形，背靠大山和大片的麻竹林，在这里感受一下农家生活。

为何去

渝西地区地处川东平原向秦巴山地过渡地带，旅游资源非常丰富，不仅有大足石刻、钓鱼城、金佛山、四面山、黑山谷等蜚声中外的旅游景点，还有乐和乐都、神龙峡、昌州古城、崇龛花海等养在深闺等待人们发掘的新景点，具有鲜明的巴渝文化特色，非常值得一游。

黑山谷

何时去

渝西由于地处丘陵地带，地形差异很大，春秋季节可以游览一些人文景点，例如举世闻名的大足石刻等，非常舒服。夏季重庆酷暑难耐，但是金佛山、茶山竹海等地却是凉风习习，是难得的避暑胜地。

崇龛花海

区域解读

面积：20 169 km²

人口：约1 037万人

地理 GEOGRAPHY

地形

渝西地区包括永川区、江津区、合川区、大足区、綦江区、南川区、荣昌区、铜梁区、璧山区、潼南区10个区。地形以丘陵为主，属于川东平原向秦巴山地过渡地段，形成了石林、低山等一系列地质景观。重庆市最西端位于区域内的荣昌区远觉镇白家寺村（105° 17.2″ E）。

气候

渝西地区属中亚热带湿润季风气候，夏季炎热，应注意做好避暑措施。冬季温暖多雾，是一年中的旅游旺季。春夏相交之际，渝西地区夜雨甚多，“巴山夜雨”之说由此而来，因此要准备好雨具；秋冬时节，雾锁山城，又有“雾都”之称。

历史 HISTORY

历史大事记

渝西地区的区县在夏商时期大多属梁州，周属巴国，秦属巴郡。早在新石器时代，即有人类居住，境内有两处极具历史价值的新石器时代“先巴文化”遗址。

公元前314年，秦置巴郡，为江洲县地。

776年，割泸州、璧山两县地始置县，因县城三河汇流，形如篆文的“永”字，故取名永川，至今已有1200多年历史。

清末民初初设重庆府、川东道。

民国年间，綦江区曾与贵州省的桐梓县、习水县调整边界。

1935年，南川县属四川第八行政督察区。璧山区属四川省第三行政督察区。

1960年四川省江津地区行署迁至永川。

1983年，地市合并隶属重庆市。

文化 CULTURE

旧石器时代的铜梁文化

近年来，考古工作者先后在长江沿岸发掘数处旧石器时代遗址。其早中期的代表是丰都县高家镇遗址、丰都县烟墩堡遗址和桂花村、三合镇井水湾、冉家路口遗址。丰都县高家镇遗址是华南地区乃至东南亚地区罕见的旷野类遗址，发掘出了丰富的石制品，以大中型砍砸器为主，有少量刮削器。以上遗址属于中国旧石器时代早期偏晚阶段，地质时代大致在中更新世末至晚更新世初。

卧佛

丰都县三合镇井水湾发掘出距今约10万年的旧石器时代中期露天遗址，并发现了较罕见的动物化石和最具典型的尖状石器，被专家誉为“中国三峡库区最具科学研究意义的一处旧石器遗址”。

铜梁文化是重庆地区广为分布的一种旧石器时代晚期文化。铜梁遗址1976年发现，1981年命名。遗址出土了大量动、植物化石和300多件石制品标本。石器类型简单，以刮削器为主，打片技术以锤击法为主。C14测定为距今25000年左右，是旧石器文化在四川盆地地层中新的区域性的代表，代表了涪江、沱江流域的旧石器时代晚期文化，被中国科学院命名为“铜梁文化”。此外，在重庆九龙坡区的桃花溪、大渡口区的马王场、巴县广阳乡新屋村、合川市铜溪桥村、合川小河乡小河村、江津区城区江巴滩、奉节县鱼腹浦等地也发现了一些旧石器时代晚期的文化遗存。

铜梁龙灯

铜梁龙灯是巴渝十大民间艺术之首，铜梁区被命名为“中国龙灯之乡”。

铜梁龙灯的代表品种是大蠕龙，世人将其直呼为“铜梁龙”。它的舞蹈在多变的构图和动作转换中，传达着神龙的无穷意趣、雄浑气势和神韵风采，给人一种酣畅淋漓的视觉感受……然而，铜梁龙更为突出的表演艺术特色是，以大龙具、大场面、大套路、大变化来体现大气势、大情感。在这几“大”之中，又始终包含着精致和细腻，贯穿着灵动与轻捷。它集南北龙舞之所长，既体现出北方龙的浩大和豪放，又同时具有南方龙的精美与灵巧；既有北方龙舞刚猛有力、激烈奔放、浑朴昂扬、表意直接的“刚”，又有南方龙舞柔缓细腻、轻捷矫健、活泼灵巧、变化有致的“柔”；从而能够集高、难、精、美于一身，用丰富的动作和套路来有声有色地展现出巨龙翻滚腾飞的意蕴与雄姿。正是这种兼收南北龙舞之所长而形成的刚柔相济的风格特征，决定了铜梁龙所具有的不同凡响的特殊美学品格——磅礴与细腻共存，浩大与精美同辉。

传承百年的重庆名片——涪陵榨菜

榨菜传统制作技艺（涪陵榨菜制作技艺）流传于重庆市涪陵区。

“榨菜”一词最早出现于清朝光绪二十五年(1899年)，由涪陵商人邱寿安命名，意即“经盐腌榨制过的咸菜”，并于当年首次将自己命名的这种咸菜产品投放宜昌市场获得成功。这是“榨菜”之名和“榨菜业”的缘起。据清道光二十五年（1845年）《涪州志•物产》中关于“包包菜”的记载，以及有关的民间传说推测，今涪陵区境内最晚在公元18世纪已广泛种植青菜头（即包包菜）并将其加工成咸菜供家庭食用。因青菜头腌菜风味独特，是众多咸菜制品中的珍品，具有巨大的历史价值、文化价值和经济价值。

涪陵榨菜既得益于涪陵特殊的地理条件，也得益于涪陵祖辈老工艺艺人，以传统制作技艺创造出了这一奇特的饮食，同时也带动了涪陵榨菜文化的诞生和发展。涪陵榨菜在加工过程中特别采用了原始的风脱水加工工艺及三腌三榨，形成了涪陵榨菜鲜、香、嫩、脆的特色。

2008年6月，国务院批准榨菜传统制作技艺（涪陵榨菜制作技艺）为第二批国家级非物质文化遗产名录。

铜梁龙灯

景点推荐

大足石刻

AAAAA

大足石刻是大足区境内主要表现为摩崖造像的石窟艺术的总称。大足石刻开凿于唐永徽元年（650年），盛于宋代。在此地可观赏到代表中国唐、宋时期的石刻造像艺术。

大足石刻以其规模宏大、雕刻精美、题材多样、内涵丰富和保存完整而著称于世。大足石刻群有石刻造像70多处，总计10万多躯，其中比较重要的有北山（包括北塔）、宝顶山、南山、石门、石篆山石刻，更以宝顶山和北山摩崖石刻最为著名。

大足石刻早期的"庙宇殿堂"式结构，完全是摩崖造像，如大佛湾造像全都裸露在外，与山崖连成一片，给人一种非常直观的感觉。突破了一些宗教的约束，使造像更人性化。雕刻形式有圆雕、高浮雕、浅浮雕、凸浮雕、阴雕五种，但主要以高浮雕为主，辅以其他形式。不仅有不计其数的各阶层人物形象，以及众多的社会生活场面，而且还配有大量的文字记载，是一幅生动的历史画卷。

大足区北山路7号
8:30~18:00
宝顶、北山联票170元
43722268

玩家 解说

大足石刻在我国古代石窟艺术史上占有举足轻重的地位，它以大量的实物形象和文字史料，从不同侧面展示了9世纪末至13世纪中叶中国石刻艺术的风格和民间宗教信仰的发展变化，对中国石刻艺术的创新与发展做出了重要贡献，具有前代石窟不可替代的历史、艺术和科学价值。

大足石刻以佛教造像为主，儒、道教造像并陈，是中国晚期石窟造像艺术的典范，规模之宏大，艺术之精湛，内容之丰富，可与敦煌莫高窟、云冈石窟、龙门石窟齐名。大足石刻集中国佛教、道教、儒家“三教”造像艺术的精华，以鲜明的民族化和生活化特色，成为中国石窟艺术中一颗璀璨的明珠。

宝顶山石刻
有造像近万尊

大足区龙岗镇东北约15千米

宝顶山海拔527.83米，其摩崖造像四周2.5千米内山岩上遍刻佛像，包括以圣寿寺为中心的大佛湾、小佛湾造像。宝顶石刻由号称“第六代祖师传密印”的赵智凤于1174—1252年的南宋淳熙至淳祐年间，历时70余年，有总体构思组织开凿而成，是一座造像近万尊的大型佛教密宗道场。

宝顶山石刻造像以大佛湾为中心，东有小佛湾、倒塔、龙头山、殊始山、黄桷坡，南有高观音，西有广大山、松林坡、佛祖岩，北有岩湾、龙潭、对面佛等，共13处景观。其中以大佛湾石刻造像规模最大，艺术价值最高，保存最完好，分布在东、南、北三面。

大佛湾

大佛湾位于圣寿寺左下一个“U”字形的山湾。它建于南宋淳熙年间，是在主建者当地名僧赵智凤的总体构思下历时70余载开凿而成的佛教密宗道场。

大佛湾崖面长约500米，高8~25米。石刻造像依山势崖形雕刻，位于东、南、北三面崖壁上，有大小造像万余尊，通编为31号。浮雕高大，题材广泛，龛窟衔接，布局严谨，整体感强，气象壮观。佛像构思新奇，雕刻技艺娴熟，世俗色彩浓郁。内容多属佛经故事。石刻珍品摩肩接踵。

大佛湾石刻还巧妙地采用了排水、采光、力学、防风化等科学措施，也足以令游览者击节叹赏。

链接

赵智凤

赵智凤（1159—1249），南宋昌州(今重庆大足区)人，大足宝顶山石刻创始者。5岁时，靡尚华饰，以居所附近有古佛岩，遂落发为僧。16岁外出云游3年。淳熙六年（1179年）返乡，传柳本尊法旨，承持其教，命工首建圣寿寺，发宏誓愿，普施法水。他按道场要求，精心设计，巧妙安排，在宝顶大佛湾琢诸佛像上万尊，建成了中国石窟艺术史上最后一座大型石窟群。

圣寿寺

圣寿寺位于宝顶山大佛湾右后侧，始建于南宋淳熙年间（1174—1189年），乃名僧赵智凤主建的密宗禅院。原称五佛崖，扩建后用现名。原寺已废，现存寺院为明、清建筑。

圣寿寺依山构筑，坐落

于山势峻秀、环境幽雅的林木之中。庙宇巍峨，建筑雄伟，雕梁满目。

寺前一泓池水，碧波潋滟；池中竖碑，碑下一双大足迹，即“大足”命名的由来。可惜现在水淹碑座，大足难窥。

踏进寺门，依次是天王殿、灵霄殿、大雄宝殿、燃灯殿、维摩殿，依山势高低而建，错落有致。诸殿与两廊寮房依山而构，分布有致，飞檐门角，气势宏伟，殿宇有镂雕彩绘数千幅，形态各异，栩栩如生，典雅清丽；殿内圣像庄严，令来者杂念顿失，肃然起敬。

寺内园林曲径通幽，古木参天，奇花异草触目皆是，四时峥嵘。年计香客游人近百万众，每至农历二月香会，人如潮涌，香如巨薪，史有“上朝峨眉，下朝宝顶”之盛誉。

寺内刻有大佛湾造像雏形，当是大佛湾

宝顶山石窟

造像蓝本。明永乐年间（1403—1424年），在该寺南侧修建20余米高、八角四重檐的“万岁楼”。圣寿寺在明、清时香火鼎盛。1504年，僧人录完公奉朝命将孝宗皇帝手画水莲观音像送五台、普陀、宝顶供侍，时三山齐名海内。

玩家 解说

传说夜英凡为天上布局山川的神仙，他干的工种有点像农夫犁地，土坯就是家乡多数南北向的山丘。只巴岳山例外。因为夜英凡累了，坐下来歇气时，巴岳山凝固为东西走向。平地上突兀地有了那山，夜英凡的失误为天地不容，被罚到西天做苦力，名字也为诸神的盛名掩盖。所以在我看到的神话故事和诸如《山海经》等书上没有夜英凡的名字。在中国文化里，山或水通常是有灵气的，不知何时何人赋予的神话往往世俗得亲切、人性化。巴岳山也是道教的启蒙地，传说“三丰洞”就是道教祖师爷张三丰练功修行的地方。

北山石刻

造像以佛教密宗为主

大足城区北的北山之巅

北山古名龙岗山，海拔545.5米。北山摩崖造像开凿于唐景福元年至南宋绍兴末年（892—1162年），依岩而建，造像崖面长约300米，高7~10米。形若新月，龛窟密如蜂房，分为南、北两段，共编290号，其中1~100号为南段，101~290号为北段。

北山摩崖造像近万尊，主要为世俗祈佛出资雕刻。造像题材51种，以佛教密宗为主，占总数的二分之一以上。其次有三阶教、净土宗等。这些造像题材都是在当时民间极为流行的，是佛教世俗化的产物，异于中国前期石窟。

晚唐造像

公元9世纪末的晚唐造像题材有12种类型，以观音及观音、地藏合龛和阿弥陀佛胁侍观音、地藏居多。造像端庄丰满，气质浑厚，衣纹细密，薄衣贴体，具有盛唐遗风。第5号毗沙门天王龛、第9号千手观音龛、第10号释迦牟尼佛龛、第51号三世佛龛、第52号阿弥陀佛龛等都是其代表作品。第245号观无量寿佛经变相内容丰富，层次分明，刻“西方三圣”“三品九生”“未生怨”“十六观”及伎乐天人、楼台亭阁等；人物造像539尊，各种器物460余件，保存了多方面的形象史料，在中国石窟同类题材造像中首屈一指。

五代造像

公元10世纪中叶的五代造像占北山造像的三分之一以上，是中国这一时期造像最多的地区，有着承上启下的重要作用。造像题材有18种，出现了药师经变、陀罗尼经幢等新内容。其艺术特点是小巧玲珑，体态多变，神情潇洒，纹饰渐趋繁丽，呈现出由唐至宋的过渡风格。如第53号的佛、菩萨像，既有唐代雕刻的丰满古朴，又具宋代造像的修长身躯。第273号的千手观音及其侍者、第

玩家 解说

北山摩崖造像以雕刻精细、技艺高超、俊美典雅而著称，展示了公元9世纪末至12世纪中叶（晚唐、五代、两宋）中国民间佛教信仰及石窟艺术风格的发展、变化，被誉为公元9世纪末至12世纪中叶间的“石窟艺术陈列馆”。

北山石刻

北山石刻

281号的东方药师净土变相等，薄衣贴体颇具唐风，仪容秀丽又似宋刻。

宋代造像

公元10世纪后期至12世纪中叶的宋代造像题材广泛，多达21种，尤以观音最为突出，被誉为“中国观音造像的陈列馆”。这一时期的作品更加贴近生活，体现了宋代的审美情趣。造像具有人物个性鲜明、体态优美、比例匀称、穿戴艳丽等特点。

最具代表性的是建于公元1142—1146年间的第136号转轮经藏窟。该窟造像以恬静的面部刻画反映其内心之宁静，以玲珑的衣冠显其身份的高贵。以线造型，线面并重，富有中国民族特色。璎珞蔽体，飘带满身，花簇珠串，玲珑剔透，装饰味浓；且多保存完好，宛如新刻，被公认为是“中国石窟艺术皇冠上的一颗明珠”。其他如第125号数珠手观音、第113号和第133号水月观音、第155号孔雀明王窟、第177号泗洲大圣龛、第180号十三观音变相窟等都是这一时期的珍品。这些造像的形象、姿态、性格、神情以至衣褶、饰物等，皆耐人寻味；组合变化丰富，刻工精美，步步移，面面观，出人意料的意境层出不穷。

玩家 解说

一般说来，观音造像只要有十只手，便可称“千手观音”。常见的千手观音多数是造三十二只手或四十八只手，以示观音的三十二变相和四十八大愿，其他的手皆用背光的形式来表现，以达到“千”的含义。

而我们古代的艺术家却在这里打造了一尊拥有1007只手的名副其实的千手观音，被誉为“天下奇观”。造像采用纵横交错，上下重叠，反侧相承，深涉错落的布局，在88平方米的石崖上，雕出这1007只手。

这些手纤细修长，千姿百态，金碧辉煌，构成了一幅犹如孔雀开屏的绚丽画面，令人眼花缭乱，心摇目眩。千手观音手中所执的各种法器，从一个侧面反映了南宋人民的生活用具、劳动工具以及战争武器，在历史文物考古上有着重要作用。

在千手观音的每一只手中还有一只眼，她的全名是“千手千眼观世音自在菩萨”。“观世音”，即普观世界救苦救难之声音。

链接

孔雀明王窟

北山第155号大佛母孔雀明王窟高347厘米，宽322厘米，深607厘米。刻像950尊。窟中孔雀直立，明王趺坐于孔雀背负之莲台上。大佛母孔雀明王身有四臂，左上手托经书，左下手握扇放于腹前，右上手托如意珠，右下手持一孔雀羽毛放于膝间。孔雀双翅展开做欲飞状，尾后翘，通过主像身后直达窟顶，并向前弯于主像头上，形成身后的举身光，同时起支撑窟顶的作用。左上手托经书，右上手托如意珠。

孔雀明王龛壁遍刻千佛，与孔雀雄姿相映成趣。千佛的面目、衣装、手势各异，皆结跏趺坐于莲花座上，座下有莲蒂。壁上的千佛之头身已有部分残缺。

南山石刻

以道教石窟造像闻名

大足城南约2千米

南山古名广华山，海拔514米，山顶原有道观，名玉皇观。南山摩崖一共有15龛造像，缘起于南宋时期(1127—1279年)，属道教造像。明清两代稍有增补。

在大足石刻中，公元11—13世纪的道教石刻，是中国道教石窟造像最多、最集中、反映神系（神仙系统）最完整的。保存完好者有5处，以南山为著。南山崖面长86米，高3.5~10.2米，通编为15号。其中造像5龛窟，主要有三清古洞、后土圣母龛、龙洞、真武大帝龛等道教题材。

第5号三清古洞，共刻像421尊，以道教最高神“三清”为主，配刻以“四御”及圣母、王母等群神，生动地反映了公元12世纪道教已由早期的老君、“三官”崇拜演变为神系、神阶明确的“三清”“四御”信仰的历史事实。在中国宋代道教石窟中，此窟雕刻最为精美；就内容而言，是最完备而有系统地反映宋代道教神祇的实物资料，有着极高的宗教、历史、艺术价值。

妙高山石窟

南山有碑刻题记28件。其中公元1250年的何光震饯郡王梦应记碑，记载了公元13世纪中叶四川东部遭蒙古军攻掠后的社会政治历史的基本情况，保存了许多珍贵的第一手史料，具有“以碑证史”“以碑补史”“以碑断代”的重要价值。

妙高山

山上有妙高寺

大足区季家乡

妙高山，云遮雾绕，岩壑拔峭，竹树翠绿，障屏皆娇，千山竞秀，万卉争艳。山上有妙高寺，妙高寺经宋、元不断修建，到元朝时期已成大寺，据考，此山为宋宰相冯揖所开。寺内存祖关通禅师石塔一座和已毁冯揖《忠诚堂诗碑》一通。

寺外石岩下，有石窟造像2处，一曰佛洞，一曰猫猫岩，共有造像12窟。佛洞第2号“三教”窟，释迦佛坐莲台，下雕蟠龙，两旁有迦叶、阿难二夹侍，为佛像。左壁坐像，博衣阔袖，足着靴，高合髭须，执奋，二侍者为道像。右壁坐像，圆顶，大袖，戴冕垂流，执济，左右各一侍者，为儒像。这种典型的三教窟，在大足少见，在全国更珍贵。

链接

妙高寺传说

当年重修妙高寺，韩均对长老说：“山上的景不能损，山上的树不可伐，修玉皇阁的材料，你得自己想办法。”还说，“木屑竹头，你自己出，规模制度，你自己经营，总之，要不染人间丝粟，把寺庙修得巍峨峻丽，让神人愉悦。”长老双手合十：“贫僧知道了，记住就是。”

入夜，长老和尚祭拜祖关通禅师石塔，忽见那石塔自开，妙凯祖师从石塔中现身出来，奔至井庐，口中念念有词：“三千诸佛云中现，十万梁木泸州来，妙高钟鼓天天鸣，神并运木夜夜开。”

刚念完，只听空中轰隆一声，妙凯祖师不见了，两口水井却打开了盖，水面浮现木材。众僧闻之，赶往井庐，站在井口，只需将木材往地上捞，竟然取之不尽，用之不竭，直到修好了神庙，那两个水井才停止了供给木材。

清人李型廉写道：“两旁有井二，相传昔年建寺，悉取材于此中，惜国初时淤塞之，不获睹遗留一古木。”庙宇“厥功告成，神人前悦”。妙高山出现极盛期，“大和尚三千五，小和尚不胜数”，这就是当时的写照。

然而可惜的是，没过多少年，庙宇破败，僧众也走散了，至清乙未年，剩下的个别山僧，也变成了乞丐。李型廉游山，“山僧丐余曰：‘荒山自明季以还，鲜有题赠，山之形胜，漫无可征，信来兹者，请为文载之’”，这才出现李型廉的《游妙高山记》。

石篆山

石篆山海拔444.6米，位于大足区三驱镇佛惠村，山上摩崖造像为典型的释、道、儒“三教”合一造像区，在石窟中罕见。石篆山以老君洞为代表作。

据佛惠寺《严逊记碑》记载，造像于北宋元丰五年至绍圣三年（1082—1096年）开凿而成。造像崖面长约130米，高3~8米，通编为10号。其中，第6号为孔子及十哲龛，正壁刻中国大思想家、儒家创始人孔子坐像，两侧壁刻孔子最著名的十大弟子。这在石窟造像中，实属凤毛麟角。第7号为三身佛龛。第8号为老君龛，正中凿中国道教创始人老子坐像，左右各立7尊真人、法师像。据造像记知，以上3龛造像均为大庄园主严逊出资开凿，由当时著名雕刻匠师文惟简等雕造。

石门山

石门山海拔374.1米，位于大足区石马镇新胜村，因其山两巨石夹峙如门，故名。其摩崖造像为佛教、道教合一造像区，沿岩造像或仙或释，或诸鬼神，居于一区，皆玲珑万状，鬼斧神工，精妙绝伦。尤以道教造像最具特色。

造像开凿于北宋绍圣至南宋绍兴二十一年（1094—1151年）。刻像崖面全长71.8米，崖高3.4~5米，通编为16号，其中有造像12龛窟。

此外，尚存造像记20件，碑碣、题刻8件，培修记8件及文唯一、文居道、蹇忠进等工匠师镌名。

老君洞

景点推荐 永川周边景点

茶山竹海 AAAA

亚洲第一大连片茶园

永川区茶山竹海街道办事处箕山林场

49785801 www.cszh.gov.cn

38元

茶山竹海曾因诸葛亮赐名“箕山”而号称“天下第一隐山”。茶山竹海地处箕山山脉，箕山前山高后山低，逶迤起伏，形如腾飞的巨龙，民间传说在三国时就有“蜀汉飞龙”之说。

茶山竹海国家森林公园占地116平方千米，拥有约1334公顷大型连片茶园和约3335公顷巴渝第一大竹海，形成我国乃至世界罕见的茶竹共生景观。

茶山竹海主要景点有桂山茶园、青龙茶园等三大片茶园和金盆竹海、竹海迷宫等六大片竹海，另外还有朱德楼、田坝子古墓、天子殿、薄刀岭等景点。现存双府院、仙人洞、天堡寨、天子殿、古墓等历史遗迹29处。

玩家指路

重庆菜园坝汽车站、陈家坪汽车站、朝天门汽车站到永川区的班车每天滚动发车，几分钟一班，票价在28元左右。假日期间也有到茶山竹海和重庆野生动物世界的直达旅游班车。

玩家 攻略

茶山竹海景区一日游：上午：参观朱德品茶楼、观五星茶园、游红村，感受红色文化；观桂山茶园，体验采茶制茶工艺，中华茶艺山庄品茶、观茶艺茶道表演、食茶膳午餐。

下午：漫步金盆竹海，观茶竹共生景观；游《十面埋伏》外景地、竹海露天森林舞台，体验影视文化；漫步茶竹天街搜寻特色纪念商品，返程。

茶山竹海景区两日游：第一天：上午参观朱德品茶楼、观五星茶园、游红村，感受红色文化；游《十面埋伏》外景地、竹海露天森林舞台，体验影视文化，享竹林山珍。下午登云顶山天堡寨，探寻天子殿历史古迹；游竹海迷宫，体验“九宫八卦”阵；漫步茶竹天街，购物、品特色小吃，宿天街客栈。

第二天：上午登渝西最高峰薄刀岭，观日出、看云海；游翡翠长廊，漫步香樟林、茶马古道，远眺红枫岭；茶竹天街品特色小吃、竹海山珍。下午游金盆竹海观茶竹共生奇观，返程。

十面埋伏

《十面埋伏》外景拍摄地地处扇子湾竹海，该竹海面积约467公顷，海拔高度在500~800米，因其地形独特，湾阔沟深，像一把撑开的大扇子而得名。2003年张艺谋在拍摄电影《十面埋伏》时，经过多方考察，来到永川茶山竹海，发现扇子湾竹海竹林密集，竹型挺拔，非常适合剧中情景的需要，因而在此选址拍摄。此部电影的演员阵容强大，国际明星章子怡、刘德华、金城武和宋丹丹等都在扇子湾竹海留下了动人的身影。

扇子湾竹海

金盆湖竹海

金盆湖竹海面积约334公顷，海拔800~850米。内有三个湖，湖里积满清澈的水，终年不竭，被人称为“金盆”，是茶山上难得的高山平湖。除此之外，此处也是茶竹共生特色表现很明显的景点之一。

竹海迷宫

竹海迷宫位于大岚垭竹海，大岚垭竹海幽远神秘，扑朔迷离，竹海内地势平坦，小丘大小形状相似，茂竹参天，林间道路被竹叶覆盖，纵横交错，人一旦进入就容易迷路，很难走出，因此该地得名竹海迷宫。

翡翠长廊

翡翠长廊游步道位于箕山后段，是九龙竹海景区的主要景点。全长约3千米，海拔770~980米，其坡度较缓，景色优美，游览时间约为1个小时。

区内翠竹参天、曲径通幽，林间奇石密布，红枫岭、香樟林、观音庙景点令人流连忘返。长廊两旁密集的老竹新篁拱列，遮天蔽日。道路蜿蜒绵长，顶上两旁的修竹争相内倾，几乎拱合，更显幽深秀丽。

薄刀岭

薄刀岭是箕山的最高峰，也是重庆西部的最高峰，主峰海拔1025米，次峰海拔1016米，山峰高峻，两翼陡峭，形状像一把薄刀。山顶依次建有入云亭、倚天阁观景台，山脊步道最窄处不足一米。

玩家 攻略

金盆湖度假酒店位于金盆湖竹海中，按五星标准修建，面积4800平方米，由五幢别墅和四幢主体建筑构成，接待能力在80人左右，提供住宿、会议、餐饮、观光、娱乐等服务。

金盆湖别墅度假酒店占地面积约13公顷，酒店以茶竹文化为主题，9栋中式古典造型别墅，配套设施有接待中心、会议中心、独栋别墅客房、茶坊，依山临湖，错落有致。

从薄刀岭主峰顶上眺望远方，方圆几十千米的锦绣河山、田园村落尽收眼底。登峰远眺，可以看到三条玉带一样的河流形如篆文的“永”字；五座主要山脉的形状形如“川”字，永川就是根据山水的形状而得名。

天气晴朗之时，站在这里，可以远眺重庆的缙云山、歌乐山、中梁山、大足、荣昌等，但觉山河锦绣，棠城如画，美不胜收，令人心旷神怡。

链接

薄刀岭的传说

传说三国时候，诸葛亮智算华容，关云长义释曹操。诸葛孔明怪罪关羽，要斩关羽人头。这时，曹操的军队再次逼近，关云长怒气冲天，挥动他的青龙偃月刀，杀入曹军，要取曹操人头，将功补过。情急慌乱之中，青龙偃月刀陷入箕山岩石中，关羽无力拔回，痛失杀曹良机。年深日久，形成了美丽的薄刀岭。

茶竹天街

茶竹天街因常年薄雾笼罩，若隐若现，好似披着天庭洒下的轻纱，恍如天上的街市而得名。天街商铺沿湖修建，以徽派建筑风格为主体，是集餐饮、住宿、休闲、娱乐、购物为一体的景区旅游特色商品销售商业街。

特色商品有永川茶叶系列、永川竹工艺品系列、永川豆豉、松花皮蛋、星湖茶酒、保鲜竹笋和干竹荪、鲜竹荪等。

天堡寨

清朝嘉庆年间(1796—1820年)，箕山土匪盘踞，筑堡扎寨，寨名“天保”。天堡寨兴建于1801年，寨墙由条石砌成，非常牢固。

天堡寨位于云顶山顶，北连大岚垭，南接猫儿梁，西临手爬岩，东抵凤凰沟，海拔950~980米，四周悬崖绝壁。因此处地形险

茶山竹海

要，易守难攻，可谓“一夫当关，万夫莫开”。当时山寨顶层岩屋设有寨门，现存天堡门、宣武门、永安门三座寨门，都是石质仿木结构，重檐殿式门楼。宣武门四周用石块堆砌建造，筑成高墙，墙厚约1米，并开有许多射击孔。

桂山茶园

桂山茶园海拔200～700米，因古时候，满山的桂花飘香，所以成为桂山，桂山顶上，山高月明，每当秋夜，月明如水，景致幽雅，是箕山赏月的最佳去处，“桂山秋月”是永川古昌州八景之一。月光照耀下的茶园美景是“半壁山房待明月，一盏清茗酬知音”的真实写照。

陈子庄艺术馆

免费

每周二、三、五、六、日上午9:00～12:00，下午14:00～17:00

陈子庄艺术馆坐落在茶山竹海的中华茶艺山庄。馆内收藏有陈子庄作品真迹，还有部分来自他的家人、亲属、学生，以及全国著名画家为陈列馆而作的200余幅上乘佳作。

链接

陈子庄其人

陈子庄1913年生于永川永荣镇，1976年病逝，是中国杰出的国画大师，原名陈富癸，别号兰园、下里巴人、十二树梅花书屋主人、石壶，被誉为“东方的凡·高”。中国美术家协会主席靳尚谊先生说：“陈子庄的作品用笔看似幼稚，但却妙趣无穷，这正是画家心灵自由、自主的非凡表现。”

茶艺山庄

中华茶艺山庄巍然屹立在中国西南部，成为浓缩中国几千年茶文化的金牌标志和重庆旅游服务业的崭新旗舰，是中国西南地区首家以弘扬宣传茶文化为宗旨的综合性旅游服务设施，旨在成为人们了解茶文化的一个窗口。2003年，中国国际茶文化研究会授予永川“西部茶城”的荣誉称号。

卫星湖

幅员广阔、景点众多

永川区星湖大道　8:00～17:00

在重庆陈家坪汽车站乘坐汽车经成渝高速路在永川下车，然后换乘汽车，沿永泸公路行车10千米左右可直达景区

卫星湖旅游景区与国家森林公园茶山竹海、重庆野生动物世界、松溉古镇处于同一黄金旅游线上，由卫星湖及周边景观区域组成，幅员12平方千米。

卫星湖湖湾交错，有自然形成的多个半岛和全岛。卫星湖旅游景区有水上世界、开明水上游乐场和度假村游船综合码头，有环境优美的省级园林式高等院校重庆文理学院、卫星湖国际旅游度假村、桃花山庄、比子沟，又具有宗教、民俗文化特色的石龟寺、康乐宫和旅游新镇风貌。湖西北岸为全国农业旅游示范区、省级森林公园黄瓜山和著名的比子沟景区，湖东南岸为金三维生态花卉园区。

玩家攻略

湖内最负盛名的是桃花岛，每年三月桃花开时，游人如织，美不胜收。

景区每年还举办“划龙舟比赛”、星湖鱼美食节等丰富多彩的节庆活动。

卫星湖有闻名渝西的特色美食星湖鱼、山椒乌鱼和各类麻辣鱼。

卫星湖

香海温泉

沐浴修心、修身养性

永川区桃花山公园景区内　58元

10:00~24:00

香海温泉以沐浴温泉、静心修身为定位，集中浓缩了儒、释、道三教文化及世界各地的沐浴文化，是一座以温泉保健养生为主题特色，集客房、餐饮、商务会议、保健养生、水上乐园和文化景观等旅游休闲度假项目于一体的多功能大型重庆温泉度假景区，是西南地区最具文化品位的规模最大的生态重庆温泉。

重庆香海温泉为硫黄泉，硫黄泉具有很好的保健医疗作用，可改善皮肤血液循环和组织营养，增强抵抗力，软化皮肤、溶解角质，灭菌、杀虫等，对皮肤病皆有较好的治疗效果。重庆香海温泉还可改善新陈代谢，对心血管系统具有一定保健作用。

链接

名称由来

“香水海”简称“香海”，指注满香水的大海。根据佛教的说法，世界的中心有九座山八座海。中央是须弥山，它的周围被八山八海所围绕。除了第八座海为碱水外，其他的海里都是八功德水，有清香的德行，所以称作香水海。香海温泉，由此得名。

石笋山

中国情山

江津区何埂镇境内

www.ycsss.com

石笋山地处山城重庆西部的云雾山系，山中有雌雄石笋双峰，平均海拔约700余米，为石笋山最高的山峰。

石笋山雄奇险峻，重峦叠嶂，起伏连绵；常年峰青岭翠，绿树成荫，苍松翠柏，古朴苍劲。寂静的山谷白云缭绕，雾霭袅袅；山间，紫烟笼罩，缥缥缈缈，若隐若现。景区有佛寺、道观、城墙、城门等遗迹，又有铁拐

石笋山

李坐化台、饿殍石等景点，山涧清泉湖泊与绿荫相映生辉。

云海

石笋山的云海，不光有海的壮阔，更有神奇缥缈、变幻莫测的景象。云海，如絮般覆盖浅山原野，轻、柔、软、泡，厚积绵聚，似近在咫尺，又远在天涯。“欲向青天数花朵，九百九十九芙蓉”，那白云令人心旷神怡，富有诗情画意。

孔雀湖

石笋山的湖光山色美不胜举。美丽的孔雀湖湖水湛蓝湛蓝，宛如一颗璀璨的蓝宝石，镶嵌在奇峰秀谷的密林丛中。微风吹皱，一泓湖水波光粼粼，沁人心脾。

“石雕像”

大自然的鬼斧神工雕刻出无数生动的“石雕像”。“鳄鱼石”虎视眈眈，惟妙惟肖；“大圣像”神态逼真，纤毫毕见。

古寨

扼守雄关隘口的古寨门雄姿犹存，残垣断壁的寨墙隐约可见。厚重的历史给石笋山增添无数神秘色彩。

寺院

石笋山是自然景观与人文景观的完美统一体，而宗教文化是石笋山人文景观的主体。石笋山有寺庙四五处，或倚山修建，或筑殿峰顶。寺内供奉无数神态各异，大小不一的神像。“临山已谛金钟响，入庙先闻玉炉香”，各寺院终年香火不断，佛事鼎盛。禅宗悟道，听晨钟暮鼓，喃喃佛语，别有一番佛国仙山的清静无为。

玩家指路

乘火车：永川或重庆乘火车至柏林火车站下车，由柏林上山至风景区。

乘客车：永川客运中心乘到水碾或柏林客车至柏林，由柏林上山至景区。

自驾游：线路一：永川经野生动物世界—五间镇—何埂镇—水碾场至柏林上山到景区。

线路二：永川经野生动物世界—双凤场—临江镇—高滩场至柏林上山到景区。

线路三：永川经莲花场—临江镇—高滩场至柏林上山到景区。

重庆野生动物世界 AAAA

国家重点野生动物园

永川区双竹镇　乘永川203路公交可到

重庆野生动物世界占地约334公顷，分为广场区、步行区、车行区、停车区、后勤服务区、金澜湾国际度假村等6个功能区。园区所在地山清水秀，地貌环境丰富多样，四季气候温和，是非常适合野生动物生长繁衍的地区。

重庆野生动物世界动物物种丰富，种群较大，填补了三峡库区野生动物保护研究的空白，提升了西南地区生态研究的规模档次，已成为西部最大的野生动物物种基因库和动物繁殖研究中心。

玩家解说

石笋山有珍稀动植物及名贵药材等500余种，在20世纪80年代末的石笋山溪流中，当地居民及旅游者曾经多次拾到数十枚蓝宝石、红宝石矿（刚玉），足见石笋山有着丰富的地下矿产资源，唐代诗人刘禹锡在《陋室铭》中写道：“山不在高，有仙则名。”就是因为铁拐李在此修道成仙。

重庆野生动物世界

园区以散放式为主要观赏方式，突出“回归自然”的主题，最大限度缩短人与动物、人与自然的距离，吸引了大量游客。

玩家 攻略

重庆野生动物世界有餐厅4个，分别为龙凤轩风味餐厅、和风休闲餐厅、松涛阁快餐厅、金澜湾餐厅，共计3000余平方米，能容纳1800人同时就餐。餐厅内设有大厅、小厅、包房以及豪华包房，能充分满足客人的不同需要。

链接

野生动物园的植物

重庆野生动物世界条形山与宽缓的丘陵、谷地彼此排成丘陵低山地貌，植被主要为亚热带常绿阔叶混交次生林，绿化覆盖率达70%以上，湖泊面积约53公顷。园区建设扩大了森林面积，形成以常绿和落叶乔木交相辉映的优美天际线，并使其体现季节变换，结合树木、时令花卉形成丰富的视角立体景观，常绿乔木混交林和成片栽种观赏树木，相映成趣，既展现重庆山水园林风格，又体现出动物生长环境、植物特色的园林绿化景观，既有森林公园的气势，又有避暑胜地的风味。环境优美，景致宜人。

松溉古镇 镇

长江上游重要的水运码头

永川区松溉镇　在重庆坐班车经成渝高速公路到永川，在永川有直达松溉镇的中巴

松溉镇与江津隔江相望，因境内松子山、溉水而得名松溉。历史上的松溉，是永川、荣昌、隆昌、泸州、铜梁、大足、内江一带商贾来往重庆贩运和做生意的物资集散枢纽。律动的建筑遗存、优美的自然景观、丰富的人文遗址以及独特的码头文化，给到过松溉的人留下了极为深刻的印象。

松溉镇内古迹繁多，景观丰富，西面有长江中坝，西北面有青紫山，东面有东狱庙，东北有“夫子坟”，南面有千佛岩化、太子石、老鹰岩，北有久负盛名的飞龙洞，古镇有十里老街、陈氏老屋、古县衙、罗家祠堂等极具文化艺术价值的古建筑和人文景观。还有明清时代四合院、雕楼、吊脚楼等一批历史文化遗迹。赛龙舟、龙灯、腰鼓、钱枪等民俗表演，也别具特色。

古镇有清幽的环境、清洁的石板路、清新的江风。松溉的独特饮食文化也让游人回味无穷。

链接

松溉古镇七绝

一是明清建筑，主要是吊脚楼、四合院、穿斗屋；二是祠堂和庙宇，以罗家祠堂、陈家祠堂和清洁寺为代表；三是石板路，蜿蜒曲折5千米；四是夫子坟，即注经大师陈鹏飞之墓；五是古县衙，又称老官庙；六是陈公堰，系明代水利工程，同时也是一处优美的自然景观，故又称飞龙洞；七是长江温中坝，是重庆长江上游面积最大的中坝。

松溉古镇

罗家祠堂

罗家祠堂部分根据原貌进行修缮，外面的戏台和观众席是现代重新修造。祠堂现由罗家的宗孙进行看护，每年的清明节，罗氏家族将会在这里举办罗氏宗亲会，以祭奠祖先。在祠堂内摆放着从罗氏始祖到十六世的先人的灵位。

陈家大院

陈家大院是一个原汁原味的四合院，据了解，这里是著名影星陈冲的祖籍所在地，院内专设陈列室供游客观赏。

永川县衙

永川县衙是一个现代修建的建筑群，因为据考证，古代永川县衙就位于这里，现代人就仿造古代建筑，修建了县衙这个古建筑群。

黄瓜山百里果乡

体验乡村旅游

永川区黄瓜山

黄瓜山百里果乡农业观光园以农业观光、休闲度假、农家乐为主要旅游项目，出产有闻名全国的永川梨、优质大米、花生、生姜、地瓜等土特产品。

黄瓜山山势雄伟，地貌奇特，还孕育出白岩槽、象鼻嘴、踏蹄沟、八十梯、狮子岩、磨盘岩、虎头山等独具奇、险、秀、美、幽特色的系列自然景区，充分显示出大自然的伟大力量与神奇造化。

安陶博物馆

中国四大名陶之一

荣昌区陶都大道　免费

安陶被誉为中国“四大名陶”之一，安陶古镇是重庆市人民政府首批命名的历史文化名镇。安陶博物馆内收藏有自宋代以来的历代藏品近3000件，均系各个时期安陶的代表作品。

链接

安陶的特点

安陶享有“薄如纸、亮如镜、声如磬”的美誉。安陶既有北方陶的线条与素雅，又有中原陶的大器与重彩，用于佛寺庙房尖和墙壁上的装饰陶（房顶上的雕龙刻凤与飞鱼走兽），是安陶陶艺的闪亮点。

安陶按胎质精细度分为“粗陶”和“细陶”两大类。粗陶多为大众化的罐、缸、坛、盆、钵等日用陶，以花盆（特别是堆花龙纹花盆）最具代表性，有粗犷之美；细陶具有天然色泽，观之有晶莹剔透之形，叩之能发清脆悦耳之声，产品多为工艺陶和日用陶，如花瓶、茶壶、文房用品等。

安陶博物馆

河包斜塔

天然形成的舍利塔

荣昌区河包镇

河包斜塔建于清代，是埋葬和尚用的，属舍利塔，是地层下陷，自然形成的斜塔。有莲花、云纹、佛像等浮雕图纹，共有五层，大约10米高，1.5米宽，呈圆形。

链接

河包镇

河包镇，唐代设临时行州，宋置濑州镇，因群山环抱、景物特殊、人文蔚盛，而被誉为“有武桃园风度”之胜概。境内有唐代临时行州遗址、宋代建于金凤山脊的楞严塔（市级文物）、苏东坡题壁，光时亨书碑的金牛寺、北宋昌州刺史郑志仕墓茔地——法华寺、建于金凤山上报恩寺前的明代密檐金刚座覆钵舍利灵塔（斜塔）、清代嘉庆皇帝的老师刘天成读书处——报恩寺遗址及建于1905年的法式双楼教堂——真原堂等众多古迹景观，可供览胜凭吊。

岚峰林场

有大量珍稀树种

荣昌区南部古佛山林区

岚峰森林公园位于古佛山林区，林区森林植被丰富，树木繁多，有大面积成片的松树林、杉树林、楠木林等乔木林。

山中有泉水、流水、池塘、水库，山水辉映，山峦起伏，沟谷纵横，风光秀丽。山巅观景楼，登高览胜，美不胜收。境内气候温和，层峦叠翠，鸟语花香，环境宜人，是集休闲、娱乐、度假、佛教活动等多种功能的森林公园。

万灵古镇 AAAA 镇

自然与人文景观相交映

荣昌区万灵镇　重庆菜园坝、陈家坪以及朝天门汽车站都有发往荣昌的班车。在荣昌汽车站换乘到万灵古镇的中巴车

万灵古镇原名为路孔古镇，面积24平方千米，以宋代千佛石窟、东汉岩墓群、明清古桥古寺、烈士故居为历史的“经”，以古拙简朴的祠堂、古朴雅致的古寺古桥、岩间盘根错节的古树、无数次人行马踏后形成的古道石阶深槽为古老的“纬”，以丰富的文化遗产、流传久远的民间传说、淳朴的民风民俗，彰显出古镇昔日的辉煌和丰富的文化内涵。

链接

古镇名称的由来

路孔古镇得名于一段民间传说。相传明朝有位叫曾傲的和尚，云游到此，见河对岸一带风景宜人，适于修身养性，决定在此建座寺庙。但他也同时发觉坡边有六个石孔，似与河中相通，便往石孔倒入糠壳试一试，不久糠壳果然从河中冒出，于是就把这里叫做“六孔河”，后来又称作“路孔河”。路孔场、路孔乡、路孔镇也因此得名。

万灵古镇

明清古街

古镇的明清古街长500余米，是古镇保存较为完好的古街。古街依山势层层叠叠地布置，从山上缓慢而下，直达濑溪河。

街上多是明清时的建筑。青瓦木枋吊脚楼，古寨古庙古城墙，较有特色的就是大青砖、小青瓦、穿斗墙、长板门、木板墙、镶板窗、格子窗、抬梁柱、挑檐廊。

古房屋建筑是万灵古镇最具观赏价值的特色之一。历经了千年的风雨沧桑，古镇的房屋仍然保持了独特的风貌。

大荣寨

清代嘉庆五年（1800年），万灵的当地绅士及乡民，为了防御川东白莲教大起义的战火，就在本地水码头的基础上扩建成了有四大寨门的大荣寨。现在，“大荣寨”三个阴刻大字在古城墙上还清晰可见，遒劲的字体和雄壮的城墙相互辉映，诉说着古镇200年前的英雄情怀。

历经200多年，大荣寨的旧貌已经改观，但城墙上几百年的榕树依然枝繁叶茂，斑痕累累的城墙和几处尚存的彩绘图案益增苍凉古趣。在明代水码头基础上还形成了古朴的明清古街，古街依山而建，层层叠叠，木质结构的店房紧紧相连，青石路蜿蜒而上，原始而古朴。

除了大荣寨，万灵还保留了以古朴雅致和做工精细而著称的赵氏宗祠大夫第、柳乃

万灵古镇

夫烈士故居、湖广会馆遗址、日月门旧址等建筑。

妃子桥

妃子桥离古镇1千米，桥身低矮，站到离桥10米远的侧边观看，却又会发现妃子桥卷曲连接的桥栏的确与众不同，显示出了女性的阴柔。

链接

妃子桥的故事

清乾隆五十年（1785年），有家姓刘的湖南人，全家8口来此“填川”，但由于水土不服，除了小女阿菊之外，其他人相继而亡。当地有家姓林的好心人，收养了阿菊并将其改名为林娇。后有一道士云游经过此地，看了林娇的骨相，说她日后必为贵人。嘉庆登基后，在民间广选美女，林家父母想起道士的话，想让林娇参加选美，但由于家贫，在众乡邻的帮助下才筹齐贿赂选美太监的银两得以参加选美。

进宫后，林娇因为貌美贤淑深得皇帝的宠爱，被封为妃子。林娇时常想起养父母对自己的养育之恩，便命身边的太监带了银票，代她回万灵报答养父母，但双亲均已亡故，令其无从报恩，便在濑溪河一个支流上修了座桥方便通行，以报答乡亲当年的相助之恩。此桥被人称为妃子桥，也叫报恩桥。

大荣桥

大荣桥在濑溪河上水码头边，桥长50~60米，宽两米有余，横卧濑溪河上，在沿河两岸30里竹海旖旎风光里，成为了梦里水乡的主角，与古镇相依相伴，共度风花雪月。

大荣桥是古镇上连通河两岸唯一的一座石桥，桥的形状奇特，别具一格。从南面一排石板平直通向凸起的石孔桥抵达北面古镇。石孔桥呈“Π”形，便利船只通行，两边有半圆石孔衬托，平直石板桥就好像浮在水面上的浮桥，稍涨大水就会淹没。在石孔桥的旁边就是古船闸，通行船只。

东汉岩墓

在濑溪河万灵段两岸陡峭的石壁上，至今还保留有四五十座东汉岩墓，有些还形成了岩墓群。走在这里，仿佛进入了一个倒流千年的时光隧道，观看古岩墓群，可以想象古代当地奇特的墓葬风俗和文化。

千佛洞

千佛洞位于潮阳洞神龛之后，是始建于

宋代的佛像石窟，年代和大足石刻同朝，具有很高的考古和观赏价值。

千佛洞内两侧岩壁密密麻麻地排列着许多浮雕小佛像。这些小佛像从洞壁底部开始，向上整整刻了5排，共273尊。佛像均坐于莲台之上，讲经、说法、举如意、挽璎珞、双手合十，形态各异，生动逼真。每尊佛像高约15厘米，部分佛像身上的彩绘还清晰可见。石像雕刻工艺精美，人物形象栩栩如生。

渝西植物园

植物的王国

荣昌区昌州大道

渝西植物园成立于1998年，占地约173公顷。自1997年开始修建以来，园内已经集中了如人面竹、黑梭罗和鸟不宿等500多种珍稀植物品种。

全园除科研育苗区以外，还有百花园、桃花园、梅花园、茶花园等十大专业植物园。另外，全园还包括热带植物展区、常绿阔叶林展区、经济植物展区、针叶林展区和针阔叶混交林展区五大展区，形成了科研育苗和自然保护有机融合的植物景观系列。

龙水湖

大足西湖

大足区东南龙湖水库

龙水湖风景区的外部交通条件十分便利。龙水镇是全县的交通枢纽，景区至龙水镇约5分钟，距大足区城22千米，成渝铁路、高速公路穿境而过，距景区10余千米，景区至重庆江北机场约80千米

龙水湖景区地处山峰层叠、景色秀丽的西山（巴岳山）麓下，延绵约10千米。龙水湖是20世纪50年代末修建的中型水库，水域面积约353公顷，总库容1640万立方米，是濑溪河、小安溪河的发源地之一。

龙水湖港汊纵横，湖水清澈，有姿态各异的108个岛屿点缀其中，岛山苍松翠绿，绿树掩映。湖上群鹤飞舞、戏水湖心，有白鹤、野鸭、鸳鸯等20多种珍禽栖息于岛上，一派野趣盎然的天然风光，被誉为“大足西湖”。

龙水湖湖面平静，岛屿林立。东边的巴岳山，与湖紧紧相连，是龙水湖一面绿色屏障，其地貌如大海波涛，汹涌澎湃。山上生长着大量的松树、柏树、杉树、苦竹和灌木，以及恐龙时代的桫椤树，森林翠绿，风光秀丽。登山入林，清风徐徐，令人心旷神怡。山上除芋头峰、坛子石等奇峰怪石外，还有小峨眉之称的“三清（仙）洞”和禅乐寺等名胜。

链接

中国西部影视基地

中国西部影视基地位于大足龙水湖景区，占地面积达6平方千米，是西部地区最大最集中的影视基地。

基地除中国古装影视剧和现代剧常用的场景外，还有一条万国风情街，伦敦街景、旧金山唐人街等世界著名景点均将“浓缩”在这里，形成以“石刻王国、影视基地、温泉故里、万国风情”为特色的精品旅游线。

每年约有700集影视剧在此产生。建有配套的古镇商业街、温泉宾馆、水上游乐世界等项目。有3个温泉酒店，建成1800多个房间，再加上周围的农家乐，日接待量将超过万人。

除了参观影视拍摄基地，游客还可亲自参加体验式实拍电影，享受到拍电影的乐趣。

龙水湖

景点推荐

江津旅游区

四面山 AAAAA

孕育爱情神话

江津区南部

通票110元

8:00~18:00　47666559

可在陈家坪、龙头寺汽车站或菜园坝汽车站乘坐公共汽车。重庆到江津客运中心，每天有数十班大小客车直达江津，江津客运中心换乘到四面山景区的车

四面山占地300平方千米。景区内共有8大景区、128个景点，其中尤以脍炙人口的"爱情天梯""华夏第一高瀑"望乡台瀑布、中国最大心形景观"天下第一心"和世界首列的"七彩瀑布"最为知名。

玩家行程

四面山两日游推荐路线：

D1：水口镇—飞龙庙—土地岩—珍珠滩

D2：大洪海—望乡台—龙潭沟—卧龙沟

望乡台瀑布

望乡台瀑布是四面山的标志性景点，瀑布高152米，宽37米多，是四面山最为壮观的瀑布，比著名的黄果树瀑布高出一倍以上，堪称华夏第一高瀑。

每到夏季涨水季节，白瀑悬空势若天河决下，水声如雷，震山撼谷，腾起的水雾如滚滚烟尘，形成两道乳白色的气流，袅袅升浮飘逸。阳光斜照，紫烟凌虚，化出无数彩虹，随游人观赏角度的不同而千变万化。

远观瀑布，因距离和山雾的作用若隐若现，颇有些朦胧之美。近观瀑布，水声如雷气势若虹。仰望瀑布，那瀑飞，那水吼，气势磅礴，摄人心魄。俯瞰瀑布，铺天盖地的瀑布水就像织女手中抖落下的缕缕银丝，飘洒跌入红色的岩壁，仿佛玉珠落绛盆。

玩家解说

望乡台瀑布可以用“叠丹、叠翠、叠玉”的“三叠”来概括。“叠丹”是指这里红色丹岩，层层叠上；“叠玉”是指这些瀑水，如银色的碎玉，层层叠落；“叠翠”是指这里的绿色植被，在阳光照射下层林尽染。

如果选择“清溪倒照映山红”的季节到四面山欣赏望乡台瀑布，可以饱览到瀑布西岸那满山遍野或红或白、或黄或紫的杜鹃花，叠锦雄秀，艳美缤纷，那“不尽惊涛滚滚来”的巨瀑银帘在如锦似绣的花海映衬下灿若丹霞。春风拂来，整个四面山便翻腾在花的波涛中，沉香四溢醉倒游人。人在花间行，花潮随人走。瀑从天来，碧水涌波澜，好一幅写意的山水画！流连在这朱霞焰焰、飞泻流动的世界里，定会心生“绝壁横空白练飞，玉龙下界倾天雨，烟霞满谷游人醉，大自然中思不归”的留恋之情。

飞龙庙

飞龙庙在群山环抱的大窝铺原始森林边缘，一居民式古刹飞龙，门前飞龙河缓缓流淌。河上清代平桥，饰以麒麟青狮，显得庄严肃穆，与古庙相对。庙宇左右狭长，田畴平整。犬吠鸡鸣，弥散悠远的田园情味。

玩家解说

相传建庙时，一木工无意中将一条麻绳压在庙前石龙桥下，天长日久，麻绳变成了一条活龙。因河水太浅，欲离去。庙中长老问龙：“前面岩高千尺，你咋下得去？”龙说：“岩高我就飞嘛！”于是，人们就将飞来庙改为飞龙庙，飞龙河也因此而得名。

大窝铺原始森林

大窝铺原名叫圆岭高尖子，在四面山南部，海拔1450米，是四面山十大高峰之一，属于原始森林保护区。

登上峰顶极目四望，但见群山逶迤，云海苍苍，林海茫茫，心胸将为之层云尽荡。特别是其中的石灰树林，树叶上绿下白，风

动叶翻，绿涛白浪此起彼伏，别处难得见到这种奇观。

龙潭湖

龙潭湖是一个宽约百米、长近3000米的自然湖泊。顺湖望去，四座奇峰直插云霄，被轻烟白雾环缭漫绕，仿佛四扇画屏，恰似看到了独具中国特色的梅兰竹菊四君子图，被称为画屏山。湖中荡舟，既可欣赏素练飞泻，感受清风沐浴，又可观看山中奇花异草。

如若跨上龙潭索桥，放眼望开，便会产生“一龙凌波起，半湖柔绿痕，和风传倩影，霞阳笼翠情”的浪漫情怀。龙潭湖水纳九川清凉，七瀑玉液，清纯无染，是理想的荡舟和游泳的好去处；龙潭湖中，鸳鸯戏水，它们友好地与游人嬉戏同乐，总是令人顿生回归自然的感受。

玩家解说

大自然赐予的这天然佳境，有着一段真实的故事。当地老人清楚记得，1926年农历五月二十三夜，住在头道河的山民们，突然听到惊天动地的一声巨响，顿感地动山摇，站立不稳。数万立方米的山石泥土自二台坪倾泻而下，填平深古，垒起高坝，小溪流水被堵塞起来，形成了四面山著名的天然湖泊龙潭湖。

洪海

大小洪海

十里长湖——大洪海、小洪海。洪海取洪海无边之意。大小洪海以幽静之美著称。从大洪海荡舟前行，两岸青山叠翠，常有麂鹿、野山羊等在水边饮水；湖上碧波粼粼，不时有白鹭飘然飞起，悠然自得的鸳鸯伴舟而行，可充分感受人与大自然和谐相处的惬意。

大洪海、小洪海是筑坝蓄水，拦截头道河形成的两个大水库。从此，苍茫烟水万木青，鱼舫穿梭浪里行。大小洪海两岸树木葱茏，或直或斜，直的似比天高，斜的旁逸水中，因无人工痕迹，深得自然之趣味。

从大洪海南端舍舟登岸向西南行走近500米，便到了小洪海。它比大洪海略窄，水质更为清冽。

卧龙沟

深藏龙潭湖西岸中段，夹峙着两岸绝壁巉岩，沟内藤蔓悬垂，充满原始野趣。峡谷峻岭排空，天仅一线，终端形成一个坛口。一幅水帘从罅中垂下，在鱼鳞滩上被梳理成万缕银丝，奔突穿行于绿树红石之间。游人在白水织成的素绢和青绿织成的翠锦中攀缘，犹如踏着青云直登天际。

水口寺瀑布

水口寺瀑布高94米，宽20米，瀑布从九道拐弯盘旋而下，崖壁幽深处犹如硕大无朋的天然洞穴，耳边激水轰鸣，眼前藤萝垂径。一拐到底，忽见高瀑，从洞顶天缝中泻落，轻柔如纱绢。玉珠迸溅，白水迷蒙。瀑右有天然石佛群像，高约百米；瀑左为醒狮岩，俨若昂首啸空，乃四面山秀美之最。

周围的山崖都是奇峰怪岩，左边的醒狮岩好像一头雄狮俯卧山顶，右边的大佛岩浑若一群石佛头顶天穹，稍远点的猴血岩宛如一位少女侧坐梳妆，梦笔峰则恍如一支巨笔倚天疾书，因而成为了四面山诸瀑雄奇秀美之最。

链接

水口寺景区瀑布

水口寺景区在四面山西部，面积3842平方千米，由水口寺、三道拐、鸳鸯等瀑布群和灰千岩岩画、朝源观遗址等组成，景观最集中，风光最奇绝，游程也最回环悠长。这其间，除了独具特色的人文景观，瀑布群的雄壮、奇异、幽美、秀雅格外突出。

以水口寺瀑布为主瀑，下连三道拐、三道河、小洪门、小寨门、血千岩诸瀑，在落差300余米、流长10千米的山谷间，形成了瀑连溪、溪接瀑、瀑溪结合、瀑瀑相叠的多层瀑布，可谓举世罕见。

其间从小寨门瀑布谷底西折，苍崖绝壁间，还有以双瀑齐飞著称的鸳鸯瀑布。其南崖一瀑高110米，水势雄劲豪放，人称之“雄瀑”；西崖一瀑高90米，水如蝉翼，状似帛练，显得轻盈娟秀，又谓之“雌瀑”。

朝源观

朝源观位于水口寺景区幽幽的密林深处，始建于北宋，已有1200多年历史，是我国南派道教珍贵的历史遗存。此观的最大特点是“儒、释、道”三教合一，其古老的建筑与奇联、奇字、奇诗融为一体，构成了丛林宗教文化的独特艺术。

水口寺瀑布

链接

奇联和天书

朝源观最令人惊奇的是观内三清殿壁上的“天书”和残留于观门上的“奇联”。

在朝源观左、右两道观门的石门两侧，分别残留着两副“奇联”。左观门的两侧刻着“云朋观观观观观观观观”和“霞友朝朝朝朝朝朝朝朝”；右观门的两侧刻着“善茅长长长长长长长长”和“刁三乘乘乘乘乘乘乘乘”。

这两副对联颇似山海关的“天下第一联”（海水朝朝朝朝朝朝朝落，浮云长长长长长长长消），但至今也没有人能正确地把它读通并注解出来，因此被当地人称为“奇联”。

除了两副“奇联”外，朝源观里还有“天书”一奇。在三清殿门右侧的石壁上，残留着一些由2至4个“天”字上下重叠、3个“男”字与1个“女”字组合而成的奇特文字，至今无人能解字为何意。

朝源观

朝源观的观门为一个红色的圆拱尖顶石门。进入石门不到2米处，有一个1米多高的石台出现在眼前，石台中央残存着一尊隐约能分辨出来的龟蛇相缠的石像。向里行十几步就来到已经变成平地的主殿，在主殿之后，有保存得最完整的三清殿，殿中央塑有上清宫、玉清宫、太清宫等三清石像，左侧塑有释迦牟尼等佛家石像，右侧塑有孔、孟等儒家石像。这里曾是“儒、释、道”三家弟子讲道交流之所。

土地岩瀑布

土地岩瀑布宛如一条洁白的哈达，悬垂于绿树红岩之中。瀑布高约89米，宽约9米。三面赤壁环回，将银瀑揉成簇簇絮团，斜飘深谷，形成节节梯形水帘，阳光射水雾，彩虹凌空，烟雾满谷，蔚为奇观。

聂荣臻元帅陈列馆 AAAA

元帅纪念馆

江津几江城区鼎山大道

淡季9:00～17:00，旺季8:30～17:00

聂荣臻元帅陈列馆背倚青山，面临长江，交通便捷，风景优美。陈列馆占地约7公顷，主体建筑采取碑馆合一的建筑构思，正中碑体高36米，宏伟、挺拔。碑体顶端托起一颗卫星，象征着聂荣臻元帅为中国革命和新中国科技事业做出的不朽功勋，永垂青史。

馆区由湖面、铜像广场、主馆、服务园区等几部分组成，1.2千米的环形公路，将整个馆区连为一体，馆区内停车场宽余，车道与人道分离。树木葱郁，芳草萋萋，鲜花吐蕊，湖光山色，形意神珠联璧合，碑馆园浑然一体，安详、宁静。

铜像广场

铜像广场分为上下两级，总面积6600平方米，视域开阔、气势雄伟。聂荣臻元帅铜像屹立在上广场中央，铜像高4米，连基座高7米，基座上镌刻着江泽民题写的“聂荣臻元帅”五个金色大字。广场上布置部分重型兵器，这对吸引游客实施国防教育将产生积极的影响。

主馆

主馆建筑面积为3647平方米，由瞻仰大厅、陈列厅、聂荣臻元帅模拟办公室和卧室、中国卫星发射演示厅、游客接待中心等几部分组成。

展厅宽阔、展线流畅，以200余张生动

的图片、丰富的文物和翔实的史料，以及40余件国防科技成果模型和西昌卫星发射演示模型，再现了聂帅为中国革命和建设事业做出的丰功伟绩，是进行爱国主义、革命传统、科普知识、国防教育的重要基地。

聂荣臻元帅陈列馆馆藏丰富，珍藏聂帅全宗档案照片3000余张，字画近600幅，文物200余件以及聂帅生前藏书近万册。并且利用现代科学技术，充分展示了聂荣臻元帅在土地革命、北伐战争、抗日战争、解放战争和国防科研及国防科技建设革命生涯的光辉一生，整个展览就是中国革命和国防科技建设发展的一个缩影，启迪当代，昭示后人。

中国卫星发射演示是聂帅陈列馆布展最精彩的部分。该厅占地面积413平方米，高10.2米，可一次容纳250名观众。卫星发射演示模拟西昌卫星发射中心现场，通过地形沙盘和计算机、声光电等手段的综合效应，展现火箭卫星发射时的壮丽场景，给人以身临其境的感受。

链接

聂荣臻生平

聂荣臻（1899年12月29日—1992年5月14日），字福骈，小名双全。四川省江津县（今重庆市江津区）吴滩乡石院子人，中国著名的军事家、政治家，中华人民共和国十大元帅之一。

聂荣臻元帅陈列馆

玩家解说

聂帅陈列馆的布展与同类纪念馆的布展相比独具特色，表现在：展品数量多，陈列了表现我国国防高、精、尖科技成果的模型40余件；科技含量高，大量使用声光电技术，使许多展品具备了演示功能，三台电脑(其中一台为触摸屏)可由游客自由操作查阅聂帅生平资料，这些都让游客大开眼界，在赞叹称奇中受到爱国主义、革命传统、科普知识和国防意识的教育。

聂荣臻元帅陈列馆展品

黑石山

因山上遍布黑石而闻名

江津区白沙镇

重庆到江津自驾：走G85重庆绕城高速—沿绕城高速向南到江津区—走成渝环线高速直达白沙镇—沿长安西街行驶到S106；沿S106行驶200米；然后转南方向行驶2.7千米到达景区

黑石山原名宝峰，后因满山石头皆黑而得名。山上黑石500余，星罗棋布、大小不同、千姿百态、硍磊突兀、参差错落。鹰嘴石、函谷石、二郎石，都留下传说，为千古吟诵。

黑石山除了形态各异的黑石，还有独特的自然景观和丰富的人文景观。平畴之中，一峰崛起，满山碧翠，远远望去犹如一个巨大的绿球。它周围绿溪环绕，岩谷深幽，山间怪石盘错，古木参天，鸟雀、白鹤、苍鹭翩翩。

黑石山的主要景点有川主庙、宝峰寺、五百年树龄的罗汉松、香樟王、聚奎书院、函谷石、石柱洋楼、九曲池、镜桥、鉴止亭、夜雨亭、问梅亭、鹤年堂、鼓亭、鹤栖亭、绮笙亭、萧湘亭、鹰嘴石、驴子溪、高洞瀑布等31处。

山中有明、清两代的寺庙，有全重庆市唯一尚存且规模最大、保存最完整的清代书院——聚奎书院，陈独秀留寓白沙住址——鹤年堂。鹤年堂外观为仿日式建筑，内构为仿罗马歌剧院式建筑，当时被誉称为川东第一大礼堂。

链接

二郎石的传说

传说二郎神驱石填东海沱，把石变为羊群赶路，路过此山休息时天渐亮，羊群还原为石，二郎神一怒，用力一坐，巨石上留下二郎神的屁股印。

骆崃山

状如奔驰的骏马

江津黄泥乡　8:00~17:00　15元

古代骆崃山以产马闻名，从远处观看这座山被99座山峰衬托，状如一群奔驰的黛色骏马，向北昂首扬蹄；因其腾空疾行的雄竣气势，故得名骆崃山。

骆崃山是雄踞在丘陵平坝间的一座孤山，四周峭壁悬崖，东、西、南、北四座寨门把持。99座山峰茶林覆盖，亭阁、水榭、园林点缀其间；山腰森林缠绕，野猪、狐狸等动物出没林间；山脚是莽莽棕林，一派迷人的亚热带风光。山上产的“骆崃迎春”“崃山云雾”茶均为茶中精品。

骆崃山的鸡公岭，如神鸡之头，突出于山体东北。山南半崖之上的红岩腔，有一长700米、高200米的天然石刻群象，状如坐佛、仙女、飞禽、走兽，尽显造化的神奇。

塘河古镇 镇

明清风格的古镇

江津区塘河镇北部

塘河古镇始建于明代，因塘河从镇旁蜿蜒流过而得名，作为渝、川、黔交通要冲和物资集散地，塘河古镇在清乾隆年间（1736—1785年）日趋繁荣，形成了舟马不绝、商贾如云的繁荣景象，沉淀着古镇深厚而灿烂的文明历史。

古镇现存明清古建筑群近4万平方米，主要分布为塘河古街区、石龙门庄园、廷重祠三大部分。

塘河古街区

塘河古街区占地2.8公顷，现存明清以来不同时代特征风格的古建筑15000多平方米。古镇街道依山而建，从河畔码头起呈阶梯状蜿蜒上扬。约长600米的主街连接着横街子、庙巷子两条小街，由三道寨门把持着。拾级而上，沿街建筑多以青石为基、砖木为墙，奇檐斗拱、雕梁画栋，错落有致，美不胜收。

静静流淌的塘河周围满目都是葱郁的绿树翠竹，流水冲刷着河中的礁石，一阵风吹过，飘落在水面上的竹叶在河面上打着旋，在河中泛起淡淡的涟漪，仿佛画一般美丽。河畔古镇内的石板街从码头起蜿蜒而行，连接着横街子、庙巷子两条小街，600米长的街上共设有三道寨门。沿街遍布着青石为基、砖木竹围墙的明清年间古建筑，古色古香，充满厚重古朴的历史气息。

石龙门庄园

石龙门庄园坐西南朝东北，位于塘河镇东北约5千米处，始建于清雍正年间（1723—1735年），规模宏大、气势磅礴，庄园总占地面积2公顷，建筑面积13200多平方米，建有房屋520多间，规模宏大，气宇非凡。

整座庄园设计精巧，布局科学，匠心独运。庄园是一个由64根石柱和30多根大圆木柱擎起的石木结构建筑群，曾经是一色的石梯和石栏杆。正厅、客堂、戏碉堡、花园等样样齐备，满园亭台楼阁，雕梁画栋，绘彩描金。

石龙门庄园为九道中门九道关和十八个天井的格局。九道中门九道关，形成庭院深深的“龙门阵”；两厢穿堂叠殿，十八天井，

塘河古镇

珠联璧合为“八阵图”，蔚为壮观。进入庄园，穿房越院，重重叠叠，犹如进入易经中的“八卦迷宫”，分不清东西南北。

庄园有房屋520多间，全是青石为基，砖木结构，有内外两层院墙围着，甚是豪华。庄内常年都有保家丁，最多时有一连人左右。制有军服，备有长枪、加慢机手枪、冲锋枪。

链接

石龙门庄园的三个未解之谜

石龙门庄园除了其古风旧貌吸引着不少人前来寻古访幽，更因三个迄今难以揭开的谜团，为其披上了一层神秘面纱。

从来没有人数清过庄园内究竟有多少扇房门；周围并无艾子草的“小姐楼”下，却散发着阵阵艾子香；天井中隐藏一头预知天气变化的“犀牛”。

廷重祠

廷重祠又叫孙家祠堂，位于塘河镇五燕村。廷重祠占地约0.3公顷，建筑面积2000平方米，按客家人的建筑风格修建。

廷重祠为宫殿式建筑，主要分为正殿、中殿、戏楼三大部分，分别沿纵轴线排列三进重叠而进。屋脊全为镂空黄绿琉璃砖砌成，两边有高耸的圆穹式和重檐式封火墙。

正殿两侧石枋上分别刻有“思孝”“奉先”两字。戏楼前额雕刻有两台戏剧人物，两侧为书楼。高高的封火墙上有依稀可辨的彩绘，内部布满了大大小小的天井。

全部建筑外观是砖，均为大型圆形木桩或石柱支撑。共用84根柱子，20根石柱，64根木柱，所有地坝均用条石铺就。飞檐翘角，雕梁画栋，彩色浮雕，金碧辉煌。

玩家解说

江津孙氏家族原籍江西吉安府泰和县，初迁湖北麻城市孝感乡，为客家人。孙氏子孙孙超于明末迁居巴县磁溪镇，被尊为入川始祖。

清初，其子孙志远因贸易迁来江津县思善里二甲百节滩（石门镇河口），后又迁思善里十都二甲（塘河），其子孙多在此居住。到清光绪时期，塘河这个山清水秀的码头开始繁荣起来，出现了三家大户，一为王家，二为孙家，三为陈家。除家业兴旺外，孙家与王陈二家有所不同的是特别重视族中办学。到光绪十八年（1892年），孙氏家族中的五房开始修建廷重祠。

廷重祠修建好后，孙家在祠堂内办私塾，供族中子弟读书，有专门的义田充作族中办学大小事项之资，因此孙家历代出了很多读书人。例如，从这里走出来的孙镜清，先是东渡日本留学，回国后创办中国公学和电务学校。他成了孙氏家族中读书人的代表。

中山古镇 镇

巴渝十大古镇之一

江津区中山镇西南部　从重庆菜园坝汽车站坐班车到江津，然后乘坐江津到中山的公共汽车

中山古镇俗称三合场，又名龙洞场。古镇背山临水，建筑靠水而建，由龙洞、荒中坝、高升桥三条小街连接而成。目前尚存的南宋题刻共82字，记叙李脊用、鱼子仙等泛舟游览一事。境内还有汉代古墓葬枇杷岩墓群。

中山镇历来是商贸繁荣的水陆码头，为川黔山区的商品集散地，山货靠水上外运，大米、食盐及其他生活用品从水路运到该镇后，再由马帮运到合江、贵州等地进行交易。

古镇商铺建筑最具代表性，依山势形成的商街纵向长1000多米，层层递进，其风雨场的过街建筑几乎都是能遮风避雨不见天日的“封闭式”建筑，建筑多为两层“吊脚楼”，下层为铺面，楼上可住人，铺面开间做得较

中山古镇

大，且易组合；整座古镇全系青色瓦片盖顶，红漆木板竹篾夹墙，圆柱承重，古朴凝重中透出原汁原味的巴渝人家风韵。

陈独秀故居 AAAA

陈独秀在江津隐居时的住所

江津区五举乡鹤山坪

重庆菜园坝或陈家坪长途汽车站乘车到江津。从江津换乘5路公交车，陈独秀旧居下车

陈独秀故居名石墙院，以四面砌有二丈高的条石围墙而得名。这里原是清光绪进士杨鲁丞的故宅，俗称“杨家大院”，具有典型的清代民居风格，是陈独秀故居中唯一幸存下来的一处未受破坏的原始寓居地。

陈独秀于1939年由四周的施家大院迁来此处，住在原杨二太太居室，陈独秀在此地一直住到1942年5月27日逝世，寓居时间长达4个年头。现保存下来的陈独秀遗物有棕箱、皮箱、衣柜、砚台、铜茶壶、皮包、衣物等共31件。

夹滩镇

休闲胜地、风光如画

江津城区南郊

江津夹滩镇位于笋溪河畔，集吃、浴、游、赏、吸、健于一体，是良好的城郊生态旅游、休闲度假的山水园林特色镇。

发源于贵州的笋溪河水量丰富，河面宽阔，沿河两岸地貌平缓，地质肥沃，植被丰茂。夹滩地处笋溪河下游，流经境内30多千米，在夹滩场形成天然的九曲回环半岛群，沿岸翠竹百万，绵延十几千米，碧波潋滟的水景与竹叶婆娑的倒影相互辉映，相得益彰，构成如画般的夹滩笋河风光。在笋河杨家滩还有汉代古墓群等历史古迹。

清溪沟

度假胜地

江津区蔡家镇

清溪沟景区面积52平方千米，集自然、人文景观于一体，融湖泊、山林于一身，区内空气新鲜，气候宜人，风景秀丽，是休闲旅游度假胜地。

清溪沟景区有神奇的峰谷、石林、幽深的岩洞及众多古迹。人工湖泊延绵10余千米，湖水清澈、碧波荡漾，两岸青山峰谷交错、悬崖叠嶂，神奇石笋直冲云天，薄纱般的瀑布飞流而下，千姿百态的大小丹霞石遍布其间。

山间动物群生，猴群、鹿群出没频繁，山羊、野兔林间奔蹿，还有“活化石”桫椤等珍异树种。

石门大佛寺

万里长江第一大佛

江津区石门镇白坪村 ¥20元

在江津小官山汽车站或菜园坝乘坐到石门的汽车便可到达。从重庆出发自驾可在双福下道，途经德感、油溪、吴市，直达石门

大佛寺坐北朝南，依山傍水，正面面临长江，背倚崖壁，东西各有一条石曲径从崖上到河边与寺院相连。大佛寺建筑为清乾隆年间（1736—1795年）改建，总建筑面积720平方米。

大佛寺里面是三合院布局，左右为厢房，中间是正殿，依次分为送子殿、观音殿、雷神殿，石门大佛寺建筑为七重檐山木结构建筑，是中国清代典型的高层建筑。整个山门依山崖而建，结构严谨，雄伟壮观。正殿为七重檐山式顶，琉璃瓦铺顶，正中饰宝瓶，翼角均装饰有鸱吻，抬梁式梁架。左右厢房为石木结构，硬山式顶，小青瓦铺顶，穿斗式梁架，六柱四穿。

寺内石刻造像是一尊观音造像。造像刻工精湛，细腻，线条流畅，立体感和审美感极强。观音造像慈眉善目，端庄娴静，头戴宝冠，宝冠中有一笑容可掬的罗汉。造像身着天衣绶带，全身贴金彩绘，胸饰瓔珞，腹部悬挂法轮，懒坐于莲花之上，左脚微抬轻踏荷叶，左手置于左膝上，右手自然下垂，神态安详，雍容华贵中透着自由自在，无拘无束，神韵伟岸栩栩如生。这是中国脚踏莲花观音造像中最大的一座。

链接

摩崖造像传说

第一种说法，相传鲁班师徒寻遍千山万岭、大江南北，终于选中了这块风水宝地建佛，佛像才有灵气。

第二种传说中，佛祖考虑到游人香客们朝拜的路途艰辛，就让佛像后面石壁渗出的山泉流到佛底的井中，常年满而不溢。喝了此水的人们就可以保平安、带好运、消病灾。

第三个传说最为神奇，据说大佛很灵验，所以大佛和别的佛像的建造不同。大佛的佛身里面装有五金五谷，能食人间烟火，解民之心意。

石门大佛寺

聂荣臻故居

伟人故居

江津区吴滩镇郎家村

聂荣臻故居原名石院子，坐西向东，三重堂建筑，共有房屋17间。

聂荣臻青少年时代在此生活了15年，1914年聂荣臻全家迁往邻近的狮山院子佃居，1919年，聂荣臻赴法勤工俭学后，再没回过旧居。1923年秋，石院子遭土匪焚烧，仅存西北角两间偏房。

1989年按旧居原貌进行了修复，旧居中有5间按聂荣臻在家居住时旧貌布置，陈列家具45件，全是原物。其余房屋作为陈列室，陈列了聂荣臻青少年时代生活、学习用具35件，其中有衣物、玩具、书籍、砚台、笔筒、墨迹、成绩表、信函等，另有133幅图片。

玩家 解说

据聂氏家谱记载，建于清代康熙年间（1662—1722），原是一家王姓地主的九重堂住宅，后王姓地主破落，人称石院子的九重堂倒塌了六重。聂氏祖先便折价买下了这仅剩三重堂的石院子，经几代人的繁衍，成为了比较富有的大家庭。聂荣臻出生时，家境衰落，石院子年久失修，破败不堪。

景点推荐

綦江旅游区

黑山谷 AAAAA

中国最美的养生峡谷

綦江区黑山镇 85元

9:00~15:30 48279999

黑山谷风景区面积100平方千米，是峡谷穿越、漂流观景、攀岩探险、野营露宿、垂钓狩猎的绝佳去处。整个景区是一个呈“V”字形的峡谷，景区一共有七大看点，分别是两溪、五峡、七区、十二峰、二十四桥、九十九瀑、一百零八潭。

该景区自然景观十分丰富，山、水、泉、林、洞俱全，集奇、险、峻、秀、幽于一体。既有奇峰、异石、参天古树，又有碧水、高峡、迎面飞瀑；既有古老的地质地貌，又有罕见的珍禽异兽。

鲤鱼河

桥下的鲤鱼河，是重庆和贵州的界河。

由于黑山谷山高林密，雨水充足，峡谷里有国家二级野生保护动物娃娃鱼，除此还有乌龟、鳖，同时这里还生长着非常丰富的鱼类资源，主要有鲤鱼、鲢鱼、黄腊丁、钢鳅等。每当春夏时节的中午和夜晚，就有许多乌龟、鳖会爬上河谷岸边的沙滩上来产卵、休息。当地的山民只需持木棒、砍刀等简单工具就可以捕捉。

石皇伞

石皇伞，又叫石荷伞，位于河谷中央，是两块大约30吨重的巨石，它们紧紧地叠在了一起。两块石头上大下小，顶部长着一簇枝繁叶茂的树木，像一把撑开的巨伞。

链接

石皇伞的传说

说的是这把巨大的石伞，是天宫中的一对荷花仙女变的。传说有两个荷花仙女相约双双来到人间。她们先是来到“桂林山水甲天下”的漓江一带，装扮成父母早亡的农家姐妹，尽情地享受着人间的田园生活。不料，好景不长，她们私自下凡的事还是被玉帝知道了。于是就派天兵天将来到凡尘，四处捉拿荷花姐妹。荷花姐妹东躲西藏，最后来到了少有人知的黑山谷。但是她们依然怕行迹暴露，于是就变成了这块形似荷叶的石头，一直躲藏在里面。这就是我们现在看到的石荷伞。

三叠瀑

顺着峡谷水流看上去，有一道瀑布倾泻而下，先后三级跌落，所以称作“三叠瀑”。黑山谷山高、林密，水也很多，因此，形成的瀑布多；瀑布多，水潭就多，景区大约有99条瀑、108个潭。其实，瀑布的数量也会随着季节的变化而有所增减的。

梦纱瀑布

梦纱瀑布是黑山谷99条瀑布中最纤秀优美的瀑布，飞流直下，有时细如白纱，在风中轻轻颤动。不管是夏季洪水季节还是冬季枯水季节，它的水流量都是这样缓慢，所以就叫作“梦纱瀑布”。

链接

梦纱瀑布的传说

其实关于梦纱瀑布还有一个凄美的传说。传说古夜郎国，有一个年轻的女子与男子相爱，后来战事频发，男子被征兵而去，数年不返。女子在此山中日夜思念、哭泣，久而久之，女子的两行泪便化成了两行清澈的泉水，从山顶飞泻而下，终年不绝。

所以，梦纱瀑布确实与其他瀑布不同，她显示的尽是柔美之情。

红果滩

红果滩因河滩上有几百棵红籽树而得名。春天的时候，这些树上开满了小白花，然后结出许多小果实。秋冬时节，这些果实就变成了一串串艳丽的红色，把这一段峡谷点缀得非常美丽。黑山谷下雪后，白雪覆盖下的红籽，那就更是一番特别的景致了。

骆驼峰

“骆驼峰”又叫“骆驼西行”。一列山峦三座山峰并列，自然连接，第一个山头向天高昂，另外两座山像骆驼的两个驼峰，整座山形宛如一匹线条流畅、头部向西的骆驼。

飞鱼瀑

飞鱼瀑是黑山谷最为壮观的一个瀑布。瀑布有百来米高，它的得名，一说瀑布的形状像鱼，另一说上面不时有鱼随瀑布飞落。

平时因为水量不大，瀑布显得比较“温柔”；夏季山洪季节，水流量加大，那气势跌宕恢宏，如九天银河泻地。飞鱼瀑从百米的高处飞落下来，像珍珠洒落一般，弥漫起满谷水雾。如果天气晴好，阳光照射时，这些水雾还会形成美丽的七色彩虹。有诗人这样形容：“豁山青冥颠，写出万丈泉，裁出一条素，悬挂在青天。”

链接

红籽

红籽俗称救兵粮、火把果、赤阳子。红籽的书名叫火棘，植物学上属蔷薇科火棘属常绿灌木。它的树形优美，夏有繁花，秋有红果。在庭院中，红籽树可做绿篱以及盆景，在路边，可以用作绿篱，美化、绿化环境。一颗颗红籽，犹如红宝石、红珍珠那样玲珑剔透，又如鲜红的咖喱豆那样让人垂涎欲滴。红籽果实存留枝头的时间长达半年，从秋天开始，一直要到第二年春天才掉落。

红籽树

神龙峡

神龙峡和蝉鸣峡，是黑山谷中最为险要的两个峡谷。峡谷的两边就是几百米高的峭壁，留下了一道长长的崖缝，十分狭窄险峻，是典型的“一线天”。在这里，我们可以感受到大自然的鬼斧神工，感受到地球的沧海桑田。

洗心瀑、洗心潭

得名是因为这里的空气特别清新，可以洗心洗肺。这里植被茂密，湿气弥漫，空气中的负氧离子含量特别多，是一个名副其实的天然大氧吧。据测，这里空气中负氧离子的浓度高达10万个/立方厘米，超过国家一级标准。

万盛石林（龙鳞石海） AAAAA

中国最古老的石林

綦江区石林镇大坝村　¥65元

万盛石林面积20余平方千米，成岩年代距今约4.65亿年~6亿年，是中国最古老的石林。

万盛石林以奇石景观、自然山水、田园秀色、苗族风情四大特色而被列为“巴渝特色旅游风景区”。主要景观有将军石、香炉山、千塔林、芦花湖、一线天、万马奔腾、排天巨扇、水上石林、化石长廊等200多个。

万盛石林中最多的是形成于寒武纪的角石。角石大多呈黄褐色，有的露在石头的表面，有的镶嵌于石头中。这些化石对研究云贵高原及四川盆地东南部盆边山区的地质演变、海生物演变，有着很高的科学考察和观赏价值。

玩家指路

1.在重庆长途汽车站、重庆南坪汽车站都有到万盛石林的旅游专线车。

2.从重庆南坪汽车站—万盛（7:00~19:30，每隔30分钟一班），车费大约40元，时间大约2小时（高速）。到万盛后，车的终点站在南川车站，从南川车站到万盛旅游车站可以坐人力三轮车1元钱或者坐出租车3元钱。

3.万盛—石林（7:00~17:00，每隔15分钟一班），车费5块，时间大约40分钟（山路）；万盛—石林也可以包车，出租车一般50元，面包车一般80元。

链接

万盛石林里的红头苗

万盛石林里世代生活着一支被称作“红头苗”的苗族同胞，他们能歌善舞，苗族踩山会、若琐节、芦笙舞、木鼓舞等传统节日和民族歌舞久负盛名，享誉渝黔一带。

石扇

有人说：“不到石林不知道石之奇，不观石扇不算到石林。”石扇就是龙鳞石海景区的镇山之宝。

傲然矗立的“石扇”，与香炉山遥相呼应，远看犹如一把巨大的芭蕉扇直指苍天，近看让人有一种岌岌可危的感觉。好像那200吨重、高近6米、扇面直径约6.5米的石头，会从那直径不足1米的石柱上随时向你倒下来，可是亿万年来它却岿然不动，令人称奇叫绝。

旅游界权威人士称，无论从其体积或是重量来说，石扇都可称得上是“天下第一

万盛石林

扇”。奇怪的是，炎炎夏日，人们只要一走近石扇，便会感到凉风习习，神清气爽。

芦花湖

芦花湖水深4～5米，湖面面积约1.3公顷。芦花湖属于岩溶湖景观月，是由碳酸盐类(石灰岩)地层经流水的长期溶蚀所产生的岩溶洼地、岩溶漏斗或落水洞等被堵，经汇水而形成的一类湖泊。

一线天

一线天是典型的地缝溶洞地貌，经上亿年的流水冲刷而形成。两边悬崖若削，均由大小形状相似、重达数十吨的巨石块组成，有若人工筑成的古城墙一般。穿行其间，大有目不暇接之感。

这样的一线天在万盛石林中有三条。其中这条是最大、最长、最美的。从起点到终点长达300米左右，而宽则在1米~2米之间，最深50米左右。拾级而下，两边巨石堆砌，悬崖峭壁，人行其中，仰望长空，蓝天仅存一线。

万马奔腾

错落有致、千姿百态的石头排列在一起，如同一群扬蹄奋奔的骏马。其势恢宏壮观，观之犹闻战马萧萧长鸣，不绝于耳。这个景点，是万盛石林景区的精华景点之一。

这里是苗族举行踩山会的一个地方，每年的5月这里会举行盛大的苗族踩山会。

中华震旦角石

万盛石林的化石距今4.4亿至5亿年，最大的长达950毫米，横截面直径约120毫米，堪称“中华震旦角石之王”。化石个体硕大、轮廓分明，在世界上都是十分罕见的，具有很高的研究价值。

在整个万盛石林景区的每一个角落，都分布有化石遗存，历历可数的就有数万条。而化石的出露点主要集中在香炉峰、千塔林、化石长廊等几个景点。

在万盛石林众多的化石中，有二分之一为白色半透明的方解石松散晶体构成，大部分受到海水中三价铁离子浸染而成为美丽的红褐色，在阳光的照射下，耀眼夺目。

玩家 解说

中华震旦角石：是一种海生无脊椎软体动物化石，属于足类鹦鹉螺超目。目前所知，它仅产于中国，是中国的特有化石之一，其名Sino（震旦）为中国之古称。它是中国奥陶纪的标志性化石之一，是4.4亿年前生活在海洋中的凶猛食肉动物。由于沧海桑田，大自然地质历程变迁，今埋藏于坚硬的石灰岩中。主要分布于中国华中、华南地区。

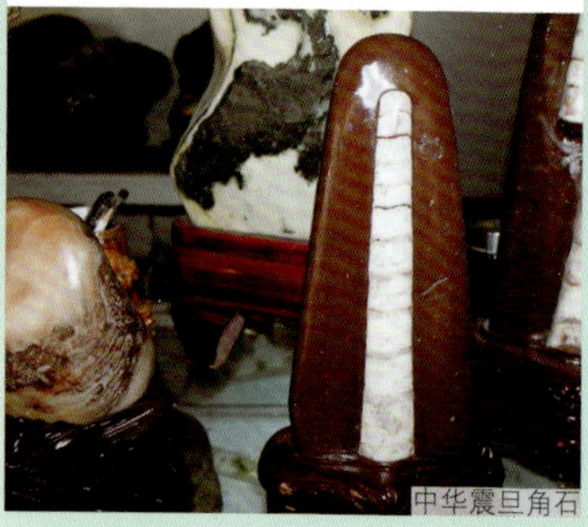

中华震旦角石

香炉峰

香炉峰由石头堆砌而成。从外形看，香炉峰是由林立的高100米的石灰石所组成的小山峰，远观形似一座香炉，特别是雨过天晴的时候，云雾缭绕，恰似仙境。身处香炉山，可以听山下瀑布倾泻而下的轰鸣声。

香炉山是一块风水宝地，苗家的父老乡亲把它视为一座神山，在喜获丰收或喜庆节日都会到香炉山上朝香拜佛，以祈求他们年年都五谷丰登，幸福吉祥。

千塔林

这些石塔高高低低，林林总总，姿态万端，无一雷同。石塔有险峻峭拔的，有古朴庄重的，有小巧别致的，有高大雄伟的。而且这些石头有基座，有沿有顶，其形状与人工堆砌的塔极为相似。近百座这样的石塔拥挤在一起，人穿行其间，迷离难寻归途。

在冬日的清晨，站在香炉峰，遥望千塔林，塔林隐逸在一片雾霭之中，一层层薄雾如雪白的纱缓缓飘向天空，塔林若隐若现，如梦如幻，宛如佛国仙境一般；当旭日东升，朝霞辉映，鳞次栉比的塔林像被镀了金，光芒四射，蔚为壮观。

水石林

水石林是长在水上的石林。这水上石林与别处的石林不同，它并不以刺破青天的雄姿取胜，而是以千姿百态的变化取胜。

变化多端的跌水、溪流与石头相遇，形成石水相依的自然奇观。看浪花飞溅、听惊涛拍岸，绝对有一种超然物外的感觉。水上石林的特点是，“水在石中流，石在水中立”，水石永远相伴，相克相生。石头被急流冲刷，不断改变形状和位置，渐渐形成了如今水上千姿百态的石林。

铜鼓滩

渝黔第一漂

綦江区关坝镇

在南坪汽车站（菜园坝重庆汽车站）乘坐班车到万盛城区，在万盛城区旅游客车站乘坐班车至关坝镇，再由关坝镇转车到漂流起点长塘口

呈“V”形河谷的铜鼓滩，宽10～60米，最窄处仅几米。河谷两岸山上发育的间歇性山溪，夏秋多雨期，溪水从两岸高高的山上悬崖倾泻入主河床，形成十多处高差达数十米至数百米的悬谷飞瀑。水质优良，水量丰富，气候四季宜人，具有春早、夏凉、秋爽、冬暖的气候特色。河水旱不枯，冬不涼，夏不涨，四季长泻。

铜鼓滩主要有铜佛峡、羊跳峡、马蹄峡三个峡谷。主要的山峰造景地貌有铜灵大佛、城墙峰。铜灵大佛又称塌鼻大佛、邋遢大佛、长须大佛。

铜灵大佛

铜灵大佛位于铜佛峡左岸一悬崖上，佛高200余米，面朝东南方，远远望去，其额头、眉、双眼、鼻等五官形象逼真，整体构图严谨，比例恰当。只是佛爷的鼻子下凹，活脱脱像一尊塌鼻大佛。又因流水将佛爷的下巴以下染成飘飘洒洒的胡须，故又有人将它称为长须大佛。也有说那黑色的痕迹不是佛爷的长须，而是佛爷年事已高，牙齿全无，吃东西关不住嘴，汤汤水水顺嘴下滴，在胸前留下的一片痕迹，因而有人将它戏称为邋遢大佛。

铜鼓滩漂流

铜鼓滩是一个以漂流为主，观赏两岸风景为辅的景区。这里河水湍急，滩多浪高，峡谷幽深，水质清纯，两岸风光旖旎。

铜鼓滩漂流全长11.2千米，东起长塘口，由东向西漂至铜鼓滩，漂程11.2千米。景区河

铜鼓滩漂流

九锅箐森林公园

床水面宽度很窄，两岸是高差较大的悬崖峭壁与峰岳叠翠的幽深大峡谷，沿途风光旖旎，峡谷幽深，峭壁如画，绿树满山，飞瀑临空，橡皮船时而在急流浪尖上惊险而下，时而缓缓漂流在平水如镜的河段上，情趣无穷。

漂流起点长塘口地势开阔平坦，有大片广阔的河滩。这里设有天然游泳场、实弹射击场、游乐园、苗寨风情园等项目。

九锅箐森林公园

山城绿珠

綦江区关坝镇　9:00~21:00

万盛长途汽车站至九锅箐森林公园班车

因山形轮廓酷似九口锅而得名，原为重庆市农垦局所属“五七干校”农场。景区地质地貌独特，生态环境优良，气候宜人，四季花香鸟语，草木葱茏，被誉为“山城绿珠”，具有“春观花、夏避暑、秋品果、冬赏雪”的旅游特色。

九锅箐森林公园景观资源丰富，密林古树，林海苍莽；奇山怪石，九峰叠翠；奇花异草，鸟语花香。景区内植被发育，动植物种类繁多，现已查明2000余种，仅国家一级二级保护的珍稀动植物就有黑叶猴、云豹、红腹锦鸡、中华凤蝶、南方红豆杉、银杉、珙桐等30余种。

奇、险、秀、凉是九锅箐风景区的特征。奇，山石造型古怪奇特，动植物种类稀有；险，峭崖绝壁，山林险道，令人魂飞魄散；秀，植被茂盛，山峰秀丽，圆润浑厚；凉，气候冬暖夏凉，空气清新，是一个消夏避暑疗养的好去处。

黑山国家森林公园

重庆生物基因库

綦江区黑山镇

黑山风景区面积68平方千米。拥有断石笋、小石林、飞瀑、夫妻树、云海、落霞等30余处景观。

景区山高崖峻，林木枝盛叶茂，森林覆盖率为98%，被誉为重庆生物基因库。国家一级保护植物银杏、珙桐，二级保护植物马桑木均有分布。珍稀动物有黑叶猴、云豹、穿山甲等。

黑山风景区包括黑山、黑山谷、狮子槽、沙坝和楠木沟五个片区。公园以丰富多样的地貌景观和山林植被及天象为特色，具有幽、静、险、狭、秀的特点，因为受外界破坏较少，许多原始建筑与植被保存完好，茂密的森林与幽豁的山形地貌，加上景区内的古夜郎国文化遗址与少数民族生活习俗，为山林增添了神秘色彩。

森林景观

主要集中在黑山一黑山谷、沙坝和楠木沟地区。黑山之“黑”指黑山植被，这里森林覆盖率达97%以上，以乔木、灌木为主的亚热带常绿阔叶林呈墨绿色。远眺，群山峻岭上的森林犹如画家涂抹的一层绿中浸黑的油彩。景区内，动植物资源丰富，被誉为生物基因库。在沙坝，森林中杜鹃种质资源丰富：毛叶杜鹃、大树杜鹃等近十种分布其中。

地貌景观

主要集中在黑山、黑山谷、楠木沟和狮子槽地区，包括石林、溶洞、峡谷、雪山、峭壁等多种类型。其中，石林、雪山和溶洞主要集中在黑山，峡谷、峭壁主要集中在黑山谷和楠木沟。

天象景观

主要有云海、雾海、日出、日落、雪景、冰瀑几种类型。其中又以雾海最为显著，整个公园常年云雾缭绕，林木葱葱，一派世外桃源仙境景象，雪景和冰瀑主要分布在黑山的冬季。

水体景观

主要体现在溪流、瀑布、滩涂、湖泊、泉水几种类型，都集中在黑山谷和楠木沟地区。其中以瀑布最为著名，流景、高差、水口形式等类型众多，四季长流。人文景观有苗家风情古寨、净业寺等各式各样的文化景观。现有基础设施完善，交通便利，是游客理想的旅游胜地。

万盛奥陶纪公园

绿色石林

綦江万盛经济技术开发区黑山—石林风景名胜区

旺季240元，淡季220元　从万盛城区租车前往

万盛奥陶纪公园以奥陶纪地质地貌和自然生态为主体景观，以科普知识和巴渝文化为精神内涵，以“健康地成长、诗意地栖居”为旅游主题，融游览观光、科考修学、文化娱乐、休闲度假为一体，成为重庆主城区的后花园。

万盛奥陶纪公园内遍布奥陶纪时期形成的天坑、奇石、溶洞、飞瀑、平湖以及郁郁葱葱的原始森林。大自然的神奇造化，孕育出这里“林中有石，石上有树，树石共生”的天下奇观，好似一幅幅天然盆景，被誉为“绿色石林”。

玩家解说

遍布公园的奇石、溶洞等，形成于距今5亿年前的奥陶纪时代。奥陶纪是地球历史上大陆地区遭受广泛海侵的时代，是火山活动和地壳运动比较剧烈的时代，也是气候分异、冰川发育的时代。从奥陶纪起，海生无脊椎动物真正达到繁盛的时期，也是这些生物发生明显的生态分异的时期。

万盛奥陶纪公园

綦江木化石

木化石—恐龙国家地质公园

罕见的木化石和恐龙化石遗址地

綦江区境内

綦江木化石—恐龙国家地质公园由木化石、老瀛山、古剑山三个景区组成，总面积为108平方千米。

公园内地质遗迹以古生物化石遗迹、地质地貌遗迹、地质构造遗迹为主，配合以水体景观、具有观赏价值的矿物岩石类地质遗迹，地质遗迹类型丰富，特征明显、组合奇特，分布集中。

园区属四川盆地东南缘、华蓥山帚状褶皱束山脉南倾伏部，为黔北山区和四川盆地过渡区。区内主要地貌类型有中、深切丘陵及块状方山、侵蚀褶皱山地。

古植物化石——木化石

木化石分布在县城城区马桑岩，如今在圈定的保护范围内有大小木化石29根，其中8根规模较大，其余规模小。经岩矿鉴定，木化石物质成分有硅化和钙化两种。公园内的木化石数量众多，形态丰富，个体大，保存完整，产出地集中，且为原生地层产出。它再现了侏罗纪时期的原始森林面貌。

玩家解说

木化石，又称石化木。它是已石化的植物次生木质部分，其物质成分主要是氧化硅者，称硅化木；其物质成分主要是方解石、白云石等碳酸盐类者，称钙化木。

恐龙遗迹化石——足迹

恐龙遗迹化石集中分布在老瀛山景区，主要类型有恐龙足迹、皮肤和毛发的印痕、恐龙粪便石等，遗迹保存完整，数量较多，分布集中。

恐龙足迹化石数量众多，保存完整，形态生动。它记录了距今1.4亿年的白垩纪晚期最后一批恐龙，填补了我国西南地区白垩纪地层未发现有恐龙遗迹化石的空白。

三角镇红岩坪村陈家湾后山莲花保寨内

碎屑岩地貌——丹霞地貌

公园内的丹霞地貌特征典型，类型繁多，景观优美，历史悠久，是西南地区集大成者。丹霞地貌遗迹分布在公园的东西两侧，白垩系分布区，占公园总面积的1/3左右，是重庆市丹霞地貌发育最好、分布最广泛的地区，其中以红岩坪虎山、老瀛山、瀛山、古剑山、西山坪等最为奇特。

公园象形山与象形石地质遗迹景观类型丰富、形态奇特、造型逼真，其中以三轿石、望夫石、万卷书、蛤蟆石、石柱等最为突出。

玩家解说

丹霞地貌是指由一套红色、砖红色的砂砾岩层和红色砂泥岩层组成陡峻山壁或山峰，岩层产状平缓，垂直节理发育，钙铁质不均匀胶结，在差异风化、重力崩塌等综合地质作用下，形成城堡状、金字塔状、柱状等形态奇特的孤峰、峰丛、石林或类岩溶景观。

地质构造

公园地质构造遗迹以波痕、平行层理、交错层理、泥裂、钙质结核以及不整合接触面为主，各类构造遗迹特征明显，具有较高的科普和观赏价值。

水体景观

公园的水体景观主要有瀑布、人工湖泊和泉水三类，其中以红岩坪莲花保寨瀑布、叠瀑飞玉、梯步鸣琴、浪峰湖、莲花泉、洞天玉井、古剑山名山泉水等较为典型。

东溪镇 ㊖

川东第一山水古镇、小苏州

綦江区东溪镇

东溪镇原名万寿场，在春秋战国时代属于夜郎古国地界，建场2200多年，建镇1300多年。唐高祖武德二年（619年）在此设丹溪县，唐太宗贞观十七年（643年）撤县为镇，因东丁河向东流入綦江河和綦江河自东而来，遂命名为“东溪镇”。

东溪镇历史悠久、环境独特、民风古朴、文化丰富、技艺精妙、布局别致，素有“川东第一山水古镇”的美誉。其中一村、二碑、二石、三宫、三瀑、四街、五桥、六院、七巷、八庙、九市、十景，让人流连忘返；太平渡口、琵琶古寨、贞节牌坊、摩崖石刻、木刻浮雕令人叹为观止；川剧评书、龙灯舞狮、唢呐字画、秧歌腰鼓使人拍手叫绝。

古镇境内还有国民党参议院、七孔子崖汉墓群、贞节牌坊、天然神灵石幺姑、琵琶古寨等景点。

玩家 解说

古镇两面是山，中间是河，山水相间，山环水抱，彰显“小桥、流水、人家”的清幽意境。明清街区风貌错落有致。古镇书院街、朝阳街、背街所构成的民俗风情街区，其建筑和街巷与环境吻合，灵活布局，不拘一格，形成富于变化而整体协调的空间格局。祠庙会馆各具特色。

古镇有“三宫八庙”，祠庙会馆的镂空木刻浮雕群，栩栩如生，呼之欲出。传统民居传承了巴渝特色。古镇传统民居房屋的墙身广泛采用“穿斗夹壁墙”的竹木构造体系，屋顶则采用小青瓦铺盖，将传统建筑与自然环境有机地融为一体。

古镇明清穿斗结构吊脚楼别具一格，“小桥流水”景地清幽，已成为四川美术学院等院校的写生基地；成为电视剧《傻儿师长》《三岔口》《出生入死》《乡里人家》等拍景现场。

太平天国领袖翼王石达开曾在东溪丁家湾大本营内和太平军其他将领商议制订进军成都的军事计划，史称“东溪决策”。

民国二十七年（1938年），国民党中央军事参议院迁至东溪“双桂园”，历时九年。川东边防军第五纵队司令曹天泉1923年与借道东溪的贺龙彻夜长谈后，立下了“抚我孑遗”的自省碑。东溪古镇人杰地灵，亦涌现了诸如与周恩来旅欧并参加一、二次东征的罗振声、实业救国的夏江秋，光明磊落的吴举宜等优秀的近代人物。

1926年4月11日，东溪镇爆发了一场饥民抢米暴动，但遭到了豪绅、军阀的残酷镇压，史称“东溪米案”，震动全川。

一石三碑

一石三碑位于綦江区东溪镇上书村渔沱，是指三块碑刻在一大岩石上，该岩石高约8米，宽约10米，岩石上有三块碑，第一块上刻：“圣旨”和“大清光绪十九年癸巳岁五月初九谷旦”，第二块上刻：“鱼帮罚贴晓众”和“光绪十年冬月二十上立”，第三块上刻：“邑桐”“养生塘”和“光绪元年四月十三日实贴鱼沱晓论”。三块碑上的碑文均较

玩家 攻略

古镇游览：从巴渝新居鲤鱼池到古色古香的“两宫”、从麻乡约民信局再到充满大自然气息的太平桥及黄葛树群，最后到王爷庙、太平庄码头，一路上可以尽情游览东溪古镇的自然风光和人文景观，感受古镇韵味。

东溪镇

模糊。

该岩脚有一小水沟，沟里水流向大河，在此水沟上用三块石头搭成一座石桥，同时又在该岩石下端刻有一块碑，一刻“川贵两省綦桐二县交界补修”和“道光庚寅年正月中浣日吉旦立”。从此，此地就流传着“一石三块碑、三石一座桥、一脚踏两省”。

王爷庙

王爷庙位于綦江区东溪镇太平桥左侧，建于清乾隆六年(1741年)，建筑面积300多平方米，是土木结构。庙内有大小菩萨40多尊。

王爷庙面临綦河，坐落在群山古树中，枝繁叶茂，遮天蔽日，是东溪古镇自然景观和人文景观完美结合的精华所在。庙门正对滔滔远去的綦河，两侧各有一棵树龄达300多年的黄桷树。它的整体布局体现了东溪古镇古建筑与自然山水景观相融合，宛如一幅完美的自然山水画。

2005年10月重庆电视台在此拍摄了120集的大型情景电视剧《乡里人家》。

万天宫

万天宫位于綦江区东溪镇朝阳街，建于清康熙二年(1663年)，距今350多年。其建筑面积1000多平方米，系砖木结构，庙内供奉川祖神像等，宫门前和正殿前房顶均塑有重达数吨的龙凤，有达60多平方米的古戏台，两侧有观戏楼，有技艺精妙的雕梁画栋和木刻浮雕等，有菩萨40多尊，还有钟、鼓等。古戏楼天花板藻井在古时是为起扩大音效的作用而建。

太平桥

“五桥”中最古老的太平桥。始建于明太祖三年(1370年)，距今640多年。桥头各有石狮一对，桥墩上有石雕兽头装饰，桥下中央曾有一把能随风力大小自然转动的83斤重的斩龙宝剑。太平桥是新中国成立前綦河上游川黔货物集散的最大码头。

链接

太平桥黄桷树生态群

太平桥黄桷树生态群是西南最大的黄桷树群，5000余棵罕见而古老的黄桷树密布其间，其中树龄百年以上的300多棵，最古老的已有1000多年，树形奇特，令人叹为观止。

麻乡约民信局

麻乡约民信局是西南最古老的邮局，创

东溪镇

麻乡约民信局

建于清同治年间（1862—1874年），距今有100多年的历史。

南华宫

南华宫，始建于清乾隆元年（1736年），距今近280年，是两广籍人入川住东溪的会馆。石门框上有一副石刻楹联，上联曰：“树了菩提台空明镜”，下联曰：“恩留粤岭泽沛珠江”，横联：“岭南观瞻”。虽经两百多年的风化雨蚀，字迹仍清晰可见。

川黔古盐道

川黔古盐道开辟于西汉高帝五年（前202年），距今2200多年的历史，是运往贵州、云南老盐的必经之路。更奇特的是，从这里到太平桥由99 999块条形青石板铺砌而成，如今盐马古道依然可见，青石板犹存。

川黔古道水码头商客云集。古镇东面的綦河直达长江，上溯黔境，陆路交通四通八达，是川、云、桂、黔的重要通道之一。

古剑山 AAAA

重庆佛教艺术名山

綦江区古南镇鸡公山　乘綦江504路公交可到

古剑山自然风光奇绝，人文景观丰富，海拔700~1200米，年平均温度为18.7℃，负氧离子含量居全市之首，常年层峦叠翠，气候宜人。这里有罕见的丹霞地貌景观带，覆盖率高达85%以上的6670余公顷森林休闲养生区，千年古刹净音寺、古剑鸡鸣、三佛岩、三镜湖、洗剑湖等40余个大小景点，形成了一幅山水辉映、环境优美的画卷。

古剑山风景区主要分布有佛教文化公园、生态运动公园、擂鼓石艺术公园、生命文化公园、汽车文化公园及南黛湖森林养生城。

玩家 指路

从重庆出发：从起点到内环快速路，沿内环快速路行驶16.7千米，朝綦江/南川/贵阳方向，稍向右转进入兰海高速公路，沿兰海高速行驶40.7千米后在綦江出口进入綦江城区，经綦鸡公路行驶9千米进入古剑山旅游度假区。或者是沿兰海高速行驶，经过綦江出口继续往贵阳方向前行约9千米，在古剑山出口下道，经古剑山大道行驶约9千米进入古剑山旅游度假区。

玩家 攻略

古剑山祈福游：沿宝髻路登古剑山净音寺，游览古镜亭、古剑亭，品尝“一碗水”的山泉圣水，亲身体验摸儿洞的灵妙之处，观三佛岩看如来的三生面容，到达净音寺看日出东方的辽阔之景，听法师讲佛法结佛缘，在舍身崖一览古剑山全貌，与爱人共锁同心锁，结祈愿符。到旅游商店品茗、休息后，原路返回。

古剑山体验游：徒步攀登古剑山顶峰，途中可游览溪水自上而下缓缓流淌、寓意禅定之水洗得智慧、清净之水洗得欢喜、清凉之水洗得永恒的水之轮回；视野观景极佳的如意台，沾佛手福气；有奇峰、崖壁、石笋、砾岩，其结构有平行层理、交错层理、大型自然层面等独特景观的丹霞奇观；观丹霞绝壁上千岩千貌、千貌千姿、千姿千意、久沐法雨，受佛菩萨点化的千佛崖、还童石、法雨石；观蟠桃石；攀登绝壁盘旋的觉海云梯；饮八功德水，观卧佛、天眼石，体味大自然的鬼斧神工。漫步云瓶路，呼吸负氧离子，到达千年古刹净音寺，在此烧香祈福，听法师讲佛法结佛缘；在舍身崖一览古剑山全貌，与爱人共锁同心锁，结祈愿符；后经佛塔，古剑山老僧圆寂后埋葬之地僧人冢、旧时僧人参禅修道的禅洞、七仙女沐浴的七仙瑶台。再乘坐观光车经法雨路游美丽的三境湖。

古剑山

三佛岩

三佛岩久负盛名，是在石壁上镌刻的三尊不同形态的如来佛像。如来佛面含笑，双眼有神。

三佛岩上方刻有“古剑名山”四个大字，是明代太祖皇帝朱元璋的亲笔，工匠们将它雕刻了出来。重修净音寺时掘地基得到的宝剑也被悬在题词旁边，作为镇庙之剑。

这些悬崖绝壁上，如今还保留着多处文人墨客的崖摩题词，但是因为年代久远，多数已经模糊不清了，有一处还能清晰地辨认出“雍正八年庚戌十二月”的字样。

棋盘石

棋盘石位于鸡公嘴三佛崖顶，三面临崖，其面平整，石上纹路依稀可辨象棋棋盘图形，有人说巨石表面的线条就是棋盘的楚汉泾渭。

摸儿洞

在攀登古剑山鸡公嘴的路边，山壁中天然生成一个夹缝，两块形同“情侣接吻”的巨石交会在一起，弯腰钻进情侣石，右边是悬崖绝壁，左边有一呈三角形的小洞，这个只能容得下一只手的小洞就是“摸儿洞”。

据传“摸儿洞”求子甚灵。闭上眼睛，心无杂念，将手探入，若在洞里摸到沙土者，即生女，摸到卵石者，必生子。

撑腰岩

据说，撑腰岩有祛除腰酸背痛的功能。相传，净音寺内曾有一位高僧腰部受伤，上下山途经此处时都在此歇息。碰巧的是，岩缝里流出的凉气让高僧觉得冰凉无比，患处感觉极为舒畅，几天后腰伤痊愈，且腰部出奇硬朗。众人得知后，来寺里求神拜佛的善男信女都会在撑腰岩下撑上香烛，以免岩缝闭合后断了这一剂治病良药。

净音寺

净音寺是渝南黔北有名的佛教圣地，它位于鸡公嘴最高处，远看正好像是建在一只“雄鸡”的鸡冠上。

净音寺历史悠久。公元960年，净音寺就已初具规模，由最初的东岳庙，扩建了“大雄宝殿”“三圣殿”“观音殿”“文殊殿”“普贤殿”“福寿殿”“藏经楼”等殿堂，后来山上没有土地建庙了，人们又把庙宇建到了山下，极盛时期，山上山下的庙宇林立，僧人信众穿梭往来。

清朝道光五年（1825年）的《綦江县志》就记载：东岳庙“创于前宋”（960—1129年），也就是说，在鸡公嘴上建庙距今已有1000多年历史。

清朝光绪年间（1875—1908），净音寺重新修整，但建筑风格仍然特色鲜明，依山而建，与山为伴，与古剑山的一草一木融为一体，观日出看日落，在流逝的光阴中述说着地久天长。

净音寺现有六个殿，分别为财神殿、金刚殿、韦驮殿、观音殿、药师殿、光明殿。

古寨门

綦江地处渝黔结合部，两省交界，古时战乱纷纷。古剑山因其险要和易守难攻的有利地势，成为历代兵家的必争之地，古寨门是战争的产物。

阳桥

阳桥位于鸡公嘴山峰的鸡头，当地人也把这里称作舍身崖。舍身崖酷似船形，坐落于两座孤峰之间，峰与峰之间是深谷，远看就像一座鬼斧神工的天然桥梁，因此，后人又把这里称作“阳桥”。

一碗水

这只掩映在路旁蕨草下的由当地的土窑泥土烧制的碗，就是人们说的“一碗水”。土碗上方有一条隐蔽的水沟，源源不断的水从山上流下来。但水流很小，小到用肉眼也看不出水在流动。不管天有多旱，这股水一年四季长流不断，碗里的水长年累月都装得满满的，取之不竭。谁也不知道这水源来自山上的哪个地方。

路过的人都习惯在这里留足，停下来掬口干净的泉水，沁心甘甜的凉水入腹后，你会觉得精神倍爽。

连心锁

一把紧锁一把、密密麻麻的“连心锁”已成为阳桥上一道耀眼的风景。据说相爱的人在这里锁上一把连心锁，爱情就能天长地久，亲人在这里锁上一把锁，一家就能相亲相爱，永远幸福。

这里的锁很多，最古老的锁已经有100多年历史了。这里的锁虽看上去和普通的锁一样，但每一把锁都有一个鲜为人知的故事。

古剑山净音寺

禅洞

禅洞是喇嘛用来静坐修行的地方，禅本身的意思是静虑，是佛教的一种修行方法。静虑就得找一个偏僻的无人打扰的地方，静心修炼。

古剑山上的禅洞是利用巨石与地面之间的一条天然缝隙，在周围砌上条石筑成的一个空间宽约5米、高约1.5米的石屋子。右边石壁上有刻字的痕迹，但已被岁月风蚀得残缺不全，无法辨认了。左边壁上的弥勒佛坐禅像线条还比较清晰，但已无法辨知这是哪个年代、哪位大师的作品。

石屋右边有一个莲花形石盘，石盘上雕刻的莲花花瓣图案清晰可见，底部的形状就像现代人用的酒杯。莲盘表面已经有了凹状，这是禅师坐禅坐成的。石屋的左右门楣上还留有门墩，由此可以说明，以前禅洞还有石门。

菩提园

"菩提树"的原名为"毕钵罗树"，国内主要分布于西南部以及中南半岛。菩提树是印度的国树，台湾花莲的县树。"菩提"意为"觉悟"，因佛教的创始人释迦牟尼在该树下悟道，得名为"菩提树"。

园中的菩提树由来自全国各地的高僧大德亲手栽种，菩提园也成了到古剑山的僧人们修行悟道的场所。

如意台

"如意"出于梵语，为佛具。"如意手"象征观世音菩萨在此普度众生、救济众生的大慈心愿，愿世间万物苍生万事如意。

古剑山光明殿

佛塔

眼前的佛塔是一位上山采药的老人发现的。当时的佛塔支离破碎，经过修复之后才有全貌。佛塔呈六角形，高约3米，底部直径约4米，塔顶上刻有精美的花纹，做工十分考究。上面已经模糊不清的字迹能够让人感受到岁月的烙印。

玩家 解说

佛塔，也称宝塔、浮屠，是佛教的象征。佛塔最早用来供奉和安置舍利、经文和各种法物。根据佛教文献记载，释迦牟尼涅槃后火化形成舍利，被当地八个国王收取，分别建塔加以供奉。遍布我国南北东西的上万座佛塔，是古代高层建筑的代表，其用料之精良、结构之巧妙、技艺之高超、类型之丰富，远远超出了历代文人墨客的笔端。

永新梨花山乡村旅游区

黄花金水梨基地

綦江区永新镇凤凰山石坪村　免费

永新镇梨花山景区约1001公顷。1998年，镇村干部认真研究了石坪村的气候、土壤、水文条件，结合到其他村落考察的致富经验，提出了大面积栽种梨树的构想，将果林经济和旅游经济结合起来发展，终于于当年栽种了第一批梨树。2001年，永新镇迎来了第一届“凤凰山梨花节”。2002年10月，在当地成立了“綦江县永新凤凰梨子专业合作社”。

农民版画院

中国民间文化艺术之乡

綦江区版画广场附近

免费

綦江农民版画院是2006年9月綦江县编制委员会批准设立的全民所有制全额拨款事业单位。画院的职能是围绕綦江农民版画，开展创作活动，指导作者培训，收集版画作品和其他民间工艺品，举办展览活动，开展对内对外交流活动，丰富人民群众的精神文化生活。画院目前内设办公室、创作指导部、培训拓展部。

綦江农民版画院陈列作品：精品37幅，其他51幅，少儿版画作品96幅。

綦江博物馆

綦江唯一的综合性博物馆

綦江区古南街道农场村三社　免费

綦江博物馆是一座综合性博物馆，建筑面积3700平方米，其中石刻厅占地700平方米，景观占地约6267平方米，馆内藏品种类丰富、精品荟萃、琳琅满目。

博物馆设有四个展厅：序厅、地址厅、历史文化厅和石刻厅。

石壕红军烈士墓

为长征时期牺牲的红军战士而建

綦江区石壕镇　免费

石壕红军烈士墓是为纪念中央红军长征及红军经过石壕时牺牲的五位烈士，于1976年修建的。

石壕红军烈士墓由长征诗碑、烈士墓地、烈士塑像、烈士纪念塔、烈士事迹陈列馆、题词碑林、红军宣传标语碑林等七部分构成。其主景点为红军烈士墓，另外还包括红一军团司令部驻石壕旧址、红军桥、红军洞三个景点。

石壕红军烈士墓

景点推荐

南川旅游区

金佛山 AAAAA

蜀中四大名山

南川区金佛大道 71669888

淡季50元；旺季75元

金佛山为蜀中四大名山之一，与峨眉、青城齐名。属大娄山山脉，又名金山，古称九递山，由金佛、箐坝、柏枝三山108峰组成。

“金佛何崔嵬，缥缈云霞间”是对金佛山最美好的写照，每当夏秋晚晴，落日余晖把层层山崖映染得金碧辉煌，如一尊金身大佛放射出万道霞光，异常壮观而美丽，“金佛山”因此而得名。

景区内天然溶洞星罗棋布，以位于机身睡佛肚脐上的古佛洞最为著名，雄大幽深，洞中有山、有河、有坝，洞中有洞，层层交错。

金佛山属典型的喀斯特地质地貌，由于特殊的地理位置和气候条件，在古老的时代，缓冲了第四纪冰川的袭击。较为完整地保持了古老而又不同地质年代的原始自然生态，融山、水、石、林、泉、洞为一身，集雄、奇、幽、险、秀于一体，山势雄奇秀丽，景色深秀迷人。

700多年前意大利著名旅行家马可·波

罗在游金佛山的游记中记载金佛山雄、奇、险、峻错综复杂，山、水、林、泉声形兼备，尤以金佛晓钟、云海苍松、绝壁玩猴为三绝。它以其独特的自然风貌，品种繁多的珍稀动植物，雄险怪奇的岩体造型，神秘而幽深的洞宫地府，变幻莫测的气象景观和珍贵的文物古迹闻名，荣列巴蜀四大名山。

玩家 指路

公共交通：在重庆汽车站乘汽车可达南川，转车至金佛山。

自驾车：目前，从市区出发有三条线路可以到达景区。

1. 从重庆渝黔高速到茶园—东泉—白沙—大观—南川，这条路线行车里程为127千米，通行时间在2个半小时左右；

2. 从渝黔高速到界石—南彭—高洞—大观—南川，这条路线是与界水高速并行的地方公路，行车里程为124千米，通行时间大约在4小时40分钟；

3. 目前重庆主城到南川的主要通道，具体走向为：渝黔高速到綦江—万盛—南川，全程123千米，行车需要2个小时。

内部交通：景区内的交通车单程是20元，索道单上行50元，单下行40元，往返票价80元。

玩家 解说

金佛山自然保护区始建于1979年，山上珍稀动植物种类繁多，动物500多种，其中有属于国家一级保护动物的金钱豹、云豹、华南虎、白冠鹤、红腹角鸡、金丝猴、黑叶猴、梅花鹿等。

金佛山是天然的植物宝库，植物多达5099种，其中银杉、银杏、大叶茶、方竹、杜鹃王树属

国家一类保护植物，被誉为“金山五绝”。珙桐、粗榧、小虫草誉为“金山三宝”；人参、竹米、天竺黄则为“金山三精”。

银杉为第四纪冰川袭击后幸存的植物大熊猫，华夏独有，异常珍贵。方竹笋肉厚脆嫩，是佐餐的美味山珍，远销海外。2000多株古生大茶树证明了我国巴蜀是世界茶叶的起源地。杜鹃王高12米，胸围近4米，三人合抱，是世界上名副其实的杜鹃花王。古银杏高26米，胸围11.6米，老态龙钟，当地人称“白果娘娘”。

生态石林

生态石林是金佛山最具特色和代表性的景点之一。这片石林是充满生命活力的石树共生奇观，有如韬光养晦的智者，隐藏于遮天蔽日的原始林海中。微风暗渡之时隐有鸟语花香，曲径通幽之处又见峭壁峥嵘，走进这片浓荫之下的石林，才能真正感悟大自然造化之神奇、自然生命之奥秘。

金佛洞

金佛洞迄今为止已探明的溶洞长度11千米，洞底面积14万平方米，却仍不知洞底有多深、多远。

金佛洞海拔高、地质形成年代久远、规模宏大，保存完好、世界罕见的洞穴采硝遗址更为其增添了一分神秘色彩。洞内空间时而蜿蜒曲折的羊肠小道，时而气势恢宏的巨型大厅，洞宫地府神秘莫测。洞中穿行，听滴水空灵，看琼花幻景，感受大山之脉搏，自得一番超然之境界。

永灵古道

永灵古道是早时当地民间朝山拜佛采山珍草药的崎岖小道，既可亲历悬崖古道的惊险刺激，又可体验近立眼前的峭壁山峰之奇峻，永灵古庙、九天飞泉、藏宝崖更为古道增添了几分神秘色彩。

生态石林

杜鹃观赏园

杜鹃观赏园是杜鹃花品种较丰富、观赏最为便利的杜鹃花观赏区，可观赏杜鹃王子、杜鹃王妃等近十种名贵乔木杜鹃。

卧龙潭峡谷

峡谷长约4.5千米，两岸峭壁林立，森林茂密，沟谷溪流潺潺，清凉幽静，并可近距离观赏野生动物。位于景区北大门内2千米。

南天门

登顶南天门，矗立群山之巅，远眺莽莽林海和逶迤群山，近观座座耸立石峰，无限风光尽收眼底。

石人峰

高耸入云的石峰，雄奇伟岸的身躯，似天降神兵屹立在群山幽谷间，守护着金佛山万物生灵。

三叠飞瀑

位于金佛山南坡，瀑布分三层三折，高近百米，长年飞流直泻，水流跌宕起伏，气势雄伟壮观。

银杉岗

是珍稀植物“活化石”银杉的最佳观赏地，远眺南天门群山叠翠、石峰耸立，极为壮美。

石门宫

几座十余米宽的石柱托起一座巨大山峰，形成数道雄奇险峻的巨型石门，宏伟壮观，震撼心魄。

大宝洞

大宝洞洞口高2.5米，阔约16米。古人曾将它作为山寨，封住小石门。洞分上下两层，下层长约450米，分成前、中、后三部分：前洞较为宽阔，洞底左侧壁有像房柱似的几根钟乳石，间隔分割，形似石室精舍。

牵牛坪滑雪场

金佛山牵牛坪滑雪场，面积达两万多平方米，雪场拥有初级雪道两条，雪上飞碟道一条，同时配有游客戏雪区。

雪场拥有600套全新进口专业雪板，德国原装进口凯斯鲍尔350型压雪车和4台美国进口超级雪神，能够给滑雪者提供最优质的雪道，同时滑雪场采用了两条国内最流行的雪上运用设备——雪地魔毯，不仅安全、便捷而且运力大，能够保证游客安全高效地滑雪。

最值得一提的是，金佛山西坡滑雪场（牵牛坪滑雪场）首次引进重庆的“蛇形雪橇”，在专用滑道上如蛇一般滑行，如蛇一般灵巧，让游客感受不一样的雪上激情。

神龙峡喷泉

神龙峡

好似一条横卧在大山里的巨龙

南川区南平镇内　8:00～17:00

64563666

www.cqshenlongxia.com

90元

神龙峡大峡谷地形像是一条横卧山涧的巨龙，而且峡谷内处处有关于龙的传说，因而得名神龙峡。从里隐坝峡谷入口至飞龙瀑布，峡谷全长约4.2千米。谷底平均宽度约50米，最宽处90米，最窄处仅10米，呈典型的“Y”字形深切峡谷形态。

峡内林深竹茂、流水飞瀑、峰峦绝壁、虫鸣鸟唱。峡谷两岸植被多为灌木林、刺竹林，植物较为丰富。森林覆盖率达90%以上，有植物种类1700种。神龙峡空气清新，空气负氧离子含量极高，是天然大氧吧。景区平均负氧离子含量为每立方米8万个左右。

五龙瀑布

景区检票口前方左边山崖上的瀑布叫五龙瀑布，下雨天会形成五条漂亮的瀑布。在五龙瀑布下方有一片露营地，长期在大城市居住的人可以在此尽情地体验身处大自然的无穷乐趣，同时在这里可以品尝到神龙峡的露天烧烤。

链接

五龙瀑布的传说

五龙瀑布有一个美丽的传说。神龙峡历史上曾发生过几桩怪事。有一年6月的一天中午，神龙峡突然泛起了大水，那水从池中冲天而起，转眼间，池水溢出山口，变成滚滚山洪，顺着山岭呼啸而下，整个里隐坝遭到洪水扫荡，人们措手不及，连一点防备也没有。波涛汹涌，滚滚浑水打着漩涡，峡谷外的庄稼、村庄、人畜被淹得一片狼藉。

天上蓝天白云红太阳，一丝雨也没下，竟不知水从哪儿来。洪水发了一个多时辰后，又猛然消失了。洪水过后，当地人顺水迹寻找这大水的来源，才知道是神风洞发起了大水。有人说，曾见蛟龙出没于此，大水乃蛟龙所为。为了一劳永逸、永保太平，人们推举乡绅、族长到神龙峡老龙洞恭请老龙王为民除害。

五条小龙对老龙王说，这点小事就不劳烦父亲亲自出马了。于是五龙应邀为民除害，他们分别是白龙、青龙、赤龙、黑龙、玄龙。他们带着老龙王给的神龙剑来到山洞与蛟龙展开了激烈的战斗，霎时间，只见蛟龙那黑色的身躯化为一股旋风，旋风斑斓，如极光一般绚烂，威力无比。一番大战之后，五龙倾尽全力以自己的肉体为代价用神龙剑定住了蛟龙。五龙在对面的山峰化作了五条瀑布，一直守卫着这个洞口，此后，这个洞再无蛟龙出没，换得的却是阵阵清风。

豹子岭

此处野草丛生，竹林密布，据说常有豹子出没，故而称为豹子岭。

豹子岭绝壁半山之上有一个天然的洞穴兵工厂。人们在此主要制作火药。中国古代火药的主要成分是硝石、硫黄以及木炭。天然硝石是一种矿物质，存在于含有钾、钠、钙、镁的土壤中，当有足够的空气和水分时，由含氮的有机物分解而成，通常同钠盐、镁盐等盐类物质共同存在。人们可以从含有天然硝石的土壤中，用水沥滤、蒸发等方法，提炼质地较纯的硝。古人如何将硝石运输出山，至今仍是一个未解之谜。

豹子岭山麓下有茂林修竹，可在竹林幽径中漫步、休憩。这里是地龙（蛇）常出没之地，亦是侠客会集之处，更似电影《卧虎藏龙》中高人隐身之处。此外，还可在竹林中来一场“勇闯迷宫”，让你尽享闯关乐趣。在婆娑的竹林间穿行在木质的梅花桩上，置身竹林乐园，足以让人忘却世间所有的烦恼。在林中荡竹椅秋千，听竹林中婉转的鸟鸣，闻到那诱人的花香，优哉游哉。

佛手印

突兀的一座山崖，绝壁横贯，山崖上面清晰可见一个手印。这是金佛在神龙峡中的第一次显灵，并未现身，只是手掌印在绝壁之上。当年的齐天大圣用尽了本事也没逃出如来佛祖的手掌心，在神龙峡，佛将无形化作有形，掌握天地于眼前，途经此处之人，得佛印，得平安。

烟雨廊

这“S”形的廊是烟雨廊，好似山涧流云，而烟云瀑布飞溅之时，遇光照极易形成彩虹，乃有缘人可见。

清晨的峡谷是那样的静谧，看烟雨行散于长廊之上，轻轻地走在烟雨长廊下，或坐在廊檐下，看叠翠群峰，听溪水流淌，远离尘世的喧嚣，让我们放飞心情，好好享受这一分宁静。

神风洞

神风洞为天然石洞，由岩裂形成，漏斗形，开天窗，十分罕见。洞内有洞，不知深浅。站在洞口，清风徐来，故称神风洞。风口正对着五龙瀑布，风水应运而生。据说来过此洞的人都将受到五龙的保佑，一时间“神风洞”被传得神乎其神。

链接

神龙峡漂流

神龙峡漂流由青云峡起，至游侠驿止。整段山川峡谷景观秀美，顺流而下，眼观俯仰之间，漂流于水上所见所闻自然和行走在路上相差很大，这一路的畅游是由自然灵性引领的旅程，这一路有瀑布的从天而降，有山峰的聚顶而来，有亭台廊桥的忽隐忽现。漂流于行云流水中，人是真正融入了峡谷山水，成为这其中的一景。溪水打湿了衣襟，这是神龙峡灵动山水的亲近；惊心动魄而又有惊无险的漂流，是神龙峡唤醒我们的侠骨豪情；两岸顺流而出的景致，是神龙峡的灵魂。终点的游侠驿设置了专用的沐浴和更衣室，让我们在亲近山水之后能方便休整。顺便吃点烧烤，或者干脆就住在露营地的帐篷里，和大自然来一次彻底的亲近。

神龙峡漂流

洞内流水潺潺，洞口清风徐徐。洞内各种形状各异的石头令人叹为观止，入洞观赏，犹如进入仙境一般。山洞有一汪清泉，泉水冰凉刺骨，洞内非常凉爽。每当盛夏季节，凉风沁人，游人至此，总是流连忘返。借助高科技的声光电系统，洞中泻下的水帘被投射得栩栩如生的场景，呈现出神奇美妙的水幕电影奇效，在洞中讲述神龙峡故事，人入其中，如临仙境。

神龙洞

经过飞龙步道99步天梯，喻意青云直上，便到神龙洞了。小龙子从青年、中年到老年一直生活在此洞，居住了上千年。明清时期，民间为祈福求雨，筑神龙庙于此地，年年香火不断。“文革”期间，因破“四旧”而被拆除，今恢复以供旅游观光和民间祭拜。神龙洞实为喀斯特地貌形成的天然溶洞，长数千米，内有明清时期当地衙门祈福求雨，并感谢神龙显灵的牌匾。

永隆山森林公园

南川人民的幸福花园

南川区城西永隆山脉　免费

从南坪汽车站、菜园坝汽车站乘车到南川区新车站，经西大街（交易大楼）到永隆山公园

永隆山森林公园占地33.7公顷，3万平方米的入口景观广场上，绿树与草地相间分布，2万平方米缤纷四季花海遍布整个广场，绿树红花遥相呼应。其主要景点包括4.5千米的登山步道，沿步道而上约20分钟便可到达山顶，尽享28万平方米原始森林氧吧制造的清新空气；登上山顶的永隆阁等8座观景亭阁还可俯瞰全城，将整个南川城尽收眼底。此外，8000平方米的翡翠湖、篮球场、羽毛球场、儿童乐园散布其间，这里是全区最佳自然生态、健身休闲的人文景观公园。

神龙峡

半溪河滨水公园

南川的母亲河

南川区南大街与新民街交口北50米

半溪河作为南川的母亲河，犹如一条纽带串联各个区域，记载南川历史发展过程，也赋予这座城市活力与生机。在布局上，按照“一脉（以半溪河为载体，贯穿全城区的水系脉络）、两带（两岸各具特色的滨水栈道带和联系城市的两岸滨水绿地景观带）、四区（都市生活区、时尚风情街、动步滨廊街、城市绿地滨水走廊）、多节点”的思路。

楠竹山森林公园

竹影叠翠

南川城区东北约15千米处

楠竹山森林公园内竹海婆娑、松山叠翠，翠竹遍植，松山葱茏，各种森林群落分布错落有致，其中不乏自然、人文景观，形成翠、秀、野、朴的风景特色。楠竹山森林公园是一个集休闲、娱乐为一体的天然避暑胜地。春观花、夏览绿、秋赏叶、冬看雪，四季可游。

楠竹山森林公园的景点主要有苗家寨、铁佛香云寺、动物园、百花园、六角亭、竹海、松花海、观音泉、泉水湖等。

黎香湖湿地生态园

山清水秀、港湾众多

南川区黎香湖镇南部

黎香湖又名土溪水库，黎香湖山清水秀，水质清澈幽静，港湾众多，驳岸线曲折环绕，有可供开发的半岛38个，湖心岛1个（木鱼岛），基础设施较好，风景、气候宜人，是生态旅游、休闲度假、健体养身的理想之地。

在黎香湖湿地生态园，农业园区主要分为种植业、养殖业两大板块。其中苗圃种植、金银花种植、灵芝种植、林地鸡养殖、黑豚猪养殖等已初见成效，获得了较好的口碑与效益。

山王坪

生态环境良好、避暑天堂

南川区山王坪镇东南部

山王坪平均海拔1300余米，总面积11 067亩。其地理位置独特，地质结构奇特，有保护良好的生态石林、天然溶洞、珍贵林木和奇花异草。莽莽群山相拥，清清溪水环绕，浩浩林海覆盖，茫茫薄雾笼罩，有林带秀色、溶洞奇观、云海霞光以及石林绝壁。

生态石林占地524亩，山王坪喀斯特地貌非常显著，是国内已探明的面积最大、特色最显著的生态石林。石林形象厚朴，石林与各种形态各异、造型奇特的树木、藤蔓丛生，构成了一幅幅天然的盆景，嵯峨多姿、万状离奇，使人遐想不尽，流连忘返。

玩家 解说

山王坪植物种类丰富，有红玉兰、金边桫椤等国家一、二级保护的珍贵稀有植物10余种。丰富的野生动物资源包括多种国家一、二级保护动物，如黑叶猴、獐、红腹锦鸡等，以及野猪、麂子、野兔等野生动物和野鸡、金画眉、八哥等多种禽类。丰富的动植物资源使山王坪成了一座庞大的自然博物馆。

山王坪秋景

景点推荐

涪陵及周边

白鹤梁 AAAA 文

世界第一水文站

涪陵区滨江大道

9:00～17:00 旺季（4月1日～10月31日）60元；淡季（11月1日～12月31日）50元

白鹤梁位于长江江心，是一块长约1600米，宽15米的天然巨型石梁，由西向东顺江笔直延伸，与江流平行，形成了一道天然的阻澜隔浪的屏障，使距南岸100米内的江水，除洪水季节外，平时水波不兴，明澈如镜，故有“鉴湖”之称。

白鹤梁长年淹没在江下，只在每年12月到次年3月长江水枯的时候，才露出水面。三峡工程建成后，白鹤梁被淹没，国家将其建为大型水下博物馆。

涪陵区滨江大道二段。

玩家攻略

景区参观：参观主要分为两个部分：岸边陈列馆二楼展厅参观和水下参观。

展厅参观：进入大门后，于等候厅等候。游客达到规定人数后，由讲解员带入二楼展厅，并做讲解。

水下参观：展厅参观结束后，到寄存处寄存物品。寄存完毕后到安检口排队安检。安检完毕后乘坐90余米电动扶梯抵达江底，进入上游147

米交通廊道，通过水密门，进入70米“U”形参观廊道。参观完毕后，经下游的水密门、154米交通廊道，乘坐90余米电动扶梯，回到岸边等候厅，领取寄存物品。

玩家 解说

北魏郦道元的《水经注》记述：“白鹤滩，尔朱真人修炼于此，乘鹤仙去。”民间传说一个名叫尔朱的道人，炼丹出售，因要价太高，得罪了合州（今重庆合川）太守，太守令人将尔朱囚入竹笼，抛入江中，顺流而下，至涪州（今涪陵）白鹤云集的石梁，被渔人救起，两人结为好友，一日饮酒醉后，尔朱乘白鹤化仙而去。这便是白鹤梁之由来。

白鹤梁题刻

白鹤梁题刻是世界上已知时间最早、延续时间最长、数量最多的水文题刻。联合国教科文组织称白鹤梁为“保存完好的世界唯一古代水文站”。

由于常年受到江水浪潮冲刷，白鹤梁梁体分上、中、下三段。题刻区位于中段长约220米，宽约15米的梁体上，刻有自唐广德元年(763年)至当代的石刻题记164段，其中水文题记108段；石鱼图18尾，其中作水文标志者3尾，计3万字。

玩家 解说

白鹤梁题刻始于唐广德元年（763年），现存有明确纪年的最早年代为北宋开宝四年（971年），其中宋代最多，元、明、清代次之。

白鹤梁题刻集历代名家文学、书法之大成，唐宋以来千余年各派书家遗墨，隶、篆、楷、行、草皆备，还有巴思巴文，书体风格颜、柳、欧、苏俱全，题刻内容或诗或文、可记事或抒情，涉及各个历史时期和各个层面；石鱼雕刻精巧流畅，颇具功力，因此白鹤梁又被誉为“水下碑林”。

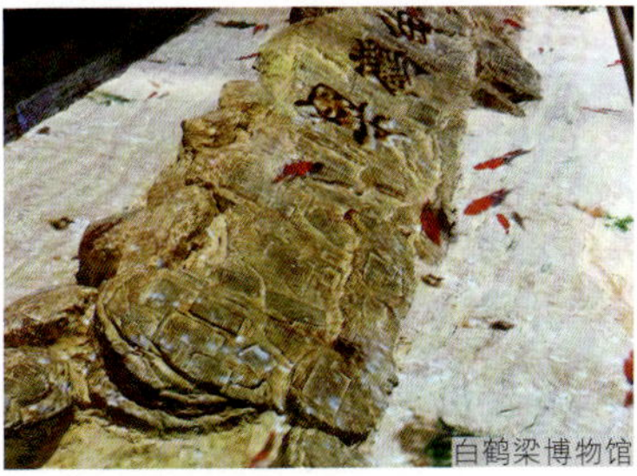
白鹤梁博物馆

古人以石鱼为水标，以鱼眼作为测量水位的标准，这与现代水文站设立“水尺零点”的原理相同。白鹤梁题刻中有石鱼雕刻18尾，记载了1200多年来长江72个枯水年份的水文情况，系统地反映了长江上游枯水年代水位演化情况，为研究长江水文、区域及全球气候变化的历史规律提供了极好的实物佐证，具有极高的科学价值和应用价值。

链接

枯水题刻

史料记载，那两尾始刻于唐代，后重刻于清康熙24年（1685年）枯水位标志的线雕鲤鱼，据重庆水文站实测，这对石鱼的眼睛海拔高程为137.91米，与当地现在水位零点的海拔高程基本一致。

白鹤梁最早的枯水题刻比1865年我国在长江上设立的第一根水尺“武汉江汉关水尺”的水位观测记录，要早1100多年，因此有了“世界第一水文站”的美名。

玩家 指路

交通：火车站—白鹤梁：在火车站乘坐101路公交车到达消防队，转乘302路、303路或307路，于白鹤梁站下车。客运中心—白鹤梁：在客运中心乘坐113路，于白鹤梁站下车。

白鹤梁博物馆

白鹤梁博物馆由“水下博物馆”“连接交通廊道”“水中防撞墩”和“岸上陈列馆”四部分组成。

白鹤梁水下博物馆在水下40米处，是在白鹤梁原址上修建一个保护壳体，是世界首座水下博物馆。博物馆采用“无压容器”对水下题刻进行“原址保护”，陈列展览将常规的艺术表现手法与声、光、电等高科技手段相结合，通过水下参观的方式，展示白鹤梁千年的历史人文和风俗民情。

武陵山国家森林公园 AAAA

重庆近郊避暑胜地

涪陵区国有大木林场　55元

公交车路线：涪陵合智广场（乘车）—武陵山国家森林公园。自驾车路线：重庆—涪陵—白涛—山窝—武陵山国家森林公园

武陵山国家森林公园北抵长江、西临乌

江，以森林、草地、溪谷、亚热带常绿针叶林和原始阔叶林为主，山上森林茂密，峰峦叠嶂，具有中国少有的千顷柳杉林之奇、“鸟鸣谷”之幽、“揽月峰”之雄、“千尺崖”之险、“常春谷”之野。森林公园风景优美壮丽、有6个大区、30个小景点、3个接待中心和5个游乐场所。

揽月峰

揽月峰既是公园最高峰，也是涪陵区海拔最高点。不仅山体高耸壮美，而且，当游人沿着山道蜿蜒而上，随着山势变化，步移景异，可观望眼前群山“横看成岭侧成峰，远近高低各不同”的迥异景象。到了顶峰，宛若在泰山之巅，“会当凌绝顶，一览众山小”。浮云掠过，脚下薄雾轻纱，如置身九天之上。

千尺崖

千尺崖（猫儿沟）深入千尺崖底部，只见两面如刀削斧砍的悬崖，怪石嶙峋。沟的最狭处不过数米，堪称“一线天”。放眼千尺崖，沟壑纵横，如蛛网，草木森森，既神秘又幽深，适合旅游者探险。

大木花谷

大木花谷地处武陵山山脉，海拔1000米左右，是国内鲜见的高山花卉主题公园。大木花谷以全生态、未破坏的大自然山林景观为依托，利用花谷两边的群山延绵、郁郁葱葱，将景区内各种花卉成片种植，形成百花争艳、山水相依的谷地花卉景观，并以此作为景区的主题及观光亮点。

石夹沟

十里峡谷奇观

涪陵区武陵山乡

石夹沟平均海拔约1500米，全长13千米，面积约30平方千米。景区山、林、泉、洞、瀑、湖、潭、峡、坑一应俱全。山势奇峻多姿，原生植被丰富，种类繁多；空气清新宜人，生态环境极其优良，完全可以媲美陶渊明笔下的桃花源胜境。

十里大峡谷雄阔壮美，谷底奇石叠垒，溪流淙淙；千尺三叠瀑直挂绝岭，飞泻而下，气势壮观；蜿蜒1600多米的青天峡地缝冠绝天下，两壁峭崖仅隔数尺，直插云端。探步其

武陵山国家森林公园

间，神摄气敛，幽谧古奇之感顿生。

青天峡大地缝

青天峡大地缝是石夹沟最有特色的一段景色，在两岸绝壁之间，大地缝蜿蜒1500米，曲折迂回，深邃迷离，缝中奇石怪壁迭生，狭窄处一线通天，敞显处直壁入云，游客流连其中，物我两忘，尽享饱览胜境之快畅。

十里大峡谷

在8千米的暗河中有高34米的天然洞中瀑布，属全国罕见；主要景区多属无人区，野生动植物种类繁多，地缝奇观、峡谷风光以及泉瀑、洞随处可见。

沙溪温泉

医疗热矿泉

涪陵区沙溪沟大桥　80元

8:00～22:00

乘101、102路公交车在沙溪大桥下车即到

涪陵沙溪温泉依山傍水，风景秀丽。水质堪与重庆南温泉、南京汤山温泉等名泉媲美，是国内最优秀的医疗热矿泉之一，具有很高的医疗保健价值。

沙溪温泉矿水源自地下近2300米深处，水温52～56℃，属中温硫黄型温泉，矿水日流量1500立方米左右，水色清澈透明，有轻微硫化氢臭味。温泉矿水中含有硫、氟、锶、锂、铁、钠、钙、碘、溴元素及偏硅酸、偏硼酸等，极具医疗价值，为典型的优质医疗保健型温泉。

天台峡谷

可与长江三峡媲美

涪陵城东南19千米　从重庆汽车站或陈家坪汽车站到涪陵，每一小时左右一班车，到涪陵坐车至天台乡即可

天台峡谷属乌江下游的一条小支流——麻溪河的一段。麻溪河发源于武隆山，在靠近乌江与长江交汇处前不远流入乌江，全长35.9千米。天台峡谷已开发可游览河段10余千米，其中漂流河段3千米。因位处涪陵天台乡与白涛镇的交界处，主要靠近天台乡一端而得名。

天台峡谷有“三清”：水之清澈，峡之清幽，境之清闲。

玩家 攻略

景区规划面积约22平方千米，景区内河道长度16千米，目前主要旅游项目为8千米水上漂流、天然泳池戏水、钓鱼、品茶等。

峡谷里的吐龙桥建有三星级标准的御泉会议中心，服务设施完善，能接待各种类型的会议。会议中心的近水茶艺馆清雅秀丽，怡神养性。天谷食府里的吐龙桥风情菜肴更是特色鲜明。别具一格的“天台羊全席”“天台腊肉席”，会让您拍案叫绝，一饱口福。

天台峡谷

涪陵小溪

千里乌江第一景

涪陵区乌江三门峡两岸

风景区与涪陵城区仅十几分钟车程，距重庆主城区约130千米，车程在一个小时左右，国道319线从景区东部穿过，交通十分便捷

小溪风景区既有奇特幽深的溶洞瀑潭和风光秀丽的山川景色，又有丰富多彩的人文景观，被誉为“千里乌江第一景”。核心景区位于风景区的中部偏北，是风景区自然资

816地下核工程

源和人文资源最为集中的区域。

风景区内自然景观以溶洞、秀水、石桥、石寨著称；人文景观以大量的古巴先王遗址为依托，巴文化底蕴十足。景区主要有古道通幽、天桥卧波、溶洞巴王府、溶洞神仙府、地下龙宫五大景观，其中天桥卧波的天生石拱桥闻名中外。桥共有3座，其中一座长100米，宽20米，高60米，堪称鬼斧神工。

望州公园

环境清幽，引人入胜

涪陵区望州路宏声大道

望州公园占地150亩，公园现有环境幽静、景色迷人的景区8个：奇花异草的百花园、鉴湖之滨的听鹤楼建筑群、日本风格的科技馆、改造一新的儿童乐园、水下碑林的白鹤梁展厅、翼王石达开纪念亭、集游乐演出为一体的望州广场、拥有30余个品种的动物园。

园内具有一定规模的绿化景区，有香樟林、松树林、蜡梅林、红叶桃花林、广玉兰林等，同时拥有激流探险、太空飞车等大型游乐设施40余项。

816地下核工程

世界第一大人工洞体

涪陵区白涛街道（原白涛镇） 65元

816地下核工程，全名为“三线建设进洞的原子能反应堆及化学后处理工程”，是中国第二个核原料工业基地，被誉为“深埋山间的绝世和氏璧”。

这里背靠乌江，水量充足，群山环绕，较为隐蔽。洞体总建筑面积10.4万平方米，总长20余千米，整个洞体呈抽屉形，路线宛如迷宫。山体周围共有大小洞口19个，根据不同规划，人员出入口、汽车通行洞、排风洞、排水沟、仓库等应有尽有。洞里面共有大小洞室18个，道路、导洞、支洞、隧道、竖井更是多达130多条，总长21千米。

洞体施工土石方量151万立方米，施工石渣可筑成长达1500千米、截面1米见方的石墙。为战备需要，洞体工程设计可以预防

100万吨氢弹空中爆炸冲击和1000磅炸弹直接命中攻击，还能抵抗8级地震破坏。

玩家 解说

816地下核工程，是由周恩来亲自批准修建的中国第二个核原料工业基地，主要用于修建地下核工厂，建设原子能反应堆，主要生产钚—239核燃料，为生产原子弹服务。在当时是一项隐秘的工程，只有编号。

1967年开工，前期由工程兵进行开凿打洞，8342部队2万多官兵昼夜施工，前前后后共用人力6万多人。后来由于国际形势变化及国家战略调整于1984年停建。2002年4月解密。

816地下核工程总投资7.4亿元，洞体的土建工程量已完成85%，安装工程量完成60%，当时如果再投入1亿元，就可以完工，生产核燃料。2010年4月26日，816核军工巨洞首次对外开放。

核反应堆大厅

核反应堆大厅是洞内最大的洞室，上下共9层，高达79.6米，相当于20多层楼高。只核反应堆主厂房就高达69米，总面积1.3万平方米。在洞内第8层，是核反应堆的“锅底”，直径20多米的大型反应锅深5米左右。

大厅内，当年反应堆的支架部分和空间堆芯依然保存完整，布有1984个工艺管道，旁边1米多宽的防辐射沟内，铺满了从云南运来的重晶石沙。

大厅顶部，有许多圆形的通气孔，在大厅四周的墙上保存着钢质的走廊，乳白色油漆的墙面依然闪闪发亮，而隔开观察室和反应堆的铅门足有6000吨重。

雨台山

古时求雨之地

涪陵区朋乐路　38元

7:00～18:00

在朝天门、陈家坪或江北红旗河沟汽车北站，乘坐重庆到涪陵的长途汽车（票价50元）。到达涪陵新车站后，在站外乘坐16路公交车直达雨台山景区大门（票价4元）

雨台山是古时人们求雨的地方，因祈雨而得名，有丰富的祈雨文化。景区是以祈雨文化为特色，集观光游览、养生度假、商务会议为一体的福地仙境。

雨台山景区占地1300余亩，海拔860米，三面峭壁，一面陡坡，绝对高差在200～300米。景区内地势平缓，苍松蔽日，翠竹遍野，郁郁葱葱，蛙鸣鸟唱，蟋蟀啁啾。山顶上12个山丘围着百亩仙鹤湖形成山环水、水抱山的秀丽风景。

景区内有两千余米的雨画廊，“湖广填四川”时民众避战用的硐湾古砦；北宋年间的依岩庙；道教真人修身养性的长春洞；石头开花的观音岩等。

御泉河

体验独特的“峡谷漂流”

涪陵城东南19千米　12:30～14:30

漂流168元

御泉河景区属千里乌江一脉，这里山清水秀、空气清新，峡谷原始植被茂密，河岸悬崖峭壁，古代巴人遗迹众多。

两汇口3千米长的“巴邑湖”，碧波荡漾，鸟语花香，原始生态保存完好。湖面已开

玩家 指路

重庆红旗河沟、朝天门汽车站每天都有多班长途客车开往涪陵。然后在涪陵新车站（东站）乘到石门（御泉河）的客车，每天9：15、13:00各一班。

御泉河

设了游船游艇游览项目。

御泉河漂流

5千米长的峡谷漂流是景区的传统旅游项目。其中暗漂独具特色，每逢夏秋，乘坐橡皮艇，随波峰浪谷漂流而下，城市生活的疲惫与沉闷将骤然消失，顷刻间活力再现。

青龙嘴

青龙嘴上面悬崖上突然伸出的岩石，据说是蟒王的化身。它凌空欲跃，栩栩如生的姿态，就是蟒王的身影。

古峡故道

4千米长的古峡故道经拓宽加固，使昔日陡峭难行的河谷两岸变为通途。徜徉古峡故道，既可回归自然，观景休闲，又可追思巴渝先祖繁衍生息的艰难，圆一次寻根之梦。

周易园

体验特色风水文化

涪陵城区江北岸嘉兴路

周易园原名点易洞，点易洞是一人工开凿的石洞，现今洞口上方尚有“点易洞”三字。洞内有朱熹游此的题诗：“渺然方寸神明舍，天下经纶具此中，每向狂澜观不足，正如有本出无穷。”

周易园中心景点为一长400米、高20米的摩崖石刻，上有黄庭坚、朱熹、陆游、王士祯等历代名人书法手迹80余幅。崖上有佛塔一座、佛龛若干。

玩家解说

据《舆地纪胜》和《涪州志》载，北宋程颐曾在此注《易》六载，写成理学代表作《易传》，程氏理学由此发祥。园西壁上刻有“点易洞”字迹。

小田溪巴王墓群

古代巴人贵族墓葬

涪陵白涛镇陈家嘴村小田溪

8:30～18:00

小田溪巴王墓群发现于1972年。已发掘的三个巴王墓出土文物达192件，为研究巴人的历史和文化提供了宝贵的资料。墓中出土兵器54件，生活用具41件，生产工具8件，乐器37件，其他文物52件。

铜器上多虎纽、手心纹、花蒂纹等，具有明显的巴文化特征。从其“王”字图语铭文、错金铜编钟等器物判断，当为巴国王室墓葬。其中一套编钟共14枚，曾在外国展出。

玩家解说

1972年4月，乡民在挖土制砖时，发现铜剑、铜镇、编钟、兽头等重要文物。同年10月下旬，四川省、重庆市博物馆和原涪陵市文物工作组，对古墓群中的三座进行发掘、清理。

古墓中清理出的器物特点与《华阳国志》记载的巴国王室墓葬相符合。据《华阳国志·巴志》载：“巴国先王陵墓多在枳。”“枳”即今之涪陵。小田溪发掘出的三个战国时期的巴王墓葬，证实了史书记载。

周易园

景点推荐

长寿及周边

长寿湖 AAAA

重庆西湖

长寿区狮子滩镇 35元

从重庆出发，沿渝长高速公路，在长寿区不下高速公路，直接走长万高速在18千米处“合兴、长寿湖”路口下高速，该高速路段约86千米；出收费站右行，路过双龙镇，最后到达长寿湖

长寿湖内港汊纵横交错，共有大小岛屿203个。湖湾岛汊交织，浅滩成片，建有野生动物自然保护区，栖息着42种鸟类、28种水禽。区内湖岛和岸上林、泉、瀑、岩、洞浑然天成，寺、庙、观、亭、寨异彩纷呈。

长寿湖湖面辽阔，碧波万顷，水中倒影粲然若画，气势极为壮观；若临暮春三秋，浅云遮日，烟波浩渺，水天一色，另是一番情趣。湖中岛屿林木葱茏，建有多处园林景点。坝东仿古亭上有周恩来、李富春等同志题词的牌匾。

浴滨岛

浴滨岛是长寿湖“八大景”之一，称为“浴滨戏水”。其港湾曲折，四面环水，宛若点缀在湖中的一颗璀璨明珠。岛上，亭台别致，小桥玲珑，绿树成荫，鸟语花香，人在其中，仿佛置身于与世隔绝的浪漫的水上世界。

链接

长寿湖广场

长寿湖大坝西部，是与大坝紧紧相连的长寿湖广场。经广场至湖边，是乘船至各岛屿的长寿湖旅游码头。广场里，花台错落有致，台内花木扶疏。广场内正中偏西一侧，是纪念周恩来、朱德和李富春、李先念视察、游览长寿湖的图片展示区。现建有领袖群雕《周总理来到长寿湖》。

长寿菩提古镇 AAAA

膏腴之地，鱼米之乡

长寿区桃源西四路

40667333

长寿菩提古镇地处重庆腹心地带，襟长江而临重庆主城，居渝东而挟三峡库区，史称“膏腴之地，鱼米之乡”。

长寿菩提古镇占地2000亩，其中核心区800亩，是菩提山·中国长寿文化城的重要组成部分。古镇以巴渝文化为背景，以中国西部（云、贵、川、渝）建筑文化为平台，展示几千年来巴渝人文文化及中国寿文化，具有游览观光、休闲度假、文化娱乐、历史文化展示等旅游功能。

长寿菩提古镇有人文大街、两条水系、万寿广场魁星双塔、万寿公园、三星观、民间综艺馆、衙门(寿文化及民俗博物馆)、四个古戏台、过街楼、庙会广场城隍庙、文庙、钱庄、镖局、长寿塔、城门楼等景点。

万寿公园

万寿公园占地35亩，长寿古镇文化旅游区以长寿文化为主题，以巴渝民族文化为背景，展示巴渝传统的村落建筑文化、人文文化、生活场景文化及寿文化。

凤山游乐公园

游乐设施众多

长寿区长寿路段　全天　免费

重庆汽车站有开往长寿的班车。朝天门汽车总站坐车至长寿，6:00~19:30，每10分钟一班

凤山游乐公园内青山绿水，楼台亭榭，假山茶舍，绿树成荫，四季花香，是凤城人民主要休闲园地。园内有儿童乐园、游泳池、人工湖、老年活动中心、烈士陵园、荷花池、室外旱冰场、门球场等。

罗山森林公园

人文宗教森林公园

长寿区双龙镇　全天　免费

罗山森林公园属人文宗教森林公园，主要有大罗山和小罗山两大景点，内含一寨两寺。大罗山与小罗山相互依托，有姐妹山之说。

大罗山

大罗山为公园主山，海拔645米，异峰突起，山上树木繁多、鸟语花香、山清水秀，具有幽、秀、奇、古之特点，风景宜人，俗称“仙山”。

山中有长寿寨，分东、西、南、北四个寨门，均威武坚固，西门与北门之间的凤凰嘴石壁上，刻有“接引阿弥陀佛、弥勒佛、观音菩萨”三大神像。接引大佛高4米，形象逼真，弥勒佛奇特大方。南门石壁上刻有十大神像，工艺高超，造型精致，排列整

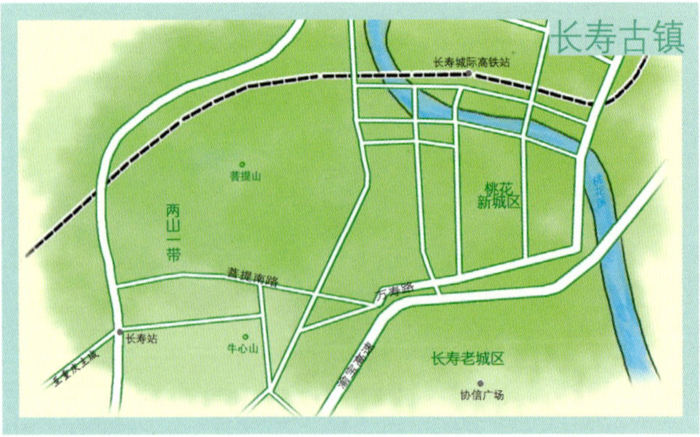

长寿古镇

齐。坐落在南门脚下和凤凰嘴下的两大寺庙，分为上、中、下三殿，整个庙宇雄伟壮观，至今香火旺盛。

小罗山

小罗山的天雄寨，四面悬崖，只有独门入山，威武庄严。大小罗山怪石丛生，石人耸立，如凤凰展翅、犀牛望月，栩栩如生，让人叹为观止。另有多处泉水，长年不断。景区以自然风光游览、宗教文化朝觐为主，集自然、古朴、清雅、芳香之韵味，具世外桃源之美感。

三道拐古街

三峡库区唯一现存的古街

长寿区城西南部

全天　免费

在火车站坐当地客运车，到达长寿骑鞍车站

三道拐古街是明清两代建成的一条由长江岸至长寿城内的石板大道，是河街至城内唯一的人行通道，其街沿山势而筑，由三千多级石梯拾级而上，整条街蜿蜒曲折，要转三个急弯，人们习惯称“三道拐”。古街两旁民房全系明清竹木结构，鳞次栉比，是三峡库区现存沿山而建的唯一古迹长街。

三洞沟峡谷

城市仙寿文化奇峡

长寿城区东北隅　免费　全天

三洞沟长2.4千米，宽0.5千米~0.7千米，横断面呈“V”字形。底顶相差160米；东西北三面悬崖绝壁，北面最为奇险；两崖台地怪石嶙峋，溪涧乱石重叠。每逢洪水暴涨，桃花溪水流至头洞，突遇三级层岩，飞流直泻，形成三道瀑布。每道瀑布之下，岩洞古邃幽远，潭深数丈，水落轰鸣巨响，烟雾缭绕，常似彩虹闪耀，飘渺仙境，俗称“桃园三洞”。

三道拐古街

桃园寨

桃园寨位于三洞西岸，为咸丰年间（1851—1861年）白莲教作战地。西南侧半壁有“长生洞”，因清咸丰年间杨裕吉、杨裕顺、黄益财三人于此“躲避贼事，独得生还”而名，有咸丰七年（1857年）正月二十日摩崖壁刻长生洞碑记其事。第三洞之西侧，民国时期建桃花溪电站于此。

绝壁瀑布观景区

绝壁瀑布观景区位于全景区北部，园区狭长，每逢雨季溪水暴涨，桃花溪水飞流直下，水落轰鸣巨响，潭洞似彩虹闪耀，恍然如入仙境，是整个景区两个核心吸引点之一，也是该分区的核心旅游资源。

石窟与石笋景区

石窟与石笋景区位于景区西面，绝壁的石笋和北面绝壁瀑布同为景区极为重要的核心资源点，自然人文景观特色突出，具有形象性。

溪边游乐区

溪边游乐区位于二洞和三洞瀑布之间，由于有一高约两米的石坝将溪水截断，坝外流水哗哗，坝内水平如练，形成一狭长的小湖，游人可在湖中戏水。此处桃、李、柑橘、柚子等果树遍布，香樟、柏树、榕树成荫。

玩家解说

“三洞沟北邻桃花新城，西接老城，东面是关口河街，是一座名副其实的城市大峡谷，这在世界上是十分罕见的。”专家的话，道出了三洞沟更深层次的巨大价值。

据介绍，世界上最著名的城市峡谷莫过于卢森堡的佩特罗斯大峡谷，三洞沟在地貌特征、原始综合资源上都可与之相媲美。

有关专家分析，这种都市立于峡谷之上，城市与峡谷、城市与原生态乡村只有一崖之隔的景象，在全世界都十分罕见，“三洞沟不仅是东方的第一城市峡谷，也是东方乃至世界唯一的城市仙寿文化奇峡。”

白塔风景区
人文景观丰富

长寿区渡舟镇 全天 免费

白塔风景区集观光、健身、休闲、人文历史、古建筑于一身。主要景点有桓侯宫、文峰塔、赤甲山、和尚坟、古栈道、不语滩和黄草山。

链接

周边景点

文峰塔东侧，原建有佛堂兼膳房一幢。内塑有佛祖、观音、文殊、财神等神像，供做法事或进香祷拜，亦供游人膳食、住宿、休闲（已拆毁）。

文峰塔不语山至高处，建有为避贼事的不语山寨。文峰塔至桓侯宫的不语山丛林中，有清代古墓和尚坟二座。

西岩观
因瀑布闻名

长寿区城南望江路 免费 全天

西岩观背靠凤城，面向长江，以瀑布闻名，因原有西岩观古庙而得名，现尚存较完整的建于明代天顺年间（1457—1464年）的城门和一段古城墙。景点主要有明代城门、西岩瀑布、森林公园、长寿缆车。山顶上的现代都市楼宇与山脚的码头，其间缠绕着葳蕤的森林，凤城由此更像长江边一座美丽的园林别墅。

西岩瀑布

西岩瀑布分三级，水源由滩子岩上喷射而出，宽约20米，头级高约40米，二级高30米，三级高20米。西岩瀑布为季节性瀑布，大雨之后，气势尤为磅礴，高者如白练高悬，矮者似长袖曼舞，故有“西岩布千条线”之诗句。

链接

城门景色

20世纪80年代中期在城门上建有一古雅亭台。亭台连着望江大桥、城雕《三凤朝阳》和望江路公园，是眺望长江和河街全景的好地方。

古城门之东，越过公路桥，有游园一座，介于公路与岩沿之间，呈长方形。不锈钢雕塑“丹凤朝阳”雄伟壮丽，屹立园中。条形池内小岛、小桥、葡萄架别具风采，岩沿中亭阁奇特典雅。古城门下为带状森林公园，林木郁郁葱葱，4条林荫大道纵横交错，为避暑胜地。

明代城门

明代城门靠瀑布之西南，建于天顺年间，距今500余年，原貌尚存。城门顶端，于20世纪80年代中期，新建一座仿古歇山式、黄色琉璃瓦房。亭内可眺望远山近水，大半个县城悉收眼底。靠城门向西拾级而上，依势新建一阶梯形花园，园内22个花坛造型各异，错落有致地排列于公路南侧。

天台寺
香火旺盛的重点寺院

长寿区葛兰镇 免费 全天

天台寺历来是当地的佛教重地。寺庙建于宋末元初，因山如一高大石柱、柱顶平整如台而得名天台，主要景观有观音殿、奈何桥、牌坊、奶子山、天丰寨、匾岩寨等。

天台寺

大洪湖

龙山寨
传奇寡妇的生葬地

长寿区江南镇 全天 免费

龙山寨是集自然景观与文化历史为一体的风景旅游区。重庆历史古代名人巴寡妇清的生葬地就在景区内。景区主要景观为“一寨（龙山寨）、一湖（龙桥湖）、两寺（天龙寺、千佛寺）”。

链接

巴寡妇清

巴蜀地方有一个寡妇，名叫清。她的祖先开得一个丹砂穴，世世代代都靠开这丹砂矿获利，家境富裕。清是一个寡妇，但能守住家业，继续开矿经营，并用财富自卫，别的豪族不敢侵犯。

先富起来的寡妇清不仅为富能仁，全力以赴搞好劳工福利待遇，积极扶贫济困，还组建了庞大的私人武装保护一方平安，被乡人奉为“活神仙”，并作为成功民营企业家受到越来越多的人尊崇。

秦始皇大修长城的时候，寡妇清将积累起来的财富悉数捐献给朝廷，作为修建长城的费用。秦始皇深为寡妇清疏财卫国的大义之举感动，特下诏封她为“贞妇”，以表彰她的忠贞爱国之心。接着，始皇又念她年事已高，没有子嗣，孤苦无依，特地降旨接她进京颐养天年。

龙桥湖

龙桥湖是长寿区长江南岸唯一一座大水库，龙桥湖集雨面广，来水丰沛，排洪设施齐全；集雨面、湖内均无大中型人工养殖项目，水质优良。

大洪湖
千岛洪湖

长寿区大洪河正街附近

大洪湖是因1958年修建大洪河水电站在清云峡筑坝截流大洪河而成，水面宽广，呈枝叶状。湖区跨越长寿和邻水两地，地势平坦，湖中仅有青鸡嘴、龙门滩、白坟三座岛屿，港湾较少。

大洪湖视野开阔，站在湖边，极目远眺，青山绿水，烟波浩渺，一望无际，气势磅礴，十分壮观，有大湖大海的气魄。湖中水鸟众多，成群的白鹭、苍鹭、水鸭等水鸟环绕湖面自由翱翔。最富诗情的是日出日落时分，水鸟们倾巢而出，或三五成群，或独自奋飞于水天之间，令人迷情于“落霞与孤鹜齐飞”的诗情美景。

链接

明月山

湖区背靠的明月山，又名邻山，亦名西山，源自川陕间的大巴山脉，森林覆盖面广，有芦池乡、骑龙寨松林白夹林区；洪湖镇沙堡寨四周松林区，峰顶寺到天官寨一带的松林楠竹林区；芦池乡郭家大洞、青龙洞、黑岩洞、懒板凳洞及付河镇的旦丘溶洞等溶洞群。茂密、幽深的溶洞，成片的果园与烟波浩渺的一湖碧水构成了一个回归自然、田园风光和湖光山色十分优美的水上生态旅游观光区。

楠木院
重庆小竹海

长寿区桃大路附近　免费

8:00～19:00

楠木院始建于唐代，历经唐、宋、元三代500余载，至明代重修，更名为观音寺，清光绪年间（1875—1908年）修葺扩建，因森林演变为楠木林冠，便得名楠木院。

昔日楠木院为木质结构，设有大佛、山王、关帝等殿，房屋达100多间，故民间将小山的谷、东林寺的佛、楠木院的屋并称为寺庙三绝。

楠木院有“小竹海”之称，景区内林海茫茫，小溪潺潺，树荫蔽日，小径通幽，路边树下，不时点缀亭台、石椅。盛夏酷暑，信步入林，凉风习习，是人们避暑纳凉、休闲疗养的绝佳景地。

东林寺
有精美的千手观音造像

长寿区邻丰镇西部

9:00～18:00

东林寺始建于南宋淳熙光宗年间（1191—1195），距今已有820多年历史。寺院占地18000平方米，经明万历和清咸丰年间两次整建。现有四合院三重殿（不含山门），建筑面积约2000平方米。有正殿、前殿、后殿、左右厢房及财神殿、六神殿、无常殿、送子殿、地狱十二殿、奈何桥、钟楼、山门等，并有客房、食堂、厨房、僧人宿舍等设施。

千手观音造像

东林寺刻于山门外右侧岩壁上的宋代摩崖石刻千手观音造像，有42只手，结跏趺坐于一石凿壁龛内的鳌鱼莲花宝座上。

细观千手观音造像，姿态优美生动，面相清秀圆润，容颜慈祥可亲，造型独特新奇，形象栩栩如生，刀法流畅自然，继承发扬了唐代“薄衣、透体、丰满为美”的艺术风格。其艺术成就，可与大足石刻同期的石刻造像媲美。

犀牛望月

犀牛望月是指东林寺所在的东林寨，远远望去，像一头昂首远望的犀牛。犀牛头部所向的东方，有一座形如圆月的山峦，整个地形便似“犀牛望月”了。

灵芝献宝

灵芝献宝是东林山寨遍长葱绿繁茂的青冈树，每逢梅雨时节，青冈树桩常常生长出具有使人延年益寿的灵芝菌。这便是“灵芝献宝”的佳话。据说，这里的人，多是因为常食这里的灵芝而健康长寿的。

东林寺

景点推荐

合川旅游区

涞滩古镇 AAAA 镇

一夫当关，万夫莫开

合川区涞滩镇　从合川汽车站乘坐到龙市的班车(10元左右)，在涞滩分路口下车，然后搭乘摩托或是小面包车进古寨

涞滩古镇建于宋代，三面悬崖峭壁，具有“一夫当关，万夫莫开”的险要之势。涞滩古镇分上场与下场，其间相隔咫尺，形似兄妹，一高一低，一上一下，一刚一柔，互为照应。上场坐落在雄视渠江的鹫峰山上，其势巍峨，颇具阳刚之壮美，寨墙高筑，如龙盘虎踞于山势之间。

涞滩古镇山川秀丽、历史悠久，人文荟萃，巴渝民俗文化风情浓郁，至今仍较完整地保留了清朝时期形成的传统格局和历史风貌。老街、明代石牌坊、清代舍利塔群等遍布其间，尤其是保存完好的清代建筑文昌盛宫和古戏楼，木刻浮雕等有较高历史文化价值，明代石牌坊、清代舍利塔林、明清墓群和一些石刻题记也使这里更添魅力。

涞滩古镇内的古庙建筑群体，始建于唐，兴盛于宋，重建于清，古镇附近曾有9宫

(庵)18庙的传说，是佛教信徒集中的聚点，兴盛之时僧人上千，回龙庙、张爷庙已成遗址，庙内两棵参天古榕和庙门犹存。

古寨

古寨占地0.25平方千米，四座城门呈十字对称，与现代建筑构造形成鲜明对比，别具古味特色。寨墙全部是半米多长的条石砌成，墙高7米，宽2.5米。为了防范太平军入川和李、蓝起义，同治年间(1862—1874年)又进行了一次浩大的加固维修，建成了环绕着整个古寨的石头砌成的防御设施，直至今天依然坚固。

古寨内还保存着旧时城堡面貌，有狭窄弯曲但尺度适宜的石街小巷，400余间清代民居。错落有致的木质结构的小青瓦建筑群，基本上保持了明清时代的原始风貌，古朴典雅。

小寨门内街上保存有一作消防之用的太平池，题记为“同治元年”。三步梯一段狭窄街道，由整体石坝形成，历代足迹踏出一条路槽，是古老的见证。

二佛古寺

二佛寺分为上殿和下殿。上殿位于鹫峰山顶，分三个殿层。沿中轴线由下到上依次为山门、玉皇殿、大雄宝殿(即佛爷正殿)和观音殿，左右分设社仓、禅房等建筑，呈四合院布局，尤其是大雄宝殿，殿堂正中原来的三尊泥塑金身的主佛高五米，栩栩如生，佛光闪烁。两侧泥塑颜身的十八罗汉五光十色，神态各异，活灵活现，让人望而生畏。可惜，“文革”时期寺内文物惨遭破坏。大雄宝殿内四根石柱高约13米，由整条巨石制成，挺拔壮观，让人敬畏，堪称历代建筑一绝，山门牌坊的石刻浮雕，玲珑精美，是难得的历史文化精品。

下殿濒临渠江，是依鹫峰山崖建造的两楼一底殿堂，拱角飞檐，势若游动。而依山的摩崖石刻群，始雕于南宋，是我国第三石刻艺术高潮的代表作，总计有42龛窟，1700余尊造像，是规模罕见的佛教禅宗造像聚点和禅宗道场。其中最大尊释迦牟尼佛像通高12.5米，依岩镌凿，被称为“蜀中第二佛”

（寺名也源于此）。还有石刻的16罗汉是18罗汉至500罗汉塑像演变的始祖。禅宗六祖造像在全国石刻中是唯一的一组全家合影塑像。

玩家 解说

著名学者丁明夷先生，将涞滩摩崖石刻喻为“一颗埋在地下的明珠”；美国艺术史家教授何恩之博士称其为“石刻艺术的宝库”；敦煌研究院院长、著名石刻专家段文杰先生题词“涞滩摩崖造像，宋代石刻艺术的精华”，“涞滩罗汉造像，石刻艺术的瑰宝”。

瓮城

清同治元年（1862年）增修的瓮城为保存完好的古代防御设施。城内保留有四个藏兵洞，具有关门打狗、瓮中捉鳖的御敌功效。

文昌宫

清代建筑的文昌盛宫，新中国成立后改作完小校地，其主体建筑尚存，其中保存有古戏楼，戏楼平台外栏木刻浮雕，艺术价值极高，令人叹为观止。

涞园

涞园原名塔林公园，占地50余公顷，由舍利塔墓葬区、石雕艺术区和钓鱼半岛休闲区三大主题区域共同组成。

舍利塔墓葬区：是原二佛寺住持圆寂后安葬之地，现仍保存有2座高约8米的舍利塔，与潺潺渠江水交相辉映，构成著名的“涞滩八景”中一景——“双塔迎舟”。

石雕艺术区：由生肖园和孝德园两大主题雕塑群构成。生肖园延续涞滩古镇石刻文化的历史传承，由中国古代流传至今的12生肖

涞滩古镇

链接

涞滩八景

明代石牌坊、清代舍利塔林、明清墓群和一些石刻题记等。另外还有脍炙人口的“涞滩八景”，分别是：鹫峰云深、佛岩仙迹、龙洞清泉、修筑戏石、双塔迎舟、独树东门、经盘霁日、画梁搓波。

涞园

方位学说衍生而来，每个生肖石像通高2米；孝德园以中国五千年“孝道”文化为背景，树立“孝德石碑”，倡导社会尊老敬孝。

钓鱼半岛休闲区：建立在对原城墙及仙女桥水渠综合整治的基础之上，形成半湖半岛的休闲带，湖边设置了数个钓鱼亭，用于休闲垂钓，半岛内侧利用18个城楼洞改造成休闲茶座，每个楼洞约6平方米，供游客休憩、品茗。

顺城街

顺城街是贯穿涞滩古镇整个城寨的主要街道，长300多米，与二佛巷相交。历史上涞滩以顺城街为中心形成商业集市，街道两边商铺店家比比皆是，每逢赶集日，街道上都挤满了来赶集的人，热闹非凡。

涞滩古镇自古有“三宫十八庙”之说，顺城街东西两队各有一组寺庙建筑群，可惜年代久远，破坏严重，只剩下残垣断壁，供后人缅怀。

玩家 攻略

在涞滩花5元钱就可买船走水路至小沔镇，在船上呼吸江风，把玩江边美景。小沔镇并没有什么可以游玩的地方，但可以很方便地到三汇镇，而从三汇去北碚，然后走北碚回重庆，也相当便捷。三汇镇有尚处原生态的石林，可以顺路瞧瞧。

双龙湖

重庆市近郊最大的人工湖

重庆市合川区双龙湖镇西侧

双龙湖是重庆市近郊最大的人工湖，湖面宽广、碧水澄澈。因大坝处有两溪汇合，中部形成一小岛形似“二龙抢宝”而得名。双龙湖水域面积6879公顷，湖岸长80多千米，有4个全岛，67个半岛，100多个湖汊港湾，最大深度38米，常年蓄水4000万立方米。

景区内自然风光旖旎，丘陵低山峰峦起伏，田园风光恬静幽雅，湖区内的明代古寨遗址及汉代崖墓等人文景观与优美的山水风光交相辉映，构成了双龙飞瀑、深港探幽、龙湖夜月、绿岛烟波、孤寨斜晖等众多景观，是理想的旅游观光、消夏避暑、疗养度假的胜地。

钓鱼城遗址

见证南宋和蒙古的战争

合川区合阳镇钓鱼山　¥ 60元

从重庆到钓鱼城，坐渝合高速公交车到合川后乘坐111路公交车即可

钓鱼城遗址建于1242年，是宋、元时期古战场遗址，三面被嘉陵江、涪江、渠江包围，形势陡绝，倚天拔地，雄峙一方。因南宋时抗击蒙古大军36年而闻名天下。钓鱼城古战场遗址至今保存有城门、城墙、皇宫、武道衙门、步军营、水军码头等遗址，有钓鱼台、护国寺、悬佛寺、千佛石窟、皇洞、天泉洞、飞檐洞等名胜古迹。

玩家 解说

南宋淳祐三年（1243年），四川制置使兼知重庆府余玠，采纳播州（今贵州遵义）人冉琎、冉璞兄弟的建议，在钓鱼山筑城，屯兵积粮，抗击北侵

的蒙古大军，并作为保卫重庆的屏障。

宋军经营钓鱼山多年，上面修建了完善的防御工事，还把合州的州治移到山上，相当于在山上的一个城市，有十多万四方逃难来的百姓居住。钓鱼山山上比较平坦，可以种粮食，还有饮水，具有一定的自给自足能力，另外宋军储备了充足的粮食，早就做了长期坚守的打算。

13世纪，蒙古建国后横扫欧亚大陆，1258年，蒙哥、其弟忽必烈和大将兀良合台分三路大举进攻南宋。1259年他亲自率领军队出征，在攻打合州钓鱼城时，蒙哥军队猛攻5个多月，损失很多将士，但始终无法拿下这座小城。于是蒙哥亲自到前线率军突击攻城，被炮火飞石击中受伤，于农历七月二十七日死于缙云山下的北温泉。因此钓鱼城欧洲人称为“东方麦加城”“上帝折鞭处”。

蒙哥死后，蒙古贵族在汗位继承上发生火并，在湖北前线的忽必烈匆忙和进攻潭州（今湖南长沙）的塔察儿，以及占领了大马士革，正在与埃及马木路克王朝军队作战的旭烈兀，为争夺汗位而回师，蒙古贵族集团即开始了长期的内部争战争夺汗位。钓鱼城抗蒙的胜利，扭转了局势，阻止了蒙古向非洲扩张。

此后，钓鱼城在守将王坚、马千、张珏、王立的带领下坚持抗战，一直到南宋祥兴二年（1279年）正月，陆秀夫背着8岁的小皇帝宋幼主赵昺投海而死，南宋灭亡，守将王立开城降元，结束了钓鱼城36年抵抗历史。

育才学校旧址（古圣寺） 文

由著名教育家陶行知创办

合川区草街镇凤凰村古圣寺内

古圣寺原名虎声寺，建于明隆庆年间（1567—1572年），清康熙四十九年（1710年）重建寺庙时，因掘得明隆庆年间“洪钟”“残碣”，更名古圣寺。清咸丰元年（1851年）再建。寺坐北向南，现存牛王、大雄、观音三大殿，以及善堂和厢房10余间，总占地3375平方米。

龙多山

仙山胜景

潼南区东北檬子乡与合川区龙凤镇、赤水交界处

免费 从重庆自驾沿渝武高速公路—兰海高速公路，可到达龙多山

龙多山山势挺拔、峻秀，峰峦起伏，逶迤飞腾，宛若蟠龙，风景秀美，宗教文化氛围浓郁，是都市人度假、休闲、游乐的好去处。

龙多山景点可分历史遗址传说和自然风光两类，历史遗址传说景点有巴蜀分界

钓鱼城护国门

石，在山北面，一巨石中部断裂，传为古巴、蜀两国分界线。一个景点一个故事的有静老崖、飞仙泉、飞仙洞、飞仙石、灵隐崖、仙台、癞蛤蟆石等。自然风光景点有鹫台献瑞、飞仙流泉、怪石衔松、晴岩绕翠、黄龙吐雾、赤城旧迹、横江白练、群峰堆翠等，此即龙多山八景。

摩崖造像

龙多山最精华最珍贵的是千余年以来所留下的古石刻艺术。最早的作品为东晋，多数为唐宋，明清亦有遗存。

龙多山摩崖造像现存76龛，造像1742座（含千佛龛），因风化和人为破坏，多数残损不全。唐代凿造的“十佛龛”和“弥勒佛龛”为珍贵品。

龙多山上的石刻碑记主要集中于东崖一带，时人称之为“碑林”，有清代《蓬溪县志》（存《龙多山金石》二十首）等，民国《合川县志》“金石”收有唐代7处、宋代72处、明代3处。

水波洞
夏日避暑佳处

合川区盐井镇　15元　8:00～15:00

地处嘉陵江小三峡——沥鼻峡，集自然景观和人文景观于一体，环境幽雅，风景宜人，是居家旅游、团体聚会、旅游疗养、消夏避暑的好去处。

水波洞的形成约在2000万年以前，洞深1500米，分为左洞和右洞。传说中此二洞分别为白龙和神龟修道之处，因龙龟斗法，引来嘉陵江之水，淹没农田，坑害百姓，后被武祖师降伏二怪，大水消退，便形成水波洞现在的模样。洞中钟乳倒悬、造型奇特，石笋、石峰、石花遍地耸立，由钟乳石形成的“二仙迎宾”“开外天”“水晶宫”等百余个景点堪称一绝。

水波洞

玩家解说

置身于洞中，夏日暑意顿然全消，令游人精神为之一爽。洞内曲径通幽，千曲百回，且洞中套洞，如迷宫，似神殿。岩溶造型千姿百态、变化万千。有古老传说中的仙人，也有古典小说中的传奇人物等，别有洞天。泉水淙淙，小溪潺潺，泛舟嬉戏、小憩品茗，何不优哉游哉、其乐融融？恍若置身于瑶池仙境，现代都市人无不惊叹于大自然鬼斧神工般的造化，在此引发“思古之幽情”。

云门山
避暑胜地

合川区云门镇境内

云门山位于合川北部，嘉陵江沿山脚流过，海拔约400米，山势逶迤，西起云门镇郊凤鸣村，东至渠河嘴，长5千米。隔江远望，寨墙环绕，古刹掩映，林木茂密，形如翠盖。

山上庙宇始建于明代成化年间（1465—1487年），前山为大庙，后山有小庙。大庙内有殿四座，即大雄殿、关帝殿、观音殿、大碑楼。清代嘉庆年间（1796—1820年），地主绅商为避教乱，在山上筑城寨，开城门四，凿蓄水天池九，迁万人上山，一时热闹非常。据碑文记载：“入夜明灯万盏，碧火映衬，萤挂九天。”有景点：扬善湾、落魂桥、和尚坟、白云洞等处，扬善湾有4公尺高宽的石刻“扬善”二字，大城门处有丰都书法家徐昌绪书刻的斗大正楷“云门”二字，检金门边石梁坎上书刻有“此地江山谁为主”七个大字。民国年间为民间朝山进香胜地，也是夏天的纳凉佳境。

景点推荐

铜梁周边景点

露德堂

川东最大的天主教堂

壁山区正兴镇

露德堂是一座典型的哥特式建筑，由经堂、主教楼、钟楼、修道院、教学楼、回廊、前后花园组成，集美学、声学、光学、建筑学等精华于一体。教堂四周环绕着金堂湖，在金堂湖大坝上就能远观教堂外景。天气晴朗时，碧水蓝天、绿树掩映之间，露德堂白色的外墙、楼顶的十字架和两侧钟楼的尖顶跃然入目。

露德堂门上方雪白的墙壁上写着“天主堂”三个大字，两侧对联式地写着“圣堂维新光荣真主，钟声远震唤醒迷途”。顶上立着竖大于横的拉丁式十字架，檐下左右两边却又是中国式的装饰檐翘，像个状元帽罩着紧闭的大门。

露德堂正中是主教堂，两边分别建有一座钟楼。主教堂有600多平方米，是神父每天做弥撒和教友集中赶经，共同祈祷办理神功圣事的场所，堂内设备十分讲究。上方设有三个祭台，中间是露德圣母，左边是约瑟，右边是耶稣，两旁墙壁上依次挂着耶稣受难的14幅画像。屋顶是蓝色弧形穹顶，支撑穹顶的是两排共十根大石柱。

主教堂里的桌椅和人都有光线照射留下的投影，而这十根石柱却没一点投影，它的采光设计得十分独特。另外堂内的弧形穹顶设计有聚集声音的效果，无论在哪个角落说话，堂内的其他地方都能清楚听到。

玩家 解说

哥特式建筑源于中世纪。建筑整体风格为高耸消瘦，以卓越的建筑技艺表现了神秘、哀婉、崇高的强烈情感。它以奇异独特的形象，将欧洲的建筑艺术提高到一个崭新高度。当然，最有影响的哥特式建筑，大多是教堂。

邱少云烈士纪念馆

红色革命教育基地

铜梁区民主路 45632537

邱少云烈士纪念馆建成于1962年10月，占地面积16 000平方米。纪念馆是为了纪念在抗美援朝战争中，在391高地战场上，为了顾全整个战局，视纪律重于生命而勇于献身的中国人民志愿军“一级英雄”“特等功臣”邱少云而修建的，全馆由纪念碑和英雄事迹陈列厅两部分组成。

烈士纪念馆内浓荫点缀，清新雅致。有百多年的紫藤，挺立的塔柏，飘香的金桂，300多年的茂盛黄葛树，还有环形小池，荷花洗墨池，古城墙垣，登高俯瞰，全城尽收眼底。

链接

邱少云生平

邱少云烈士是在“抗美援朝、保家卫国”的上甘岭战斗中为完成潜伏任务，严守纪律、忍受烈火烧身而光荣牺牲的战士。志愿军领导机关授予他“特等功臣”“一级英雄”称号，朝鲜民主主义人民共和国最高人民会议常任委员会授予他“朝鲜民主主义人民共和国英雄”称号，同时授予他“金星奖章”“一级国旗勋章”。

西温泉

源自天然溶洞

铜梁区西泉山谷

西温泉泉水自天然的溶洞中溢出，顺流流入两旁的池子中。温泉的水温约有32℃，水质中含有硫、钙、镁等元素。

西泉峡谷峰壑多姿，竹木丰美，泉温水

露德堂

洁，山水如画，凡驱车过峡谷者，无不有“宛疑巫峡景，移向此中看”的感慨。这里还有众多的“陪都文化”遗址。峡谷两旁山区林地有14 000多亩，山间盛产竹木药材。楠木多合抱大树，松、杉、竹、柏蔚然成林，野生油茶、栀子遍布山间，淡竹叶、柴胡俯拾皆是；黄花、金银花、花椒广为生长。山中石灰矿、原煤储量丰富。

中华龙温泉度假区

风光旖旎、清新温泉

重庆铜梁区南郊　在莱园坝、陈家坪汽车站乘坐前往铜梁区的公交车即到

中华龙温泉度假区包括中华龙温泉、巴岳山风景名胜区和玄天湖大水库。到中华龙温泉度假区旅游，有回归自然的享受。景区里，巴岳山松风林涛不绝于耳，翠竹深深，黄鹂啼鸣，棕榈亭亭如盖环绕小池。玄天湖水库建成后，山水潋滟，碧波万顷，湖中将出现近百个岛屿，环湖的十里长堤垂柳依依。

中华龙温泉

中华龙温泉日涌5000立方米、恒温42℃，富含人体需要的硫化氢、偏硅酸、偏硼酸、氟、锶等，属硫酸钙镁型优质医疗恒温热矿水。地热专家认为是西南地区最具开发价值的恒温热矿水。

巴岳山

巴岳山古称奴昆山，也叫炉峰山。在宋代，因其峰峦奇秀，林青竹茂，又地处巴川县近郊，遂改名巴岳山。巴岳山平均海拔778米，由耸立山巅的三十五峰组成，主峰香炉峰高780米，为县境内的第二大高峰。

巴岳山群峰峻秀，层峦叠嶂，幽深静

巴岳山

远，喀斯特地貌造景极其丰富，洞壑幽美，泉水清澈，林木青翠，云封雾锁，鸣泉飞泻，怪石嶙峋，构成了一幅生动的奇景画卷，置身其境油然而生清幽之感。

青龙湖
川东小九寨

壁山区云雾山

青龙湖森林公园以青龙湖、云雾山、天堂湖、铁围寨、古老城、金田寺等为主，以湖水清幽、山色秀美、人文丰富为特色，享有“川东小九寨”的美誉。

青龙湖森林公园森林覆盖率达75.8%，主要以马尾松、杉木等为主的针叶林，壳斗科阔叶林和针阔混交林及竹林组成。植物种类繁多，据不完全统计，森林植物有180科900余种。林木葱郁青翠，色彩斑斓，湖水清澈泛绿，蜿蜒曲折，配以古战场等一批浓厚的历史文化沉积，融自然秀色和历史文化景观为一体。

玩家攻略

历史遗迹： 森林公园的历史文化沉积厚重。有建于南宋，为当时地方军民抗御元军的古老寨和大败元军的铁围寨；有建于宋元兴于明的狮子庵遗址；有明初所建的护商哨楼遗址；有清乾隆年间的天台寺遗址、道光年间的金田寺遗址；还有近代名医张安钦的墓和高36米的青龙宝塔。

特产购物： 美丽的青龙湖山水相映，风光旖旎，物产丰富，有早在明朝就成为贡品的“云雾春茶”；有新中国成立初就闻名全国的“七蕊黄花”；有独具特色、鲜肥厚嫩的楠竹“玉笋”。青龙湖像一处玲珑幽秀的山中盆景，有着挡不住的诱惑，吸引着无数的游客来此避暑览胜。

观音塘湿地公园 AAAA
重庆首座国家湿地公园

重庆市壁山区东林大道　乘壁山108、202路公交车可到

重庆壁山观音塘湿地公园是重庆首个国家城市湿地公园，是重庆市最大的城市湿地公园。公园刷新了国内城市湿地公园植物品种数量的纪录，是一个以湿地为主题，集休闲、科普、环保于一体的城市人工生态公园。

观音塘湿地公园内共有仿古建筑9座，主要以川东木结构建筑为主，辅以特色彩绘的亭、楼、阁等，以“茅莱仙境”“凉伞云遮”“虎蜂马迹”“璧山八景”等命名。还重建有状元桥、钓鱼人、石碑、音乐喷泉、虎峰楼、科普馆、叠水台、银水桥等景点。值得一提的是，状元桥上刻有展出名家字画、体现璧山历史的诗词歌赋等。“走过状元桥，游客便可感知璧山1200多年的厚重历史文化底蕴。”

公园中已种植植物品种677个，其中水生植物385个，旱生植物292个，刷新了国内城市湿地公园植物品种数量的纪录。这些植物多数来源于国内，还有来自日本、荷兰、美国、新西兰、墨西哥、澳大利亚等8个国家的部分珍稀品种，如紫色再力花、黄色水鸢尾、马来眼子菜、纸莎草等。

玩家攻略

美食： 既然到了璧山，就不能错过这里的美食，大刀烧白、大春烧鸡公、西木兔、来凤豆瓣鱼、璧山水八碗、状元泥鳅……值得品尝。

住宿： 璧山湖上大酒店（璧山区璧青北路868号，电话：41639888）、重庆虹源大饭店璧山店（璧泉街道福顺大道5号，福顺大桥前行100米，电话：64305898）都紧邻景区，值得选择。

观音塘湿地公园

景点推荐

潼南旅游区

双江镇 镇 AAAA 文

保存大量文化遗存

潼南区双江镇　乘潼南108路公交车可到

8:00~17:00

双江镇建于明末清初，距今有400余年，是一个集革命传统、历史文化、水光山色为一体的古朴小镇。镇外浮溪、猴溪环绕，镇内古街石板铺路。

古镇历史文物遗存十分丰富，今存有中街、东街、上西街、下西街、南街、北街、兴隆街、水巷子、老猪巷9条街道。

镇上现存有杨尚昆和杨闇公旧居、潼南革命斗争历史的重要遗址永绥祠、清代巴蜀民居建筑群和田坝大院、兴隆街大院、长滩子大院等大型清代建筑群20余座，这些古建筑群规模宏大、雕刻精美、保存完好，被誉为“全国罕见的清代民居群”。

在长约700米的“清代一条街”上，楼台错落，庭院深深，古色古韵。

玩家指路

从重庆出发，走渝遂高速，双江互通口下道往双江镇方向——杨闇公旧居、杨尚昆旧居、杨氏民居，约5分钟车程；或走渝遂高速，双江互通口下道往潼南老城区方向——杨尚昆陵园、杨闇公烈士陵园，约5分钟车程。

杨尚昆旧居

杨尚昆旧居是共和国第四任国家主席杨尚昆出生地，又名“长滩子大院”“四知堂”，位于双江镇金龙村长滩子。这是一座位于猴溪上游，依山临坝而建的四合院，距今有130多年的历史。“四知堂”之名取于杨氏先祖东汉太守杨震“夜拒贿金”的典故。

旧居建筑用材十分考究，笔直原木为柱，上下大小一致，雕梁画栋，脊檩点金，门簪以金形装饰，屋脊砖雕灰刻，皆为仙人、金童、花卉、琼阁，其颜色艳丽，灿烂夺目，门窗装饰尤为精致，檐下及柱间雕刻精细，均用多线雕或透雕雕刻出蝙蝠、牡丹、仙桃、喜鹊，表现出主人对福禄寿禧的祈望，其雕琢技艺精妙绝伦，堪称古民居建筑的奇葩。

杨尚昆一百周年诞辰时对其修旧如初，建成杨尚昆纪念馆。采用声、光、电、多媒体等高科技手段陈列展出了杨尚昆生前400余幅珍贵的历史照片和百余件文物文献资料及多部影视资料片，彰显了革命元老杨尚昆伟大光辉的一生。

链接

典故“夜拒贿金”

相传，杨震是位清官，他做东郡太守时，曾有人半夜求见，赠以十金。来者称“半夜无知者”，杨震怒斥：“天知、神知、子知、鬼知，何为无知？”杨氏后人为弘扬先祖的清廉精神，便将所建居所称为“四知堂”。

玩家解说

杨尚昆（1907—1998），伟大的无产阶级革命家、政治家、军事家，坚定的马克思主义者，党、国家和人民军队的卓越领导人。早年参加反帝反封建斗争，1925年加入中国共产主义青年团，翌年转为中共党员，后赴前苏联学习。回国后在各个时期担任党政军重要职务，为中国革命、建设和改革开放做出了重大贡献。1988年被选为中华人民共和国主席。

杨尚昆陵园

杨尚昆陵园位于潼南区梓潼街道办事处卫星村，总面积2公顷余，汉白玉石堆砌成墓茔，墓茔上方嵌有翠绿色花岗石花环，墓盖石为一整块汉白玉石，上刻杨尚昆生卒年（1907—1998）。墓室为杨尚昆与妻子李伯钊骨灰合葬墓，墓后有李伯钊的生平简介。

杨尚昆旧居

杨闇公旧居

杨闇公旧居位于双江镇北街，修建于清咸丰年间（1851—1861年），距今已有100多年的历史，是典型的南方晚清悬山顶式民居青瓦建筑，占地面积1600平方米。

旧居内陈列着“杨闇公生平业绩展览”“杨闇公杨尚昆幼时生活复原陈列展览”和“杨闇公图书馆”，再现了杨闇公烈士光辉战斗的一生。

链接

杨闇公

杨闇公（1898—1927），名尚述、尚达，字闇公，又名琨，重庆潼南人。杨闇公是中国共产主义运动先驱者、四川党团组织主要创建人和大革命运动的主要领导人，重庆革命领袖。

1917年，杨闇公东渡日本，求救国救民之道，回国后与吴玉章等在四川从事建党工作，1924年1月秘密组织“中国青年共产党”。1925年，自行取消中国青年共产党，加入中国共产党，任重庆团地委组织部长、书记。创办重庆中法学校。1926年2月，经中共中央批准，任中共重庆地方执行委员会首任书记，领导四川国共合作。后兼任军委书记，与朱德、刘伯承、陈毅共同发动领导了顺泸起义。1927年“三·三一惨案”后不幸被捕，1927年4月6日牺牲。有《杨闇公文集》传世。

杨　公烈士陵园

杨闇公烈士陵园为纪念中国共产主义运动先驱、中共重庆地方执行委员会第一任书记兼军委书记杨闇公烈士而修建，位于潼南区城郊石碾村尖山子。

杨闇公烈士陵园原建于1986年10月，园内分为入口休憩区、陵园瞻仰区、展览办公区和森林公园区。主要景点有浮雕墙、杨闇公塑像、杨闇公烈士墓、马蹄形花台。

杨氏民居

杨氏民居占地5400平方米，建筑面积达2060平方米，布局灵活，不拘一格，建筑风格极具变化，层次丰富。外虚内实的建筑效果，无不显现出古镇特有的历史风貌和巴渝遗韵。

杨氏民居是我国目前西南地区保存最完整、最具规模、最具特色的清代民居建筑之一，被我国著名建筑学家梁思成誉为“民族的瑰宝”。杨氏民宅从设计到建造都具有很高的学术价值和文化品位，是经典清代民居建筑，被誉为“清代民居博物馆”。

潼南大佛寺 AAAA

中国第一大金佛

潼南区大佛路　¥ 30元

8:30~17:30

在重庆乘坐开往潼南的班车，到达后可步行或乘出租车前往

潼南大佛寺创于唐咸通年间（860—873年），初名“定名院”，又名“南禅寺”，后改称“大佛寺”。大佛寺历史上曾重建三次，前两次（1151年、1278年）分别由邓利成、冯檝、清晖所建；最后一次是民国十一年（1922年）重建。潼南大佛寺今存有大佛殿、观音殿、玉皇殿、鉴亭四座木结构古建筑，多系清末遗物。

双江古镇

大佛殿

大佛殿又称大像阁，殿高33米，为七檐歇山式建筑，是潼南大佛寺的核心建筑。

大佛殿始建时为五檐，尽用琉璃覆盖，灿烂辉煌，是我国最早使用全琉璃顶的古建筑之一。后经历代维修，改建为七檐。这座高大的古建筑，所有梁、檩、柱、枋之交接处，据说没用一铁一钉。

殿内是依崖而凿的一尊释迦牟尼佛坐像，头饰螺髻，方面大耳，慈眉祥目，脸颊丰满，依山面江，结跏趺坐，袒胸，套双领外衣，左手置于膝间，右手平胸，施无畏印，周身贴金，光彩熠熠。佛身各部分比例匀称，衣纹流畅，形态逼真，体态庄严肃穆，双目炯炯传神，气势尤为雄伟。这尊大佛俗称“八丈金仙”，它是我国第一大金佛，世界第七大佛。

七情台

七檐佛阁左边，是七情台，七情台古称“大佛洞”，又称“石磴琴声”。42级宽大的石磴，摩崖而凿，宛若42根琴弦，当游人拾级而上时，脚下便会发出“咚咚”的琴音，更为奇妙的是，其中七级回声特别清越洪亮，犹如槌击编钟，又似弹奏乐器，故称“七步弹琴”。

鉴亭

七情台下，另有一亭，叫作“了翁亭”，又称“鉴亭”，南宋理学家魏了翁先生创修，高15米，宝刹擎空，亭角飞翘，亭映碧水，秀丽壮观。

顶天佛字

七情台再往左，是沿江的丹崖绝壁，在

潼南大佛寺

陡峭笔立的岩壁之上刻有一个巨大的“佛”字，为清同治九年（1870年）云岩弗乘所书，是全国最大的石刻佛字。“佛”字质朴遒劲，刚健挺拔，笔力千钧，足踏江岸，头顶蓝天，所以也称“顶天佛字”，又叫“立地成佛”。“佛”前江中恰好独立一石，状若双手合掌，“佛”字顶礼膜拜，平添几许佛法无边、顽石点头悟禅机的灵气。

翠屏秋月

在平整如削的岩壁之上，藤蔓交织，苍翠碧绿，而岩壁中央有一团与四周颜色迥异的橙黄色石纹，组成了一个椭圆形的清晰月影，奇妙的是无论岩石如何风化剥落，其月影依然如故。古人题为“翠屏秋月”。清人题咏：“山灵奇诡不可测，何时飞出一轮月。夕日照尽两朝人，今日照人头又白。”

鹰岩

在丹崖的最左面，岩顶有一块酷似老鹰的巨大怪石，因而人们又称之“鹰岩”。当行人肃立岩前，平心静气，聚精会神，便会听到一片海潮轰鸣之声从岩壁深处传出，因此，这里被称为“海潮音”。其实，这可能是一块奇妙的回音岩，里面回荡的是从崖底淌过的涪江水声。

潼南区城西的定明山下。

三生石

三生石人称合掌石峰，位于大佛寺东岩下涪江岸边，高达数十米，从江对面看东岩顶天佛字，形如人合掌拜佛，如佛家传说的顽石点头。相传佛祖为了教化世人善修得道，手劈石山，云岩弗乘悟佛祖道，书刻顶天佛字于绝壁，其兀立江边三巨石乃三生石，人若悟三生因果轮回，顶礼膜拜，合掌即得度化。

玉皇殿

玉皇殿始建于1922年，据说原是当地百姓为求雨祭天而建。玉皇殿和大佛殿之间的观音殿，建于宋元年间，1946年重建，内塑有千手观音。据说，观音列于佛祖右侧，是潼南大佛寺有别于其他寺院丛林的地方。

玩家解说

据碑记所载，潼南大佛寺的大佛，身、首的开凿年代相距甚远。佛首凿于唐咸通元年(860年)，成于广明元年(880年)。而佛身的开凿竟跨越五代乃至北宋，时间长达250多年，直到宋靖康元年(1126年)始初成。此后，按佛首比例展开佛身，又用了25年的时间，于南宋绍兴二十一年(1151年)才完全凿成。整座佛像开凿前后共历时290多年。大佛凿就后，南宋绍兴壬申年（1152年），为了给佛像饰金，又进一步对佛像加工细磨，该寺僧人法修还远赴泸州，向泸州刺史冯檝（jí）化缘。

冯檝是一位虔诚的信佛居士，慷慨以俸金用作金饰，还亲自撰文刻碑记事。绍兴二十二年(1152年)二月，大佛装銮饰金完成，至此大佛通身贴金。后来，在清嘉庆七年(1802年)、同治九年(1870年)、民国三年(1914年)和民国十年(1921年)，大佛又先后4次重装金身。一共经过了1061年。

潼南大佛是石刻造像中罕见的珍品，过去被称为“蜀中四大佛”之一。以大佛为中心，在东西长达里许的崖壁上，留有历代骚人墨客书镌的题记、诗咏、碑碣、造像等83则，鎏金楹联镌刻20则，水文题刻5则，龛窟104个，佛像700余尊。另有“石磴琴声”“顶天佛”“鉴亭”“翠屏秋月”等名胜古迹，与“八丈金仙”共称十八胜景。

在左侧的崖壁上，集中标刻有七个年代的洪水标记线和题记。题刻始刻于明，续有大明正德十四年（1519年）、乾隆四十六年（1781年）、同治十二年（1873年）、光绪十五年（1889年）、民国三十四年（1945年）和1981年的大洪水标记线。这些不同年代的洪水标记线集中于一处，可以比较历次涪江洪水在此境内的高程，对探索古代洪水的演变规律，具有一定的科学价值。

潼南卧佛

石刻艺术珍品

潼南区卧佛镇　免费　全天24小时

从重庆乘坐到潼南的车，在塘坝下车转乘到卧佛镇的车

摩崖凿造在马龙山太阳坡的北面岩壁上，是大足会首肖益谦请石刻大师于民国十九年(1930年)春开凿，民国二十年(1931年)完成。

卧佛长36米，头长9米，手掌长3.8米，比大足宝顶卧佛还要长4米，是我国第一大卧佛。卧佛头饰螺髻，面颊丰满，双目微闭，神态安详，衣纹简略，右胁而卧。卧佛头枕莲台，为九龙所托。龙口清泉流淌，大旱不绝，永恒地沐浴太子，众仙和护法诸神肃然侍立，哀恸如丧考妣。匠师独具匠心，只刻出佛的上半身，至膝部即刻出云纹并施彩绘，给人高深莫测之感。整个造像构思奇巧，工艺精湛，比例匀称，线条流畅而不粗疏，情态庄严而又和悦，慈善安详，给人以宽厚容物之感，实为我国石刻艺术的珍品。

链接

五百罗汉造像

五百罗汉造像在马龙山木鱼坡北面岩壁上，今存167龛495尊(已塌毁2龛5尊)。所刻罗汉，男女老少无所不有，喜怒哀乐无所不具，姿态纷呈，表情丰富，雕刻精湛，个个呼之欲出，栩栩如生。

潼南卧佛

攻略资讯

- 交通
- 住宿
- 美食
- 购物
- 娱乐

永川港区

交通

火车

渝西大部分地区的铁路交通较为畅通，有途经潼南、合川的遂渝线及遂渝二线，经江津、永川、荣昌的成渝线，经綦江的川黔线，经长寿、涪陵的渝怀线和沪汉蓉线。对于喜爱乘坐铁路出行的旅行者来说较为便捷。

汽车

渝西地区靠近重庆市区，公路交通十分便捷，各个区县均有汽车相通。区域内有兰海高速、成渝环线高速、渝蓉高速、渝昆高速、包茂高速、沪渝高速等多条主要交通干线经过。

合川汽车总站位于合川区书院路，电话为42725081。

潼南汽车站位于潼南区大同街167号。

璧山汽车总站位于璧山区璧渝路115号，电话为41401634。

铜梁汽车客运北站位于铜梁区中南路1号，电话为45632685。

大足汽车站位于大足区双塔路，电话为43722038。

荣昌汽车站位于荣昌区昌州大道。

永川汽车总站位于永川区渝西大道中段，电话为49854255。

江津汽车站位于江津区南门路，电话为47541928。

綦江汽车站位于綦江区九龙大道，电话为48617993。

南川客运中心站位于南川区火车站大道3号，电话为71432296。

涪陵汽车客运中心位于涪陵区涪陵区兴华东路，电话为72225082。

长寿汽车客运总站位于长寿区桃花大道18号，电话为40463346。

水运

永川港区经西南出海大通道至广西北海1300千米，经沪蓉高速公路至上海1900千米，经长江水道至上海2300千米；江津长江过境127千米，拥有5个国家级深水港，境内大小溪河通航里程长达305千米；500吨级的船舶可从潼南直达重庆朝天门码头。

住宿

永川

●乐和乐都两江酒店

是一家原始生态野趣酒店。整个酒店区以原天然湖泊为中心，以联排、独栋别墅为主的豪华客房四周，坐落着松鼠猴、袋鼠等珍稀动物馆舍，妙趣横生，相得益彰。

✉ 重庆市永川区卫星湖街道凤龙场 ☎ 023-67062110

●阿富尔酒店(永川火车站店)

这里位于永川客运中心和火车站之间，交通便利，环境舒适，是休闲、旅游、度假等的理想下榻之处。这里住宿能享受豪华大床房，以及免费Wi—Fi! ✉ 永川区火车站北路 ☎ 49368112

●更多住宿去处

名称	位置	电话
重庆江鸿国际大饭店	永川区人民西路589号	49666666
永川印尚连锁酒店	永川区萱花西路166号	49211988
重庆永川名豪国际酒店	永川区萱花路108号	49848888
重庆瑞派商务酒店	永川区渝西大道中段1190号	61163777

荣昌

●荣昌刘家大院农家乐

刘家大院农家乐成立于1999年，是荣昌区首批定点旅游农家乐。建筑依山而建，错落有致，风景宜人，典雅的亭台楼榭，引人入胜。站在高处，极目四望群山，荣昌区、广顺镇、荣隆镇尽收眼底，四周的草木郁郁葱葱，苍翠欲滴，风格独特、造型别致的仿古建筑楼群散落在绿树中，让宾客尽享世外桃源的一分安宁与惬意。✉ 荣隆镇麻雀湖风景区 ☎ 46559419

●重庆恒荣假日酒店(荣昌)

荣昌恒荣假日酒店地处荣昌生态宜居区的香国桥头、莱西和北岸，集“山、水、城、林”为一体的黄金地段恒荣半岛小区中心，是由恒维集团投巨资按国际四星级标准修建的一家集住宿、餐饮、休闲娱乐、保健养生等为一体的综合型假日酒店，是商务人士下榻的首选之地。✉ 荣昌昌元街道恒荣路61号附47号(近恒荣半岛) ☎ 46267777

●更多住宿去处

名称	位置	电话
重庆芒果酒店荣昌店	荣昌区荣滨南路中段28~30号	85268666
荣昌香国大酒店	荣昌区昌龙大道17号	023-46258888
花盛城市酒店	荣昌区昌州街道海棠北路34号	023-46782266

大足

●7天优品酒店

酒店位于棠香街道南环二路东段蓝湖星空，附近便是昌州古城和北山石刻，地理位置优越。酒店提供丰富的早餐。✉ 重庆大足区 棠香街道南环二路 ☎ 43772288

●重庆新湖天酒店(龙水湖店)

酒店坐落于龙水湖边，湖水凌波，水天一色。湖中小岛星罗棋布，松林蔽日，水禽群集，泛舟湖上令人心旷神怡。✉ 重庆市大足区星湖路西湖码头(龙水湖畔) ☎ 43380888

●更多住宿去处

名称	位置	电话
大足华地王朝华美达广场酒店	大足区五星大道386号	85226666
重庆大龙湾度假酒店1号楼	大足区龙水湖国际休闲度假区内	85317888
重庆龙景国际大酒店	大足区车城大道401号	64355555

铜梁

●重庆龙轩大酒店

这是铜梁首家高星级酒店，环境幽雅，风格别致，处处彰显其独特的恢宏与尊贵，酒店地处重庆市铜梁区新城工业开发区核心地段，功能齐全。从酒店前往县城繁华路段5分钟车程即到，距汽车站约10分钟车程，距机场乘车约1.5小时车程，县委机关单位分布周边，闹中取静的独特位置，交通出行十分便利。铜梁区白龙大道C段333号 85199999

●更多住宿去处

名称	位置	电话
重庆三合大酒店	铜梁区巴川镇龙都路440~460号	45366888
重庆开东云顶酒店	铜梁区淮远古韵南街25号	45855555

江津

●重庆四面山大酒店

四面山大酒店为国家三星级酒店，位于四面山中心地带画屏山下、龙潭湖畔，设施精美典雅，配套完善，设有大小餐厅、临湖豪华包房、大中小会议室、娱乐中心、烧烤场等，是旅游观光、休闲度假、商务会议、拓展培训的最佳选择。江津区四面山镇 47773999

●四面山富民农家乐

位于林都湖畔（响水滩），可步行到望乡台瀑布，距离珍珠湖景区5千米，向右可以游览土地岩、水口寺景区。农家乐规模小巧，客房干净整洁、设施完善，有彩电、热水器和卫生间。最难得的是农家乐主人没有丢弃耕种劳作，提供全天然绿色高山蔬菜、山野菜品。还可以提供避暑包月服务。江津四面山大洪湖景区响水滩 47669189

重庆新华海颐酒店

●更多住宿去处

名称	位置	电话
重庆春城招待所	江津区几江街道办事处树人街	47550923
重庆新华海颐酒店	江津双福新区学院大道2号	61080000
重庆恒大酒店	江津区恒大大道1号金碧天下	65556666
布丁酒店（双福大学城店）	江津区双福新区学院大道2号双福公馆1幢	47286555

合川

●华地王朝华美达广场酒店

酒店建筑别具一格，气势恢宏，面对嘉陵江，左为文峰公园，右为直达著名景点钓鱼城的南屏大桥，后靠合川区政府，拥有268间/套豪华客房、行政客房、特色套房及800平方米的总统套房；700多平方米并配备同声传译系统的多功能会议厅及12个大小不同的会议室；设有32间中餐包房和华地轩零点餐厅以及1间日韩烧烤吧；好望角咖啡厅可同时容纳122人用餐；还有室内恒温泳池、KTV、SPA、健身中心、红酒吧等完善的康娱设施，能满足宾客的不同需求。

合川区中南路678号 85136666

●重庆华府酒店

酒店位于合洲医院正对面，邻近合洲大桥，地理位置优越。酒店装修风格为高档商务型，经济舒适，服务贴心到位，卫生干净整洁。合川区瑞山西路7号（合洲医院正对面） 42876999

璧山

●璧山湖上大酒店

酒店紧临湿地公园，交通便利。酒店内绿树成荫，鸟语花香，流水潺潺。酒店拥有

1500平方米三层跳空的大型宴会厅及中餐厅、自助餐厅，5个包房，可同时容纳1000人用餐。总面积1000多平方米的会议场所，设有大会议室、中会议室、小会议室。住宿客人凭券可享受免费早、中、晚自助餐。✉ 重庆市璧山区璧青北路868号 ✆ 41639888

此外，天赐华汤森林温泉度假酒店（✉ 重庆璧山区温泉路8号 ✆ 023-41555555）、璧蓝河畔酒店（✉ 璧山区璧城街道沿河东路158号 ✆ 023-87389777）可供选择。

万盛

●重庆万盛国际大酒店

重庆万盛国际大酒店是目前万盛区一家综合型酒店，装修豪华典雅，融中式古典祥云文化和现代设计风格为一体，别具一格。酒店拥有多种类型客房134套，大型宴会厅、餐饮包厢及多功能厅、大小会议室等，为满足宾客的多层次需求，还设有购物中心、商务中心、歌舞厅、KTV包厢、桑拿按摩保健中心、棋牌等服务和娱乐设施，配套项目齐全。✉ 綦江区万盛经开区红枫路1号 ✆ 48339999

●重庆圣曼酒店

圣曼酒店位于万盛最大商业综合体项目

重庆万盛国际大酒店

国能奥特莱斯，紧邻子如广场，娱乐购物业态丰富，交通方便，干净卫生，装修风格十分清新。✉ 綦江区万盛松林路103号 ✆ 81715858

南川

●重庆天星两江假日酒店

酒店融于广袤的森林之中，环境幽雅，景色宜人。酒店拥有各类雅致客房，房内装修时尚，布局新颖。✉ 南川区金佛山西坡风景区 ✆ 67062110

●更多住宿去处

名称	位置	电话
重庆南侨大酒店	南川区东风路19号	71487777
重庆恒安戴斯大酒店	南川区南园路26号	71666888
重庆南川宾馆	南川区南大街11号	71418875

綦江

●綦江云天商务酒店

该酒店有豪华套房、标准间、单间、棋牌室等房型。酒店房间温馨舒适，明亮洁净，配备上网宽带线路、空调、电视，24小时的热水供应。✉ 綦江区版画院九龙广场居玛特四楼 ✆ 85895666

●重庆耀程国际大酒店

酒店设施齐全，环境幽雅，服务热忱，位置优越，交通便捷，适合商务出差、旅行入住。✉ 重庆市万盛经开区两河口97号 ✆ 48227777

●更多住宿去处

名称	位置	电话
重庆皇家码头假日酒店	綦江区北渡大桥北桥头	48649999
重庆綦江綦瑞假日酒店	綦江区文龙街道安厦路56~58号	85888777
重庆普惠豪生大酒店	綦江区通惠大道7号	85888888

潼南

●潼南区海鼎大酒店

酒店拥有各类经典别致的客房50余间，客房内配有高速光纤网络、豪华液晶电视、宽敞卫浴空间、品牌保健席梦思，带给人家一般的温馨感受。酒店还设有120余座的多媒体会议厅、容纳100余人同时就餐的中餐厅，让您在商务休闲的同时，随心所欲乐享健康愉悦的高品质生活。✉ 潼南区江北新城向阳路8号（城乡建委旁）☎ 44596700

●更多住宿去处

名称	位置	电话
潼南嘉立酒店	潼南梓潼街道办事处大同街404号	44597688
潼南大酒店	潼南梓潼街道办事处石院街	44555999

涪陵

●重庆安信居宾馆

酒店距离易家坝广场、涪陵中心医院、泽胜乐天玛特超市、新世纪商场百余米，地处涪陵高笋塘商业一条街，地理位置优越，交通便利。宾馆房间舒适整洁，设施齐全，性价比高。✉ 涪陵区高笋塘路7号 ☎ 72243888

●重庆铭雨大酒店

重庆涪陵铭雨大酒店位于涪陵政治、经济、文化和商贸中心地带，与涪陵区政府隔街相望，是重庆市政府市级政务会议定点接待宾馆、重庆市政府市级机关人员出差定点接待宾馆。✉ 涪陵区兴华中路53号 ☎ 87888888

长寿

●重庆市长寿湖太极岛紫竹宾馆

太极岛上，天然森林茂密苍翠，遮天蔽日。由于林密幽深，气温湿润，多有蘑菇生长。岛上山路萦绕，曲径通幽，多有山乡野趣，拥有世界第一大卧佛、第二高送子观音、中国唯一禅修洞房、紫竹院、古寨门等古迹遗址。著名人物罗广斌曾经在这里创作出了影响整整一代人的小说《红岩》。

✉ 长寿区长寿湖镇高峰岛 ☎ 40318091

●重庆台北莎丽商务宾馆

重庆台北莎丽商务宾馆在长寿区向阳街，靠近协信购物广场、新世纪百货长寿商都，酒店提供人性化服务，让住客充分体会到家的感觉。✉ 长寿区向阳街32号(近长寿路) ☎ 40406888

重庆黑山枫尚酒店

美食

渝西地区与川东平原接壤，美食小吃都具有浓郁的巴渝风格，以麻、辣为主，非常开胃，小吃种类也是多种多样，让人垂涎不已。

●星湖鱼

永川双竹镇卫星湖畔的鱼香村以烹饪“星湖鱼”为一绝。“星湖鱼”取卫星湖野生鱼为基本材料，取黄瓜山井水烹煮，有纯香纯味、不腥不腻、不燥辣且鲜美的特点，入口鲜香，粑糯鲜嫩，鱼汤清香，微伴酸辣，充分展现了巴渝菜品特色，又具有自创独特的风格。

●黄凉粉

荣昌黄凉粉切成土豆样的细丝，成条不烂，软而不断，调成咸鲜、微辣带麻，姜、葱、蒜香味突出的味道，吃起来有粉质感，且口里有股豌豆的清香味。

●田凉粉

田凉粉产于大足区三驱镇，历史悠久，现有100余年的历史。田凉粉用豌豆做原料，加之祖传秘方调制、搅拌而成，切成细丝，柔而不断，配上香油、椒油、芝麻、蒜泥、荷香、醋、酱油等十多种佐料，吃起来可口可香，回味无穷，能解酒、解闷。

辣椒泡鱼

重庆麻辣鱼

重庆凉粉

●辣椒泡鱼

铜梁辣椒泡鱼就是将干辣椒段、姜片、蒜片、红枣枸杞，以及各式各样的大料、小茴、白蔻等调味品制成卤汁，然后将鱼片放入卤汁中烹制。味道香辣爽口，回味略甜。

●江津肉片

选用猪夹心或里脊肉作为主料，辅以鸡蛋、豆粉、姜葱蒜等调料，经炸、炝等工序而成。此菜肉片均匀，片张伸展，色泽金黄，外酥内嫩，呈鱼香味。

●璧山来凤鱼

璧山来凤鱼历史悠久，是在继承川菜传统手法的基础上烧制出的，来凤鱼以“麻、辣、

江津肉片

綦江火爆双脆

松花蛋

鲜、香、嫩”为主要特征。

●南川凉糍粑

南川凉糍粑色香味俱佳，糯软醇甜，入口凉爽，沁人心脾。

●綦江火爆双脆

綦江火爆双脆咸鲜味型。此菜用鸡肫和猪肚头切配爆炒成菜，是一道火候工夫菜。特色是红白分明、咸鲜脆爽。

●潼南太安鱼

潼南太安鱼不仅保留了原“太安鳊鱼”的风味和特色，而且重味轻型，具有浓烈的川菜特点，有“麻、辣、烫、细、嫩、鲜”的特点，前三字言其风味，后三字指其口感。

●涪陵榨菜

涪陵榨菜已经成为重庆的一张名片。涪陵榨菜历经百年发展，形成了坛装、软袋小包装、听瓶盒装三大包装系列上百个品种，极大地满足了国内外消费市场的需要。

大足香肠

购物

渝西地区的土特产种类繁多，很多都是老百姓土法生产的，纯天然绿色无污染，具有浓郁的乡土气息，深受消费者喜爱。

●永川松花皮蛋

永川皮蛋具有无铅、呈松花纹、蛋清茶色透明、蛋黄橘红油润的特征。成熟的皮蛋蛋白和蛋黄上均显有松叶花纹；蛋白呈茶褐色或桃油色的琥珀状，半透明体，富有弹性；蛋黄外黄内绿，蛋心是彩色硬心或鲜红半固体溏心，固而不硬，稀而不流。

●荣昌夏布

俗称麻布。夏布是用苎麻线经过多道手工工序编织而成。根据不同的要求，能够生产出粗布、细布和螺纹，用途很广。尤其是漂白细布，具有布面平整、莹润光泽、洗后易干、烫后棱角明显、坚韧耐用的优点；制成的时装，典雅大方，深受人们喜爱。

●大足香肠

精选猪肉，配以辅料注入肠衣定型后，经无烟烘烤制成。本品色泽油润，红白分明，肠身干爽有弹性，味道鲜美。分广味、川味两种。

●兰花根

兰花根是铜梁区传统名点，已有100多年的历史。成品形似蚕壳，色黄饱满，组织泡酥，香脆化渣。

●油酥米花糖

江津油酥米花糖是具有近百年历史的传统名特产品，以优质糯米、白糖、饴糖、动植物油、花生仁、桃仁、玫瑰糖、芝麻等精制而成。酥脆化渣，甜味醇正，清香爽口，有滋阴补肾、开胃健脾等功效。

●合川盐梅

精制盐梅为椭圆形果实，色呈棕红，微

峡砚

南川方竹笋

带盐霜，肉厚、皮微结，颗粒全干，不回润，不吸潮，不霉变，入口则先为微咸，继而微酸，再而变甜。盐梅尤有生津止渴、清凉爽身之功能。

●峡砚

钓鱼城峡砚采用重庆合川钓鱼城下嘉陵江沥濞峡段的天然峡石精雕细琢而成。峡砚具有石质细腻，色泽淡雅，磨墨快速，不损笔锋，砚中蓄水，数日不干，储墨不腐，石料年久不风化的特点。

●南川方竹笋

方竹笋外形似方非方、似圆非圆，有四个椭圆形棱角。方竹笋肉质丰厚，纤维细脆、化渣，口感好。

●綦江沈师傅腊肉

沈师傅腊肉是把新鲜土猪肉腌制一定时间后，挂在自家土灶上，再用柏树枝烟熏，在灶上熏一段时间后便收藏起来进行风干，阴干持续时间一年以上。吃起来口感醇香，腊味十足。

娱乐

●永川茶山竹海风情节

活动主要内容有茶山竹海长跑、登山铁人三项赛、斗茶会、登山薄岭比赛、游茶山竹海、品茶艺等。每年4月份

●铜梁龙灯艺术节

铜梁是著名的“中国民间艺术之乡”，以龙灯艺术享誉海内外。内容十分丰富，有“龙之魂”大型歌舞晚会、歌星笑星晚会、“龙之风”中华龙舞表演邀请赛、“龙之本”中国龙文化与龙舞学术研讨会和“龙之韵”龙文化艺术展。每年10月份

铜梁龙灯艺术节

潼南油菜花

●大足石刻艺术节

大足区因世界文化遗产——大足石刻而大放光彩。节日期间将举行中国大足宝顶香会民俗文化节、大足石刻文化国际高峰论坛、大足特色商品展销会暨美食购物节、中国大足石刻石雕国际邀请赛暨大足石刻艺术文化作品展、佛教音乐主题晚会等蕴含大足文化精髓的旅游及商贸活动等一系列活动。每年10月份

●合川钓鱼城旅游文化节

钓鱼城旅游文化节是重庆市合川区旅游文化发展的重要品牌，其目的是打造中国知名旅游城市品牌，打造“钓鱼城旅游文化节”城市名片，提升合川区域性中心大城市辐射力和影响力。既是一场旅游、商贸、文化相映生辉的节日盛宴，更是一次广交朋友、缔结友谊、促进合作的隆重盛会。

每年6月份

●江津千米长宴民俗文化节

“千米长宴”是中山古镇的传统民俗，最早源于宋朝。每逢重大的民俗节日，在古镇的商贩、游人因为离家较远而暂时不能赶回家中，古镇居民就沿街设宴，为他们提供吃住。由于古镇长度超过千米，“千米长宴”由此得名。每年春节期间

●潼南陈抟故里菜花节

在菜花节，除了可以观赏到“中国最美油菜花海”外，还可以参加到“最美新娘”“爱上潼南”摄影活动、“观菜花、采蔬菜”休闲游、道教文化主题活动、欣赏“潼南风情、印象潼南、激情潼南”主题晚会，以及参加水上游乐、花海飞渡等系列活动。

每年三、四月油菜花盛开时节

●万盛五和梨花文化旅游节

游客不仅能在五和赏梨花美景，还能让游客在梨园观看戏剧，极大地推动了戏剧与旅游产业的互利发展。每年3月下旬

●潼南太安鱼美食文化节

太安鱼美食文化节每年在太安县举办，依托“国家生态农业示范区”品牌，与农耕文化、民俗文化结合，让大众在品尝美食的同时，又能感受农耕、民俗文化的乐趣。活动期间还将开展群众文艺演出、特色小吃、厨艺大赛等活动。每年3月份

发现者旅行指南

渝东北

概览

亮点

■ **长江三峡**

自西向东依次为瞿塘峡、巫峡、西陵峡，沿途两岸奇峰陡立、峭壁对峙，是当之无愧的中国名片。

■ **白鹤梁**

白鹤梁题刻是世界上已知时间最早、延续时间最长、数量最多的水文题刻。

■ **万州大瀑布**

万州大瀑布群山清、水秀、瀑宽、洞奇、潭幽、湖大、虹美，有“亚洲第一瀑”之称。

■ **丰都名山**

丰都名山的建筑是按照鬼国的设置建设的，庙宇殿堂神像森罗，楼台亭阁依山而立，名人骚客留墨遗雅，碑刻诗联韵味隽永。

■ **云阳张飞庙**

又名张桓侯庙，庙内留存有大量珍贵的字画和碑刻，被誉为巴蜀胜景、文藻胜地。

■ **奉节天坑地缝**

是一幅绚丽多彩的丹青长卷，石林、溶洞、洼地、竖井……包罗万象，应有尽有。

■ **巫山小三峡**

巫山小三峡由龙门峡、巴雾峡、滴翠峡组成，全长50千米，称为“天下奇峡”。

线路

■ **奉节、巫山、巫溪三日游**

第一天去奉节，上午参观著名的白帝城，下午游览天坑地缝，体验地质奇观。第二天坐车到巫山，泛舟游览小三峡，欣赏巫山红叶和岸边飞驰而过的神女十二峰。第三天上午参观中国南方最大的高山草场——红地坝，下午参观千年宁厂古镇。

■ **长江三峡游轮精品游**

第一天在重庆朝天门码头坐上轮船，第一站到达丰都，参观丰都鬼城，体验中国特有的鬼神文化。晚饭

蹁鱼溪

在船上解决。休息一晚后，早上到达云阳张飞庙，这座江边大庙非常有名。下午参观奉节白帝城。第三天拐入巫山小三峡，欣赏著名的神女峰。下午在马渡河小小三峡玩漂流，有时间可以上岸参观千年古镇——宁厂古镇。最后乘船原路返回。

? 为何去

渝东北地区基本位于举世闻名的三峡库区，这里气候温润，人杰地灵。既有被称为中国名片的三峡美景，还有很多人文景观，更有丰富多彩的民俗风尚，乘船游览三峡，是很多中国人一生的情结。

船游三峡

何时去

三峡位于我国南方，而三峡又是长江的必经之路。由于三峡特殊的气候条件以及受峡谷地形的影响，三峡的旅游旺季一般是在长江的丰水期，因而综合其各种原因，如果你想来三峡游玩的话，可以选择在4月份到5月份或者是9月份到10月份，也就是大约在春秋季节的时候，五湖四海的游客为一睹眼三峡的风姿而慕名前来的数不胜数。

三峡

选择在春季或秋季这两个旺季来三峡旅游，除了这个时候的气候适合，既不用因为酷暑流汗而烦恼，又不必因旅游途中寒冷穿着笨重而苦恼，更重要的是这个时间段的三峡更加迷人。

区域解读

面积：33 901km²

人口：约1096万人

地理 GEOGRAPHY

地形

渝东北基本属于三峡库区，以山地为主、丘陵小平原为辅，土地立体特征明显。又是秦巴山连片特困地区，国家重点生态功能区和农产品主产区、长江流域重要生态屏障和长江上游特色经济走廊、长江三峡国际黄金旅游带和特色资源加工基地。现已制定了把万州作为重点开发区加快建设带动形成万开云特色产业板块、构建垫江—梁平—丰都—忠县农产品特色经济板块、构建奉节—巫山—巫溪—城口特色旅游经济带的发展目标。

气候

三峡地段属温湿的中亚热带气候，气候受峡谷地形影响十分显著。这里冬季温和，夏季炎热，雨量充沛，四季分明，这都和四川盆地、长江中下游平原没有多大差别。但是由于峡谷深邃，因而谷底接受日照时间短。冬天仅中午前后两三个小时可见阳光，夏季日照也仅有五六个小时。

峡谷里风力较强，风向固定，多是顺峡方向的东风或西风。峡谷地形封闭，湿气蒸郁，极易成云致雾，夏季时常有雷鸣电掣，大雨倾盆，是全国的暴雨中心之一；秋多晴日，云淡天高；冬季则多“蒙蒙峡雨”，常连绵数日；春夏之交，天气变化无常，“朝云暮雨”，又是一番景色。

历史 HISTORY

历史大事记

先秦时期，渝东北古属巴国。

前316年，秦灭巴国在原巴国置巴郡。

216年，刘备主四川，于今开州的西北部置汉丰县。

222年，刘备夷陵战败退守白帝城。

1911年响应辛亥革命，宣布独立。

1935年，川政统一，四川实行行政督察区制。

1949年，和平解放。

1997年后，重庆成为直辖市，渝东北地区的各区县均由重庆直接管辖。

1999年，云阳县县治从云阳镇迁到双江镇，动迁人口超过17万，是三峡库区迁移最远的全迁县城。

2000年，撤销万州移民开发区，原万州移民开发区代管的奉节县、开县、云阳县、忠

县、巫溪县和巫山县由重庆市直辖。

巴国，迷雾重重的上古巫国

渝东北地区古代基本属于巴国的范围之内。

巴国，字面意思是大蛇国，发源于鄂西，后发展到四川盆地东部、湘西、陕东南的一个部落联盟国家，西周时期成为周的姬姓诸侯国。巴人在夏商时期已见史载，在周武王伐纣时有功，被封为子国。因首领为巴子，而叫巴子国，简称巴国，直至公元前316年灭于秦国。其都城随战争数次迁移，始建都于夷城（今湖北恩施），最后一次在阆中。

巴国最早见于《山海经·海内经》记载："西南有巴国。太葜生咸鸟，咸鸟生乘厘，乘厘生后照，后照是始为巴人。"太葜即伏羲，后照为巴人始祖。

廪君传说表明，很久以前在清江中游地段曾有巴人的几个氏族部落生活和迁徙过，他们通过掷剑和赛土船的方式，推举廪君为五姓部落联盟的首领，其后，他们在廪君带领下，沿夷水（清江）进入今湖北恩施境内，战胜盐水女神部落后，称君夷城（湖北恩施）。廪君立城后，其后裔一部分继续西迁至川东（今重庆市境内），建立巴国，一部分继续留居在清江流域，并陆续向西部和南部流动，其中一部分进入了湘西。

秦灭巴后，定居于鄂西南的巴人，虽经历了历代王朝更迭和战争变乱，但一直在这一地区繁衍生息，绵延不断，并融合了这一区域的其他民族成员，成为今湖北恩施境内土家族的主体先民。三峡研究小组对三峡和清江流域一带的土家族人的血液和悬崖峭壁上的骨骸进行了基因对比实验，从基因对比的数据来看，战国西汉时期的古巴人与土家人的基因联系已经不是特别紧密，只有70%的概率。明朝的悬棺里提取出来的基因与今天的土家人基因的联系可达99%以上。巴人信奉占卜，崇尚巫教，民风古朴自然，情感表达直白，具有豪放、率直的文化性格，这从遗物的纹饰变化与特色上可见一斑。相比较而言，巴文化中比较雅致的文化成分少，更多的是自发的、自然的、民族的或可称为世俗的文化成分较浓厚。清江巴人独特的文化性格，与蜀地"君子精敏、小人鬼黠"形成鲜明对比，又与江汉楚文化那种华美修饰有明显区别。

文化 CULTURE

纤夫的爱荡悠悠——川江号子

川江号子是川江水系各民族船工们驾

船劳作时所唱的歌谣。它随航运事业的兴起而产生，至今已有数千年的历史。川江号子在长时期的传唱中，以河道不同形成了大河号子和小河号子；以河段水系不同，形成了紧张型号子和舒缓型号子；以船行方向不同，形成了上水号子和下水号子。这些不同类别的号子中，还包括若干小类，汇集成数十种类别和千余首曲目的川江水系音乐文化。川江号子是船工们与险滩恶水搏斗时用汗水和生命凝铸而成的生命之歌，具有传承历史悠久、品类曲目丰富、曲调高亢激越、一领众和和徒歌等特征。1987年老船工陈邦贵等在法国组织的世界大河歌会上吼唱川江号子震撼了世界歌坛，媒体评价可与世界著名歌曲《伏尔加河船夫曲》媲美。

研究川江号子对丰富、发展中国水系音乐文化乃至世界水系音乐文化都将产生积极的推动作用。

2006年5月，国务院批准川江号子（重庆）进入第一批国家级非物质文化遗产名录。

传统民间绘画艺术——梁平木版年画

梁平木版年画是盛行于重庆市梁平区境内的一种民间绘画艺术，已有300年历史，具有深厚的文化价值、历史价值和艺术价值。梁平当地人民群众为庆贺年节而绘制木版年画，主要用于各种类型图案的花笺、花纸、门画等绘制，在作品内容上有门神、神话故事、戏曲故事三类。在技法上，梁平木版年画继承了传统水印木版年画的工艺流程和川派雕刻技术，也吸取了徽派、金陵派的雕版套色技术，还运用西洋绘画中的焦点透视，巧施阴阳（明暗画法），远近分明，层次清楚，具有强烈的视觉冲击力。在风格上，梁平木版年画构图饱满简洁，人物夸张变形，色彩对比强烈，动静处理得当，造型古朴粗犷，使人过目难忘。

2006年5月，国务院批准梁平木版年画进入第一批国家级非物质文化遗产名录。

川江号子雕塑

景点推荐 丰都与忠县

丰都鬼城 AAAA

传说中的“鬼城”

丰都县名山街道 ¥70元

夏季（5月1日至9月30日）7:00～18:30；冬季（10月1日至次年4月30日）7:30～17:30 70613203

丰都县位于四川盆地东南边缘，境跨长江两岸，地处长江上游，至今已有1900多年历史。这里流传着许多鬼神传说，《西游记》《聊斋志异》《说岳全传》《钟馗传》等许多文学名著对“鬼城”丰都均有生动描述，颇富传奇色彩。

“鬼城”丰都是一座依山傍水的古城，古为“巴子别都”。因北宋苏轼题诗“平都天下古名山”而得名。丰都系道家七十二福地之一，名山古刹多达27座。东汉和帝永元二年（90年）置县，素以“鬼国京都”“阴曹地府”闻名于世，是传说中人类亡灵的归宿之地，集儒、佛、道民间文化于一身的民俗文化艺术宝库，被誉为中国“神曲之乡”、人类“灵魂之都”。

链接

鬼城的来历

“鬼国幽都”之说由丰都平都山而起，据《丰都县志》和晋人葛洪《神仙传》载，民间传云，汉代王方平、阴长生两方士曾于平都山修炼成仙，道家遂于此山设天师，并将其列为三十六洞天，七十二福地之一。后人附会“阴、王”为“阴王”，平都山亦渐附会为“阴都”。名山大门起源于汉代的历史文化名城——丰都，被当时的人们传为“鬼国京都”“阴曹地府”，成为人们亡灵的归宿之地。

另有一种说法，是与道教有关。东汉后期，张道陵创立道教。丰都是早期道教的一个传习中心，在道教经典里，丰都名山成了“总真群仙之府”“阴曹鬼帝之庭”，是三十六洞天、七十二福地之一，史籍称道教为“鬼道”，称道中巫师为“鬼吏”，称道徒为“鬼卒”“鬼兵”，称道法为“鬼法”。从这个意义上讲，鬼城即“鬼道”所治，“鬼吏”“鬼卒”所居住的地方。

旧时，丰都县城有庙宇75座，其中，名山有27座。有明清以来一些著名的小说，如《西游记》《西洋记》《说岳全传》《聊斋志异》《钟馗传》等绘声绘色的描述，也有丰都鬼城的各种神奇活动，使丰都阴曹地府的形象更趋完善，流传更加深远。

名山

名山哼哈祠、报恩殿、奈何桥、玉皇殿、百子殿、无常殿、大雄宝殿、鬼门关、黄泉路、望乡台、天子殿、二仙楼、城隍殿、九蟒殿等30多座。山上还有苏轼、陆游、范成大等历代名人的碑刻题咏。

双桂山

参观完名山的阴世鬼都之后，人们踏过跨在两山之间的壮观的仿古建筑铁索吊桥——“阴阳桥”，就到了“阳间”双桂山。双桂山高400余米，面积约1平方千米。这里风景优美，绿树茂密，流水潺潺，曲径通幽，建有孔庙、鹿鸣寺、苏公祠、玉鸣泉等楼阁泉池。还建有纪念周恩来的恩来亭，纪念刘伯承早年在丰都讨袁护国的护国亭，纪念贺龙的贺龙亭等建筑。

哼哈祠

哼哈祠内塑哼哈二将。传说哼将叫郑伦，本是商纣王的大将，官至督粮上将，曾拜度厄真人为师，学得一身绝技。度厄真人授他窍中二气，碰到敌人时，鼻子一哼响若洪钟，并喷出两道白光，吸人魂魄。哈将陈奇也是商纣王的大将，异人曾授秘术，炼成腹内一股黄气，张嘴一哈，黄气喷涌，对手魂魄自散。陈奇曾与降周的郑伦交战，一哼一哈，不分胜负。武王灭纣后，姜子牙归国封神，封郑伦和陈奇镇守两释山门，宣布教化，保护法宝，为哼哈二将之神。

奈何桥

大名鼎鼎的奈何桥位于名山半山腰，是名山“鬼城”中难得的一处古迹，原为寥阳殿附属建筑，始建于明朝永乐年间（1403—1424年），距今已有500多年的历史。这是一座沟通历史与现实，连接阴曹和阳界，审视善良与罪恶，宣制生存与死亡的“试金桥”。左边是健康桥，象征着年年健康，右边是财富桥，象征着年年有财。

玩家 解说

“奈何”在佛教中是地狱里的河名，民间传说，奈何桥是人死之后，到阴间报到的必经之路。如果人活着的时候品行端正、行善积德，那么就有神灵保佑平安过桥；如果人活着的时候品行恶劣、行恶积怨，那么亡魂就会被打入桥下血河，被池中铜蛇铁狗狂咬。

《丰都宗教习俗调查》一书对此有过这样的描述：“桥分三层（或三座），善人的亡魂可以安全地通过上层的桥；善恶兼半者的亡魂可以通过中间的桥；恶人的亡魂则过下层的桥。”恶人

过桥时，都会被守桥的厉鬼识破拦住，并推往桥下“波涛翻滚、血水横流、腥风扑面、尸骨满布”的血河。

很多来丰都名山“鬼城”旅游的游客喜欢从桥上顺利走过。认为走过此桥，死后就能免受再过奈何桥之苦。于是，他们在过桥之前烧香化纸，施舍钱物，愿神能庇护。而庙里僧尼更是生财有道，故意在青石桥面上泼上桐油，使过桥香客行步艰难，常常滑倒，诚惶诚恐，这样一来，奈何桥也就多了神话的色彩。

曜灵殿

“曜灵殿”是清康熙七年（1668年）丰都知县汤护镌刻，“乾坤一气”为清康熙四十七年（1708年）能泰所题。殿堂上悬青铜镜一面，俗称“照妖镜”，重31千克，原件铸于明代，属国家二级文物，收藏在县文管所，现悬挂的是仿制品。

链接

照妖镜的传说

传说，一县令在镜中照出一头牛，问和尚何故。僧人告以“一世贪官，九世变牛”，县令遂命人用乌、鸡、狗血将镜污毁，从此暗淡无光。

寥阳殿

寥阳殿原为明蜀献王朱椿的香火殿。蜀献王朱椿素有“蜀秀才”之称，传为朱元璋的第十一个儿子，明洪武二十三年（1390年）被封为蜀王。他文韬武略，长相俊儒，举手投足间都有一种大将的风范，因而深得朱元璋的宠爱。他入川后，很快便平定了南北番人的骚乱，并倡导礼教，轻徭薄赋，礼贤下士，广罗人才。史称“蜀人由此安业，日益殷富，川中二百年不被兵革，椿力也”。

天子殿

天子殿坐西向东，最早修建于西晋，距今有1600多年历史，现存的天子殿是清康熙三年（1664年）重修的，距今有300多年历史。全殿由牌坊、山门、殿堂三部分组成，对称地排列在一条中轴线上。牌坊为木石结构的三重檐坊，山门为重檐歇山式屋顶，两边的钟鼓楼均为四角攒尖顶，殿堂为砖木结构，硬山式屋顶，穿斗式梁架。该殿系鬼城的核心部分，也是各山上建筑年代最久，面积、规模最大，保存最完整的一座庙宇。

十八层地狱

天子殿左右廊房设东西地狱，又名十八层地狱，上塑执法诸王，下塑各种刑罚。东地狱塑磨推、挖心、火烙、寒水、刀山、车裂等地狱和“活捉三郎”“活捉子都”“唐王游地府”“刘全献瓜”等组像；西地狱塑碓舂、锯解、下油锅、拔舌、补经、转轮等地狱和“活捉王魁”“活捉秦桧”“杀狗警妻”“目连救母”等组像。

十八层地狱

链接

十八层地狱的传说

在阳间不孝顺父母的要打入寒冰地狱；贪官污吏、欺压百姓的要打入碓舂地狱；偷工减料、欺骗顾客的要打入锯解地狱；抢劫别人钱财的要打入火烙地狱；卖淫的要下油锅……

报恩殿

报恩殿原建于民国，重建于1984年，内

塑报恩菩萨目连，两旁是他的弟子闵公和闵志。目连也叫目犍连，是释迦牟尼的十大弟子之一，传说他神通广大，能飞上兜率天，为第一行孝者，很受世人敬仰，终年香火不断。

罗汉堂

罗汉堂内塑十八罗汉像、坚三世佛像，两方三圣及韦驮像。因为佛教后来分成许多支派，在小乘佛教里，凡是信奉小乘佛教的人，按小乘佛教的教义进行修行达到的最高境界，就叫作“阿罗汉果”，简称罗汉。

财神殿

财神殿内塑像为文财神比干和武财神赵公明。

比干是商纣王的叔父，为人正直，对纣王忠心耿耿，他见苏妲己迷惑纣王，扰乱朝纲，又见纣王整日荒淫无度，且暴虐凶残，便多次冒死直谏。纣王非但充耳不闻，还将比干剖心害死。因为比干是个“无心”丞相，能够处事公正，秉公办案，于是后人为他修了财神庙，并封他为文财神。

武财神是赵公明，是一个道教的虚构人物。据说他能驱雷电、呼风雨、除瘟疫、祛病灾，并兼管诉讼，伸张正义，平反冤案，监督买卖，使双方生财。所以被民间奉为财神。在《封神演义》里，又称他能迎祥纳福，追捕逃亡。手下有四位正神，他们和赵公明合称“五路财神”，很受世人敬仰。

雪玉洞 AAAA

世界罕见的洞穴

丰都县三建乡　110元　9:00~17:00

发自朝天门汽车站的公交直达丰都，然后转乘去雪玉洞的汽车，票价60元/人左右　70637999

雪玉洞是龙河旅游景区溶洞群的精品，是目前国内已开发的洞穴中最年轻的溶洞。洞内80%的钟乳石都“洁白如雪、质朴似

雪玉洞

玉”，是世界罕见的洁白如雪的溶洞“冰雪世界”，故名雪玉洞。洞内沉积物生成的景观，种类齐全，规模宏大，分布密集，形态精美，令人难以置信。洞中的水也特别清澈纯净，洞内空气中二氧化碳含量很高，空气中的负氧离子对某些疾病如重感冒、鼻窦炎、哮喘病有一定的疗效。雪玉洞全长1644米，现已开发1166米，共三层，分为群英荟萃、天上人间、步步登高、北国风光、琼楼玉宇、前程似锦六大游览区，雪白的钟乳石和塔珊瑚群是最大看点。

玩家解说

据介绍，雪玉洞是世界罕见的正在快速成长的洞穴，被比喻成洞穴中的“妙龄少女”。洞内沉积物生成的景观，种类齐全，规模宏大，分布密集，形态精美，有大量鬼斧神工的鹅管、妩媚动人的钟乳石、昂首待哺的石笋、精美绝伦的石柱、薄透如纸的石旗、迎风招展的石带、气势恢宏的石幕、凌空高悬的石幔、从天而泻的石瀑布、繁星灿烂的流石坝，以及精美的石盾和珊瑚花群等。

太平坝

高山平原

丰都县太平坝乡

太平坝面积达20平方千米，四面环山，

境内有丰都最高的海拔1988米的夹壁山。太平坝土地平整呈“井”字状，有重庆最大的“高山平原”之称，内有全县森林面积最大的国营七跃山林场，境内森林覆盖率达80%以上。

太平坝有川东地区最早建立苏维埃人民政府的革命根据地，境内有二路红军战斗的足迹，有太平坝苏维埃人民政府主席吴吉山的烈士墓，有闻名川东地区的第一个苏维埃人民政府遗址（吊牌收藏于四川省博物馆），是开发红色旅游资源的宝地。

玩家 解说

由于海拔高、无污染、气温较低、土壤平整疏松，太平坝还盛产黄连、天麻等多种名贵中药材，也是土豆、萝卜、玉米等高山反季节蔬菜的最佳适宜区。

石宝寨 AAAA 文

世界八大奇异建筑之一

忠县石宝镇长江岸边 ￥50元

8:00～17:00

石宝寨位于重庆市忠县境内长江北岸，距离忠县45千米。因此地临江处有一块十多丈高的巨石，相传为女娲补天所剩的五彩石，故称石宝。因此石形如玉玺，又名玉印山。明代谭宏起义，曾占据此处为山寨，石宝寨故而得名。

丰都鬼城的鬼文化

古代的中国是一个充满鬼神信仰的国度，古代关于鬼神的典籍可谓比比皆是，《山海经》《楚辞》《搜神记》《聊斋志异》《太平御览》《太平广记》《子不语》《夜谭随录》等古籍，或讲鬼神故事，或谈神论鬼，从不同角度反映了中国鬼神信仰的广度和深度。除了典籍，中国鬼神文化还广泛地存在于民俗之中，存在于宗教信仰之中，其中最典型、最集中、最具特色的当数丰都鬼城。

● 封建仿制品

丰都鬼城展示的是一个国度，即阴曹地府。阴天子相当于古代国家的皇帝，十大阴帅是阴天子手下的将领，三功六曹是文官，查察司代表“最高检察机关”，判官是“最高法院”之长，十殿阎罗是诸侯王，地狱是阴间的监狱。阴曹地府这套国家机器和国家机构其实就是封建国家机构的一个翻版。

● 文字解读

丰都鬼城的鬼文化有着深刻的内涵和鲜明的主题，这就是“惩恶扬善”“公正严明”，这个内涵和主题融于它的塑像、楹联、匾额和碑刻以及传说故事中。

在丰都鬼城的碑刻、楹联和匾额中，以文字凸显了鬼城的文化内涵和主题。如劝诫碑文：“忿激莫兴讼，饥寒不做贼，淫为万恶首，孝乃拜行先”“神目如电”“善恶昭彰”“任尔盖世奸雄到此亦丧胆，凭他骗天手段入门再难欺心”。这些匾额和楹联，一是告诫人们别作恶，要好善；二是说在阴间，所有善恶神都看得明明白白，隐盖不了；三是说在世作了恶，必然要受惩罚。

● 思想教化

丰都鬼城的鬼文化，是古人借鬼来表达人们对公正严明、自由幸福的渴望，具有很强的人性光辉。它是以鬼喻人的，具有教化人从善的本意，其追求公正严明、惩恶扬善的思想，反映了封建社会人民对现实的不满，对正义光明的渴求。

● 教化作用

鬼城仿阳间司法体系，营造了一个等级森严，融逮捕、羁押、庭审、判决、教化功能为一体的“阴曹地府”，以惩治生前作奸犯科者，遂使海内外善男信女们进山朝拜，或祈求神灵庇佑，或自我反省忏悔。行善积德的人在这里平平安安地通过，造孽作恶的人被打下地狱，遭受惩罚。虽阎王判官小鬼之传说虚妄，但其惩恶扬善的社会教化功用又为人们所称道。

石宝寨

石宝寨始建于明万历年间（1573—1619年），原为9层，隐含“九重天”之意，顶上3层为1956年修补建筑时所建。寨顶筑有古刹天子殿，以岩为墙，巍峨壮观。正殿迎门墙壁上有一巨大壁画，画的是女娲补天的故事。画面下方，有一遗石，形状甚似石宝寨。古刹后殿，有一石孔，口大如杯，称“流米洞”。

石宝寨也是中国目前仅存的几座木结构建筑之一，被称为“世界八大奇异建筑”之一。

链接

巧夺天工建筑奇观

“南天宝玺谪（金旁）江秋，巧叠精雕十二楼。画作边章携不去，留它为砥镇忠州。”

今人周北溪的这首诗准确地描绘出了号称“世界八大奇异建筑”之一的石宝寨的全貌。

在重庆忠县东的长江北岸，孤峰突起，奇石凌空，四周如削，形若玉玺，故又名玉印山。山下溪流环绕，在苍松翠竹掩映下，寨楼依山而建，建在山岩南壁。

全寨共分两部分，山下9层和山上3层错落有致，从远处眺望12层楼重檐高耸，浑然一体，宏伟壮观，共高50米，阁内每层石壁上均有题咏。山顶为平坦石坝，有古庙天子殿，创建于康熙、乾隆年间，是此寨最高点。登殿凭眺，滚滚长江，碧空帆影，无限景色，一览无余。

石宝寨是我国现存体积最大、层数最多的穿斗式木结构建筑。2003年三峡蓄水发电之后，长江水面上升到寨门口，木寨周围形成一个120多亩的水面湖泊，石宝寨由山寨变成“水寨”。

白公祠

全国仅有的两座白居易祠庙之一

忠县城区西部白公路

忠县白公祠位于忠县城西长江北岸，系明崇祯三年（1630年）为纪念唐代大诗人白居易曾任忠州刺史而建的祠庙。白公祠是与洛阳香山“唐少傅白公墓祠”齐名的全国仅有的两座白居易祠庙之一，是重庆市独特的

白公祠

历史文化资源。

现在的白公祠，分为两级台地，临江依山而建，气势恢宏。祠内辟有白居易生平展室，历史文物陈列馆、雕塑馆、香山茶座、巴台月池、廊亭小径等参观景点。因三峡水库的兴建，散建境内各处的“国宝”汉阙，现已全部搬迁在白公祠内。太保祠、关帝庙、老官庙等忠县城内规模较大、保存较为完好的祠庙建筑，也作为忠县库区文物搬迁保护项目，一同搬迁复建于祠内。

丁房阙 ㊙

丁房阙原址位于忠县东门外巴王庙前，为东汉后期所建，距今已有1800余年，是我国现存汉阙之最。丁房双阙系庙祠阙，高约7米，二阙分立东西，相距2米。所建阙上有重檐屋顶，两层之间以双层石块堆砌，四周皆有浮雕。阙身雕满奇禽异兽、人物故事及祥云图案纹饰，图案对称，但内容各异。在宫殿式屋顶上，也雕有生动的图案，左阙脊顶上还塑有一大圆球古刹。

无铭阙 ㊙

无铭阙俗称宝塔子，原址位于忠县城北8千米处的涂井乡佑溪村的古驿道旁。建于东汉，已有1800余年历史，至今保存完好。阙身高5.85米，共有九层，四方阔8米，是一座由九墩不同形状的石料相互攀附、叠砌而成的奇特建筑物。基础粗壮而稳重，正面雕一只似龙非龙，似虎非虎的怪兽，其上有挂、方、栏额、斗拱匹配成阙身、阙檐、阙盖。第三层和第六层角上分别镂刻着男女裸体力士，形态勇猛健美，弯腰屈膝，全身用劲，好似整个碑阙由他们抬着。在力士上下左右雕满了各种飞禽走兽。阙盖以一个象征吉祥长寿的龟形怪物作为瓦楞。

太保祠

太保祠为清末所建，是明末女将秦良玉

旧宅。秦良玉（1584—1648）乃忠州（今忠县）人，石柱宣抚使马千乘妻。马死后，秦代夫职，所领部队号“白杆兵”。曾参加镇压杨应龙、奢崇明土司叛乱，抗击张献忠入川。后接受南明封号抗清。因讨奢崇明有功，授都督佥事，后任总兵官，南平蜀乱，北抗清兵。因功高德重赐诰命夫人，加太子太保，封忠贞侯。

甘井沟
高峡出平湖

忠县黄金镇

甘井沟是峡谷型自然风景区。因三峡水库的建成蓄水，从而形成高峡平湖。因井沟风景区内有戚家河、黄金河两条溪河，在三角滩汇入干井沟。两条溪河穿流于重山峡谷间，溪河两侧直上直下的悬崖高有100米。既有大三峡的雄壮，也有小三峡的幽雅。沿途主要景观有三角、香龙、鱼箭、黄金等多处险滩。有多处风格迥异，水流长年不断的天然瀑布散落其间。

涂井汉墓群
研究三国历史的重要文物

忠县城东北25千米处的涂井乡

涂井汉墓群由15座汉墓组成。墓内道口有一匹拖着大车的灰陶大马，由陶制马夫牵引着一匹红陶高马立于陶制的水井旁。墓室内各式用陶制成的俑、禽、兽、房、池、塘、田等，都配以各式银制、铜制、铁铸的器具和装饰品，形态逼真，琳琅满目。五号墓是三国时期留下的完整墓葬，其内部陈列整齐，墓内随葬品以陶俑、陶器为主，是研究三国历史的重要文物。

皇华城
南宋遗物

忠县城东4000米处的顺溪乡皇华村境内

南宋理宗宝祐元年（1253年），理宗封其子赵禥在忠州为忠王时，建官邸于忠州皇华村，始筑城墙。宋度宗咸淳元年（1265年），升忠州为咸淳府并迁于此，始名皇华城。古城四面环水，方圆1.4平方千米，海拔272米的孤岛拔江而起。古城在宋末为抗元基地，不幸毁于兵火。现古城残墙犹存，有晚清村落遗址及明清古墓群。城东保江岩有宋代题刻“保江处”三字及明清石刻多处。三峡水库蓄水后，它是三峡库区长江主航道中唯一的，也是最大的岛屿。

天池山
独特的山水与教堂文化

忠县西南约27千米

天池山距忠县城27千米，因地壳运动在山顶形成了两个天然湖泊，故得名天池。天池山森林公园以独特的山水景观和天主教堂异域文化吸引着各方游客，公园南北细长，东西狭窄，大大小小、高高矮矮的峰峦错落有致地耸立其间，悬崖峭壁，岩高百米，苍松斜展，怪石林立，绵延数十里，山峰连绵叠翠，锦绣万千，林海茫茫，掩不住高山的巍峨，芳草萋萋，遮不断碧水隽永玲珑，云雾缭绕其间，变幻无常，风声簌簌，一峰更比一峰峻，颇为壮观。

天池山教堂

景点推荐

垫江旅游区

牡丹生态旅游区

华夏牡丹之源

垫江县太平镇

8:00~17:00

垫江牡丹生态旅游区面积30平方千米，有山、水、岚、石、花、竹融为一体的天然古朴、幽雅宜人的良好生态环境，是牡丹的故乡，是秀山、怪石、净水、丛林的大自然智慧的发祥地。

垫江牡丹生态旅游区主要景点有太平湖、牡丹精品园、牡丹阁、牡丹陈列室、牡丹文化广场、百灵山牡丹艺术园、恺之峰牡丹文化园、双乳峰、公主岭、松花寨、太平寺、金山谷等。

玩家 解说

垫江牡丹是华夏牡丹之源，从西汉武帝年间种植至今已有近3000年的种植历史，在辽阔的神州大地有“华夏牡丹源”之说。据传，东晋画家顾恺之游垫江，第一次看到国色天香的牡丹花后，惊叹不已，回到京都创作了《洛神赋图卷》，开创了我国牡丹花入画的历史先河，被皇室列入珍品加以收藏。

垫江牡丹花型大，花姿美，花期长，其花色有大红、玫瑰红、粉红、白色等，品种有太平红、千层香、悠山艳、龙华春、鼠姑仙、罗坚红、梦神娇、醉鹿韭、长康乐等60多种，种植面积逾万亩，呈自然立体分布。与山、水、石、树、林等有机结合，浑然一体，具有特殊的美学价值，符合人们回归自然、返璞归真的审美情趣和强调生态自然的时尚精神，牡丹花开时节群花簇拥，雍容华贵，气势磅礴，无与伦比。

楠竹山

万亩竹海

垫江太平镇

楠竹山融幽、秀、静为一体，有得天独厚的旅游资源，全山起伏、纵横16峰，公园内有林海、百花园、橄榄园、动物园、竹海、竹海山庄、人工小湖、息心亭等旅游设施。

楠竹山上约有2平方千米的竹海，覆盖率达95%。海拔1000余米，常年平均气温23℃，最低气温零下9℃，夏季凉爽，冬季雪景迷人。

景区以奇、险、秀、幽、古著称，主要景观有白岩寺、览胜三亭、感应寺、和尚坡、日出观景、罗汉山瀑布群；蒙古包群、跑马场；翠竹长廊、金竹生态走廊等。

白岩寺

白岩寺曾是个卧虎藏龙之地，寺中和尚武功高强，法力无边，老百姓传说最多的就是白岩寺的“撑天和尚”的故事。撑天和尚喜欢云游四方，到处替天行道。每当他惩恶扬善，拯救众生之时，便双手撑地、双脚朝天。后来，撑天和尚这一形象，便成了明月山人们心中解危扶困、救苦救难的活菩萨。

玩家攻略

楠竹山的桂竹公寓和绿云山庄，是人们休闲避暑的好地方，在这里不仅可以看到国色姿韵的牡丹和天然秀美的风光，食乡土情调的农家风味，还可以行花间小径宜人的千年古道，住山野风韵的小竹楼。

楠竹山

览胜三亭

览胜三亭即步云亭、回首亭、览胜亭。步云亭是三亭览胜的便道，宽2米，长约500米，乃进入三亭览胜中的第一亭，从此破云登亭，远观半山各峰可有“会当凌绝顶，一览众山小”之感。

回首亭为览胜三亭中的第二亭，此处回首西望，层林苍翠，妙趣横生。览胜亭为览胜三亭最高一亭，此处是远眺山下牡丹花海的最佳景点。繁花盛开之际，万亩花海可尽收眼底。

宝鼎山

消夏避暑的好去处

高安镇与沙河乡交界处　在县城租车前往

宝鼎山，亦称宝顶山、鸣凤山。山势呈东北—西南走向，海拔1063米，是大巴山支脉。

宝鼎山森林公园现在仍存有部分古迹，林木苍翠，鸟类繁多，是消夏避暑的好去处。主峰周围，诸峰环绕，林木苍翠，风光幽邃。依山傍岭，原有唐代及明清两朝修建的光祖寺、八角亭、大殿、普贤殿、老君殿、送子殿、大佛殿、十二殿、大雄宝殿等，全系木石结构，造型美观。

八角亭是宝鼎山的最高处，登临可望忠县、丰都、梁平、长寿等地。东侧有一悬崖，名吊崖（又名舍身崖），可观日出。下有一小洞，高约3米，宽1米，相传为雷祖禅师和大智禅师“羽化登仙”的地方。

链接

南京塘

八角亭和大雄宝殿各悬铁铸大钟一口，尤其是八角亭大钟，直径2米，重1000余千克，做工精湛，若是在晴天，钟声可达数十米。现均不存。

远处还有南京塘，面积约30平方米，塘水清冽刺骨，四季不涨不枯。传说内有金钟，运气好者才能见到。清光绪《垫江县志》中古诗云：“旧闻此处实可观，果到山头天地宽。背据绝岩千仞峻，面临迥野万家攒。翻身直欲骑猴鹤，放眼频教落盂冠。最是钟声清澈里，疑将化羽接飞鸾。”

白家乡

湖岛之乡

垫江县白家乡　全天

白家乡因清代刑部郎勉弃官还乡废庙修街得名。白家乡面积58平方千米，是重庆市特有的集山、水、岛于一体的生态旅游区，有“湖岛之乡”的美称。

湖岛之乡以“湖光山色，古城寨卡，人文景观”为主要内容；集奇山碧水于一体，融花果瓜豆于一炉，聚茂林修竹于一身，蕴古堡文化于一方。景区还建有亭台楼阁榭塔馆43处。

明月山

可观赏牡丹花海

垫江县太平镇

明月山风景区东西长约28千米，南北宽约4千米，风景区总面积118.10平方千米。风景区有明月湖、钟嘴寨、太平牡丹花海、生态农业园、卧龙盐浴风景区5个片区。

明月湖

明月湖以湖泊、峰石为主体景观，以“秀，幽”为主要特色——明月湖山水的“秀”、峰顶山、石人山的“幽”，同时兼有源远流传的佛教文化。有峰顶山、石人山、明月湖等景点。

钟嘴寨

钟嘴寨是一座形似大钟的山寨。钟嘴寨一峰雄起，峰顶建有前后相通的两个石木结构的寨子，四周悬崖绝壁，陡如刀削，高达200余米，寨内有大量的摩崖石刻。山顶之后又有一小峰嵌其上，好似悬挂大钟的嘴梁，钟嘴寨因此而得名。

太平牡丹花海

太平牡丹花海以牡丹花为主体景观，兼有瀑布、峰崖、溪湖等自然景观。有牡丹花海、太平湖、楠竹山、感应寺等景点。

卧龙盐浴

卧龙盐浴风景区以溶洞、古寨等自然、人文景观为主。有枇杷洞、帽盒寨、十里竹廊等景点。

明月山

东印茶山
茶香飘溢

垫江县沙坪镇东印山

可在县城租车前往

东印山海拔1000米，面积30平方千米，气候温湿，土壤呈碱性，十分适宜种植茶树。现种植有茶树约334公顷，生产的东印绿茶、碧螺春、毛峰等茶叶远近闻名。景区集种茶、采茶、观茶、品茶、售茶于一体，有独特的监狱警示教育题材和观光旅游避暑山庄及奇石怪林，是春赏百花，秋采果，夏沐凉风，冬听雪的最佳去处。

台子湾民居
明代民居建筑

垫江县太平镇明月山麓

台子湾建于明朝洪武年间（1368—1399年），距今已有600余年的历史，是垫江县现存最古老的一座明代民居建筑。台子湾坐西北向东南，占地600余平方米。有正屋、下屋及两边横屋和朝门，中间围成一个长20米、宽15米的长方形石板地坝，是一座典型的四合院建筑，因其左边有一个唱戏用的台子，故名台子湾。其最早的主人名程福，是垫江程姓入川始祖，因此后来人们便一直称这一带为程福沟。

由于该建筑年代久远，除至今仍保留下来的三间正屋和石板地坝外，其余建筑均已无存，所毁部分因其时间太久，只能考其大概规模。从现存的三间正屋来看，台子湾在当时来讲也是一座很了不起的建筑。

台子湾屋后的山坡状若一个打坐的佛爷，人们便以“佛爷打坐”名之。湾前有一湾秀水，似玉带环绕其间。县志记曰：程福沟在“桂溪治南之三十里，其西山翠微，曰马峡晴岚，列诸八景之一者，由来久矣，下则幽涧绵缈，石髓喷薄，清韵可掬”。

玩家解说

台子湾的建筑质量极高，所有木件，皆为柏树做成，所有梁檩柱头皆是用滚墨的要求造就，所有椽子皆是四棱上线的通梢椽子（从脊到檐无接头）。时至今日，柱头无一偏离，板壁无一裂缝。据传，在明清跑（躲）白莲教时，此房曾多次将楼上灌上水以防被焚，待主人十天半月后回来，其水仍不见少。

今日台子湾已扩大了数十倍，成了户连户、湾连湾的一个大型村落。原先已有两条公路在这里相交，今又在古民居旁侧修了一条上至邻水下达忠县的高速公路，此地已是一派车水马龙的景象。

西山古墓
大型清代古墓群

垫江县太平镇明月山内槽

西山古墓坐落在明月山内槽，是一处保存完好的古墓群，有10余座古墓汇聚在一起，跨越了几个朝代。

这些古墓，有的墓碑上的文字由于风雨侵蚀，早已剥落，无从考证年代。从有文字记载的古墓上看，当数清乾隆五十年(1785年)建的墓年代最早。这是一座合葬墓，葬的是一位叫谢选的老者及一位叫谢陈氏的老人。这座墓修建得古朴、简括，青石墓碑上饰以简洁的镂花图案，墓上刻有一副对联："吉地牛眠云吉地，佳城马鬣为佳城。"阴刻的书法颇有颜体的风格。

距合葬墓不远有一座同治十二年(1873年)建造的墓。这座墓建造得豪华、庞大，墓上雕刻的花纹图案优美生动。墓门有对联："虎影坟台落虎穴，龙形凤嘴真龙脉。"近看这座墓，墓碑上刻有"皇清待赠谢代炀，皇清待诰谢罗氏"等字样。

金桂园

有三株百年古桂树

垫江县太平镇明月山关字寨

金桂园海拔750～900米，占地近67公顷，以园前1000米处的3棵百年古树——金桂花树而得名。

金桂园水源丰富，水质上乘，空气清新，种养均保持纯天然、无污染。这里的四季特色可概括为"春观花，夏品果，秋赏叶，冬戏雪"。

玩家解说

金桂园创建于2001年，以开发小型生态旅游种植、养殖业为主，兼营传统果、肉、酒类深加工。

金桂园种植的水果，绝大多数都是目前世界最优良的品种，如日本丰水梨、秋姬李、硬肉桃、日本甜柿、玫瑰香柑、韩国园黄梨、美国黑宝石李等。此外还种了许多优质小品种，如枇杷、石榴、杏子、乌皮樱桃等。养殖方面有冷水鱼(山上泉水喂养纯天然鱼)、野放鸡、黑山羊、天然蜂蜜。此外还成片种植了澳大利亚牧草，它的特点是四季常绿、最高长到20厘米，1年有10个月花期，牧草营养丰富，是牛、羊、猪、兔、鸡、鱼等畜禽的好饲料。

五洞李花园

李子品种众多

垫江县五洞镇

五洞李花园旅游区位于唐家坡，唐家坡海拔600多米，从20世纪60年代初期始，唐家坡就遍栽李子树。至今面积已达200多万平方米，计20多万株。春天，满坡遍野的李花烂漫绽放枝头，铺天盖地白如雪，其景蔚为壮观。

如果站在坡顶松树林里俯瞰，映入眼帘的便是花的海洋。在雪白李花的主色调上，青瓦农舍、茂竹阡陌点缀其中，完全似一幅幅湿润的套色水印木刻画映入眼帘，让人感受到了浓浓的乡情；那农家院落三两株鲜艳桃花的衬映，使人领悟到一种悠悠扬扬的田园诗的意境与韵味。

这里的李子品种多，既有从国外引种的布朗李，也有本地的鸡血李、清脆李。若是夏季李子成熟，累累硕果压弯枝头，游客到此，可以一饱口福。

迎风湖度假区

被誉为"世外桃源"

垫江县迎风水库

迎风湖度假村水域面积约58公顷，蓄水量786万立方米，湖面开阔，依山傍水，岸线曲折。景区岛屿众多，野鸭白鹭成群，果树

李花

成林，山林茂密，瓜果飘香，被誉为“世外桃源”。

在湖的中心岛上，按照二星级标准建有宾馆，建成面积3000平方米，可容纳180人的食宿。同时，还建有露天游泳池、钓鱼池、羽毛球场、乒乓球场、歌舞厅等娱乐健身设施，并向游人提供快艇、游船服务。岛上遍设室外音响和室外灯饰，并开设有特色烧烤，并可以根据顾客需要，开篝火晚会、杀年猪等活动。

黄沙白柚生态园

黄沙白柚盛产地

垫江县黄沙乡

黄沙乡盛产国家优质果品黄沙白柚，全乡有白柚树40余万株，集中的果园有2个。

金凤果园

金凤果园占地134余公顷，有白柚树3万余株，果园中心有长冲水库，水面约5公顷。果园分湖滨果林休闲区、白柚（花）观赏区、丰产示范区、环园白柚林带区。果园内有配套的公路和农家乐。

曾家岩果园

曾家岩果园是黄沙白柚的发祥地，有“圣果之源”之美称。园区有柚林约33公顷、1.5万株。园区植被丰茂，百年古树众多，村落掩映林中，有“白云悠悠绕柚林，柚林深处有人家”的乡村田园风味。

两个果园都有公路相连，园内有观赏道路和若干农家乐，硕果满枝，让人流连忘返，是都市人欣赏田园风光的绝好去处。

凤山公园

城市古典式园林

垫江县城人民路

凤山公园1982年建园，是垫江县目前唯一的城市古典式园林，设计布局巧妙，景色秀丽，文化内涵丰富。

园内林木葱茏，花草繁茂，楼阁参差，亭台掩映，空气新鲜，小鸟在林中莺歌，景色宜人。顺山有优美神话传说的凤山女雕塑，有依湖而建的逸神楼，凤山山脚有凤闻堂，山顶有江山一览游廊，游廊北侧凤山山麓有一片静谧的香樟林，有一片浓郁的桂花林，有一片笔直的水杉林，桂香亭在此若隐若现，凤山南面有飞机亭，与千秋不败对景相望。于此望能览全城风景，是垫江市民最理想的节日休闲地。公园还设有游船、水上乐园、儿童娱乐城及商业网点等综合性设施。

黄沙白柚生态园

油菜花大观园

优质油菜制种基地

垫江县沙坪镇

在李白大坝、红旗大坝、黄家大坝和姚家大坝万亩田地，种植属国家“863”科研项目，由西南农大李加纳教授悉心研究、培育，并纳入重庆10个百万产业化项目的优良品种——“渝黄一号”黄籽油菜种，建成了重庆市最大的优质油菜制种基地。

油菜花大观园有万蜂浣、醉花榭、溪竹雅舍、黄金海岸等几处特色景点。每逢阳春三月，油菜花竞相开放，放眼四野，一片金黄，形成十分壮观的万亩花海，花海里蜂蝶相戏，花香醉人，春风吹来，金浪翻滚，波连云涌。

垭角山

可观赏壮观的雾海奇观

垫江县桂溪镇西约15千米 由县城至垭角山，可乘车到中嘴寨，再登1个小时的山路，即可到达

垭角山海拔1066米，被群山环抱，山脉绵延，使得它像一颗突起的绿色珠宝，而周围的群山酷似九条龙，构成了一个九龙抢宝之势。

在垭角山的山垭上，有一口清澈的水塘。站在水塘坝上，山风拂面，令人神清气爽。水塘里的水碧绿幽深，像一面绿色的镜子，镶嵌在群山之中。水塘坝是一个观景台，站在这里，天晴时可俯瞰县城全貌，若遇雨后初晴则会欣赏到云雾翻腾、气象万千的雾海奇观。

玩家解说

垭角山植被茂密、叶稠荫翠。春天，游人可欣赏异彩纷呈的山野之花；秋天，可领略红黄间杂的树叶之美。树林里，有九月香、松毛菌、蕨菜可供人采摘，这些上等的绿色食品会让你大饱口福。置身于满眼青翠的垭角山上，听着鸟儿啁啾，松涛阵阵，令人赏心悦目。

油菜花大观园

风鼎山

一峰特秀，俯压群峦

垫江县新民镇

风鼎山又名峰顶山，海拔1183米，是明月山主峰。《垫江县志》谓其“一峰特秀，俯压群峦”。清·李惺《风鼎山》曰：“未肯东行要向西，茫茫元化绝端倪。孤峰突起压鳌背，太古以来无马蹄。罡气能令红日淡，晴光不放四云低。最怜著地人如许，壁上蜗牛瓮里鸡。”

峰顶山有着独特的风光。登峰远眺，给人以“一览众山小”的感受。若在晴天，站在峰顶山放眼而望，大竹、邻水、梁平、垫江四座县城，都能尽收眼底。

禅岩

峰顶山上最著名的胜迹，当数禅岩，即峰顶山佛教开山鼻祖唐初马祖和尚的参禅悟道之所。马祖在此面壁坐禅数载，顿悟得佛，因其精诚所至而令岩壁发光。

玩家解说

明·陈端《大通寺碑记》曰：“(峰顶山)畔有苍岩石壁，发五色圆光，至今不磨，世传马祖禅岩，此峰顶之胜概也。”清·李丹生《访禅岩》曰：“峰顶拥青螺，山灵萃石窟。无相往虚空，大师具天目。趺坐几何年，兀然同槁木。铁骨斜倚处，顽石不胜肉。五色月华开，心灯照岩腹。精魂永

弗磨，千秋一老秃。俯视尘寰间，蠛蠓等信宿。烟窜互明暗，春光难尽掬。诸峰横翠界，田畴带林麓。暂息小洞天，登临防坠谷。何以安禅人，四六无局促。叮诸同游者，下山勿太速。"

大通寺

大通寺位于峰顶山东麓，是唐贞观三年（629年），由开国元勋尉迟恭监造的一座著名古刹。旧《垫江县志》载："大通寺跨西山峰顶之腰，为唐贞观间马祖大师云游栖息之所，盖有仙也。"大通寺后山坡上，遗留着古代种植的茶树。据说，其茶叶经过炒制后，用这里的泉水冲泡，十分清甜，回味无穷，是为山珍之一。

石人山

垫江"八景"之一

垫江县新民镇

石人山又名双箭文峰、状元峰，是旧县志所称垫江"八景"之一，以貌似人状的两方巨大的石笋而得名。

石人山既宜远观，又可近赏。在渝巫路新民段远观，宛如一对情侣，昂首苍穹，脚下是重重森林，头上是朵朵白云，仿佛向天空奔去。爬上衬山地带观看，则若一对夫妇带着小孩在天际间赶路。再穿过重重森林，爬上石人立足的地方，重叠而险峻的巨石兀立眼前。巨石周围依偎着形形色色的小石，猴状者搔痒，鹰状者展翅，犬状者吠天，牛状者露角，人状者醉饮……真是千姿百态、妙趣横生。

玩家解说

历代文人墨客，对石人山颇多吟诵。如清·高科《石人山》："置身天半众山低，北望神京镇岭西。古貌古心同露处，不衫不履伴云栖。仰探碧落星辰近，俯视红尘草木齐。立定脚跟山共稳，两人千载醒还迷。"清·李丹生《双箭文峰》："钟英拔锐出山颠，对月书空不记年。石笋琢椎双脱颖，云根削笔并如椽。可能上苑争标去，拟向南宫射策还。欲倩巨灵仙掌力，两行夹写碧云笺。"

石人山

链接

古老民谣

石人山历代都流传着许多民间故事。"石人对石鼓，宝贝鼓中贮。一朝石鼓开，富盖重庆府。"这首在垫江广泛流传的古老民谣就是其中之一。

延伸

石人山四周景致

在石人山南侧有报恩寺、明月湖，及清代嘉庆年间为防白莲教而高筑城墙的十字街；西面有高耸入云的峰顶山，大通村的黑白牡丹花；北侧有老鸹寨等，在这方圆五六平方千米的范围内，形成了一处丰富多彩的自然景观与人文景观相映生辉的游览胜地。

廖家槽

水域宽阔、水质清澈

垫江县太平镇

廖家槽水库水域宽阔，库水清澈明朗。水库里有一个半岛，岛上修竹茂林之中，掩隐着白墙青瓦的清代民居。半岛上四合院式的民居正堂屋上，有一块巨大的牌匾刻着遒劲有力的4个大字"松茂竹苞"，落款的年代是乾隆戊庚年（1778年）。

从清代民居后面沿溪而上，溪两边是满坡的李子树。春天，满坡雪白的李花竞相开放，蔚为壮观。碧绿的水，雪白的花，连绵的山，相映成趣，如一幅水墨山水画。

这里的溪水，常年欢快地流淌在七拐八折的石滩上，然后猛地跌下山崖，形成一道白练，挂在人们眼前。水雾蒙蒙中，让人感到丝丝凉意。躺在洁净的石滩上，暑气顿消，神清气爽。抬眼望去，溪岸上，有一圆形的巨石，巨石上面布满了龟纹，这巨大的龟纹石，是这里独特的一道景观。

岛上还有一棵盘根错节、叶稠荫翠的黄桷树，这棵巨大的黄桷树静静地立于半岛上，见证着这里的历史沧桑。黄桷树下有一座雕刻精致、别有韵味的古墓。古墓石碑上刻一对联：山清水秀发祥远，虎啸龙吟及弟多。

石梁子

可俯瞰整座县城

垫江县太平镇明月山龙华地段

石梁子是山脊上高高耸立的森林景区，海拔900多米。石梁子西侧是满山绿树的慢坡，东侧是壁立陡峭的悬崖。高高的石梁子巍然耸立在西山之脊，站在石梁子上，可以俯瞰县城全景。

石梁子上树木长势良好，植被异常茂盛，苍翠葱茏的森林中间，一条向前延伸的宽敞消防道通向前方，让人感觉心旷神怡。道两旁茂密的植被纵横交错，道上铺满厚厚的松针，人行走在上面非常柔软舒适。道两旁高大的树木遮天蔽日。

天星桥民居

庄园设计别具匠心

垫江县太平镇南面约4千米处

天星桥民居名天星桥湾，位于天星桥的正上方是一狭长形的半岛，坐北向南，砖木石混合结构，为四进四坝的复四合院式建筑群体，是一座封建地主庄园，建于清同治三年(1864年)，为当地豪绅易时庭及其弟易雨庭所建。

这座庄园设计别具匠心。总体要求是对称布局，多变的结构，百余个窗户，个个图案不同；108个门，门门相对；千米走道，蜿蜒曲折，下雨天无论走到何处，均不会湿鞋。尤其是下水道的设计，许多地方做成了上下两层，上层流露天雨水，下层流生活污水。为了配景需要，在天星桥下方10米处还建了一座桥梁，取名高桥，与天星桥成为螺蛳坡的雨条触角。

链接

天星桥湾旧主

易时庭曾做过石匠、木匠和字画裱糊等业，30岁开始做菜油、木材生意，赚了很多银两。易雨庭做官京城，专管建设事(官阶无考)，积蓄颇丰。为感母厚德，弟兄二人将所有积蓄合并一起，修建了这座庄园。占地近0.7公顷，建筑面积3000余平方米，由石、木工匠数十人，历时13年余才建成。

玩家 解说

龙滩河与卧龙河相交处有一座古老的九孔石桥，因桥下巨石中央有一直径30厘米的天然圆形石洞，名曰天心碗。水位恰当时，可见一股河水流进石洞形成很深的旋涡再从洞底流出，因此得名天心桥，后又被人们改写为天星桥。

天星桥

景点推荐 梁平旅游区

双桂旅游区

西南佛教禅宗祖庭

梁平区金带镇

双桂旅游区以双桂堂为核心，以滑石寨、金城寨、双桂湖为辐射点，形成“金凤展翅”的格局。双桂堂是由被誉为“小释迦”的破山海明禅师于清顺治年间（1644—1661年）创建，是全国重点寺庙、市级重点文物保护单位，享有“西南佛教禅宗祖庭”之美誉。景区核心双桂堂是重庆市十大旅游精品。

双桂堂 ㊫

双桂堂由曹溪南派禅宗第35代法师破山禅师建于清顺治十年(1653年)，有300余年历史。先后法传十五代十八任绍席方丈，其中以破山禅最享盛名。

双桂堂全寺占地面积7万多平方米，寺院坐东朝西，殿堂为木石结构，有大山门、弥勒殿、大雄宝殿、戒堂、破山塔、大悲殿、藏经楼等七重建筑，全部修葺一新，并新建了五百罗汉堂重现巍峨雄姿。两侧有厢房、僧舍300余间，长廊相连，有天井、海观42口，玲珑古雅，周围有白莲池、后缘池、花园等景观点缀，环境清幽。

大雄宝殿是双桂堂的主要建筑之一，为三层宫殿式建筑，光绪年间（1875—1908年）扩建，历时5年建成，支撑大殿的52根石柱，柱长3丈，直径3尺，每根重达2万余斤，全凭人力从百里之外运来。

玩家 解说

双桂堂因破山法师在该寺内植双株桂树而得名。双桂堂之所以是“堂”，而不以“寺”“庙”命名，只因这里系西南禅宗之“大学堂”，“教”出一批方丈与住持。

双桂堂创始人破山，一生培育弟子100余人。后来，这些弟子分赴四川、云南、贵州、陕西等省市甚至东南亚地区，中兴了许多毁于战乱的寺院，成为西南汉传佛教的主体，故有“云贵川禅宗祖庭”之称，并尊其为“堂”。

双桂湖

双桂湖因双桂堂而闻名。双桂湖总面积7365亩，其中水面面积1800亩，长于东西而狭于南北。

双桂湖周围丘陵低山峰峦起伏，淙淙流水自山涧注入湖中，湖光潋滟，碧波荡漾，流金溢彩，妩媚动人。湖的四周林木葱茂，自然风光旖旎，恬静幽雅，给人“秋水共长天一色，落霞与孤鹜齐飞”的感觉，为久居喧嚣城市的人们提供了一个理想的旅游观光、休闲度假、消夏避暑的胜地，是人们追求回归自然及乡野情趣、放松愉悦之场所。

金城寨

金城寨山形奇特，植被茂密，山顶平坦，视野开阔。远远望去，一座状如石鼓的山峰拔地而起，气势巍峨，耸立于群山中间，四周悬崖峭壁，托出一块近1.3公顷的肥沃土地。寨顶只有一条路可上，别无他途，又有寨门城墙等防御工事，是名副其实的金城汤池和世外桃源。

名柚生态观光园

梁平柚生态观光园是集农业观光、科普休闲、健身娱乐、购物为一体的生态旅游景区。观光园占地面积约133公顷，有优质柚树

双桂堂

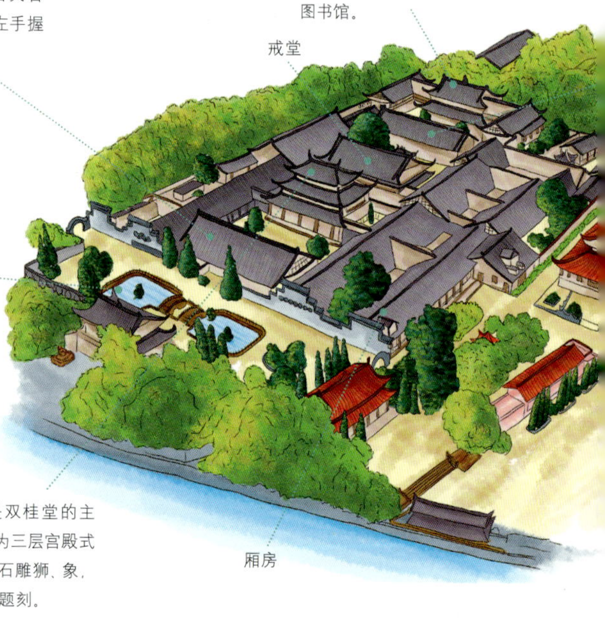

10余万株，园内除种植优质龙滩柚外，还修建了古色古香的休闲亭、休闲桌凳以及钓鱼池等设施，还为方便游客采果开辟了专门的观光采果人行道。

漫步在幽静的柚园里，枝叶茂密的柚树遮天蔽日，让人们暂时忘却了城市的喧嚣，工作的烦恼。春天扑鼻的柚花香沁人心脾，白色的花朵赏心悦目，秋天清冽的果香扑鼻而来，黄澄澄、沉甸甸的柚子挂在枝头。感受着春华秋实的四季田园美景，品尝着秀美丰实的梁平柚，恍然间，已置身于世外桃源之中，流连于这如诗美景，不愿寻归。

玩家 解说

被誉为中国名柚的梁平柚，在梁平栽培已逾250年历史。梁平柚果实端正，皮薄肉厚，汁多味甜，色香味俱全。梁平柚树冠大，四季常绿，根系发达，不仅观赏性强，而且是保持水土的优良树种。每年5月柚子开花期和10月柚子成熟期，园内景色宜人，香气四溢，是生态观光游览的最佳时节。

滑石寨

滑石寨位于梁平金带镇滑石村3组，相距西南地区禅宗祖庭梁平双桂堂不到3000米。古寨位于一座拔地而起的纺锤形孤峰山顶，山四周皆是陡峭的悬崖峭壁，上山只有从绝壁上开凿而成的一条石阶小路。由于地势极其险要，古寨至今依然完好地保存着古碉楼、寨门、石厅等遗迹。

玩家 解说

滑石寨是一座有着200多年历史的军事古寨，估计修建于18世纪末至19世纪初的嘉庆年间。其修建的原因，目前估计有两种说法：一种认为是当时川东北白莲教起义军在梁平区（史称梁山县）活动达7年之久，数万义军曾数度攻占梁平大部，时任清朝梁山知县方积亦为防范白莲教，在县内险要地势修建了217座寨堡，在寨堡里驻军据守，滑石寨可能是其中一个。

另一种说法认为是当地豪强地主修建的私家城堡。因为从军事角度看，滑石寨所处的位置并不险要，孤峰一座，并没占据险要道路和关隘，算不上扼守要害的军事要塞。但不管什么原因，在历经200多年后，梁平境内其余古寨皆已墙垣无存，唯滑石寨大部分保存至今。

东明湖

湖光山色，风光旖旎

梁平区梁山镇 8:00~17:00

东明湖原为沙坝水库，湖呈掌状，水域面积约47公顷。日里披满阳光，夜里缀满星辰。来到景区，迎面就是壮观的大坝。沿陡峭的石梯拾级而上，登临坝顶顿时豁然开朗。湖似妆镜，清澈湛蓝，水道幽深，九曲十八弯。

水库旁是气势雄浑、海拔1000多米高的菩萨顶山峰，峰巅云雾环绕，峰峦隐现，气象万千，把秋日的东山装扮得极为神秘。湖中居是东明湖上一道独特的风景，是由湖中一小岛改造而成的湖中水上建筑，幽雅、清新，颇有西湖湖心亭的韵味。

百里竹海

东山国家森林公园

溶洞密布、探险天堂

梁平区城东南方向，距城区7千米

东山国家森林公园山清水秀、风光旖旎、气候宜人。风景资源具有低中山森林景观、岩溶地质地貌景观特色。溶洞密布、神奇而富有特色；山水一体化景色突出；区位优势突出，318国道穿过森林公园，距西南佛教祖庭—双桂堂仅10千米，是三峡旅游环线上的一个热点、渝万旅游黄金走廊的中点。

百里竹海

竹类博物馆

重庆梁平区竹山镇　¥30元

观音洞

观音洞景区是市级风景名胜区百里竹海三大景点之一，以自然风景为基调，是融文化娱乐、休闲度假为一体的综合性旅游景区，面积上千亩。景区内竹林密布、峰峦多姿、山形独特、风光诱人，自然景观与“竹文化”和人文景观相结合，风景秀丽，环境优美，空气清新，冬暖夏凉，是游客休闲避暑的理想之所。

明月湖

明月湖景区位于梁平区屏锦镇境内，距城区约25千米，是一座被誉为“群山锁钥”的大型水库，修建于1996年10月，水域面积为92公顷，与竹山林海紧密连接，为梁平最大的一座水库。四周群山环抱，山清水秀，清静幽雅，湖中有2.6公顷多的笔架山岛、浪琴岛、金龟半岛、天生岛、天生桥等优美景致，水天一色，是重庆旅游避暑度假的好去处。

竹丰湖

竹丰湖景区是一座被誉为“群山锁钥”的大型水库，海拔700米，因其风光秀美，又高居山巅，故独享梁平“天池”之美誉。竹丰湖像一块碧玉镶嵌在清幽寂静的山乡里。湖的四周重峦叠嶂，树木葱郁，翠竹亭亭玉立。那错落有致、起伏跌宕的群山将湖水装扮得碧绿碧绿，乘船游览竹丰湖就如在画中穿行，心也静得如这湖水一般纯净透亮。游览竹丰湖，以为自己置身于有“山水甲天下”之称的桂林呢。

小峨眉山

小峨眉山是一佛教圣地，古寺遗迹依山而居，左按青龙，右杖白虎，前方一对青狮相峙，整个山脉十分对称，场面庄严恢宏。多年来，古寺虽屡遭破坏，但台柱碑刻保存尚好，图文彩画清晰可辨，佛像石刻栩栩如生，古代浓郁的地方文化尽显无遗。逢吉日，川渝两地之香客络绎不绝。

吊脚楼

竹海腹地猎神村目前还有一半民房是

木瓦屋结构，林家大院、古家大院、傅家湾、陈家大院、王家院、唐家院、张家大院、陈家老院，层层叠叠倚山而建，坐西朝东。一排正屋，两侧吊脚楼构成的横屋、厢房，与地形、树木、采光自然协调，跟古代择地而居的观念协和一致，煞是美观，是重庆旅游体验巴渝特色吊脚楼的好去处。

白莲教神秘墓群

颇具神秘色彩的墓群

梁平区竹山镇

白莲教神秘墓群共有586座坟墓。这些坟墓横纵排列规范，每座间隔不足50厘米。最大的高约1.5米，占地约6平方米。而绝大多数高不满60厘米，占地不足2平方米。

这些坟墓如此规则相似，死者定是同时下葬，可以依据坟墓大小区别死者之间的尊卑。在与大棺山一沟相隔的小棺山，还有一大型墓群，共100余座，没有石碑、没有人烟，只闻鸟雀欢叫与山风拂过竹海的声音。两山的墓地间，均有深逾1米、宽约3米的土坑，且墓群一分为二，以高半米以上的长长土墙相隔。

玩家解说

史书记载，清中叶白莲教义军频繁活动于梁平区（古称梁山县），《梁平县志》记载，清嘉庆元年（1796年），达州白莲教首领徐天德举义旗，开赴梁山县设据点。次年，白莲教总首领王聪儿入川东北。仅1799年3月，义军与清军在梁平之战中双方死伤就达4万人。1802年12月1日，义军胡思鹏率部在今墓群地区激战，击毙清守将峨边营把总龙廷贵等数百人。

石马山公园

梁山八景之一

梁平区石马路

石马山因其山形如骏马而得名，是“梁山八景”之一。石马山公园占地17.3公顷，最高海拔562.84米，最低海拔468.3米，相对高差94.54米。公园分为七大景区，是融旅游观光、休闲娱乐、运动健身为一体的综合性公园。

鸣钟寺

鸣钟寺

鸣钟寺位于入口区西面。梁平石马山鸣钟寺为渝东古迹，始建于清朝年间，毁于“文革”期间。2005年由梁平双桂堂负责开始复建鸣钟寺。新的鸣钟寺占地3.3公顷多，风格独具，殿堂楼阁随山形而立，石刻依旧；寺内有大山门、大雄宝殿、观音殿三重殿宇，并依山形而塑露天大佛一尊，建7层鸣钟塔一座，塔内置7吨大钟一口，梁平城迎来久违的石马山鸣钟寺钟声。

水景区

水景区在入口区以东，以白马湖为中心，白马湖边春晓榭临水而建，湖西有望月亭与春晓榭形成对景。别致的曲桥把白马湖分为大小各异、功能不同的两个水面，西水面较为开阔，碰碰船来回穿梭。东水面较小，与春晓榭曲桥等围合成观鱼、钓鱼湖。湖边垂柳婀娜多姿，湖中碧波荡漾，岸上鸟语花香，美不胜收。

石马归云

石马归云区为石马山主峰，乃全园最高点，这里晨披朝霞，暮拥归云。登临远眺，文峰塔巍然耸立，“高梁耸翠”，自然风光如锦如画，万顷良田波光粼粼如湖海，千家住宅似扁舟，国道如龙出洞，城区美景尽收眼底。崖壁上以石马为主题，姿态优美的大型雕塑，使“梁山八景”之一的“石马归云”焕发出青春。

儿童活动区

儿童活动区是孩子们的乐园。这里设有童趣的建筑，秋千、压板、滑梯等器具。还有电动小火车、小汽车、碰碰车、高空自行车等，儿童们在这里尽情玩耍，开展丰富多彩的活动。

文化娱乐区

文化娱乐区以依山而建、随坡就势的览胜楼为中心，是综合性的文化娱乐区。入楼登高而望，园内风景如画，园外万苗春耕，览胜楼内设有多种室内游艺及康乐设施，游人可在此进行健身、健美、卡拉OK、舞蹈等多种形式的文化、体育、娱乐活动。

文化休闲区

文化休闲区位于公园东部，以石马书院为中心，院中置有收画、盆景、小型博物展览，具有浓郁的文化气息。另在石马书院南侧有一亭，闲坐亭中，园外繁忙的春耕场面尽收眼底，故为“一览春”。

书院以文化休闲为主，琴棋书画，自得其乐。同时设有一茶室，游人可在风景如画的书院中悠闲散步，娱乐打牌，切磋棋艺，品茶聊天，工作的紧张与疲劳在此得到全身心的放松。金秋时分，闲坐行云亭中，园内红彤彤的秋叶尽收眼底，园外金灿灿的稻田一望无垠。

云龙七里滩冰臼群

第四纪冰川遗迹

梁平区云龙镇七里滩电站旁

云龙七里滩冰臼群为第四纪冰川遗迹，距今已有200至300万年的历史，为目前中国规模最大、密度最高的冰臼，也是四川盆地首次发现的第四纪冰川遗迹。

云龙冰臼群分布数量多，保存完好，其规模和程度，实乃世界奇观。河滩上有许许多多密如蜂窝状的石洞，大大小小上千个，大的直径三四米，小的不过几厘米，深浅也不一致，浅的不过一手指，深的有七八十厘米。这些洞无论大小、深浅、疏密都是口小肚大底部平，基本上处于同一基岩面上，而且以圆形、椭圆形居多。这些洞形状各异，

云龙七里滩冰臼群

玩家 解说

冰臼是非常罕见的自然现象和遗产，这些距今已有200万至300万年的石洞是第四纪冰川运动的结果。它是在巨厚冰屋覆盖，处于“封闭”和“半封闭”状态下，冰川融水(包括0°C以下的压融水和0°C以上的冰川融水)沿着冰川裂隙向下流动，形成强大的水柱冲击而成。由于处于“封闭”和“半封闭”状态，所以这种水柱具有两个特征：一是底部具有巨大压力，二是呈“圆柱体水钻”方式，就像油田钻井一样，对下面的覆基岩和冰川漂砾进行强烈冲击、旋动和研磨，由此就形成了我们今天所看到的一个个石孔洞。七里滩上的冰臼群对于研究古气候、古环境、全球变暖和人类起源、人类肤色的形成都具有极高的科研价值。

云龙七里滩冰臼群

如臼如缸，有的像锅、碗，有的像茶杯、汤匙。更有甚者，洞中有孔，孔孔相连，十分奇特。

七里滩冰臼群是亚洲乃至世界范围内的佼佼者，如此成片的河谷冰臼群实为罕见。

蟠龙洞

神秘莫测、令人向往

梁平区蟠龙镇

蟠龙山因蟠龙洞而得名，突众山之上，孤寺秀杰。三峡陆路入川的古驿道从这里穿过，历代文人墨客过此，所留诗章甚多，南宋名诗人陆游、范成大亦有题诗，游览区主要景点有：古洞蟠龙、雌雄银杏、郑家洞、崖泉瀑布、百步梯、斗大黄荆。

宝珠山

宝珠山，蟠龙洞风景区的一颗明珠。在蜿蜒起伏的群山中，有一座孤寺秀杰，形如一颗宝珠耸入云端的山峰，这便是宝珠山。

说起宝珠山，在当地还有一个美丽的传说：当年天宫王母娘娘头饰上的一颗宝珠不慎掉下凡尘，落到东海。东海的蟠龙和老龙拼命赶来抢夺，但蟠龙年轻力壮，跑得比老龙稍快一点，老龙眼看抢珠无望，就化作山峰死死地压住了蟠龙的身子，宝珠就在蟠龙的嘴边，可就是吃不到。久而久之，宝珠也化作了一座山峰，这就是现在的宝珠山。直到现在，蟠龙还眼望着宝珠，张着大大的嘴巴，欲吞欲吐，舌头上的口水还在不停地流呢!

沿着九曲回肠的游步道缓缓漫步，拾级而上，山风夹着绿草野花的芳香，满山的莺莺鸟语，给人一种攀越天梯步入仙境的幻觉。

古溶洞

据《万有文库》记载，“古洞蟠龙”为全国四大蟠龙之一，也是“梁山八景”之一。因洞内有二石，龙状首尾相蟠，故名蟠龙洞。

蟠龙洞分为“干洞”和“水洞”二洞。洞道蜿蜒曲折，时而开阔，时而狭长，幽深莫测，岔洞繁多，至今无人测出此洞的长度。洞内遍布钟乳石，或悬吊于上，或耸立于下，在朦胧的灯光下，移步换形，千姿百态，亦真亦幻，更为神奇的是“龙舌”“龙肝”“龙心”“龙肺”一应俱全。

往蟠龙洞以北行500米即可到达“白莲洞”。相传在嘉庆四年(1799年)，白莲教起义军首领徐天德的部将带领一支部队在此休整，得到当地百姓的支持，提供丰富的给养，故名“白莲洞”。该洞深800余米，洞口矮而狭窄，入洞10余米的道路平坦，然后绕着直立或倒垂的钟乳石斜坡而上，便越走越宽阔。洞内柱幔重叠，扑朔迷离。千姿百态的钟乳石、石笋、石柱、石花、石幔，瑰丽逼真，任人想象神驰，如履仙境。

除此之外，蟠龙洞群还有伏凤洞、白龙洞、老龙洞等著名溶洞景点。

小小三峡

在宝珠山下，有一条长两千米多的幽幽峡谷，按照沿途景致的差异，大致可分为三段，当地人称之为“小小三峡”。

从蟠龙洞顺流而下，首先进入放翁峡，这里的山涧常年流水潺潺，溪水清澈见底，两岸绿草如茵，扑鼻而来的新鲜空气，让人心花怒放、流连忘返。相传陆游三访蟠龙洞时，见其佳境，不禁叹曰：“翁叹夔州幽巴蜀，不暗此处亦仙境。”源于此，后人便称这段峡谷为“放翁峡”。

再往下走，便可看见河流两岸绝壁千仞，怪石嶙峋，苍翠的藤蔓、怪木夹杂着野花从崖缝中伸出，交缠竞长，与洁白的崖石交相辉映，“白岩峡”因此而得名。

从白岩峡下去，一直到蟠龙大桥，便是巴雾峡。这里两岸山峰对峙，沟谷幽深，悬崖间常常有水流从岩缝飘落，形成湿漉漉、凉丝丝的雾，恍如仙境。

银杏树

在蟠龙洞入口前50米，有两株植物界的活化石——“雌雄银杏”。这两棵古银杏株距约2米、胸径约4米，俱需数人才能环抱，高达30多米，酷似两个忠诚卫士，日夜守护着蟠龙洞。更为有趣的是，一株树干及枝丫多处显凹状，而另一株多处显凸状，故称为“雌雄银杏”。

百步梯

百步梯是最为险峻也是保存最为完整的入川古驿道，它东至银河桥，西接凉风垭，然后下山至梁平城，自古就是一条入川出川

蟠龙洞

百步梯

的重要通道，为汉代大修驿道时所修，距今至少有2000年的历史。

据历史记载，由于这条古驿道地势险要，曾是历代兵家必争之地，三国时刘备沿此攻入蜀川，明代张献忠率农民起义军取四川曾两次在此摆战场。

猫儿寨

重庆市第一大寨

梁平区西北约64千米处

猫儿寨——重庆市第一大寨，位于梁平区西北部64千米处的虎城镇中心地带，集中村境内，距虎城镇0.5千米路程，在方圆几十里都可望见。四周悬崖峭壁，崖高几十米，是一座天然石寨。寨上非常宽阔，由东至西约400米，由南至北约900米，总面积约250亩，周长约2000米。寨上有九沟十三包，但地势较为平坦，高低起伏不大。

猫儿寨地势险要，易守难攻，历来为兵家必争之地，古时是方圆百里地主豪绅避乱、休闲、养老的理想场所。四周高高的寨墙环绕，几十座哨棚，六座城楼防守，东西北三座寨门出入，三条宽宽的石板大道延伸远方，寨内房屋鳞次栉比，下雨天走遍全寨不湿脚。

玩家 解说

明崇祯年间（1628—1644年）农民起义军与明军发生的“袁虎大战”、清嘉庆年间（1796—1820年）的“白莲教”与清军的数次血战，都发生在这里；大革命时期，梁平第一个党小组、第一届中心县委相继在猫儿寨成立，并谱写了可歌可泣的“虎南大”革命斗争历史。猫儿寨还盛产“虎蜜柚”，是全国三大名柚之一，曾获国家金奖。

文峰塔

重庆石塔之最

梁平区西北部3千米处

文峰塔为清代道光七年（1827年）所建建筑物，是一座雄伟高大的八角塔。塔身12层，准确高度35.68米，为仅次于福建泉州石塔的全国第二大高塔。有民谣赞为“梁山（平）有个文峰塔，隔天只有一尺八”。

文峰塔塔身造型美观、大方、壮丽奇特，全塔用坚石精心砌成，石门上尚有清晰可见的“灵秀”“文明”四字，早期塔内有菩萨，旁有庙，供有韦驮佛像，竖有碑石。

文峰塔塔基全砌在大石包上，十分牢固。最上一层的每角挂有一个小铃，风吹铃响，幽声远传，韵味无穷。

文峰塔设计施工技术高超，选材用料严格，历数百年的风吹雨打雷鸣，不倾不裂，经久不坏。

玩家 解说

文峰塔为梁平坝子的风水塔。它的建造还有一个风趣的传说：有很多年前，梁平县田瘦，施肥田不肥，大竹县田肥，不施肥田仍肥，皆因耸立在西山群峰之上的狐狸咀，首东尾西，吃梁山屙大竹，于梁平不利。人们遂集资在县城北门报国寺外，修建了一座“万提楼”，但因无济于事，又在平坝上修建此塔，将狐狸嘴巴撑住，从此梁平五谷丰登，风调雨顺。

龙溪河
全国第一条梯级开发的河流

梁平境内的沪蓉高速东侧

美丽的龙溪河发源于梁平东山森林公园，流经梁平、垫江两地和长寿区，在长寿境内汇入长江，全长约230千米。它是全国第一条梯级开发的河流。

龙溪河碧波荡漾，山清水秀，水天一色，令人心旷神怡，流连忘返。河面上有一座古老的石桥，静静地横卧在碧绿的河面上。它与一般的平桥不同，在桥的中间有一个半径约2米的半圆形拱桥，供过往的游船通行。远远望去如初升之旭日，喷薄欲出，又如倒悬之明月，映入江底。

龙溪河穿过云龙古镇，河边建有简朴的乡间小码头，从码头乘机动小铁船出发，便可欣赏到独具特色的龙溪河风景区。整个景区包括龙溪河荡舟、大平寨访古、双河口赏花、天星寨寻幽以及七里滩探迷5个景点。

龙溪河在长寿区境内有修建于20世纪50年代的大型水库“长寿湖”，是西南地区较大的人工湖，有“人间仙境”之称。

小峨眉山

虎城东边的小峨眉山，背靠百里竹海，面对虎城猫儿寨。山上竹树葱茏，山下溪流淙淙，在群山之中尤显挺拔俊逸，清幽灵秀。有的说它山形秀丽如美女之眉；有的说每当夜幕降临，一轮弯月挂在山顶，远远望去，如山之秀眉。总之因其秀美，故称峨眉山。又因区别于川西峨眉山，便在前面冠一“小”字。

五狮拜佛

小峨眉山前群山起伏，崔巍灵动。特别是有五座石山，拔地而起，壁立千仞，刀削斧劈。因是石灰石，岩壁光滑无尘，难长植物，雨水冲刷，条条缕缕，极像雄狮昂首，鬃毛飘拂。岩后山脉渐远渐低，极像狮身狮尾。五狮形态各异，有的如昂首嘶鸣，有的如奋力狂奔，有的如回头眺望，有的如驻足谛听。它们一齐朝向峨眉山，气势磅礴，蔚为壮观，这就是有名的五狮拜佛。

链接

五狮拜佛的传说

传说唐僧西天取经，途经天竺国玉华县，该县万灵竹节山九曲盘桓洞的“九天元圣”——九头狮子精，掳去唐僧师徒四人。孙悟空设法逃脱，上东天门请来太乙天尊，收服了他的坐骑九头狮子，打死了七头狮精，没留意跑掉了五头小狮子。若干年后，小狮长成大狮，且魔法高强，从天竺国进入西藏、云南、四川，欲经小峨眉山北上长安，为老狮子精报仇。小峨眉山上的佛祖和观音在它们路过之时，趁机收服了它们，并加以点化，五狮从此改恶从善，皈依佛门，就在峨眉山前虔心拜佛，以伺成仙。

每当夜幕降临，玉兔东升，五狮都要上峨眉山佛祖殿前海坝里，翻滚腾跃，献技竞艺，夜深方罢。鸡鸣以前，五狮回归原位，天明以后，人们看到的仍是五座狮子岩，静静地耸立着。岩上树木葱郁，鸟雀翻飞；岩下茫茫，鸣蝉高唱。

龙溪河

景点推荐

万州旅游区

万州大瀑布群 AAAA

亚洲第一瀑

万州区甘宁镇

98元 8:30~17:00

万州大瀑布群景区位于重庆市万州区中部，距万州机场、万州火车站、达万铁路、渝万高速公路、318国道等均为30千米，交通十分便利，乘车30分钟即可到达

万州大瀑布群景区总面积74.71平方千米，呈南北带状分布，南北总长约12千米，东西宽约8千米。旅游区以万州大瀑布为核心景观，从万州大瀑布开始，沿青龙河而下，汇入长江。

万州大瀑布群景区山清、水秀、瀑宽、洞奇、潭幽、湖大、虹美。旅游区自然景观资源非常丰富，人文积淀丰厚，有“亚洲第一瀑”之称的万州大瀑布；有马尿溪瀑布、仙女滩瀑布、鲸鱼口瀑布等多个可开发的瀑布；有青龙河、观音洞、水帘洞、白鹭栖息地、黑马崖等多种类型的自然景观。

青龙瀑布

青龙瀑布高64.5米，宽105米，瀑布雄伟壮阔，走向呈“弓”形。青龙瀑布山清、水秀、瀑宽、洞奇、潭幽、湖大、虹美，有“中国瀑布之王”之美誉。

瀑布之下有一约2000平方米的石洞，造

型奇特，令人神往，是坐洞观瀑的绝佳去处。沿着瀑布内部的小道前行，从瀑布里面眺望外面的景色，另有一番滋味。

水帘洞——天工画壁

瀑布下面1600平方米的水帘洞能极大丰富您的想象力。7000余平方米的青龙洞中，令人叹为观止的是自然天成的青龙洞“天工画壁”。

青龙洞洞顶，由于流水长年累月地冲刷，形成了许多痕迹。这些痕迹远看上去，极像是人工绘出的书画作品，因此被冠以“天工画壁”的美名。

最奇妙之处是，仰望过去会看到一匹领头的黑骏马。站在后面看，它似乎正领着万马向右前方奋蹄疾飞，而当人站到前面再看时，它又改变了方向，似乎在勇往直前。“画作”中还有几位蹁跹的“飞天”，这不就是人们从小就熟知的仙女散花吗？仔细找一找，城市、村庄、学校、家园等的图像也在其中。

观音洞

青龙瀑布旁的观音古洞，因有“乘龙观音”像而得名。千百年来，佛门弟子和善男信女，一直将瀑布溅起的漫天水雾视为“观音福露”，将瀑布在阳光折射下形成的七色彩虹尊为“菩萨佛光”，顶礼膜拜，观音古洞由此而香火旺盛。

甘宁墓

青龙瀑布的前方半坡上，有东吴名将甘

青龙瀑布

宁之墓。将军披战袍、跨骏马的石雕甚是威武。瀑布上游是甘宁水库，为垂钓荡舟的好去处。

链接

甘宁其人

传说甘宁出生在此，他曾带着队伍投靠黄祖、刘表，都被当为“草贼”不用。甘宁一气之下，便投奔邻国东吴，他在与魏国争战中，率领百骑，夜袭曹营，大获全胜，被提升为镇守东吴边陲的大将，把守益阳、西陵，多次击退黄祖和刘表等的侵犯，成为东吴赫赫有名的帅才将军。

潭獐峡

峡谷幽深、暗无天日

万州区梨树乡、地宝乡境内　09:00~17:00

潭獐峡中多水潭，又常有獐子出没，故称潭獐峡。峡内有7条支峡、24座山峰、48道小溪，两岸山岩在大自然的鬼斧神工之下，形成众多诗情画意、形态万千的自然景观。

潭獐峡主峡长约21千米，由将军峡、天王峡、桃园峡、地缝峡、海螺峡五峡组成，峡谷内最宽处约100米，最窄处仅1.5米。峡谷两侧悬壁陡峭，最高处近300米。

峡谷两侧奇石密布，山峰笔直，层峦叠嶂，植被葱郁，荫蔽幽谷。空间变化丰富，蜿蜒曲折，峡谷风光具有“小三峡”之幽秀，“天坑地缝”之神奇。

悦君山

巴蜀名山

万州区分水镇

悦君山地处长江三峡平行岭谷地山系铁峰山脉西段，为万州、梁平、开州交界地带。悦君山方圆280千米，植被总面积10000公顷。4000公顷原生态森林连绵起伏，6000公顷果树桑竹成片成林。林海中生长着500多种植物、200多种药材，还有数百种野生动物隐栖其间。悦君山平均海拔1100~1200

潭獐峡

米，主峰轩辕峰海拔1420米，是万州的最高峰。

铁峰山

人文自然景观荟萃

万州区北部

铁峰山国家森林公园集雄、险、奇、峻、美于一身的高大山峰，悬崖峭壁，云蒸雾罩，气势磅礴，既有幽泉秀水，飞瀑溅玉，又有奇花如绣，芳草如茵。

公园共分金狮岭、凤凰山、铁佛寺、贝壳山四个景区。主要的自然景点千峰耸翠、朝天门日出、凤凰岭云海、天鼓迎凤、石公石母、五池连珠、竹影凝翠让人目不暇接。

园内名胜古迹历史悠久，人文景观丰富多彩。凤仪禅院始建于明代，乃渝东名刹，著名的佛教圣地；养儿窝摩崖石刻历经数百年沧桑保存完好，更让人啧啧称奇。

玩家指路

路线一：红旗河沟长途汽车站乘车到万州，

玩家 攻略

园内森林面积3.5万亩，林区山势绵亘，崖陡壑深，山泉甘美，奇峰叠翠，林木繁茂，云烟飘浮。树种以马尾松、湿地松、火炬松、雪松、水杉、柳杉、斑竹、银糖槭等为主，森林景观的色彩富于季节变化。丰富的森林景观资源形成了林木清秀美丽的特点。年平均气温5℃，夏为避暑清凉的最佳胜地，冬为踏雪林海的赏雪佳境。

区内现有10个山庄，观赏点有养鹿场、山羊繁殖场，有闻名的铁峰道观，每年庙会人山人海，另外还有饿佛寺、碑林、狮子寨等旅游资源。主要景点还有电视塔、亭阁、画阁岭、梅花园、苗圃、茶园、养鹿场等。

铁峰山

区万州小天鹅车站乘到开州的车（20元左右），在大垭口下车，再乘长安车或摩托即到。

路线二：自驾车到万州后沿万州到开州的等级公路在大垭口下，然后沿路牌指示可以一直开到山顶。

玩家 解说

铁峰山森林公园中的草本植物以铁芒萁、里百、茅草、芭茅为主，覆盖达80%以上，经济植物主要有盐肤木、茶叶、楠竹、油桐、兰草等花卉植物。主要动物资源有獐、野猪、羚羊、野兔、山羊、蛇、锦鸡、猫头鹰等20多种，目前已建成一养鹿场。

铁峰山森林公园丰富的生态资源让大垭口更加富有自然气息，到铁峰山游玩也是不错的选择，去感受大自然的气息，让浮躁的心沉寂下来，轻松体验美好生活。

盐井龙洞

神奇的钟乳奇观

万州区盐井乡　20元

万州汽车南站每天有发往盐井龙洞的客车

盐井龙洞古名石龙洞，洞内暗河涌流，钟乳嶙峋。石笋、石帘、石梯田形态万千，巧布其中。洞中泉水每日有规律地涨落，终年不涸，故又称龙泉洞。

钟乳林立洞相通，清泉潺潺细声流，天然雕饰鬼斧工。洞内钟乳奇观千姿百态，"定海神针"高居亚洲第一、世界第二，鳄鱼戏水、倒挂莲花、群龙过江、九莲飞瀑、万卷书、农田梯，惟妙惟肖。

洞内有12个滩，滩滩各有其美妙之处。十二滩虾嬉鱼欢、波光粼粼。

景区文化底蕴丰厚、遗迹众多，百年龙王庙旧址香火不断，数十块丰碑演绎历史脉络，清光绪帝为盐井龙洞御笔亲书的"功宣朐忍"匾额蔚为珍品，凝藏着一段盐井白、乌二龙扑救京城大火的经典传奇。龙洞里的温度很是舒服，夏天去最好，水很凉，很冰，因为龙洞的结构所致。

链接

龙洞的传说

当地流传着许多与龙洞有关的神话故事。盐井龙洞口原先建有龙王庙。据传，大禹之子因在治理三峡水患时有所懈怠，大禹便罚他在此洞中修炼，名曰白龙。白龙终日思过，得以悔改，为当地百姓办了许多好事。

弥陀禅院

长江明珠

万州区北山一支路

重庆汽车站有开往万州区的班车

8:00~17:00

弥陀禅院建于北山观，原名中淮寺、钟鼓楼弥陀禅院等，为钟鼓楼弥陀禅院移民迁建项目。钟鼓楼弥陀禅院原位于万州城区一马路东端，屹立于长江之滨，清乾隆年间（1736—1795年）兴建，光绪十六年（1890

年）复修，传说夜门神钟飞降至庙，遂冠名"钟鼓楼"。

钟鼓楼禅院雄踞江岸，飞檐翘角，气势恢宏，俗语赞曰："万州有个钟鼓楼，半截伸在天里头。"盛时，寺院有大僧300余众，晨钟暮鼓，经声琅琅，真可谓"洞天福地"。

弥陀禅院占地16.2亩，由主殿、配殿、禅房、法堂、藏经楼、祈福塔、七星群及迎宾楼、服务部等构成，按佛教活动场所、旅游专门设施、现代殡葬三位一体，突出佛教圣地、风景旅游小区两大特色。

玩家 解说

三峡工程的兴建，弥陀禅院处于三峡工程淹没水位线下，成为库区搬迁难度较大的寺庙。该工程于2000年10月开工，2006年12月竣工。新的弥陀禅院融传统佛教文化、三峡民俗文化和现代殡葬文化、旅游休闲文化为一体，占地16.2亩，建筑面积9500平方米，亭台楼阁依山而建，高低错落有致，成为大江一处诱人的景观和万州标志性景观。

弥陀禅院

大小石城

历代兵家必争地

天子城位于万州区北天城镇北部，磨盘寨位于云阳县城梨园路

万州天子城和云阳磨盘寨合称大小石城。

万州天子城是一孤峰突起、四壁如削、仅寨门一路可通的古寨。据传说，三国时期蜀皇刘备伐吴时，曾屯兵于此，故又名天子城。

云阳磨盘寨原名盘石城，也称小石城、天生城。磨盘寨始建于南宋时期，据史书记载：宋将余曾率蜀抗敌，依山凭岩筑城，为全川十五城之一。磨盘寨建于一天然巨石上，此处地势险峻，是历代兵家必争之地。

天生城遗址 文

南宋抗元的古战场之一

万州区周家坝街道流水社区

天生城海拔556米，山势雄奇，绝壁凌空，古今列为万州胜景之一。现存前、中、后三道城门，以及前门、后门前方的二道卡门，分别为清代咸丰三年（1853年）和光绪十七年（1891年）重建。

中城门附近石壁间遗有南宋期间摩崖筑城题记和碑文5处、元代纪功碑1座。城上有古炮台1座，以及在城上凿大水池2个，并有部分古房屋遗址，城址年代为南宋抗元古城址，与合川钓鱼城、忠县皇华城、云阳盘石城等同为南宋抗元的古战场之一，对研究南宋史、元史以及军事史等都有十分重要的作用。

玩家 解说

天生地势险要，易守难攻，自古为兵家必争之要塞。相传三国时昭烈帝刘备伐吴，曾屯兵于此，故而又名天子城。南宋淳祐三年（1243年）余玠任四川安抚制置使时，为抗御蒙古军侵扰而筑此城，并迁万州州治于此，后又有数次增筑。南宋德祐元年（1275年），万州守将上官夔于此坚持抗元斗争，同元将杨文安大战年余，至死不降。后人为纪念上官夔以身殉国之壮举，曾在城上建有上官夔祠。

景点推荐

云阳旅游区

张飞庙 AAAA ㊁

巴蜀胜景

云阳县城外长江南岸　¥ 35元

张飞庙始建于蜀汉末期，距今已有1700余年的历史，后经历代修葺扩建。张飞庙原址位于飞凤山麓，庙内保存了大量珍贵的字画碑刻，稀世文物200余件，被誉为“巴蜀胜景”“文藻胜地”，是长江三峡黄金旅游线上的重要景点之一。

张飞庙内主要建筑有正殿、旁殿、结义楼、望云轩、助风阁、杜鹃亭和得月亭7座。前5座建筑是为纪念张飞而建的，后两处建筑是为纪念唐代大诗人杜甫在此客居而建的。张飞与杜甫同在张飞庙构成罕见的文武合庙。

玩家 解说

据传张飞在阆中被部将范彊、张达暗害后，二人取其首级投奔东吴，行至云阳，闻说吴蜀讲和，便将其首级抛掷江中，为一渔翁捕鱼时打捞上岸，埋葬于飞凤山麓，世人在此立庙纪念，故有张飞“头在云阳，身在阆中”之说。张飞大义大勇，为人民敬仰，历年来农历八月廿八其生辰时，各地群众纷纷前来举行祭祀民俗活动，颇具一定规模与影响。

结义楼

进入张飞庙大门，登上二楼来到结义楼前。结义台上以桃花掩映为背景，刘备、关羽、张飞桃园三结义的塑像面江而立，其神态栩栩如生。张飞塑像高举酒杯，仰天长望，沥血祭天，慷慨悲壮的形象，给人以强烈的震撼。结义台前有20世纪40年代孙元良驻军张飞庙时写下的赞颂张飞的诗句：“吾侯椎屠耳，辉煌酹大志，岂为高官爵，宅心在济世。”表达了对张飞的景仰之情。

结义楼二楼展厅内，数百块木雕书画，长幅画卷琳琅满目，大致看来现存木刻字画100余件。这是文物工作者想尽办法从“文革”期间“破四旧”运动中抢救下来的珍贵文物，今天看来，不禁心生感慨。

正殿

沿结义楼石阶而上便是张飞庙的正殿，正殿中间则是高大勇猛的张飞铜像。原泥

张飞庙

庙内有结义楼、书画廊、正殿、助风阁、望云轩、杜鹃亭、听涛亭等古建筑。

庙宇既有北方建筑雄奇的气度，又有南方建筑俊秀的质韵，更有园林点染、竹木掩映、曲径通幽的美景，因此素有“巴蜀胜境”的美称。

庙外有黄桷梯道、石桥涧流、瀑潭藤萝、临溪茅亭、峻岩古木等美景，秀美清幽。

庙内还收藏汉唐以来的石刻、木刻、字画六百余件及新石器时期以来的其他文物千余件。尤其是字画碑刻，名家圣手，流派纷呈，各领风骚，为国内外所罕见。

建筑充分利用地形地貌，依山坐岩临江，山水园林与庙祠建筑浑然一体，相互衬托，形成“品”字结构。

塑张飞像在“文革”期间已被砸碎，后来得到成功修复。张飞铜像上面悬挂着“力扶汉鼎”的牌匾。老百姓将张将军奉为神明，用红布结系在铜像前铁栏杆上以祈求平安。

铜像两旁是一组雕塑群。这一组塑像则把诗句中张飞“怒鞭督邮”“义释严颜”“长坂退敌”“阆中遇难”的传奇佳话塑造得栩栩如生。张飞那爱憎分明的性格、赤胆忠心的报国精神、横扫千军如卷席的英雄气概以及粗中有细的形象，都得到了艺术再现。

玩家 解说

在正殿有一口大油缸，缸内装有张飞头颅，头颅用清油长期浸泡才不致毁坏。张飞庙一年四季香火不断，拜祭者为表虔诚，便带了清油倾倒其中，表达他们对一代忠将张飞的崇敬之情。

助风阁

出正殿往东来到助风阁，这是张飞庙现存最早的建筑。助风阁为明代所建宋式双重檐的六角形亭阁。传说助风阁是埋葬张飞头颅的地方。庙内的碑室里可见到传说是张飞立马勒铭的《八蒙摩崖》拓片复制石刻，铭文说道：“汉将军飞率精卒万人，大破贼首张郃于八蒙，立马勒铭。”还有一块传说是张飞显灵书写的石碑：“一把铁枪扶社稷，三尺铜剑振乾坤。先生不知余名姓，赤胆黑面老将军。扶汗张将军。”此书法豪情奔放，颇似张飞性格。

助风阁下杜鹃亭的石壁上有一处重要的长江水文石刻“大清同治庚午，洪水至此”的150.35米水位线。1870年一场洪水将张飞庙几乎全部冲毁，老张飞庙就是其后重建的，在庙里就有记载重建过程和捐款人名单的石碑。

玩家 解说

据说张飞神灵在云阳曾几次显灵，几次都保佑云阳人民免受战乱、意外之苦，长江两岸的百姓奉张飞为保佑过往船只一路平安的神灵。后人便在庙里建了助风阁，上书“助我清风”。而今许多云阳人买了新车或者新船都要去庙里放鞭炮，敬香送油；外出打工的行前要去庙里祭拜许愿，赚了钱回来要去还愿。

玩家 解说

唐代伟大诗人杜甫也与张飞庙结下了不解之缘。在张飞庙就建有一座杜鹃亭，高25米，由24根朱红圆柱支撑的木结构双重檐亭阁，亭顶为绿色琉璃瓦覆盖，色彩鲜丽，脊饰繁复，因杜甫在此吟杜鹃诗而得名。唐永泰元年（765年），杜甫举家东迁，行至云阳（时为云安县）途中，肺病复发，寄居张飞庙中的水阁11个月，其间写下了30多首诗篇。

望云轩

望云轩是一处小巧幽雅的闭合式庭院。轩内青松翠竹，盆景成趣。据说望云轩是张飞的英灵遥望东方荆州，期盼二哥云长能够重返蜀土再聚的地方，因此名为“望云轩”。站在北

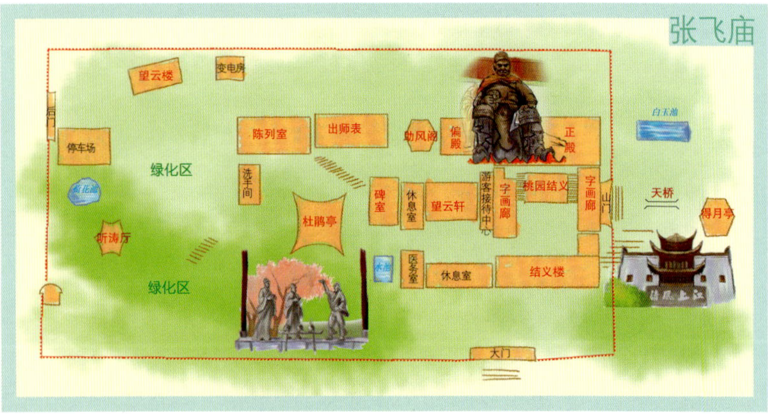

玩家 解说

张飞庙不但建筑独特，更是巴渝文藻胜地。庙内收藏汉唐以来的石刻、木刻、字画及新石器时期以来的其他文物千余件，其字画碑刻不少为国内外所罕见，具有较高的历史、艺术和科研价值。

在张飞庙字画廊、碑室、助风阁、《出师表》展室等殿堂亭阁中，琳琅满目的题刻汇集了各种书画珍品。随处可见悬挂的木刻和镶嵌的石刻，以及大量的石碑，远至汉唐、近到明清，或纵横磅礴、苍劲挺拔，或温润隽秀、绵里藏针。

其中颜真卿木刻《争座位帖》是他的登峰造极之作，与王羲之的《兰亭序》有“双璧”之誉；明代理学家王阳明所书《客座私祝》碑于清光绪二十八年（1902年）刻成，现为国之孤品；郑板桥清雅的竹、石、兰，黄庭坚所书《幽兰赋》等，使庙内弥漫着一股浓浓的书卷气。庙内石刻岳飞挥毫泼墨所书诸葛亮的《前后出师表》由何今雨勾勒镌刻，被誉为文章、书法、雕刻“三绝”，成都武侯祠的《前后出师表》就是用张飞庙的拓片所刻。刘墉、张船山、竹禅、彭聚星、龚晴碑、赵熙、郭尚元、张潮庸、刘贞安等人的木刻字画，琳琅满目，美不胜收。

张飞庙《出师表》

屋推窗放眼望，云阳新城全景尽入眼帘。

得月亭

出张飞庙大门就是得月亭，得月亭为草顶石柱，其正中悬有一口大钟，有“灵钟千古”的美誉。相传是杜甫《江桥》诗中吟咏的江楼旧址。在张飞庙拆迁过程中，曾经隐藏了上百年的“灵钟千古”题字也重新露出真容。为妥善安置这一珍贵遗迹，搬迁后的张飞庙在原位复制“江上风清”题刻，在得月亭崖壁下安放了“灵钟千古”的题刻，使原先两个重叠的人间绝笔得以“双璧齐飞”。

链接

全国三大张飞庙

蜀汉大将张飞以其忠义勇猛被后人称赞，人们为了纪念他，在他的家乡河北涿州、他被害的地方四川阆中以及其头颅埋葬地重庆云阳均建有张飞庙。

涿州三义宫张飞庙：即楼桑庙三义宫，位于涿州市松林镇楼桑庙村。始建于唐乾宁四年（897年），金、元、明各代均有修缮，其布局为山门、马殿、正殿、配殿、后殿共三进院落。现存张飞古井一口，传说为张飞储肉所用。另有张飞庙和张飞衣冠冢。

阆中张飞庙：即汉桓侯祠，位于阆中古城西街，为全国重点文物保护单位。张飞被部将范疆、张达所杀，死后葬于阆中。“乡人慕其忠勇，于墓前建阙立庙，以礼祀之”，自此之后，汉桓侯祠屡废屡兴，历时1700余年。现存的汉桓侯祠为四合庭式明、清古建筑群。

龙缸 AAAAA

世界最大的岩溶大竖井

云阳县清水镇　100元　55333111

旺季8:30~18:00，淡季8:30~17:30

龙缸国家地质公园位于距云阳县城80千米处的清水境内，是世界最大的岩溶大竖井。其状为一罕见的环形天坑，形似水缸。龙缸口椭圆，口下有一约两丈长的天然条石平伸入内，宽尺余，可于此俯伏窥视坑内特异景物。

缸壁上部藤萝覆盖，野花点缀；下则石壁如削，呈青灰色，向坑内投石，需数十秒钟方能听到回声。坑内似有小动物奔突其间；并有鸟往还，其名飞虎，翅利如刀锋。传说曾有人用粗麻绳下吊至半壁，飞虎袭击，绳断人亡。南边缸棱上竖立着一块巨石，约5米高，顶端横卧一块近2米长的石条，一端偏向缸内，稍勾，酷似鹰嘴，人称“鹰嘴岩”。

彭氏宗祠 ⓧ

祠堂与坞堡结合的群体建筑

云阳县里市乡黎明村

彭氏宗祠又名彭家楼子，建于清同治三年（1864年）。宗祠坐西向东，复四合院布局，占地3500平方米，由门厅、享殿、耳房、厢房、高楼及四角炮楼组成。高楼居两院正中，正方形平面布局，木结构九级楼阁式，三重檐四角攒尖顶，下六层四周石砌墙体，面阔、进深均为10.5米，全楼通高37米。

彭氏宗祠是祠堂与坞堡结合的群体建筑，集祭祀、防护、住宿为一体，布局严谨，规模宏大，俊逸雄奇，文饰精美。祠内现存近代国内著名书画家彭聚星书画石刻13件，是研究晚清川东民居建筑风格和造型艺术的重要文物史料，具有不可替代的价值。

玩家 解说

彭氏宗祠现存全部建筑为清代建筑，坐西向东，复四合院布局，由前门厅、正门厅、享殿、戏楼、天井、城墙、围墙、厢房、箭楼及四角炮楼组成。箭楼居两院正中，正方形平面布局，木结构九级楼阁式，三重檐四角攒尖顶，上三层为木结构，下六层四周石砌墙体，进深10.5米，全楼通高37米。

彭氏宗祠是一座典型的城堡式建筑，是祠堂与坞堡相结合的群体建筑，它依山就势，随形生变，层楼叠院，错落有致，建筑结构严谨，设计巧妙，形制庞大，为四川、重庆两省市现存较为完整的独具特色的古民居建筑，是研究晚清渝东民居建筑风格和造型艺术的重要文物史料。

彭氏宗祠

龙脊石

江心石

云阳县云阳镇西侧的长江江心

这是云阳县城前长江江心的一处长200余米、宽10多米的砂岩石梁。在三峡大坝修建前，每年冬春枯水季节露出水面，一般年份中部潜于江心，形成东西两岛，水位十分低下时，两岛成一片，宛如一条白龙潜于长江，故名龙脊石，又称龙潜石。这里自古为春游胜地，每年春上，在龙脊石上宴游赋诗，占卜丰歉，十分热闹。因此，龙脊石上古诗文题刻极为丰富。

栖霞宫

道教全真派的著名宫寺之一

云阳县城西北

原名云升宫，始建于汉代，是道教全真派的著名宫寺之一。整个宫寺建于山巅，四周青松环绕。建筑翘檐飞角，雕梁画栋。楹柱高大，基石均有虎豹装饰，栩栩如生。宫内祀元始天尊、太上老君等道家鼻祖坐像。正殿内有一巨型炼丹炉，栖霞宫除正殿外，有虎石、金盘池、萝龙井、舍身岩、狐狸洞、听松壁等多处名胜古迹。

景点推荐

长江三峡西段

长江三峡位于中国的腹地，属亚热带季风气候区。三峡西起重庆奉节的白帝城，东到湖北宜昌的南津关，全长200千米左右，是瞿塘峡、巫峡和西陵峡三段峡谷的总称，为长江上最奇秀壮丽的山水画廊，也就是常说的“大三峡”。这里两岸高峰夹峙，一般高出江面1000~1500米，最窄处不足百米。江面狭窄曲折，江中滩礁棋布，水流汹涌湍急。由于这一地区地壳不断上升，长江水强烈下切而形成三峡，因此水力资源极为丰富。

长江三峡人杰地灵，大峡深谷，曾是三国古战场，是无数英雄豪杰用武之地；这儿有许多名胜古迹：白帝城、黄陵、南津关、孙夫人庙等。它们同旖旎的山水风光交相辉映，名扬四海。

长江三峡以其险峻的地形、绮丽的风光、磅礴的气势和众多的名胜古迹称著于世，为世界著名的旅游胜地，世界大峡谷之一，也是我国的旅游热点。

西起重庆奉节的白帝城，东至湖北宜昌的南津关

玩家攻略

景点	门票	开放时间
神女溪	130元	7:30~15:00
白帝城	旺季120元、淡季80元，索道费20元	6:30~18:00
巫山小三峡	120元	8:00~17:00
天坑地缝	100元（天坑、地缝各50元）	7:00~18:00（16:30停止售票）
三峡大坝	免费（含坛子岭园区、185观景平台、截流纪念园）；盛世峡江演出：150元/人	8:00~11:00入园
三峡人家	240元（船游）	8:00~17:00（葛洲坝码头上船）

链接

长江三峡国际旅游节

旅游节期间，会举办三峡摄影大赛、环峡游自驾活动、智慧旅游活动、三峡库区“一线多环”特色旅游活动、国际黄金水道三峡游轮之旅等多项主题活动。14个区县也分别有重庆长寿湖国际铁人三项邀请赛、奉节兴隆天坑地缝消夏避暑季、忠县烽烟三国

营销活动、巫溪国际高山音乐会等多个节庆活动。

高峡平湖新景观出现后，长江三峡除了传统的游轮停靠景点，也增加了不少新景点，如忠县大型实景演出“烽烟三国”、涪陵武陵山大裂谷、开州汉丰湖等。除传统的游轮观光外，长江三峡陆上自驾线路规划的陆续出炉，也成为了三峡旅游的另一个新选择，其线路涵盖赏花踏青游、古镇休闲游、消夏避暑游等，如长寿“湖滨漫步古镇休闲”一日游、垫江“春日牡丹花海”一日游、梁平“禅宗品竹宴”二日游、巫山“踏青赏花”二日游等。

瞿塘峡 AAAA 文

夔门天下雄

奉节县西起白帝城，东至巫山县的大溪镇，全长约8千米

瞿塘峡，又名夔（kuí）峡，是长江三峡中最精华的一段，自古以美丽雄壮著称，十元人民币背面的风景就取自这里。“峨眉天下秀，青城天下幽；剑门天下险，夔门天下雄。”这里所说的“夔门”指的就是瞿塘峡。

站在夔门，你能观赏到两岸高山拔地而起，把长江锁在峡谷之内，任其奔流的壮观景象。自三峡大坝储水之后，长江三峡的风光比以前更美，虽不见“众水会涪万，瞿塘争一门”的壮景，但“一江清水现夔门，平湖秀色悄然现”的意境更是让人流连忘返。

瞿塘峡虽仅8千米长，却是最令人屏息的一段江峡。两岸如削，岩壁高耸，大江在悬崖绝壁中汹涌奔流，自古就有“险莫若剑阁，雄莫若夔门”之誉。瞿塘峡是三峡中最短的一个峡，但却有“西控巴渝收万壑，东连荆楚压群山”的雄伟气势。

白帝城

白帝城位于瞿塘峡口的长江北岸，据传西汉末年，公孙述割据四川，自称蜀王，因见此地一口井中常有白色烟雾升腾，形似白龙，故自称白帝，于此建都，并将紫阳城名改为白帝城。

白帝城是观“夔门天下雄”的最佳地点，现存白帝城乃明、清两代修复遗址。历代著名诗人李白、杜甫、白居易、刘禹锡、苏轼、黄庭坚、范成大、陆游等都曾登白帝，游夔门，留下大量诗篇。李白的《朝发白帝城》，更是脍炙人口。故白帝城又有“诗城”之美誉。

链接

白帝城托孤

白帝城是重要的三国遗址，著名的托孤堂就是刘备白帝托孤之处。关羽被东吴杀害以后，刘备报仇心切，不听诸葛亮劝告，亲自率军出征，攻打东吴，结果大败，自己也病倒在白帝城的永安宫。刘备知道自己的病难以治好，便派人日夜兼程赶到成都，请诸葛亮来嘱托后事。

白帝城

白帝庙内还有文物陈列室、诗史堂，陈列着新石器时代以来的出土文物和古今名家的书画。这些古建筑和文物珍品，使白帝城更为出色。

白帝庙内有明良殿、武侯祠、观星亭等明清建筑。明良殿为嘉靖十二年（1533年）建，系庙内主要建筑，内有刘备、诸葛亮、关羽、张飞塑像。武侯祠内供诸葛亮祖孙三代像，祠前的观星亭，传说是诸葛亮夜观星象的地方。

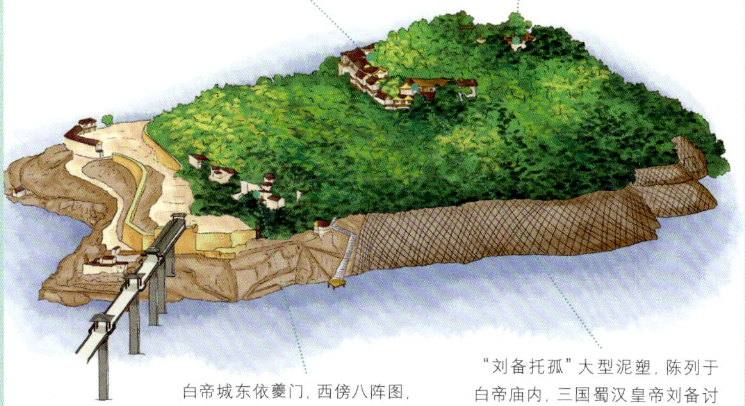

白帝城东依夔门，西傍八阵图，三面环水，雄踞水陆要津，为历代兵家必争之地。

“刘备托孤”大型泥塑，陈列于白帝庙内，三国蜀汉皇帝刘备讨伐东吴，兵败白帝城，临终前向丞相诸葛亮托孤。

诸葛亮留太子刘禅守住成都，带刘备另外两个儿子刘永、刘理来到白帝城，进了永安宫，看到刘备病得不成样子，慌忙拜倒在刘备跟前。刘备叫诸葛亮坐在旁边，召集众将官到齐，拿笔写了遗嘱，交给诸葛亮，并嘱咐诸葛亮将遗嘱交给太子刘禅，并多加指点。诸葛亮回答会全力辅助太子。刘备则对诸葛亮说：“阁下才干高于曹丕十倍，如果刘禅可以帮助就帮助，实在不行，你就做两川之主。”诸葛亮听到这话，立即哭拜在地说：“臣一定尽力辅助太子，一直到死为止。”说完，叩头。刘备听完，双眼一闭，断了气，终年63岁。

玩家 解说

历代诗人对白帝城一带的诗篇，构成了一幅长江三峡历史、风俗、景观、民情的巨幅画卷。特别是诗圣杜甫，在白帝城下生活一年多的时间，写下的夔州诗达460多首，约占今存杜甫诗的三分之一。

■ 夔门

夔门是瞿塘峡的西门，三峡的西部入口。夔门段江水湍急，两岸高峡耸立，高达几百米，宽却不足百米，形如一道门守护着三峡，故名夔门。长江上游之水纳于此门而入峡，是长江三峡的西大门，又名“瞿塘关”。

夔门水势湍急，大诗人杜甫曾作诗“众水会涪万，瞿塘争一门”，一个“争”字，活脱脱刻画出夔门的滔滔水势。临江的石壁上，刻有孙元良的“夔门天下雄，舰机轻轻过”十个大字，还有李端浩的篆刻“巍哉夔门”和行书“夔门瞿塘”等均历历在目，清晰可见。

■ 夔门古栈道

夔门古栈道位于瞿塘峡北岸的绝壁上。古栈道从白帝城下连通巫山青莲溪，全长65千米。它是夔州知府汪鉴等人集资筹建的，于清光绪十四年（1888年）九月动工，历时3年完成。瞿塘段内有4千米全是从峡江峭壁

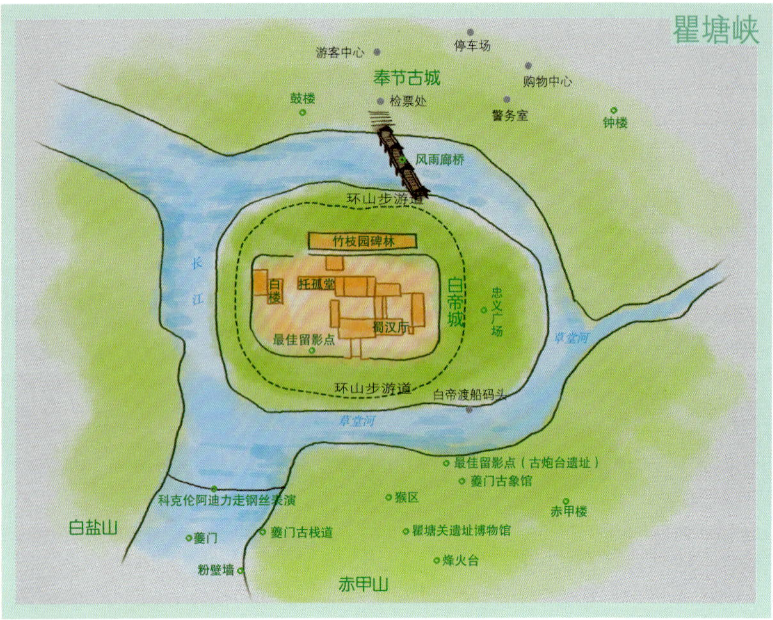

上开凿出来的石槽，远望如刀削，可通行当时夔州知府的八抬大轿。

该栈道的建成，连接了巫山至奉节的陆上交通，成为当时贯通三峡的要津。后人在绝壁上刻下“天梯津隶”“开辟奇功”8个大字来纪念这一千古壮举。三峡工程蓄水到139米后，古栈道已部分淹没。

白盐山、赤甲山

夔门两侧的高山，南名“白盐山”，北曰“赤甲山”，拔地而起，高耸入云。近江两岸则壁立如削，恰似天造地设的大门。白盐山系因黏附在岩石上的水溶液，主要含钙质，色似白盐而得名；赤甲山因含有氧化铁的水溶液黏附在风化的岩层表面，此山土石呈红色，如人袒背，故名赤甲山。

粉壁墙

在长江的白盐山上，有一块岩壁的颜色和其他地方不一样，呈现出粉红色，这里就叫作粉壁墙。在粉壁墙上，则有著名的瞿塘摩崖题刻。在这些众多的摩崖题刻里，比较有名的，也可以说形体比较大，游客在船上能清晰地看见的有两个，一个是由民国时期孙元良将军写的“夔门天下雄，舰机轻轻过”，写出了瞿塘峡特色之所在；另一个是著名的爱国将领冯玉祥将军所写的“踏出夔巫，打走倭寇”，以激励由此出川抗日的将士。

奉节古城

奉节位于长江北岸，是川东著名的古城。春秋战国时期曾先后属庸、夔巴诸小国，后为楚国所统一。秦汉至隋在此分别设置鱼复、永安、人复、信州、阳口等县（州）。唐初改称奉节。奉节地处瞿塘峡口，大江东下，梅溪河、草堂河北来。沿江两岸传有“奉节十二景”，如“武侯八阵”“白帝层峦”“峡门秋月”等。

奉节城内有刘备托孤的永安宫、甘夫人墓、杜甫寓址等遗迹。据地方志载，奉节县城址曾有过5次迁徙，迁徙的范围大致在今奉节至夔门之间的沿江两岸，其中北岸的白帝城，至今尚有城墟可寻。古奉节县，三国时由鱼复改为永安，县治在白帝城一带；宋代向西迁至今址，此后再无变动。今奉节城系明代成化十年（1474年）修筑，距今亦有500多年的历史。城依山面江，周长3千米，有5座城门。

白帝城

瞿塘关遗址博物馆

瞿塘关遗址博物馆以瞿塘关古烽燧、古炮台为依托，融战争与诗情、历史与自然于一体，被专家誉为“三峡第一馆”。瞿塘关遗址博物馆位于瞿塘峡口左侧，与白帝城隔水相望。前临大江，后枕赤甲。从建筑到环境、从内容到形式，体现出一种大气魄、大境界，构成了一道独特的人文风景线。

登上瞿塘关遗址博物馆制高点古炮台遗址，高峡平湖、夔门雄姿、白帝古城，尽收眼底，美不胜收。

船游三峡

● 出发地选择

长江三峡旅游最好选择从重庆出发的下水线路，而非上海、南京、武汉出发的上水线路，游客可在朝天门码头购票登船游览。其原因是上水行船，航速较低，体验不到清风拂面，“轻舟已过万重山”的畅快感。游三峡一如看人生，最美的回忆，总是那不经意的稍纵即逝。

● 游览方式

长江三峡的各大景点均分布在长江两岸，长江三峡旅游非特别说明，一般即为乘船游览。由于游览方式特殊也带来了一些问题。虽然三峡大坝建成之后，长江三峡段的水流已经不像当年那样湍急，但忠告各位游客别带病前往。夜晚吹吹江风很是惬意，但江风较凉，不可常吹，容易着凉，注意添衣。三峡景点中不乏上岸爬山景点，中老年游客请穿运动鞋，谨防摔倒。

● 游轮与消费

长江上航行的三峡游船有豪华、普通等多种系列，购买船票时一般为一船一价，根据季节及是否节假日出行进行价格调整，船上一般多为标准间。

普通游船与豪华游船的费用一般在1350~2850元/人，费用已包含餐费、导游讲解及讲座表演等活动，但不包含自费景点及景区小交通等费用。详细游轮信息可参考三峡旅游网：www.sxly.cn。

● 关于进店

长江三峡旅游管理部门管理严格，几乎不存在进店一说，这点游客不必担心。在船上也有一些高档纪念品店，价格也有些高，一般东南亚华侨买得比较多，也许是为了将祖国的记忆带回去。但这些店不是传统意义的旅游商店，就是商店，爱买买，爱逛逛，不喜欢可以不去，选择度大。在各大景区门口有很多兜售稀奇玩意儿的小贩，喜欢的朋友可以购买，但别买太多，小件还好，大件别买，养成良好的旅行习惯。

● 返程

一般三峡游轮都能准时停靠，赶航班的游客不必着急，不过上船之前最好事先订好返程票务。

● 船票预订

游客如想参加三峡旅游，一定注意需要通过正规的三峡旅行服务机构提前预订。三峡旅游为预订制长途旅行，不一定能够当天买票，就能当天上船的。每天发班的游轮不一样，价格会有一定差距，提前订，能够选到自己心仪的游轮。

巫峡

三峡七百里，唯言巫峡长

西起巫山县城东面的大宁河口，东迄巴东县官渡口，绵延40余千米

巫峡又名大峡，古人称为“巴峡”，以“秀”著称，以奇秀闻名长江，包括金盔银甲峡和铁棺峡，是长江横切巫山主脉背斜而形成的。巫峡位于在四川巫山和湖北巴东两县境内，西起重庆市巫山县城东面的大宁河口，东迄湖北省巴东县官渡口。

峡内有三台八景十二峰以及孔明碑等景点，三台为楚阳台、授书台、斩龙台；八景为南陵春晓、夕阳返照、宁河晚渡、青溪渔钓、澄潭秋月、秀峰禅刹、女观贞石、朝云暮雨；十二峰为圣泉峰、登龙峰、朝云峰、神女峰、松峦峰、飞凤峰、翠屏峰、聚鹤峰、净云峰、起云峰、上升峰、聚仙峰。

巫山

巫山山脉位于川鄂交界区，北与大巴山相连，呈东北—西南走向，主峰乌云顶海拔2400米。长江由西向东横切巫山背斜，出现了百里巫峡。由于巫山是我国著名暴雨区之一，雨量多，又系石灰岩地区，在长期风雨侵蚀和河川冲刷之下，形成了气势峥嵘、姿态万千的座座奇峰秀峦，十二峰就是巫山峰林中最为引人入胜之处。

链接

名诗中的巫山

巫峡谷深峡长，日照时短，峡中湿气蒸发不散，容易形成云雾，云雾千姿万态，有的似飞龙走兽，有的擦地蠕动，有的像瀑布一样垂挂绝壁，有时又聚成滔滔云纱，在阳光的照耀下形成巫峡佛光，因而古人留下了“曾经沧海难为水，除却巫山不是云”的千古绝唱。

“更立西江石壁，截断巫山云雨，高峡出平湖。”当年毛泽东同志的那篇豪放大气的辞章就好像也是为巫山量身定做的，经过几十年的发展，在今天的巫

玩家攻略

巫山雪枣：原产地为巫山大昌古镇，是巫山县著名土特产之一。该食品形状似枣，长八九厘米，直径二三厘米，表面白粉穿衣，如霜似雪，故名雪枣，又因其质地酥脆，细嫩香脆，入口即化，老幼皆宜，颇受食者喜爱。

三峡杂糖：又名灶君糖。是一种面食甜点，因其干、酥、脆、甜的特点而得名，其主要成分是面粉、鸡蛋等，通过小火慢烤至表皮金黄色即可。三峡杂糖是三峡地区传统的名特产品，距今已有100多年的历史。

巫山顶上茶：原名巫山神茶，产于长江三峡流域的云山雾岭之中，采用一种当地独有的名叫“林檎”的树的叶精制而成。茶汤呈琥珀色，其茶水在夏季有隔夜不馊的绝处，是天然解暑饮品，有灵心养神之奇效，被当地人称为“长寿茶”。

巫山李子：于每年7月至8月间成熟，是当地人最喜欢的水果之一。李子味酸，能促进胃酸和胃消化酶的分泌，并能促进胃肠蠕动，因而有改善食欲，促进消化的作用。同时李子中含有多种营养成分，有养颜美容、润滑肌肤的作用，李子中抗氧化剂含量高得惊人，堪称是抗衰老、防疾病的“超级水果”。

巫山雪枣

巫山李子

山，都变成了可以逐句对照的现实。

巫峡长江大桥

“一桥飞架南北，天堑变通途。”巫峡长江大桥，三峡库区唯一建在峡口上的大桥，远看，是那么精致，近看，是那么雄浑，无论远看还是近看，巫峡长江大桥与整个巫峡口结合得那么紧密，与蓄水后的湖面结合得那么紧密，在梦幻般的湖光山色之间，增添了一抹更具魅力的亮色。

“高峡出平湖”，大桥边，一湖平水，少了滚滚东去、惊涛裂岸的险峻，却多了细数山川、品味文化的温馨。这一弯美丽的彩虹，正处在高峡平湖的关键点。

金盔银甲峡

金盔银甲峡是巫峡中的一段小峡，位于巫山下游10千米处。因其形状似鳞片，颜色呈灰白色，好像古代武士披挂的银甲；高处的石灰岩盔形山顶，呈黄褐色，如同古代武士戴的金盔，这里的江北岸，有一条小溪，名叫横石溪，平时清澈见底，流水潺潺。在这条溪流与长江汇合的山嘴上，有一处居民点，名叫横石。

链接

东西四峡

巫峡分为东西两段，东段由铁棺峡和门扇峡组成，西段由金盔银甲峡和箭穿峡组成。

铁棺峡：因曾在绝壁石缝中发现还有一具黑色悬棺，俗称“铁棺材”而得名。它长约10千米。目前悬棺群保存最完好的是巫溪县东北25千米的荆川坝，那里有24座黑棺。铁棺峡两岸怪石嶙峋，形成一种天然雕塑，个个妙趣横生。

门扇峡：位于楠木园，巫峡口之间，长2.5千米，大面山、尖子山南北对峙，像两扇大门扼住东去的江水，故而得名。峡内绝壁夹峙，有板壁岩、链子溪古栈道之险、蛮洞桥小石千垒、古工艺之奇，风光旖旎，令人着迷。

箭穿峡：位于长江三峡中巫峡的西段，老鼠洞的东面，从峡口向北岸望去，在朝云峰下一座黑黝黝的山梁上，有个对穿的石孔，相传楚霸王于此打赌，一箭射穿石梁，因此这段峡谷名叫箭穿峡。

神女峰

十二峰中以神女峰最为著名且最富魅力，峰上有一挺秀的石柱，形似亭亭玉立的少女。她每天最早迎来朝霞，又最后送走晚霞，故又称“望霞峰”。据唐广成《墉城集仙录》载，西王母幼女瑶姬携狂章、虞余诸神出游东海，过巫山，见洪水肆虐，于是“助禹斩石、疏波、决塞、导厄，以循其流”。水患既平，瑶姬为助民永祈丰年，行船平安，立于山

巫山神女峰

头，日久天长，便化为神女峰。她耸立江边，峰顶可见云雾缭绕，细雨蒙蒙，沾衣欲湿，拂而觉爽。云雨中的青峰绝壁，宛若一幅浓淡相宜的山水国画。

链接

十二峰

巫峡中两岸青山连绵，群峰如屏，江流曲折，幽深秀丽，宛如一条天然画廊。巫山十二峰分布在巫峡两岸。江北由西向东依次为登龙、圣泉、朝云、神女、松峦、集仙六峰。南岸也有六峰，但在江中能见到的，依次为飞凤、翠屏、聚鹤三峰，其余净坛、起云、上升三峰并不临江。

如欲游览，须从飞凤峰附近的青石溪溯流而上，到兰厂登岸，才可领略三山的雄姿。因此陆游在《三峡歌》中写道："十二巫山见九峰，船头彩翠满秋空。"唐代诗人赞美巫山十二峰的诗句，有"巫山十二峰，皆在碧虚中"；"巫山峨峨高插天，危峰十二凌紫烟"。巫山十二峰中，以神女峰最富魅力。

链接

孔明碑

离神女峰不远的集仙峰，形似群仙相聚，上分两叉，很像剪刀插天，故又名剪刀峰。峰下的孔明碑是巫峡区内不少古址中，游人容易见到的。孔明碑是峰下的一长方形白色岩壁，凹进去略成碑形，上刻有"重岩叠嶂巫峡""名峰耸秀""巫山十二峰"三排苍劲大字。

相传"重岩叠嶂巫峡"六字为诸葛亮所书，故人称"孔明碑"，为巫峡中著名的古迹。据说碑上原来还有小字碑文，内容为《隆中对》中诸葛亮主张联吴伐魏的一段词句。此碑历来为游客思古怀归之著名景点。

□ 大禹授书台

大禹授书台为著名的巫山三台之一，位于巫山县城东30千米处的飞凤峰内，面对着神女峰。相传大禹来到巫山，苦于治水无方，一天，他梦见一块台子上放着一个箱子，里面便是治水的天书。第二天他便进山寻找天书，果然有一女子捧着一个箱子，打开一看果然是治水的法宝。大禹按图索骥很快就治好了水患，从此人们把这个平台叫作"授书台"。

链接

巫山三台

楚阳台：即古阳台，位于巫山城北约1000米的高邱山(一名高都山)上，台高333米，面对浩浩长江；半山腰有“观”，名叫高唐观，古庙已废。据史书记载，巫山之口阳台高唐，是因楚国宋玉作《高唐赋》而名始传。

斩龙台：位于巫山县西部长江南岸的错开峡，距县城40千米，离黛溪镇约5000米。黛溪水由南注入长江，峡谷幽深，两岸山势犬牙交错。东面的岩戳上，立着一根顶细底粗、高60多米的圆形石柱，叫锁龙柱。隔峡相对的西面，有一个半环形的石岩，向上望去，形如石鼓，传说这是大禹治水曾经锁龙之处，名斩龙台。

神女溪

神女溪全长31.9千米，距巫山县城20千米，位于神女峰对岸、巫峡南岸，溪内山高谷深，处于人迹罕至的原始状态。景区风光绮丽、静谧宜人，令人心旷神怡 。

再往溪流上游而行，可以到达两河口一线天深处、净坛峰风景区。峡涧变得窄挤，水流急，至今无人企及，是三峡旅游线上的一处旅游处女地。从前，只有极少数摄影家知道的诡秘之地，如今成为长江三峡最具魅力的景区。

巫山红叶河

巫山红叶河地处抱龙河中段，离神女峰15千米，核心景区在十二迷宫洞一带。这里奇峰峻岭，人烟稀少，全是红叶，蓬蓬勃勃，风一吹，叶落满山，像红地毯，落到河里，就成了一条红亮亮的小河，所以被形象地称为红叶河。红叶土名黄栌子，民歌赞道：“黄栌子油亮亮，烧起来火旺旺，煮的红苕甜，烧的苞谷香。”红叶河景区还有窄门峡、埠头湖、十二滩等景观，风景秀丽，景色迷人。

巫山十二迷宫洞

巫山十二迷宫洞，东邻长江三峡，西接鄂西，距神女峰仅8千米，集谷、崖、洞、水、林、石等自然岩溶风光于一体，融雄、奇、迷、险、秀、幽为一身。十二迷宫洞风景区群峰俊秀，怪石嶙峋，苍松劲树，四季常青。沿十二迷宫洞下抱龙河自下而上数十里，两岸壁立，有着各具特色的十二滩。自五丘漂流休闲沙滩向上行，到达最具原始风貌的渝鄂凉风滩，一路上滩滩是景，景融滩滩。平缓处，水流涓涓，湍急处，流如惊涛。

迷宫洞大约生成在260万年前。十二迷宫洞是由一袋形主洞和极不规则的多层管形支洞组成，洞室多变，错综复杂，主洞洞室高大，呈垂直分布，支洞洞室较小，呈多层分布。洞内石钟乳多且形态各异，更具神秘的感应泉、喊水洞、音乐洞、西牛石、石柱林。距离十二迷宫洞百米之遥的一面陡峭岩壁上，又有人工所凿十二石洞。洞呈规则四方形，大小不一，自下而上一字排开，相传系鲁班在抱龙河上修桥所凿。窥其究竟，无人知晓。悬岩高达数百米，犹如刀削，从岩顶观望，四面尽收眼底。

玩家 攻略

攀上神女峰观红叶，不但有“会当凌绝顶，一览众山小”的观峰之感，而且可尽情地观赏漫山遍野“红叶世界”的壮丽，让你流连忘返。立于美峰俯瞰长江峡湖美景，又有“人在天上游，船在地窟行”的意境。留宿山上人家享受“农家乐”，又有“晚送红日落、早迎朝霞来”的黄金良机。

神女峰红叶

巫山小三峡 AAAAA

天下奇峡

巫山县城以北大宁河下游一带 ￥120元

巫山小三峡是长江三峡的第一大支流大宁河下游在巫山县境内的龙门峡、巴雾峡、滴翠峡的总称，全长50千米。

巫山小三峡景区内有多姿多彩的峻岭奇峰，变幻无穷的云雾缭绕，清幽秀洁的飞瀑清泉，神秘莫测的悬崖古洞，茂密繁盛的山林竹木，是一处玲珑奇巧的天然盆景；有攀树纵岩的嬉戏猴群，成双成对的结伴鸳鸯，展翅纷飞的各种水鸟，畅游碧水的多种鱼类，树丛里百鸟啼鸣的欢歌笑语随时可闻，堪称名副其实的风景动物园；有谜存千古的巴人悬棺、船棺、古寨，是一种珍贵的历史遗迹。

龙门峡

龙门峡长约3千米，峡口两山对峙，峭壁如削，天开一线，状若一门，形势甚为险要，因此有人称它"不是夔门，胜似夔门"。出了龙门峡，就是著名险滩"银窝滩"了。这里山回水转，滩险流急，实为航程上的险途。过了险滩即进入巴雾峡。

玩家攻略

在河东岸离水面四五米高的绝壁石缝中有一具黑色的悬棺，俗称"铁棺材"，巴雾峡的另外一个名称"铁棺峡"即由此而来。据考这"铁棺"是战国时期巴人的悬棺，其实它并非铁铸，仅因其色相似而言。目前悬棺群保存最完好的是巫溪县东北25千米的荆州坝，那里有24具黑棺。

滴翠峡

巴雾峡

巴雾峡长约10千米，这里两岸怪石嶙峋，形成一组组天然雕塑，个个妙趣横生。东岸崖壁上有一金鳞闪闪的长岩，很像从天外遨游归来的巨龙，且龙首已经进洞；对岸山腰有一溶洞，洞口有块黄色圆石，犹如正欲出洞的猛虎；西岸悬崖下有串串倒悬的钟乳石，其模样像是两匹骏马，头已进山，但马尾和后腿还在山外，被人形象地称为"龙进山、虎出山、马归山"。

滴翠峡

滴翠峡是小三峡中最长的一段峡谷，峡中既有磅礴的气势，又有玲珑剔透的小景。20千米长的峡谷显得幽深、秀丽。峡内群峰竞秀，绝壁连绵，无处不苍，有水皆飞泉，游人深感起名"滴翠"很是贴切。主要景观有水帘洞、仙蕉林、摩崖佛像、天泉飞雨、罗家寨、绵羊崖、赤壁摩天、悬棺、双鹰戏屏、飞云洞等。

巫山小小三峡 AAAAA

尚未开发的处女地

巫山县大宁河支流马渡河处

巫山小小三峡是大宁河支流马渡河下游的三撑峡、秦王峡、长滩峡三段峡谷总称，全长约20千米。小小三峡是大宁河小三峡的姊妹峡，因比大宁河小三峡更小，故名"小小三峡"。这里奇峰多姿、山水相映、风光旖旎、水流平缓、清澈见底，两岸悬崖对峙，壁立万仞，河道狭窄，天开一线，像一处玲珑奇巧的峡谷盆景，有挡不住的诱惑。它是小三峡风景区中一颗璀璨的明珠，一朵绚丽的奇葩。

三撑峡

三撑峡河道狭窄，峭壁参天，水流湍急而无拉纤之路，逆水上行，必用篙竿不停撑船，故有“三撑”之说。这里原始植被无损，沿途翠色映目，随处生就离奇钟乳，满天飘洒飞瀑雨雾，充满浓郁的诗情画意。

玩家攻略

漂流：小小三峡的漂流分为半漂和全漂。如果选择全漂，可从大昌坐船然后乘车到达出发点，但是不能感受拉纤的惊心动魄；如果选择半漂，就从大宁河的分岔口逆流而上。

小小三峡内既能乘柳叶形小木船，纤拉竿撑，擦着河底卵石迎着激浪缓缓而行，饱览两岸秀美风光，也可以乘坐橡皮艇，挥动三尺银桨，把握航向，顺流而下，可尽情领略水花飞溅、有惊无险的漂流。

长滩峡

长滩峡自双河至平河，全长5千米。峡中有一段长约2千米的河滩，宽十余米，水平如镜，沙石洁白，两岸山水掩映，故名长滩峡。峡内有滴水岩、聪明泉、手爬岩、穿洞子等景致。长滩峡三段峡谷全长20千米，这里奇峰多姿，山水相映。有惊无险的回归大自然参与式漂流——“中国第一漂”实在是挡不住的诱惑。

秦王峡

秦王峡从上渡口至双河，全长4千米，这里山清水秀、幽深静谧，水流平缓，清澈见底。据传明朝崇祯年间（1628—1644年），有秦姓山贼占洞为王，鱼肉百姓，被农民起义军张献忠部擒获，故名“擒(秦)王洞”。峡内有望乡台、龙头岩、黄龙过江、鲤鱼跃龙门、仙女迎宾、仙乐钟、罗汉堂等景点。

马渡河

马渡河是大宁河的一条支流，它由三撑峡、秦王峡、长滩峡三段峡谷组成，全长20千米，这里奇峰多姿、山水相映、风光旖旎、水流平缓、清澈见底，两岸悬崖对峙，壁立万仞，河道狭窄，天开一线，幽、秀、翠、美、怪、奇集于其中，像一处玲珑奇巧的峡谷盆景，有着挡不住的吸引力。

马渡河发源于巫山县当阳乡五墩子，这里山高林密，与神秘的原始森林神农架相邻，林间有奇特的连理枝，俗名夫妻树。江水自东北方向流往东南方向，最后在滴翠峡登天峰之处注入大宁河。

长江三峡星级豪华游轮一览

公司名称	游轮型号	载客人数/客房数量	首航时间	咨询信息
重庆长江黄金游轮有限公司	黄金5号	570人/216间	2012年5月	咨询电话：400-665-9099 航期咨询网站：www.vst88.com
	黄金6号	570人/216间	2012年5月	
	黄金7号	446人/190间	2013年5月	
	黄金8号	446人/168间	2013年5月	
重庆新世纪游轮股份有限公司	世纪之星	186人/93间	2003年5月	
	世纪宝石	264人/132间	2010年3月	
	世纪传奇	398人/196间	2013年5月	
	世纪神话	398人/196间	2013年5月	
武汉长江轮船海外旅游总公司	长江壹号	218人/109间	2006年	
	长江贰号	440人/196间	2011年	
	维多利亚5号	158人/78间	1999年	
	维多利亚7号	168人/78间	2002年3月	
武汉扬子江游船有限公司	总统1号	188人/94间	1995年	
	总统6号	374人/187间	2011年4月	
	总统7号	460人/230间	2013年4月	
	总统8号	460人/230间	2013年4月	
重庆大美长江三峡游轮股份公司	华夏女神1号	234人/121间	2012年	
	华夏女神2号	400人/163间	2014年11月	
湖北东方皇家旅游船公司	长江探索号	124人/62间	2008年	
美国维多利亚游船有限公司	凯蕾号	198人/99间	1996年	
	凯蒂号	264人/126间	2004年4月	
	凯娜号	268人/129间	2006年4月	
	凯珍号	378人/199间	2009年9月	

小寨天坑

天坑地缝景区 AAAA

天下第一坑，世界洞穴奇观之一

奉节县南部

100元（天坑、地缝各50元）

8:00～18:00

天坑地缝旅游区位于奉节县长江南岸，从县城到景区约1小时车程，景区面积300余平方千米，包括天坑、地缝、龙桥河、迷宫河、九盘河、茅草坝6大景区。其中最具科考探险旅游价值的是天坑地缝景区。天坑，地理学上叫“岩溶漏斗”，奉节小寨天坑是世界上已知最大岩溶漏斗，坑深666米，坑口直

玩家 解说

据说马渡河得名是因明崇祯十三年(1640年)秋，农民起义军领袖张献忠捣毁了明军据点土地岭后，兵分三路从此渡河，连夜攻下大昌县城，于是人们便叫它“马渡河”。另一说法是，这里古无渡船，以马代船渡人，故名。《巫山地名录》记载：“明洪武，进取明升，骑马两路，由此而渡，遂名。”

马渡河

径622米，坑底直径522米。天井峡地缝为隐伏于地下的暗缝，绵延37千米，缝深80~300米，底宽1米至30米，是典型的“一线天”景观。

小寨天坑

小寨天坑位于距奉节县城91千米的荆竹乡小寨村，坑口地面标高1331米，深666.2米，坑口直径622米，坑底直径522米。坑壁四周陡峭，在东北方向峭壁上有小道通到坑底。坑壁有两级台地：位于300米深处的一级台地，宽2~10米，台地有两间房屋，曾有人隐居；另一级台地位于400米深处，呈斜坡状，坡地上草木丛生，坑壁有几个悬泉飞泻坑底，坑底下边有地下河。

小寨天坑是地下河的一个“天窗”。小寨天坑与天井峡地缝属同一岩溶系统，天坑底部的地下河水由天井峡地缝补给，自迷宫峡排泄，从天坑至迷宫峡出口地下河道长约4千米。

地缝天井峡

上部宽10~30米，谷底宽仅1~30米，悬崖最深处达300米，是一条世界罕见的“一线天”景观。同时，崇山峻岭中清澈碧透的涓涓溪流，原始草场和繁茂的森林，又组成了一个世外桃源的人间仙境。由于这里海拔在1000米以上，又成为了避暑观赏雪景的最好场所。而且这里的山乡风情，更像一首浓郁的土家族情歌，其淳朴的民俗民风让无数中外游人流连忘返。

巫峡

景点推荐

大宁河生态文化长廊

大宁河生态文化长廊位于号称“天下第一秀溪”的大宁河段，是大宁河除巫山小三峡外中上段景区的总称，是奉节—巫溪—巫山“金三角”的旅游轴线，是长江三峡国际黄金旅游带上的一颗璀璨明珠，是远古文明巫文化的发祥地。景区内景点密集、可游性强，自然、人文、民俗和谐统一，堪称“百里画廊”，有“天下第一溪”的美称。

大宁河以秀水、幽峡、奇峰、怪石、巧洞的自然风景美，制盐、悬棺、栈道、古镇、蔡伦式造纸的人文古朴美和古风浓郁的巫巴民俗风情美备受游客青睐。各种景观交相辉映，相得益彰，组成了一道天人合一、鬼斧神工的文化生态长廊。

大宁河景区景观以水碧山青、峡深谷窄、舟奇俗异为特色，缀连庙峡、巫溪县城、剪刀峡、宁厂古镇、灵巫洞、汉风神谷、月牙峡、鸡心岭等景区（点）。

巫溪县至巫山县境内　灵巫洞50元；荆竹峡汉风神谷20元　9:00～16:30

鸡心岭

中国之心

巫溪县以北80千米处S201省道附近

鸡心岭是我国雄鸡版图的心脏，是渝、陕、鄂三省（市）的分水岭，“一脚踏三省”，自古是兵家必争的雄关古道。

站在山顶，清晰地听到血液在血管里奔

流的声音。极目远眺，先前看起来苍茫的山现在却是棱角分明，鸡心岭的东西北三面，各有一条几乎是相等的山梁直贯峰顶，东北一片属湖北，西北一片属陕西，正南一片属重庆，整座山的植被泾渭分明，依照三省(市)行政分界分别以竹子、茅草和树木为主，如此奇特的景观，或许是专属鸡心岭的独特景致吧。最为神奇的是一蔸茂盛的羊胡草，茎叶均匀地倒向湖北、陕西、重庆三个方向，草的位置正好长在三省(市)的分界线上，故有“三省一蔸草”之称，脚踏上这蔸草，真可谓是“一脚踏三省”了。

灵巫洞

库区第一洞

大宁河风景名胜区上段（巫溪县城北12千米）

8:00～17:00

灵巫洞以秀水、幽峡、奇峰、怪石、巧洞的自然风景美，制盐、悬棺、栈道、古镇、蔡伦式造纸的人文古朴美和古风浓郁的巫巴民俗风情美备受青睐。灵巫洞内钟乳琳琅满目，流光溢彩，被专家和游客誉为“库区第一洞”。

灵巫洞景区具有“乘电梯上山观光，入洞府地下寻幽，坐索道空中览胜，赏群雕发思古幽情，驭滑车旱撬取乐，驾皮艇宁河逐浪”的最佳旅游组合效果，形成了汽车、电梯、索道、滑车、橡皮艇五种交通工具并用的水陆空立体交叉游览体系。

琳宫

灵巫洞东岸的主洞琳宫，全长1500米，由仙翁殿、玉竹林、瑶池、龙王殿、海底世界五大部分组成，洞内钟乳琳琅满目，其定海神针、钟乳天桥、九龙壁为中国溶洞“三绝”。

桃源洞

西岸主洞桃源洞内，全长450米，洞内各种钟乳上悬下立，姿态万千。洞内还建有“十巫”大型群雕，集中表现了巫文化的民俗风情。游客能欣赏到由著名版画家、雕塑家江碧波教授根据“十巫”传说设计创作的群雕和大型壁画，与人类远祖进行心灵交流。该景区以风光奇特、创意独特、层次丰富、文化内涵深厚冠绝西南，具有较高的休闲、探险和科考价值。

玩家 攻略

为方便游客游览，景区建有上山电梯和过江索道，游客可乘坐80米高的电梯到达琳宫洞口，游览后再乘坐索道缆车过江到桃源洞游览。游客下山时可乘坐旱地雪橇，沿600米长的滑道下山。景区还设有长达12千米的漂流项目，游客游览完灵巫洞后，可驾驶皮艇漂流，沿途欣赏大宁河美丽的峡江风光。漂流探险中手触千年古栈道，可感受神秘古朴的巫文化。

灵巫洞

宁厂古镇 镇

巫咸古国

巫溪县宁厂镇　从重庆乘班车到巫溪，也可在重庆坐快艇到巫溪。从巫溪到宁厂坐中巴车

宁厂镇坐落在后溪河的深山峡谷之中，南北高山横亘，东西峡谷透穿，依山傍水，青石街道逼仄，吊脚楼、过街楼等古建筑和民居沿后溪河蜿蜒延伸3500米，俗称“七里半

边街”。宁厂古镇文化底蕴深厚，民风民俗古朴，山水灵秀幽静，是中国的“上古盐都，巫巴故乡”。

镇上建筑古色古香，多数楼房系竹木结构的吊脚楼，不少临河而建，下面斜立木桩，以作支撑。吊脚楼貌似东倒西歪，有倒塌之险，实则牢固耐用，无倾覆之忧。后溪河从吊脚楼下穿过，把古镇一分为二，又有江南水乡之妙。这里的山，自然的美，这里的水，美得自然，这里古老纯朴的建筑，奇得迷人。

宁厂古镇是中国早期制盐地之一，有4000多年的制盐史，堪称世界的“上古盐都”和世界手工作坊的“鼻祖”。天然盐卤泉自镇北宝源山洞洞口的石龙嘴喷出。从先秦盐业兴盛以来，宁厂古镇因盐设立监、州、县，明清时成为中国十大盐都之一。

玩家 解说

宁厂镇远古时期是“不绩不经，服也；不稼不穑，食也”的乐土，在唐尧时期就是盛极一时的巫咸国的本土和首会所在地。并因盐而兴，历史上曾设立郡、监、州、县，有过“一泉流白玉，万里走黄金”“吴蜀之货，咸荟于此”“利分秦楚域，泽沛汉唐年”的辉煌。《华阳国志校补图注》：“当虞夏之际，巫国以盐业兴。”距今约5000年之久。

传说先秦时代，猎人袁氏逐鹿至此，鹿忽不见，只见一洞，清泉涌出，口渴饮泉，水味极咸，知为盐泉，消息传出，人们便取水熬盐。从此，这里便成了我国早期制盐地之一。在清乾隆年间（1736—1795年），有盐灶336座，煎锅1008口，号称“万号盐烟”。

延伸

镇东遗迹与传说

镇东有守卫它的青狮白象岩，还有一群似人非人的石礅，谓之“十八罗汉”，是白莲教起义军的据点遗址。镇南半山腰上的女王寨，是明末清初李自成起义军扎营抗清的山寨。镇西一山耸峙，状若金字塔，其名二仙山。山腰一洞，是远近闻名的仙人洞。该洞不仅景物别致，且有“一局残棋说烂柯”的神奇传说。

荆竹峡 ㊙

三峡地区悬棺的最集中处

巫溪县北部白鹿镇

荆竹峡全长7千米，景区“苍苍两崖间，阔窄容一苇”，两岸悬岩对峙，峭壁如削；岩上羊肠古道，盘折崎岖；四周高山荆竹满山，满目苍翠，宛如画屏。

“汉风神谷”位于荆竹坝的宽阔地带，

宁厂镇

悬棺

岩棺也叫悬棺，是我国古代一种奇特的葬俗，它曾分布于我国南方许多地区，已知有台湾、福建、江西、广东、广西、湖南、湖北、贵州、四川等13个省区，在东南亚及太平洋南部岛屿上也有发现。神奇的悬棺现象，一直是我国名胜古迹之谜，历来为中外学者所关注。

● 悠久历史

中国的悬棺葬制有着悠久的历史，远自我国商周时代便已出现。如福建武夷山上的船棺，经科学测定为3800年前的遗物，被认为是古代越人先祖所为。

四川大宁河小三峡内的岩棺就是典型的悬棺遗迹。在“岭峭山奇险水多”的小三峡旅行，能看到陡峭如壁的褐色山崖的岩隙中，横搁着一具具漆灰色的棺木，当地人称其为“铁棺材”或“仙人棺”。

● 悬棺安置

大宁河悬棺一共有多少？据有关单位查勘，已发现7处悬棺群，悬棺总数300多具，其中棺木保存完整的有70多具。岩棺距河面最低的有30米，最高者有500米以上；从岩顶下去也有300多米。如此“上不着天，下不着地”的悬棺是怎样安置进去的？实在让人百思不得其解。综合各地悬棺的现场观察，人们有这样三种解释：一为栈道说，即悬棺是通过平行的桩孔，联桩铺道而设置；二为下索说，人们曾在桩孔旁发现有踏脚窝，即用绳索从山顶悬着棺材向下放置的；三为上攀说，即指距地面较近的棺木，可能为人工攀登悬置而成。大宁河小三峡的悬棺重达千斤，要将它搁置在崖洞岩洞之中，的确不易。至于用何种办法，说法也挺多，但比较可信的是第二种说法，即下索说。

● 放虹

过去巫山一带民间有这样的说法，老人在未死时，自己选好一个岩洞作为葬地，命小辈营造，死后就能及时安葬。这些营造悬棺葬地的人，是用“放虹”（即用绳索自山顶悬荡而下）的办法，进岩洞做好地基。然后再将棺椁化整为零，一块块吊下来，在岩洞里就地再安装而成。待人死了，就将尸体和随葬品分别用同样的“放虹”方法，悬放下来，安置在棺中。巫山某些地方至今仍保留有生前预营墓地风俗，也许能说明这种解释有一些可信处。

这种“放虹”，可放300～500米长。由于绳索是用葛麻加细篾、皮条搓就的，故不易磨损和被飞禽猛兽咬断。巫山一带的农民到岩壁上采药，大都用这种办法。过去有的人以为悬棺中有金银财宝，就“放虹”荡下去，见棺材里无非是一具尸骸加上一些竹木器皿，便一扔了之，破坏了不少悬棺。

● 悬棺何为

悬棺是一种带有传奇色彩的葬俗，是我国重要的民族文化遗迹。古代人为何要将棺材悬置高山绝壁上，也为众人猜疑而多年未获解答的历史之谜。目前，对古人实行悬棺也有数种解释：一说是借音“高棺（官）”，以使子孙后代显贵；一说是保护先人尸体，不让人兽侵犯；再一说是实行悬棺的民族过着游猎生活，随山而居，沿山而葬。

悬棺

占地约1.9公顷，古朴宁静，曲水流殇，环境清奇素雅。园区利用壁画、雕塑、脸谱、声像展播等多种手段着力彰显远古巫文化形态和内涵，并再现蔡伦式造纸术。在“汉风神谷”中，建有荆竹坝先秦濮族岩棺群。

当缠缠绵绵的大宁河在大巴山中延伸到巫溪县城之上21千米处的荆竹坝，斧劈刀削的岩壁之上，耸立着三峡库区分布最集中、保存最完好的岩棺群——距今2000多年的濮族岩棺葬群。

岩棺也叫悬棺，即放置在悬崖峭壁上的棺椁，因木质棺椁大都形似独木舟，故也称作船棺。棺木全系整木剜挖而成，刀劈斧凿，工艺粗糙，棺盖与棺身子母榫扣合。一般长1.6~2米，宽、高约0.5米，呈不规整的长方形。

岩棺在全国许多地方都有发现，就大宁河沿岸，巴雾峡、滴翠峡、庙峡、剪刀峡等处都有，总计尚存完整的岩棺43具，尚存绝壁凿龛岩棺遗址274处，但荆竹坝岩棺群是三峡地区分布最集中、保存最完好的古代岩棺群，为2000~2500年前古代巴人、濮人的墓葬，巴国灭亡后，该葬俗逐渐被土葬所替代。

玩家 解说

据考，古宁河区域是少数民族巳人、催人的杂居之地，而巴人无悬棺葬俗，宁河悬棺可能为濮人葬式。

唐人张傅曾有这样的记载，古代人死后，“尽产为棺，于临江高山半肋凿龛以葬之，自山上悬索下柩，弥高者以为至孝”，此法称“放虹”，绳索系葛麻加细篾条搓成，极其牢固，不易磨损断裂，可负载数百千斤，下放300~500米长。

再是沿岩壁垒土成道或搭竹木脚手架或开凿栈道，安置完棺木后再撤去垒土、脚手架，毁掉栈道，以绝盗贼或遭野兽及人为毁坏。

三是在悬棺上方安置滑轮，将棺木和工人扯吊上悬崖绝壁的洞穴、岩罅中安置。滑轮在战国时期的《墨经》即有记载，应用肯定更早，而宁厂盐场很早前就有滑轮扯卤的装置。

四是由擅长攀岩者，分批次将尸体、棺木运到岩洞安葬，土家、苗人中到现在就还有擅长绝壁攀岩的传人。

庙峡

宁河七峡之冠

重庆市巫溪县境内　8:00~17:00

在重庆朝天门、龙头寺交通广场汽车站乘坐长途汽车抵达巫溪，也可以在重庆坐快艇到巫山，再经巫山小三峡乘小型旅游船可达

庙峡神谷旅游区位于大宁河上游，与巫山小三峡相连，属峡谷型自然风景旅游区。庙峡全长20千米，宽20~40米，两侧直上直下的岩壁高约900米，以景多、瀑奇、山雄、峡长为大宁河七峡之冠，又誉之为“妙峡”。峡谷两岸峻峰耸峙，峭壁如削，植被浓郁如墨，峡内猿猴攀缘，鸳鸯嬉戏，古栈道依稀可见，云台仙子缥缈可人。

此峡有“云台仙子”“白龙过江”“香炉石”“乌龟爬山”“犀牛望月”“青蛙观天”“二龙抢宝”“鲤鱼跳龙门”等惟妙惟肖的石峰景观。峡中逗乐的猴群，戏水的鸳鸯，给庙峡增添了奇妙的色彩，美不胜收。

白龙过江

云台观

云台观位于大宁河沿线最高峰云台山上，既有瞿塘峡夔门之雄，又有峨眉山舍身崖之险，道、佛、巫三教合一，历史上是川东古刹之冠，曾与武当山并称。庙峡水碧、峡幽、峰奇、瀑绝。

白龙过江

白龙过江又名珍珠帘。从秀似巫山的云台山下行约3千米，在西岸峻茂的峭崖之间，有一道飞泉从天而降。每当春花盛开时，晶莹玉洁的泉水悬壁流泻，飞珠溢香，岩壁隐约可见，号称“香水珠帘”。而当夏秋季节，若山洪暴发，这道一向温润柔媚的山泉便会一改常态，变成一道高约180米、宽约10米的飞瀑，如巨龙下山，风吼雷鸣，冲泻到崖下的石凹中，又反弹起来，呈半弧状飞跨50余米越过大宁河，直冲得河东岸的竹林东倒西歪，浪花水雾弥漫河谷。无论上下远望，都极像一条白色巨龙过江，人皆誉为“中国一绝”。

峡中的“白龙过江”瀑布，宛如一条矫健的白龙，撞石飞越宽近100米的大宁河，汹涌壮阔，七彩斑斓，蔚为壮观，形成“飞瀑峡中过，舟从瀑下行”的“天下奇观”，是国家一级景点，位居全国知名瀑布之列。

在白龙过江以上及以下，还有烂船湾岩棺、猫子石岩棺、乌龟爬山、香炉石、蛮子洞、凤求凰、神龙柱、三牲祭礼、二龙挖宝等诸多景点，大多伴有神话传说或民间故事。

链接

白龙过江的传说

相传：东海龙王有个体态窈窕的幺女白龙公主，她不愿待在龙宫，趁龙王龙母出外赴宴之机，私自溜出龙宫，来到大宁河的庙峡中，被峡中美景迷得如痴如醉，决心要在这里过一辈子。这时，她看到一个英俊的小伙子正在撒网捕鱼，立即动了心，便化成一个健美的渔姑，假装不幸落水，被善良的小伙子救起后与他结为夫妻。龙王知道后，下令虾兵蟹将捉拿白龙公主。渔郎欲带她躲进洞中，被虾兵蟹将拦住了去路，白龙公主无法，变回原身，飞腾入洞，变成了一股清泉。人们传说，这飞泻的瀑布就是白龙的化身，飞瀑飞过河去，就是白龙公主与渔郎去相会。

大昌古镇

历来是三峡地区货物中转地

巫山县大昌镇

大昌古镇始建于晋，已有1700多年历史，是三峡地区唯一保存完整的古城。古镇占地约10公顷，东西主街长约350米，南北长约200米，是一座“四门可通话，一灯照全城”的“袖珍古城”。

古镇现存东、南、西三道城门，东为朝阳门，西为永丰门，南为通济门，城门都保存完好。还有几条保存较为完好的明、清两朝修建的街道。街上牌坊和古建筑群雕梁画栋，翘角飞檐，古风浓郁。

南门老槐树

古镇的南门外有通往河边的几十级石板台阶，已被磨得十分光亮，青石砖砌成的拱门上，生长着一棵有几百年树龄的老槐树，根茎扎在拱门的石缝中，沿石上行伸展，生得枝繁叶茂，宛如一个门神护卫着城门。石阶两旁的一对已经残损的石狮子把守着镇门，显出些许落寞和苍凉，似乎在诉说着小镇悠久的历史，提醒人们记住它昔日的辉煌。

大昌古镇

明、清建筑

拾阶进入古镇，两排临街老房飞檐翘角，张扬着昔日的繁华景象，中间是狭长的青石古道。小镇只有两条主要街道，南北街长150多米，东西街长240多米，占地面积不足10公顷。镇里有37幢翘角飞檐的明清古民居建筑，有完整的古城墙。房屋大都是明末清初时建的，青砖黛瓦、双筒屋檐、飞檐翘角、雕梁画栋、木质门面，显现着一种朴实的华美。

温家大院

温家大院是古镇上规模最大，保存最为完好的建筑。这座始建于清朝初年的建筑，坐西向东，占地320多平方米。大院由门厅、正厅、后厅三部分组成，均以原木作为房梁屋顶，共有12柱37架梁。窗棂镂木雕花，工艺考究。整个建筑为穿斗式结构，从正门进入，可以从后门出。

玩家 解说

大昌作为大宁河沿岸第一大镇，历代都是郡县治地，还曾是大宁河的重要码头和药材、山货集散地。大昌在商周时期称泰昌，为巴国属地；后周时改为大昌，清康熙年间废县并入巫山县。

大昌境内地势复杂，山峦陡似城垣，峡谷窄如走廊，“上扼巴蜀，下控荆襄”。从春秋时代楚、夔、巴蜀之争到三国时期的夷陵之战，从明末张献忠起义军三过大昌，到清初“夔东十三家”义军抗清，大昌均难逃战乱纷争。古镇近代虽经数度战火，却奇迹般地保留了原有的风貌。

大昌古镇

龙骨坡遗址 文

三峡地区重要的古人类文化遗址

巫山县庙宇镇龙骨坡

龙骨坡遗址又称“巫山猿人遗址”，是一处更新世时期遗址，它为人类起源多元论提供了重要依据，被命名为“巫山人”。

龙骨坡遗址面积约1300平方米。在龙骨坡采集到了120余种脊椎动物化石，其中包括剑齿虎、桑氏鬣狗、大灵猫、乳齿象、爪蹄兽、巨羊和小种大熊猫等20余种灭绝动物的化石。龙骨坡也因此成为目前中国第四纪化石种类最多的地点。

玩家 解说

1984年，中国古人类与旧石器专家黄万波、李宣民等首先发现了此处遗址。1985年，考古工作者在该地点的早更新世早期地层中，发掘出一段带有2颗臼齿的残破直立人左侧下颌骨化石以及一些有人工加工痕迹的骨片。1986年又发掘出3枚门齿和一段带有2个牙齿的下牙床化石。此外，遗址中还出土了包括步氏巨猿、中国乳齿象、先东方剑齿象、剑齿虎、双角犀、小种大熊猫等116种早更新世初期的哺乳动物化石。

巫山龙骨坡遗址“巫山人”考古工作，最近有了实质性进展。中科院古脊椎动物与古人类研究所人员在此发掘出距今约200万年的巨猿化石，这为“龙骨坡文化”提供了翔实有力的证据。

据介绍，考古人员在龙骨坡遗址发掘出了一枚幼年巨猿的乳齿化石，经初步测定，距今约200万年。在化石四周，还发现了大量大小不一的磨制石器和小石片，证明了“龙骨坡文化”这种“代表200万年前一种混沌初开的石器工业”的存在，还极可能证明三峡地区是人类诞生的摇篮之一。

红池坝 AAAA

有众多珍稀植物

巫溪县文峰镇 ¥ 90元

9:00~17:30

红池坝古为万顷池，是战国楚相春申君黄歇故居。红池坝国家森林公园面积近13.3万公顷，海拔1800~2500米，由多个岩溶槽

红池坝

谷平坝组成。槽谷底部地形辽阔平坦，夏季绿草如茵，繁花似锦，冬季银装素裹，一派北国风光。景区分为云中花海、天子城草原、西流溪、团城四大区域，近60个自然生态风光景点。可游览春申君故居、白骨洞、扎鹿盘、天子城、银厂坪、三棵树、西流溪等景点。

红池坝国家森林公园拥有得天独厚的生态资源和自然景观。公园内森林浩瀚，草原壮阔，峻岭云迷，丛峰曼舞，山险谷幽，洞奇石怪，水景丰富，天象瑰丽，集雄奇、粗犷、原始、神秘等特点为一体，是中国南方一颗璀璨的生态明珠和人间罕见的世外桃源。

玩家 解说

红池坝林草覆盖率在85%以上，海拔1800~2630米，区内东西长33千米，南北宽18千米，总面积2.4万公顷。其中森林面积1.04万公顷，草场面积13.4万公顷，为中国南方第一大高山草场。

森林包括常绿阔叶林、针叶林和落叶阔叶林、针阔混交林、灌丛及草甸等。主要树种有云杉、冷杉、日本落叶松、华山松等，伴生树种有栎类、桦木、山杨、漆树、黄柏、板栗、猕猴桃等；林下植被主要是黄竹、苦竹、冷箭竹、金竹、杜鹃、蔷薇等。草类以禾本科为主，豆科、莎草科次之，包括红三叶草、白三叶草、野茅草、羊毛草、黑麦草、野豌豆等150种优质牧草。中药材资源十分丰富，盛产天麻、贝母、党参、黄连、柴胡、大黄、黄柏等350余种。

在公园广阔的森林之中，有陆生野生脊椎动物210种。国家级、市级保护动物有40多种。其中国家Ⅰ级保护动物有豹、支豹、金雕、大鲵4种，Ⅱ级保护动物有猕猴、黑熊、黄喉貂、大灵猫、小灵猫、水獭、金猫、林麝、鬣羚、斑羚、豺、红腹锦鸡、红腹角雉、凤头蜂鹰、雀鹰、白鹇、红隼、白冠长尾雉等20多种，Ⅲ级保护动物有狼、赤狐、黄鼬、豹猫、毛冠鹿、狍、短嘴金丝燕、灰胸鸡、普通夜莺、隆肛蛙、竹叶青蛇等近20种。

情人谷

情人谷以一条蜿蜒曲折、陡峭险峻的峡谷为主，具有原始野趣。峡谷清幽脱俗，鸟语虫鸣点缀其间，如泣如诉。

1957年，两名青年科考队员在峡谷进行科考，途遇大雪，男队员在返程接应女队员的途中迷失方向，无奈困守情人谷，最终没有挺过严冬。当地人为了纪念他们，将此山谷命名为情人谷。

三棵树

三棵树又称三根柱，在西流溪的发源地东面的山脚处，曾有三根略成方形的石柱，粗近1米，高约3米，呈“品”字形排列，与石柱相对，还有三棵巨杉，三人合抱，枝繁叶茂。同治年间（1862—1874年），那里曾是盐马古道上的一个重要边贸集镇，连接巫溪、开州、城口，十分繁华。

相传，有人贪婪，把三棵树砍去建屋。不久，一根石柱崩裂，填塞了乡镇街市，这里便从此衰败，人烟绝迹。

夏冰洞

夏冰洞位于崩溪河、大宁河上游红池坝高山草场原始森林内，因“冬春冰融，夏季结冰”，故称夏冰洞，堪称世界洞穴奇观。

夏冰洞洞口海拔2200米。冰洞所在地层为三叠系灰岩，岩层斜状倾向195度，倾角30度。洞口朝东，呈三角形，高5米，底宽10米，洞身长40米，高20米，底宽50米。洞底比洞口低。

夏季，洞外绿树成荫，各色杜鹃怒放，而洞内却是一个冰的世界，满目冰川、姿态万千；而待数九隆冬，洞内却冰融水暖、细流涓涓，胜似温泉。这个现象至今仍是一个谜。洞中最令人叫绝之处，要算洞内四壁的冰瀑，一排排、一道道，似银河决堤，气势恢宏；似急流汹泻，飞涛走澜；似飞冰流瀑，奔流而下。

链接

高山杜鹃

在红池坝迷人的森林景观中，特别耀人眼目的是银厂坪绵延15千米的高山杜鹃。夏初时节，花蕾绽放，白者如雪似玉，红者若残阳飞霞，黄者犹金卉满树。或云集乔木之下，或环布草原四周，或隐现沟槽峡谷，或独霸山岭高坡，倩影楚楚，随处可见。

高山杜鹃

阴条岭

重庆第一峰

巫溪县东部紧邻神农架　20元

8:00~17:00

从巫溪县城租车前往

阴条岭自然保护区是神农架原始森林的余脉，平均海拔1900米，为重庆市内唯一一片原始森林。主峰阴条岭海拔2796.8米，被称为“重庆第一峰”。

林区内茫茫林海，无边无际，云蒸霞蔚，打虎坪、公母泉、万蛇山、丢命坨、舍命滩、阎王鼻子、鬼门关等景点令人心惊胆战，更有“野人”之谜、兰英寨等让人心驰神往，被称为“三峡第一园”。

玩家解说

保护区的面积有3万多公顷，辖双阳、通城、兰英3个乡的13个村，其中核心区8000公顷，包括大官山和白果两个林区。保护区内植物种类达1500多种，有多种具有代表性的生态系统，且含有大量珍稀濒危物种，常见有银杏、珙桐、蜡梅、崖柏、红豆杉等国家一级保护植物15种，是难得的“天然物种基因库”。“头顶一颗珠”“七叶一枝花”“文王一支笔”“江边一碗水”等奇花异草随处可见，金雕、白熊、白狐、金钱豹、小熊猫等300多种国家重点保护的珍禽异兽出没林间。

景点推荐

开州与城口

凤凰山

有“凤凰展翅”之美誉

开州城区北部

凤凰山景区由盛山园艺场、盛山公园、迎仙山三个小景区组成，总面积4.05平方千米。盛山公园坐落在凤凰山风景名胜区中心，海拔600米，相对高度400米，为城区一自然山水综合公园。景区现有盛山十二景、仿古艺术长廊、刘帅纪念馆、岩观音等景点，区内绿化覆盖率达80%以上，各种山丘、沟谷起伏有致，植被多样，同时由于开州区属结构复杂的亚热带阔叶林区，这为景区植物群落的建置提供了丰富多彩的植物资源。

链接

盛山十二景的由来

唐元和十三年（818年）考功员外郎韦处厚被贬为开州刺史，居开州三载，闲来游吟于盛山，寄情志于山水云月，吟咏了葫芦沼等盛山十二景诗，白居易、张籍等数十文人墨客为之动情笔和，后联成大卷，韩愈为之序。由此，历代相传，开州“盛山十二景”及韦处厚、张籍等“十二景诗”誉满华夏，声名远扬。

刘伯承同志纪念馆 AAAA

红色纪念馆

开州区北环路　乘坐开州6号公交可到

刘伯承同志纪念馆于1992年12月4日正式建成对外开放，邓小平同志亲笔题写馆名。纪念馆现占地4公顷，由主展馆和东西部景区组成。

主展览馆分内外两进院落，内院为陈列布展厅，共有展厅6间，以回廊相连，外院有书画厅。馆内的陈列布展按历史轨迹，分为"壮志英华，从戎救国""土地革命，屡建奇功""烽火抗战，尽显神威""解放战争，功勋卓著""开国元勋，再铸伟业""一代名帅，风范千秋"六部分，展线长达520米，陈列着珍贵图片630张，实物和文献资料358件，通过声光电科技手法，生动再现了刘伯承元帅光辉伟大的一生。

玩家 解说

纪念馆西部景区修建了借远桥、兵法小品园、刘帅功勋柱石雕广场、流水松风馆等景观。2010年开始建设东部景区，主要建有影视教育厅、大型军事器械展场、元帅池等景观。

链接

刘伯承元帅小传

刘伯承又名明昭，1892年12月4日出生在重庆市开州区赵家场周都村张家坝刘家院子一户农民家庭里，有"川中名将"之称。1916年3月20日，他率部血战丰都，右眼受伤，眼部手术中为保护脑神经拒绝使用麻醉药而被誉为"军神"。

新中国成立以后，刘伯承任西南军政委员会主席，主动请缨创办军事学院。从1954年起，先后担任了人民革命军事委员会副主席、国防委员会副主席、人大党委副委员长、中共中央政治局委员、中共中央军委副主席等党和国家、军队的重要领导职务。

1986年10月7日，刘伯承同志因病于北京逝世，享年94岁。遵照他生前夙愿，他的骨灰播撒在太行山区、淮海大地和他的故乡。

刘伯承

刘伯承故居 文

再现刘帅往昔

开州区赵家镇

刘伯承同志故居1987年12月4日修缮后对外开放，邓小平同志题写"刘伯承同志故居"名。故居现藏有刘帅及其家人当年使用过的大量文物，通过原状陈列，辅以图片资料，展示了刘伯承少时勤耕苦读，立志"拯民于水火"的成长轨迹。主要景点有刘伯承故居及辅助陈列室、刘帅陵园、石碾盘、竹林水塘、黄桷古道、父母坟地、观景平台、铜像广场等。

雪宝山

生态景观丰富

重庆市开州区　8:00~18:00

雪宝山国家森林公园内部旅游资源丰富、旅游品位高、特色鲜明；1万公顷保存最原始、最完美的亚高山草甸南国第一；溪泉瀑布众多，气候独特，人文景观丰富，具有原始、古朴、粗犷、奇异的特点。主要以广阔壮美的森林、种类繁多的生态景观为主体，以险峻雄浑的山岳和奇险幽长的峡谷为骨架，以南国最原始最优美的草甸景观、神奇多姿的泉瀑、天象为特色，兼有浓厚的文化底蕴、古雅的民风，具有立体观光游览、避暑度假游乐、攀岩探险漂流、水上冰雪游玩、科考科普教育等多种功能，是一个生态多样、特色突出的复合型国家级森林公园。

玩家 指路

公共交通：朝天门或菜园坝长途汽车站乘坐到开州区的长途客车，票价83元，约3小时车程。开州区乘公交车到刘伯承故居，约40分钟车程，票价5元。开州区到雪宝山景区暂无公共交通。

自驾车：经渝万高速公路到万州下，再到开

雪宝山风光

州区赵家镇刘伯承故居，3.5小时车程。经渝万高速公路在梁平任市镇下，直达雪宝山景区，车程约5小时。

玩家 解说

雪宝山森林公园有丰富的野生动植物资源，植物187科720属1800余种，其中国家重点保护的有50种；陆生野生脊椎动物4纲24目70科185属278种，其中国家重点保护的有32种。

仙女洞
堪称奇洞

开州区温泉镇

仙女洞是观客山下的一个奇洞，进口在西，出口在东，东高西低。洞径曲折，高低起伏，有暗流，有碧涵，有云梯，有大厅，有隘口，钟乳石密布，千姿百态，像人物、动物，应有尽有，栩栩如生，观赏价值高。

洞长约3000米，比世界第一洞武隆芙蓉洞长1200米。目前，不仅是重庆市和神州最长的溶洞，而且在世界罕见，具有独特的旅游开发价值，“隐在深闺人未识”。神女之乡仙女众多，传说有仙女隐居过，故名仙女洞。仙女洞洞中有洞、洞洞相连、上下交错、景状各异，险中藏奇、奇中具险、左右蜿蜒、幽深无尽，已探明深度千余米，四五十万平方。洞以宏阔深邃、迷疑奇巧、冬暖夏凉著称。

玩家 解说

仙女洞于唐时就建有道观。观前有半圆形月台。洞四周修有围墙，明代和清代两次对仙女洞围墙加固修高。月台开阔，能容200余人。青石山门，飞檐门楼。原门额镶石刻两块。上为“第一名区”，下为“山水有清音”。今石刻不存，洞门额上“仙女洞”三字为县人盛德伟所书。大山门联：“自然深邃谁能穷底识乾坤；造化神奇竟有洞天悬日月。”上联为里人刘世光所撰，下联为时任四川省副省长的黄启璪所对，字亦为盛德伟所书。

今洞内殿廊厅室及楼台，皆清宣统三年(1911年)时重修。二门内戏楼不甚大，斗拱式木质结构。楼额有巨匾，刻“众仙同日咏霓裳”，及二门对联“径直达桃源渡口；家居在安乐窝中”皆清末蜀中书法大家彭云实（亦名彭聚星，云阳人）所书。

苏维埃政权纪念公园

川渝重要苏区遗址

✉ 城口县半月池路

苏维埃政权纪念公园始建于1984年8月，占地面积近7000平方米。巴山星火陈列室及红岩文化室是该教育基地的重要组成部分。

公园内有“川陕革命根据地城口苏维埃政权纪念碑”，有馆藏文物2000多件，其中苏区时期的革命文物190多件。城口县是重庆市唯一成功建立了各级苏维埃政权政府的革命老区。李先念、徐向前、许世友、王维舟、李家俊等老一辈无产阶级革命家曾转战城口，留下了光辉的革命足迹。

城口县苏维埃政权纪念碑

纪念碑高9.15米，象征城口县苏维埃第一次工农兵代表大会召开时间9月15日；台阶21级，象征城口老区21万人民；碑身由汉白玉、碑翼由红色大理石、碑座由黑色大理石砌成，纪念碑保存完好。

城口县苏维埃政权红军文物陈列馆

陈列馆面积1200平方米，共珍藏文物300余件，包括红军标语、战斗武器和作战时所用的办公用品、生活用具、红军药房用具、人物图片、革命遗址和革命纪念建筑图片、革命文献资料图等，分板块生动地反映了20世纪20年代末及30年代初川东游击军和红四方面军在城口打土豪、分田地和建立县苏维埃政权的场面；展现了3000多名城口儿女参加了红军和游击队，500多名参加长征，470多名在作战和长征途中光荣牺牲的革命史实。

青龙溪

重庆最北面的溪流

✉ 城口县仁河上游

位于重庆市最北面的城口县仁河上游，海拔高度在900~2360米。青龙溪保护区的总面积约有8000公顷，其中灌木林有520公顷，耕地为40公顷。森林茂盛、山谷清幽、水碧而山清；春花烂漫、盛夏清凉、秋林尽染、冬绿常青。保护区内现有猕猴、金丝猴、短尾猴、獐、斑羚、石羊、野猪、金钱豹、黑熊等野生动物；还有锦鸡、画眉等珍禽；此外，泉涌鱼流的奇趣场面也是这里所独有的。

九重山

生物资源极为丰富

✉ 城口县庙坝镇

九重山气候温和，雨量充沛，日照充足，是同纬度地带生物多样性最显著的地区之一。公园内地质形迹典型，地貌类型众多，犹如一座巨大的地质博物馆。公园森林景观原始壮阔，垂直带谱极为明显，优越的自然环境孕育了极为丰富的动植物资源。三大景区景色各异，自然天成。景区之一的九重山，峰聚壑连，众多高峡窄谷幽深神秘，雄奇险秀，撼人心魄。堪称大巴山一绝的白龙峡瀑布，气势磅礴，最为壮观。

九重山

攻略资讯

- 交通
- 住宿
- 美食
- 购物
- 娱乐

交通

火车

●万州

万州火车站位于被誉为三峡明珠的重庆市万州区龙宝，是三峡库区铁路运输的枢纽站，也是沪汉蓉快速铁路通道中的重要组成部分。目前万州站已先后开通了万州至重庆（重庆北站）、达州、成都、广州等地的客运列车。

●丰都

丰都火车站位于丰都县城西南边的三合街道丁庄村，在车站的站前广场上分别设置了公交、出租车和私家车停车场。

目前丰都车站可以通达青岛、上海、宁波、重庆北站、福州、广州、杭州等国内主要城市。极大地方便了当地人民的出行，同时也给当地旅游带来了新的机遇。

汽车

渝东北的公路总体较中部而言比较稀少，沪蓉高速横跨其中，另外还有万开高速连接万州与开州，奉溪高速连接奉节与巫溪。主要干线公路有G318和S105、S402、S103、S201、S301、S302、S202等。

万州火车站

住宿

万州

●重庆尼斯酒店(万州)

重庆万州尼斯酒店坐落于万州高笋塘黄金地段的金三角，交通便利。距离机场35分钟，距火车站25分钟，距离码头、车站10分钟。地址：万州区白岩路3号(近外贸大厦) 电话：58159999

●更多住宿去处

名称	位置	电话
万州圣安娜酒店	万州区电报路223号	87503999
万达希尔顿逸林酒店	万州区北滨大道二段1001号	58999999

丰都

●重庆丰都酒店

重庆丰都酒店地处丰都商贸中心，设施齐全，服务周到，较为经济实惠，且环境舒适。地址：丰都县三合街道平都大道西段274号(人民医院对面) 电话：70607777

●更多住宿去处

名称	位置	电话
丰都茂田大酒店	丰都县三合镇名山大道39号	70710370
丰都宏声贵宾楼	丰都县新县城平都大道西段88号	70726666
丰都华逸商务酒店	丰都县滨江东路13号	70617777

垫江

●重庆牡丹源酒店

建筑外观宏伟、豪华、气派，交通便利。✉ 垫江县工农路321号 ☎ 85656666

●重庆鼎发酒店

以中式风格为主要格调，创意独特，交通便捷。✉ 垫江县桂溪镇工农路296号 ☎ 74635555

忠县

●重庆忠县芭皇酒店

位于重庆忠县的繁华黄金地段，交通便利，酒店豪华温馨、格调优雅，是一家按国际高星级标准兴建的商务型酒店。✉ 忠县忠州镇巴王支路2号附2号 ☎ 54559999

●忠县影宾楼宾馆

忠县影宾楼宾馆位于忠州镇商业豪华街电影院，内设各类客房、套房，所有房间都为追求高品质生活的商务旅客精心设计。✉ 忠县巴王路99号电影院5楼 ☎ 54249988

云阳

●云阳两江假日酒店

以三国文化为底蕴独特设计，外观古朴，装修豪华典雅，既有现代自由元素又传承汉唐遗风的园林建筑。✉ 云阳滨江东路999号 ☎ 67062140

梁平名豪国际酒店

●重庆云阳县云春世纪大酒店

按国家四星级饭店标准设计装修。其交通便利，距闻名天下的张飞庙只有一江之隔；酒店旁有壮观的登云梯，沿登云梯直上山顶是著名的磨磐寨。✉ 重庆市云阳县双江街道青龙路193号 ☎ 67062140

●铭雨·云阳三峡风大酒店

地理位置优越，环境幽雅，交通方便。✉ 云阳新城青龙路38号 ☎ 55166666

奉节

●奉节饭店

外观为现代欧式风格，内部是采用中西文化的对话情景所设计装修的，饭店大堂的大型壁画突出了三峡文化之渊源，多种类型的异国情调风情房，给宾客一种身处异国他乡之感。✉ 奉节永安镇人和街179号 ☎ 85168888

●奉节诗苑大酒店

酒店位于奉节县新城区中心地带，地理位置优越。店内餐厅风格迥异，桑拿、棋牌娱乐多样，客房环境高雅整洁，其余配套服务齐全，不论是旅游休闲还是商务宴请，都是一个理想场所。✉ 奉节永安镇夔州路297号 ☎ 56855555

梁平

●梁平名豪国际酒店

重庆梁平名豪国际酒店坐落于重庆梁平区最繁华的中央商务区闹市中心，是梁平区唯一的一家具有国际四星级水准的现代化酒店，梁平商业区地理位置优越，是梁平区最核心、最繁华的商圈。✉ 梁平区梁山镇人民南路666号 ☎ 53666666

●更多住宿去处

名称	位置	电话
梁平平野园林大酒店	梁平区梁山街道	61011888
梁平禧悦假日酒店	梁平区机场路1399号	53589999
梁平大世界国际酒店	梁平梁山镇人民东路1号	53888888

巫山

●巫山皇廷商务宾馆

巫山皇廷商务宾馆位于平湖中路，地处圣泉公园和三江六景核心位置，交通便利，环境优越。宾馆设施齐全，装修舒适典雅，宾馆拥有多种类型的客房共38间，另提供免费停车场。✉ 巫山县平湖西路166号(三江六景售房部对面) ☎ 57567777

●更多住宿去处

名称	位置	电话
铭雨·巫山鸿都大酒店	巫山广东中路275号	57690808
巫山渝穗宾馆	巫山平湖路381号近巫峡镇	57690988
巫山凯创戴斯酒店	巫山净坛二路216号	57899999

巫溪

●巫溪盐泉假日酒店

依山傍水，地理位置优越，交通便利。

巫溪盐泉假日酒店

酒店设施齐全，装修豪华典雅。✉ 巫溪人民街88号 ☎ 51529666

●巫溪铭洋大酒店

集住宿、餐饮、会议、娱乐为一体，交通便利、环境优美。✉ 巫溪县马镇坝新城春申大道46号 ☎ 51811111

●巫溪泰和大酒店

地理条件优越，环境幽雅，交通便利。酒店内部设计简约内敛，装修豪华典雅，将巴风巫俗和周边自然环境完美融合。每间房间均可远眺磅礴的大巴山雄姿、秀丽的柏杨河风情。✉ 巫溪马镇坝新城春申大道 ☎ 51699999

开州

●开州英才假日酒店

英才假日酒店位于开州区开州大道新天地广场（永辉超市楼上），毗邻永辉超市、区人民医院、新世纪商圈、第一国际商场、苏宁电器、国美电器等大型商圈内，人称“开县解放碑”。✉ 开州区开州大道中段新天地广场4楼(永辉超市四楼) ☎ 52687333

●更多住宿去处

名称	位置	电话
开州渝豪酒店	开州区金贸路富厚街247号	52252316
开州新华酒店	开州区开州大道中段66号	52216888
开州亚太大酒店	开州区开州大道404附6号市民广场	52982666

城口

●崇扬·城口大酒店

按四星级标准建设，拥有风格各异、温馨舒适的客房百余套。酒店地理位置优越，交通便利，周边环境优美。✉ 城口东大街 ☎ 59229999

美食

渝东北地区历史上山高水深，交通不便，因此此地饮食既保留了川菜的一般特点，又具有当地独特的风味，个性鲜明，令人回味无穷。

●羊肉格格

万州的格格，色、香、味俱佳。格格是万县俗语，意即蒸笼，蒸羊肉就叫羊肉格格，蒸肥肠就叫肥肠格格，蒸排骨就叫排骨格格，统称格格，很好吃的。

●巴斗香烤鱼

巴斗香烤鱼烤制方法多样，香味浓郁，汤红色亮，辣而不燥，味道鲜美独特。万州烤鱼汇聚烧烤精华，吸取百家之长熔为一炉，独创出具有三峡特色的烤鱼技术。

●麻辣鸡

丰都的麻辣鸡块也唤作白斩鸡，是四川一道家喻户晓的家常菜。丰都的鸡块煮熟却不煮烂，肉质硬却能轻易地用牙撕碎，极易入嘴。菜色红亮鲜艳，质地柔嫩，味厚

羊肉格格

香浓，香辣味鲜，带有回甜，是佐酒下饭的佳肴。

●酱瓜

垫江酱瓜以当地优质花瓜和自制麦酱为原料，经日晒夜露，常温发酵，瓜体脱水排卤，吸进酱汁，交叉渗透。瓜酱同熟，即为成品。

●垫江牛肉

垫江牛肉精选新鲜牛肉制成，产品色泽深褐，纤维细嫩，瘦不塞牙，醇香味厚，鲜美可口。

●忠县石宝蒸豆腐

石宝蒸豆腐油亮光滑、细嫩、清香，是

巴斗香烤鱼

麻辣鸡

酱瓜

垫江牛肉

奉节九园包子

城口清炖牛尾汤

用镇上大水井之水泡黄豆磨成浆，制成薄片豆腐，用菜油煎炸，配以盐、糖、酱、海椒、花椒、八角及忠州豆腐乳汁等作料，拌以米面，上甑蒸至冒大汽时翻动，再蒸即成。

●云阳抄手

因其独特的饮食方法而闻名，食用时将碗中抄手夹入味碟中，蘸上碟中调味料后食用，犹如过桥，故名。特色是细嫩爽口，因人而异，味多变化。

云阳抄手

●奉节九园包子

九园包子用五花肉、冬笋、干贝、金钩、火腿等加调料制成咸馅；或用核桃仁、蜜枣、瓜条、橘饼、玫瑰糖、猪板油等制成甜馅。九园包子的特色是，皮薄馅满，松泡爽口，味鲜美、香甜。

●安安鱼

梁平安安鱼烹饪方式独特，煮出的鱼嫩而不腻。用鱼精心选料，其特点主要是麻、辣、嫩、鲜。

●开州龙须牛肉

龙须牛肉历史悠久，采用山区黄牛精肉为原料精制而成，其主要成分是鲜黄牛肉、名贵中药材、白糖、食盐等。因配料独特，色泽红亮，肉香浓郁，回味悠长，纤维均匀，形如龙须，故名为龙须牛肉。

龙须牛肉

●城口清炖牛尾汤

炖牛尾汤，须选用去皮牛尾中段，并从骨缝处下刀。炖前要用清水浸泡，入锅时加调料，烧沸去尽浮沫，改用小火慢慢炖软，达到牛尾软嫩，肉离骨而不散落，具有汤色清爽，鲜香醇厚之特色。

购物

渝东北特产

渝东北地区地处秦巴山地，又是三峡库区腹地，这里物产丰富，口味独特，历来为人所称道。

●万州太白银针

太白银针早春三月采摘高山幼嫩茶芽精制而成。该茶润绿显毫，条索紧秀，匀直若针，香高清纯，汤绿明净，味鲜醇爽，叶绿鲜亮，嫩匀成朵，乃名优绿茶之珍品。

●三元红心柚

三元红心柚果大、皮薄，瓣均匀、整齐、易分离、少核，肉质色泽粉红悦目、多汁、细嫩化渣，酸甜适度。

●鬼城叶脉画

叶脉画精选树叶为材料，去其全部叶肉，留其完整叶脉，将祖国锦秀河山胜景、历史人物风范、奇丽的古建古玩等直接书画、喷绘于叶脉上，形成图文并茂、色彩斑斓的艺术品。产品新颖别致，原汁原味，质地轻韧，光洁透明，色泽耐久。

●忠州腐乳

忠州豆腐乳以质纯细腻、清香味佳、舒适可口、口味绵长著称。其营养丰富，能健脾开胃，增进食欲，密封久存不腐，其味更加醇美。

●云阳红橙

云阳红橙是脐橙类的一个红色果肉品种，果实圆球形，果皮薄。红肉脐橙肉质致密脆嫩，多汁，风味甜酸爽口，完熟后有玫瑰香味，品质上乘。

●云阳桃片糕

云阳桃片糕始于唐代，以桃仁、糯米、白糖、饴糖为主要制作原料，具有悠久的历史、精湛的制作工艺、独特的风味，受到广大消费者的喜爱。

●奉节杜甫晒枣

主要原料为色白、果肉肥厚的阳山鲜枣，加工后其色似琥珀，纹如金丝，外酥内润，醇甜爽口，化渣离核。

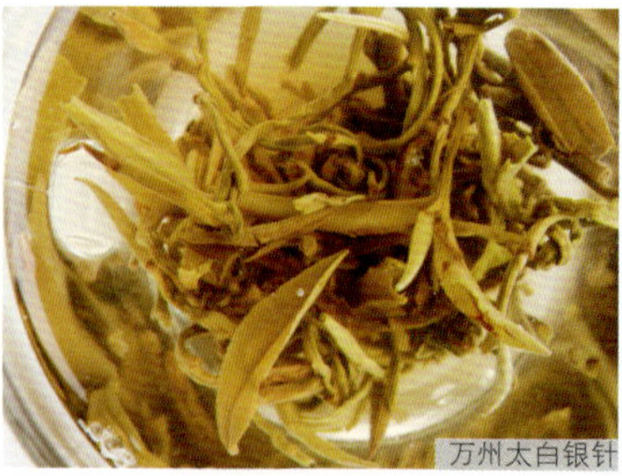
万州太白银针

三元红心柚

忠州腐乳

桃片糕

木版年画

临江折扇

云雾茶

竹帘

●竹帘

梁平竹帘源于宋朝，历代为皇室贡品。现在北京人民大会堂、钓鱼台国宾馆大厅悬挂着28幅，得到国家领导人和外国朋友的高度评价，被誉为“天下第一帘”，远销40多个国家和地区。

●木版年画

梁平年画的品种有水货、托货、清章、花笺四大类，所用的纸张为本地百里竹海生产的白夹竹手工纸。年画用色工艺考究，原料上乘，色彩鲜艳夺目，凝重沉着，保存多年色彩不退。无论是描绘风俗人情，还是民间故事、戏曲神话，都充满了浓厚的生活气息。构图饱满简洁，人物夸张变形，色彩对比强烈，静动处理得当，造型古朴粗犷。

●云雾茶

巫山云雾茶就生长在这云雾缭绕、群山环抱之中。原材料采用清明前后的优质芽叶，运用传统工艺和现代科技精制而成。其茶汤色绿而清澈、香色浓郁，饮之滋味鲜爽甘醇。

●开州水竹凉席

水竹凉席以本地所产的竹为原料编织而成。水竹凉席在使用过程中，自然产生色变，初淡绿而渐渐泛黄，由中黄而金黄，多年使用，黄色浸润，黄中呈红，红黄相映，色泽喜人，使用越久，席面越发柔软细腻，凉爽宜人，折叠后亦无损伤。

●开州临江折扇

临江折扇是利用当地盛产的白竹为骨架，以薄而透明的皮纸或白绸为扇面，经过72道工序精制而成。扇面图案美观、雅致，有古人书画以及人物、山水及花鸟鱼虫图案，都以图画技法表现，具有浓郁的民族风格。

●城口岩耳

岩耳为地衣植物门植物，因其形似耳，并生长在悬崖峭壁阴湿石缝中而得名，体扁平，呈不规则圆形，上面褐色，背面被黑色茸毛。岩耳含有高蛋白和多种微量元素，是营养价值较高的滋补食品，是一种稀有的名贵山珍。

发现者旅行指南

渝东南

概览

亮点

小南海

小南海是国内迄今保存最完整的一处古地震遗址。人称“深山明珠”“人间仙境”。

天生三桥

是全国罕见的地质奇观生态型旅游区，以三座石拱桥称奇于世，属亚洲最大的天生桥群。

神龟峡

因峡口两山酷似雌雄双龟对卧而得名，峡谷水绕山转，蜿蜒盘曲，两岸风光美不胜收。

土家民居

酉阳桃花源

是“远离尘世喧嚣、步入秦晋田园”的绝佳运动、休闲、体验旅游目的地。

龚滩古镇

龚滩是乌江流域上的著名险滩之一，被誉为“乌江画廊上的璀璨明珠”。

线路

武隆、彭水、黔江精品游

第一天自驾去武隆芙蓉洞景区，欣赏罕见的钟乳石奇观，夜宿武隆城区。第二天前往彭水，这里的景点很多，其中阿依河、鞍子苗寨、神龙谷、摩围山，可任选几个游览。第三天开车去黔江，游览著名的乌江百里画廊。

民族风情游

第一天上午去黄水国家森林公园，呼吸新鲜空气，下午游览毕兹卡绿宫，感受土家族风情。第二天前往彭水泛舟阿依河，打量漂亮的苗族妹子。第三天游览酉阳桃花源，感受陶渊明笔下

天生三桥

的梦里故乡。第四天逛秀山花灯寨，过一天少数民族的日常生活。

武隆三日游

第一天游览天生三桥，这里有三座气势磅礴的地质奇观石拱桥，之后游览芙蓉洞，欣赏罕见的钟乳石奇观。第二天探险后坪天坑群，这里是世界罕见的侵蚀性天坑群。第三天前往仙女山，这里有具有西欧牧园风情的“草场公园”和“南国第一牧场”。

为何去

神龟峡

在渝东南，独具魅力的民族风情与青山碧水交相辉映，翠竹岭下，古树丛中，座座寨子依山傍水，清幽神秘。深入渝东南腹地的渝湘高速公路，就像一根线，穿起了无数散落的珍珠，为自驾游提供了便利。同时这里有独特的喀斯特地貌，峡谷密布、沟壑纵横，又是户外探险者的天堂。

何时去

仙女山

重庆是中国著名的三大火炉之一，夏季炎热难耐，而渝东南地区因广泛的喀斯特地貌分布，峡谷密布，森林众多，成为重庆难得的夏季避暑胜地，无论是泛舟湖上或是探险天坑，都能给人带来清凉一夏的感受。冬天可以去武隆仙女山举行滑雪等雪上项目，好不惬意。

渝东南旅游示意图

区域解读

面积：21 815km²

人口：约370万人

主要少数民族：土家族、苗族

地理 GEOGRAPHY

地形

渝东南地区地处四川盆地东南部大娄山和武陵山两大山系交会的盆缘山地，渝鄂湘黔四省市结合部，境内奇峰延绵、怪石林立、奇峰异彩，危岩深峡、溶洞密布，喀斯特地貌发达，造就很多名山大川，风景名胜区众多。

气候

渝东南地区属于亚热带季风气候区，雨热同期。由于这里山高林密，夏季成为最佳避暑胜地，但是这时往往有暴雨发生，山区要注意防范地质灾害。冬季气温较低，山区常有降雪和冻雨，要注意防滑。

喀斯特地貌

“喀斯特”原指前南斯拉夫西北部的一个大量分布石灰岩的高原，后来前南斯拉夫学者司维治对这里的奇特地貌进行了研究，详细提出了这一地貌类型，因此称这种可溶性岩在流水的溶蚀作用下形成的地貌类型为“喀斯特地貌”，又叫岩溶地貌。其实，我国很早就记录了这一类型的地貌，《徐霞客游记》就十分详细地阐述了喀斯特地貌在我国的分布、类型、形成原因等。

在重庆，峰林、峰丛等喀斯特的主流景观很少见，多是喀斯特台地、槽谷、丘陵、峡谷、山地等多种地貌类型共生，其上发育的天坑、地缝、竖井、洞穴等多种喀斯特景观也都烙上了具有重庆地域特色的标签。重庆的喀斯特美在地下，不像云南、广西美在地上。重庆的地上山奇峡谷奇，重庆的地下更比地上奇。这里的喀斯特好像专门和地球捣乱，一会儿把地壳撕开一个大口子，一会儿砸几个大坑，一会儿用几把钻，对着地壳深深地钻下去，把地壳撕开一道长长的裂隙，好像要看看地壳下的秘密，这就是所谓的地缝。走进重庆武隆龙水峡地缝，只见窄窄的一条缝隙，直直地切到地壳深处，抬头看，天成一缝，地缝边缘的绿树仿佛长在天上，忽然一道瀑布从天而降，落到你身上时，已化成一团雾。其实龙水峡地缝还不如奉节的地缝宏大，奉节天井峡地缝长达6000米，深200多米，有的地方宽仅1米，这种地缝也是一种峡谷，有专家称其为“隙谷”。由地缝引出了天坑。

重庆的武隆有很多天坑，但这里的天坑与喀斯特的另一种独特景观——天生桥相伴而生，两个天坑被三座天生桥相隔，构成非常独特的景观。我去武隆时，一见到这几座天生桥，就明白了为什么武隆能被批准进

仙女山

入世界自然遗产名录，这样宏大的天坑和天生桥的组合世所罕见。

重庆喀斯特的奇异之处还有许多，比如前面讲重庆的山时说到的平行岭谷，其实那些平行岭谷的背斜（也就是山岭）上面的砂岩和页岩已被剥蚀得所剩无几，其中核部的石灰岩已经露出，在山岭的上部发育成少见的平行的喀斯特溶蚀槽谷，有的岭是“一槽二岭”，有的是“二槽三岭”等。这种喀斯特景观也是全国罕见的。

历史 HISTORY

历史大事记

武隆江口镇蔡家村曾发掘出新石器时代石斧，距今5000年左右，这证明早在5000年前，武隆这块古老的土地上就已有人类活动。

先秦时期，渝东南地区一直是古代巴国的领地。

秦时属黔中郡。汉时属涪陵县、丹兴县。

三国时期，渝东南属于刘备蜀汉的范围，并分别置郡县。

隋唐时期，渝东南属务州、思州等地，唐后期被藩镇和当地少数民族氏族管辖。

元代时期，朝廷在当地实行羁縻制度，设立酉阳宣慰司和土知府管辖。

明代渝东南地区分属四川布政司、重庆府管辖。

明太祖洪武十年（1377年）武龙县并入彭水县，十三年（1380年）复置，改“武龙”为“武隆”，相沿至今。

嘉靖三十三年（1554年），彭水在今汉葭镇乌江东岸修建县城，将治所从壶头山麓迁入。

清代朝廷在此地实行大规模的改土归流，渝东南地区大部分属于川东道，雍正四年（1726年），始置秀山县，结束了秀山地区的土司建置。

1913年，属东川道。1927年，改隶四川省长公署。1935年，改隶四川省第八行政督察区。

1949年11月12日，黔江解放。之后的两个月，渝东南其他地区相继解放，成立人民政府。

1983年11月，经国务院批准，撤销黔江县，建立黔江土家族苗族自治县，并改建彭水苗族土家族自治县。

1988年，经国务院批准成立四川省黔江地区，辖石柱县、彭水县、黔江县、酉阳县、秀山县，涉及今日渝东南大部分区域。

1997年，重庆升级为直辖市，区内各县

区直接归新行政机构管辖。

2000年，重庆市黔江开发区、黔江自治县撤销，设立了重庆市黔江区。

文化 CULTURE

且歌且舞的仙女山耍锣鼓

仙女山耍锣鼓是长期流传活跃于武隆区中北部广大地区(包括现在的火炉镇、双河乡，原来的白果乡、核桃乡和木根乡)的一种自娱自乐的民间演奏形式。仙女山耍锣鼓以鼓、锣、钵、马锣、铰铰等乐器为主。

仙女山耍锣鼓有其自己独特的演奏形式，锣鼓引子（曲牌）十分丰富，音乐形态包含了多种内容和各种情绪，具有极强的可塑性；不少固定的引子（曲牌）简洁精练，节奏感强，且曲调分明，头子和尾子能自由搭配，连缀交替，易学易会。而且打法新颖，变化多样，不但能坐着打，还可以走着打、站着打，变换各种队形打及登上舞台表演，以丰富的肢体语言配合器乐演奏，表达了这种民间传统音乐绘声绘色的唯美艺术渲染效果。

土家族好龙——石柱板凳龙

石柱土家人自古就有崇龙好龙的习俗。据民间口碑相传，石柱“板凳龙”的雏形是土家先民在劳动生产休息之余，随手扯起地上的杂草绑于锄头之上，学龙飞舞翻滚，起到娱人娱神的作用。后来，为求方便灵活、神形兼备，逐步催生演变成现在的“板凳龙”。石柱“板凳龙”分为原始古朴的“草龙”，喜庆祥和的“彩龙”。“草龙”直接以杂草或稻草为材料，编扎而成。“彩龙”用土家山寨所特有的金竹或斑竹划成竹片，扎好龙身骨架，固定在三脚长板凳上，初为纸糊，后用五光十色的多色布做成龙套，套在龙骨架上，

板凳龙

再画好眼、爪、须等。每逢节庆、丰收和农闲时乡亲们便自发地进行表演、比赛。

石柱“板凳龙”可二人、三人玩舞，也可多条同时玩舞。其舞姿灵活多变，玩舞中“进”“退”“钻”“绕”随心所欲搭配和变化。动作粗犷豪放、气势磅礴、俯仰顿挫、美观大方。常见的舞姿有：“龙游四海”“滚龙过江”“惊龙出洞”“卧龙翻身”“双龙戏水”“群龙聚首”。表演中以土家族特有的耍锣鼓伴奏，“龙”随锣鼓点，翻滚腾跃，出神入化。

边城的花灯歌舞

地处武陵山腹地的秀山土家族苗族自治县，位于渝、鄂、湘、黔交界处，有“边城”之称。这里也是中国花灯歌舞之乡。历史悠久的秀山花灯是秀山土、苗、汉各族人民喜爱民间歌舞的体现，遍及全县各村寨、城镇。

秀山花灯传统的表演形式有“耍灯”和“单边灯”两种。“耍灯”俗称“跳团团”，是由一旦（幺妹子）、一丑（花子）演唱民间小调的歌舞；有时增至三人、四人或六人穿插表演；“单边灯”又称“单边戏”，有一定的故事情节，有生、旦、丑等简单的人物角色，是以多首民间曲调演唱的花灯小戏。以上两种形式均在堂屋或院坝进行表演。

秀山花灯传统的演出时间，是农历正月初二至十五元宵节期间的夜晚。其间，掌灯者和演员用竹竿高挑彩灯，既增添了热烈喜庆的气氛，又可为夜间开道和演出照明。

秀山花灯演出时有一整套传统的习俗礼仪。演出前首先要设“灯堂”。灯堂一般设在本村灯班组织者或特别喜爱花灯的人家中。表演内容按主家接灯的要求，由灯头和掌调安排。如主家没有灯堂就表演《参灯》调。若主家红灯高挂、大门紧闭、门外凳上放有红封彩礼，花灯班就先唱《开财门》；待大门开后再进堂屋表演其他内容的节目。若主家是接“孝福灯”（老人去世三年后才接灯），必须表演《二十四孝》《十二大孝》。有60岁以上的老人之家，就表演《送寿月》。主家是行医者，就表演《参十代名医》。主家是五匠或供有佛教、道教神位，就参师、参坛唱《参神》调；主家立新房，就唱《闹华堂》。类型多样。

每晚跳灯结束返回灯堂时，还要烧香化纸齐唱《安灯调》。花灯一般跳到元宵节后结束。结束时要举行“烧灯”仪式：灯班全体聚集在灯堂内，先“下位”（取下供奉的花灯神位）。然后由灯头和掌调领唱《收调》（又称《会调》），即将春节期间所跳花灯曲调各唱一段）。接着“辞神”（即辞别主家敬奉之神），“下妆”（幺妹子和花子边唱边脱去跳灯时穿戴的服饰），“送灯”（从灯堂送花灯神出大门）。最后将灯笼、神位送到河边或沟边烧化，并将跳花灯的道具、服饰从火上抛过，以求跳灯人平安。至此，一年一度的跳花灯活动方告结束。

秀山花灯

景点推荐

黔江旅游区

黔江民族风情旅游区

全面展示黔江少数民族风情

重庆市黔江区

黔江民族风情旅游区主要有小南海、南腰界、桃花源等景点。黔江民族风情旅游区是领略山川风光、体验民族风情、凭吊先烈的难得去处，区内有武陵山、小南海、乌江天险、黄水公园、官渡峡、桃花源等景点。

黔江独具魅力的民族风情与青山碧水交相辉映，翠竹岭下，古树丛中，座座寨子依山傍水，清幽神秘。吊脚楼的主人热情奉上清香爽口的油茶汤，冬暖身，夏消暑，让人倦意顿消。从“哭嫁”“跳丧”中可领略土家族、苗族的婚恋情、生死观；土家族的“赶年”“四月八”和苗族的“赶秋”等节日，更是场面壮观，气氛热烈，颇具古风。

土家苗寨蕴含着丰富的民间文化和民间艺术。土家族的摆手舞、铜铃舞，苗族的芦笙、木鼓舞都是久负盛名。丽的西兰卡普、土家刺绣、苗家蜡染堪称一绝。土家苗寨更是歌的海洋，人人会歌，无处不歌，歌山歌海，情溢山寨，有“对歌”“盘歌”“山歌”“薅草锣鼓”等，生动形象，音韵和谐，情意真挚，美丽悦耳。

黔江有淳朴浓郁的民族风情、韵味十足的民族歌舞、种类繁多的土特商品、别具一格的饮食文化，是体验土家族民族风情、苗族民族风情的难得去处。

玩家 解说

土家族最富民族特色的节日是年节，节日中最富民族特色的歌舞是“舍巴日”，也就是摆手舞。

摆手舞是土家族具有代表性的民间舞蹈形式，发源于重庆的酉阳土家族苗族自治县境内的酉水河流域。摆手舞，土语称“舍巴日”，有的叫“舍巴”。它是土家族祭奠祈祷的一种活动，一般在年节举行，并发展为祭奠、祈祷、歌舞、社交、体育竞赛、物资交流等综合性的民俗活动。土家人在摆手活动中，追忆祖先创业的艰辛，缅怀祖先的功绩，展示土家先民的生活场景，整个活动都有着浓厚的祖先崇拜痕迹。

小南海 AAAA

深山明珠

黔江区城北32千米处　80元

全天

小南海原名小瀛海，水面海拔370.5米，面积约30平方千米，是一个融山、水、岛、峡等风光于一体的高山淡水堰塞湖泊，也是国内迄今保存最完整的一处古地震遗址。人称“深山明珠”“人间仙境”。

小南海周边和岛上是天然的动植物园，有薄皮马尾松、黄杉、水杉、铁尖杉、香柏、紫柏香樟、楠木、银杏、黄檀等珍贵树种，还有虎、豹、黄猴、羚羊、麝、大鲵、巨蚌等国家级保护动物。小南海还是四川的八大渔场之一和养麝基地。

海周秀峰环列，海口奇石林立，沿海溪水萦回，海内汊港纵横，岛上茂林修竹。扁舟渔影，绿女红男，穿梭于碧波之上；鸥鹭齐飞，粼光荡漾，闪烁于海天之间。春夏秋冬，各有奇观；晨昏晴雨，幻化无穷。朝阳寺、老鹳坪、牛背三个岛屿，古松蔽日，茶花连云，茅舍竹楼，鸡鸣犬吠，一派田园风光。

玩家 指路

重庆朝天门汽车总站和北站均有到黔江的大巴，到黔江后再从黔江汽车站乘坐汽车前往，40分钟即可到达。

玩家 解说

据清《黔江县志》载：“清咸丰六年（1856年）五月，地大震，后坝乡山崩，溪口遂被埋塞。厥后，盛夏雨水，溪涨不通，潴为大泽，延袤20余里。”地震遗址是小南海最具科研价值和旅游价值之处。小南海处在渝东鄂西褶皱带内，以震

旦系变质岩为基底，最近的构造运动主要表现为大面积的隆起抬升。所以小南海地震的发生，可能与本地区基底断裂活动有关。由于小南海远离城市，人烟稀少，所以地震遗址得以完整保存下来。

牛背岛

在南海三岛中最大、最美的是牛背岛。黔江小南海牛背岛神秘隽永，滋味绵长，恬淡自然，深藏不露。一岛松风，杂花生树，四时不绝。岛上有猴群、麝香园，还有鸡狗猪羊，茅舍竹楼。

牛背岛后的倒牵溪虽不宽，却很深，隔断了岛与陆地的联系。彼岸是龇牙咧嘴的断壁残岩，虎视眈眈地盯着这头入水的巨牛。

朝阳岛

朝阳岛是南海中第二大岛，因岛有朝阳寺而得名。拾级登岸，即闻犬吠鸡鸣，一派田园风景。岛上珍稀古木铁尖杉气冲霄汉，古松虬曲接天连云，一泓竹海，碗口粗细，密密实实，一片葱茏。

湖心岛

湖心岛老鹳坪的东侧有金沙滩，一滩卵石排列井然，蛤蟆状与邻为伍，与水相戏，配上一岛的松风丛林，茶花栎木，相攀相扶，

小南海风光

玩家攻略

湖心岛是天然的动植物园，森林资源丰富，有薄皮马尾松、黄杉、水杉、铁尖杉、香柏、紫柏香樟、楠木、银杏、黄檀、白花泡桐等140多种乔木，动物有虎、豹、黄猴、羚羊、麝、大鲵、巨蚌等，鱼类有50多种。因此，具有广泛的综合开发价值。

湖心岛

苍苍翠翠，美也美透了。

黔江国家森林公园

典型的喀斯特地貌

黔江城区西部　15元

黔江国家森林公园地处长江三峡，千里乌江画廊、张家界旅游热线中心地带，为巫山、大娄山之间的中低山区，是重庆市唯一的少数民族聚居地。这里有四季分明的气候特征，独具特色的自然资源和浓郁的民风民情。

区内古树参天，溪水涟涟，野花灿灿，神秘莫测。公园划分为五大景区，其中武陵仙山景区为核心景区，属泥沙岩峰林地貌，有名寺古刹、古树名木，号称“松杉王国”；八面山景区茫茫林海，称之为“绿色皇宫”；神龟峡景区为洞瀑景观区，有饱水漳谷、慈竹画廊、生物钟乳等景观，峡谷全长近40千米，风景如画；官渡峡景区为水域景观、水质清冽，水上娱乐项目丰富，还有悬棺古寺；石钟山景区为石林景观区。

武陵仙山景区

地域广阔、景点众多

黔江区东南部武陵山脉北段

武陵仙山风景区的景点分布可分为主景区和外围区两大部分，主景区以香山寺、真武观、武陵险峰石林群雕为主体。外围景区沿国道“319”线向东延至两会坝、梅子关两片景观。

香山寺

香山寺位于武陵主峰下，原为朝山香客沐浴、静心、休息之地，故名香山寺，又名接官殿。清朝又为驿道石塔铺地，木质结构，长方形四合院。经复兴桥拾级而上进入香山寺山门，山门口有哼哈二将守门，由穿斗式7柱3间木架结构组成，屋脊正中用瓷块镶嵌的“寿”字，立于山门中顶，颇有古风。

香山寺由于历代香火旺盛，不少名人文士留下了宝贵的字画楹联，也为后人留下了珍贵的文化遗产。香山寺山门有一醒目的门联，昭示人们诵经参禅，朝山访仙，其联是：地结丛林通觉路，人来圯上访仙踪。

真武观

真武观位于武陵主峰顶，占尽武陵“雄、奇、险、峻、幽”五大奇景之先机，积淀了独有的武陵文化特色和底蕴，历代达官显贵、名人文士楹联诗赋至今脍炙人口，成为我国民族文化的一块瑰宝。

真武观石级曲折相连，四周用条石延伸悬空七尺余于万仞绝壁上。庙宇依山布局于四块狭小的平台上，内外数百步傍壁上挑着两柱房梁，其惊险之状令人叹为观止。

天子殿

天子殿位于武陵村九组，相传是因明成祖朱棣永乐年间（1403—1424年）驾临武陵山真武观后住宿于天子殿而得名，中间为正殿，塑佛祖释迦牟尼像，两边为厢房，塑十八罗汉，前厅为灵官殿，塑两个灵官菩萨。天子殿的和尚由真武观委派，负责香客烧香、洗脸及食宿，一般住二至五个和尚。天子殿为

武陵仙山

东西两路登武陵山的必经之路，旧庙主殿框架完好，山门已毁，现为林场住部。

连峰寺

连峰寺位于武陵村一组，以四合院布局，正殿一大间，两边配殿各4间，前面有花台，建于乾隆年间（1736—1795年），建筑极富特色，有瓦当、斗拱，典雅古朴，新中国成立后为武陵村校场所，1998年古建筑被毁。

武陵峰

从香山寺西侧经东北沿登山大道拾级而上，直登武陵主峰。武陵山拔地而起，崖壁绝峭，高耸入云，山坝之间高差800余米。站在峰顶真武观遗址上放眼四顾，群山起伏矮小，白云萦绕脚下，人山欲飞，四无所依，如居高空楼阁；若是夜间，星辰出没身边，山与天高，仿佛置身凌霄宝殿。

九里坡

香山寺之南，溯小溪而上，可达与武陵山南麓相峙的陵北村九里坡，在武陵山南麓可远眺其山色。九里坡山顶雄踞河岸，侧靠武陵仙山。由于大尺度地造成丹霞地貌，形成巨崖重叠，中间鼻梁的山势，活像一尊背靠背坐禅的“双面佛”，也被当地人称为双面佛山。九里坡立有“伏波碑”。

神龟峡

阿蓬江峡谷景观中最为优越的河段

黔江两河镇至酉阳大河口　¥ 96元

9:00~18:00

神龟峡因峡口两山酷似雌雄双龟对卧而得名。它全长38.9千米，是阿蓬江峡谷景观中最为优越的河段。峡谷以幽、险、奇、古、深著称，以门、湾、山、水、石见长。

神龟峡水深数十米，两岸山高50多米，

沿途悬崖峭壁，突兀奇峰，全程苍山如黛，江水如蓝，岩如门，绝壁如画，两岸蚊母如练，霸竹如帘。岩溶地貌发育，形态万千，形成一道奇特而多姿的裸露的熔岩景观。两岸风光原始古朴，美不胜收。

官渡峡

城在峡中、峡在城中

黔江区冯家镇

官渡峡因古驿道从这里渡船过江而得名，峡谷全长15千米，穿越黔江城区，造就了黔江城在峡中、峡在城中的独特景观。

官渡峡被誉为“小盆景”。峡口石钟乳奇形怪状，泉水飞流直下，沿峡两岸悬崖峭壁，江水蔚蓝清澈，清幽雅致，峡中有白水泉、神女蜂、一线天、崖棺、神岩寺、钟乳石等迷人景观。

一线天

峡中著名景点为“一线天”，置身其间，伸手触岸，天际一线，叹为观止；“苗家水寨”遗址，是当地龚氏祖先为避兵乱，居住于峡内三面环水、一面绝壁的孤山之上留下的，如今水寨石门、祠堂等遗址尚存。官渡峡绝壁之上有三处古代“崖墓葬”，分布于悬崖峭壁之上，加之半山腰神庙悬空而建，令人畅想。

石钟山

酷似一口倒置大钟

黔江区新华乡境内

石钟山因有一座山丘酷似倒置的大钟而得名。远望石钟山犹如一尊凝目垂手的“坐佛”，又似一口巨大的铜钟倒扣山间。

石钟山是典型的喀斯特地貌地区，山间沟壑纵横，石林遍布山巅，千姿百态，怪石嶙峋，风景绮丽。山顶原有一座古老寺庙，长年香火不断，“文革”中被毁后，至今还留有遗址。石钟山附近有一片天然石林，人们称之为“九门十八洞”。

官渡峡

山上的百丈崖悬崖峭壁、直耸云天，从山顶的洞穴中流出的山泉形成飞瀑，十分壮观。站在百丈崖下，回头望去，石钟山犹如雄狮扑卧山间，俯视群峰。

老屋基旧石器遗址

黔江原始人活动的足迹

黔江区冯家坝土湾老屋基洞

1985年12月17日至28日，在老屋基旧石器时代遗址出土了一批动物化石和打制石器。动物化石有100余件，其中灭绝的有长臂猿、东方剑齿象、中国犀牛等5种；旧石器时代中晚期石器800多件。老屋基遗址对研究黔江地区原始社会早期历史及第四纪地质史均有重要意义

山阳岭恐龙化石遗址

罕见的保存完整的恐龙化石

黔江区官渡河西岸飞明乡山阳岭　可从重庆乘长途汽车至黔江，或乘船由涪陵至彭水，再乘汽车至景点

山阳岭恐龙化石遗址以山阳岭为中心，在芋头沟近3千米处的山梁下。1930年首次发掘出“龙骨”四五十挑。1974年又发掘出距今1亿年左右(白垩纪早期)的恐龙化石，有长102厘米股骨1块，牙齿1颗，还有形状可辨的脊椎、尾椎、趾、踝、臂骨等，国内罕见。

阿蓬江

峡谷幽深、神秘莫测

黔江区东南部

到达黔江后在汽车南站乘坐开往两河镇的班车，距离44千米，车程1小时左右。在细水码头登上游览阿蓬江峡谷的游船

阿蓬江发源于湖北利川，是中国唯一的一条由东向西流的河流，它经重庆市黔江区到酉阳县在龚滩古镇注入乌江，全长249千米，为乌江第一大支流。

阿蓬江在黔江境内冲破崇山峻岭，一泻千里，山高谷深绝壁对峙，形成独特的峡谷风光。景区植被华丽，动植物种类繁多，珍稀物种不少，生物多样，生态完好。加之神秘的濮人岩棺墓葬，我国仅有的四座空腹式动力坝电站之一的大河口水电站，丰富多彩的

土家族苗族风情等，自然景观与人文景观交相辉映，历史沉积与现实写照相得益彰，传统文化与现代文化有机融合。这些都是有别于其他峡谷景观的个性特征。

濯水古镇 AAAA

土家水乡

黔江区濯水镇　免费

79468666

濯水初称“白鹤坝”，兴起于唐代，兴盛于宋朝，自古以来便是重要的驿站和商埠，是渝东南地区最负盛名的古镇之一。明清以后逐渐衰落，作为重庆旧城老街的典型，濯水古镇街巷格局保留较为完整，具有浓郁的渝东南古镇格局。

玩家解说

古镇中“茂生园”“宜宾栈”“光顺号”“同顺治”等商号与多个染房、酿房、刺绣坊等手工业作坊的存在，吸引了上海、宁波、厦门、广州、南京、武汉等地的客商。他们把山外的风琴、口琴、自鸣钟、汽灯、手摇留声机等洋货带到了濯水，转而将濯水的蚕丝、桐油、茶、漆等产品远销山外。清末，甚至还有日本人来此经商，把“光顺号”的生漆和“同顺治”的药材远销日本，演绎了中日民间贸易的传奇。

那些年，古镇商号遍布，热闹非凡。临江而建的吊脚楼群中人声鼎沸，匆忙来往的人们操着不同的方言，不停地在码头上汇聚、分散。码头上，商人指挥着搬运。三五成群的水手在石板路上缓缓走过，随便闪进街边敞开的一个茶馆里，精瘦的茶博士拉出古色古香的太师椅，为他们沏上一碗香浓的老鹰茶。戏台上演绎着精彩绝伦的戏曲，戏台下坐满了全神贯注的听众。透过雕花的窗栏，远空中挂着道若隐若现的虹彩。

禹王宫

禹王宫紧靠万寿宫而建，建于清嘉庆二年（1797年），供奉大禹神像，是濯水镇的一处会馆。

明朝的“赶蛮拓业”和清初的“湖广填四川”时期，大批外地移民被迁至濯水，并修建了禹王宫，以联络湖南、湖北来濯水的商人，一壮乡威，同时成为祭祀故地名神、演出故乡戏曲的聚会之所，常年驻扎着湖南龙山和湖北来凤的两个戏班子，演出从湖南带来的南戏。

要进入古镇老街就要走过禹王宫旁的朝门。朝门原本是古代天子宫殿中的应门。通过应门才能进入正朝，故被称为朝门。

古镇老街

古镇老街长约1000米，宽三四米。街道全由青石板铺就，街道两旁的商号、民居、会馆、学堂均为木质结构，有的是吊脚楼，有的是四合院，有的是撮箕口，错落有致，别有风韵。民居之间有高耸的防火墙，窗花是精美的木雕，磉磴上有精湛的石刻。

濯水古镇建筑堪称土家族吊脚楼与徽派建筑的完美结合，刚中有柔，柔中有刚，刚柔相济，营造出一种独特的建筑风格，古朴而饱含哲理。

道德碑

街道中段立着一块1米多高、宽五六十厘米的石碑。石碑立于清光绪十四年（1888

玩家解说

在濯水，万寿宫、禹王宫两大会馆是古镇多元文化的重要标志，被当作宫廷的“正朝”，由于古镇上码头可直达两会馆，当地人就把禹王宫旁的这道门称为了“朝门”。

濯水古镇

年)，距今有128年的历史了。石碑阴刻着"天理良心"4个大字。据介绍，此石碑是武陵山地区极为少见的"道德碑"，用以警示古镇商贾，经商、为人、处世之道在于"天理良心"。

在石碑旁立有公平买卖的情景雕塑，雕塑的卖者在出售蔬菜，他将称菜的秤杆高高翘起，让买者过目，以表诚信，而买者没有去看秤杆，而是站得远远的，以表对卖者的信任。

濯河坝讲堂

濯河坝讲堂是一所义学讲堂，因濯水过去曾叫濯河坝而得名。濯河坝讲堂原为樊家宅第。讲堂设计严谨，各进呈梯级移位，梯次变化，并呈现出由宽敞到紧凑的规律和特色。走进讲堂，虽然看不到昔日的课桌、书桌，但能深深感受到古镇历来重教的传统和商儒并重的世风。

讲堂临街的一面为全开放式门厅，没设大门。两个天井之间也没设门。讲堂外是四面无门的凉厅，立于街中，形成"凉厅街"，供过去在讲堂读书的学生课间学习和活动之用。这种不设大门的建筑被称为"凉厅式建筑"。

光顺号

"光顺号"是明清时期濯水"十大号口"之一，建筑面积880平方米，是老街最大的古建筑，被称为古镇第一大院。

"光顺号"有三进房屋两个天井，各进之间用青砖墙体分隔，以门相连，门框为石条打制，在院内形成一条很长的通道，所以有很好的采光。大院左右两厢的3楼均有一个冲天阁楼，还设有7段栏杆阳台，是典型的会馆式商号。

"光顺号"的大门是我国西部古镇中迄今为止发现的唯一的卷斗门，也是濯水七大院中唯一采用两开大门和三方青砖青瓦墙的大院。

芭茅岛

芭茅岛占地1.7万平方米，建筑面积1万平方米。岛体北侧临江有宽敞的户外休闲与亲水平台，与东侧龚馆形成内河景观。

濯水古镇

土家吊脚楼群

土家吊脚楼群建在阿蓬江的河堤上，四五米高的河堤是用条石砌建的，已经经历了200多年的河水冲打。这是濯水镇现存最为完整的建筑，是古镇靠河沿建的民居，也就是古镇下街庞大的土家吊脚楼群。

濯水古镇风雨桥

濯水古镇风雨桥横跨于阿蓬江上，长303米、宽5米，据说是亚洲最长的廊桥，分为桥、塔、亭三部分。濯水古镇风雨廊桥桥身为纯木质结构，建筑材料之间以榫头卯眼互相穿插衔接，直套斜穿，结构牢固精密。桥建有三层塔亭，两侧有约百扇可自由开合的雕花木窗，桥内摆放有红漆长凳。

2013年11月，濯水古镇风雨廊桥发生火灾被烧毁。现已重建并重新对外开放。

板夹溪十三寨

土家族风情博物馆

黔江区小南海镇北部

十三寨沿板夹溪两岸分布，或处平坝或居坡地，错落有致，形态各异。寨子分布以半包围"品"字形、全包围四合院等形式交叉组合。杆栏式木结构吊脚楼为十三寨建筑的主要特色，吊脚楼形态有全吊型、半吊型等多种样式。瓦屋顶均有花屋脊和翘角，四周设置栏杆走廊，雕栏花窗。吊楼下多为猪圈、牛栏，或用来安置碓磨、堆放柴火杂物等。

链接

板夹溪十三寨的土家人

板夹溪十三寨保留了土家人的原始生产生活方式，犁耕锄挖、肩挑背磨、石磨推浆、石臼舂谷。同时还保留了土家人独特的民族风情，能歌善舞，出口成歌，这里的后坝山歌为市级非物质文化遗产，充满浓郁的乡土气息。流传下来的土家原始摆手舞旋律轻快，动作原始质朴，给人赏心悦目的感受。打糍粑，推绿豆粉，包粽子，制作干豇豆、干苕根等特色饮食，色鲜味美，风味独特。竹编、西兰卡普、手工鞋垫及布鞋等美观大方。

板夹溪

板夹溪是地震堰塞湖小南海的主要溪流，沿板夹溪逆流而上，从后坝新街附近的学堂湾开始，至板夹溪发源地鸡公山脚的谭家院子，沿河6000米多山沟中分布着13个原始古朴的土家山寨，土家人在此逐水而居，聚族成寨，形成具有典型代表性的土家民居群落，这里还有武陵山民俗生态博物馆。

板夹溪水蜿蜒曲折，溪流潺潺，两边群山耸峙，山形奇特，岸上田土阡陌纵横，分布在板夹溪畔，春日油菜花海，夏日稻香遍野，构成优美的田园风光。这里是天然的动植物王国，有红豆杉、铁尖杉、香柏、紫柏、香樟、楠木、银杏等珍贵树种，并专门打造了珍稀植物园。还有黄猴、麂子、野猪等国家保护动物。曾经的经济落后和交通闭塞，使其保留了原始的土家吊脚楼民居，原生态的生产生活方式，原味的土家民俗风情，山水风光、农耕田园、土家民居、民风民俗，构成板夹溪十三寨的旅游特色。

桥梁村古枫寨

拥有规模庞大的吊脚楼

黔江区小南海镇北部 全天 免费

在重庆朝天门汽车站和龙头寺、菜园坝汽车站都可以乘坐直达黔江的汽车，再乘汽车至景点

桥梁村依山傍水，生态宜人。村寨房屋层层叠叠，结构严谨，错落有致。规模庞大的吊脚楼群是桥梁村最为突出的特征。

整个村寨由17幢正房、6个院坝组成，占地1万多平方米。吊脚楼有全封闭四合院或半封闭等多种形状，楼层从一楼一底至三楼一底不等，全木结构，所有接点都是用木楔子，见不到一颗金属钉，充分体现了土家的民居建筑艺术。吊脚楼悬空部分多为畜圈，中间部分住人，楼上存放粮食、草料等。院坝皆用青石板铺成，既是晾晒谷物的地方，又是村民休息娱乐的场所。

上百棵古枫香树环绕在桥梁村周围，将村寨掩映在树丛之中。这些古枫香树达四五百年树龄，遒劲苍翠，粗壮挺拔，大的树径需二至三人合抱。枫树林夏日郁郁葱葱、滴翠吐绿；秋日红叶似火、层林尽染，为桥梁村带来四时迥异的景致。

二仙岩巍然耸立在村后，主峰海拔高达1482米，山上林荫蔽日，山泉顺溪流而下。村前蜿蜒的蛇盘溪终年清澈，鸭鹅戏水于其间。两岸田土交错，构成一幅恬静的田园山水风光。

链接

桥梁村的风俗

桥梁村居住了近40户一百多人口，多为土家族，少数为苗族。纯朴的村民在特殊的生活环境中沿袭了祖先能歌善舞的秉性，保留了独特的风俗习惯。与众不同的婚恋、丧葬习俗，热情洋溢的土家宾朋礼节，别具一格的生产生活方式，原汁原味的民族歌舞娱乐……尽显土家神秘色彩。

走进桥梁村，喝一杯老鹰茶，坐下来欣赏村民们表演的打镏子、山歌、情歌、薅草锣鼓、年宵舞、花灯、踩龙船、抵杠等精彩节目，运气好的时候还可以看到哭嫁出嫁、打糍粑、杀年猪等特殊习俗。如果还嫌未尽兴，则不妨亲自体验一下推石磨、舂米、扬谷等生产劳作方式，充分领略源于生活的情趣。家家户户挂在灶头上的老腊肉是桥梁村一道别致的风景线，加上腌制的泡菜、酿制的土家咂酒和醪糟、酢海椒、酸酢肉、油茶汤、干豇豆等，让您既饱眼福又饱口福，放松心灵，享受欢愉。

桥梁村

灰千梁子

典型的喀斯特地貌

黔江区东部边缘

灰千梁子为喀斯特地貌，岩溶发育，岭脊平缓，岩陡交错，千峰突兀，沟壑纵横。远视中的灰千梁子，纷纷扰扰，迷迷茫茫，层峦叠翠，恰似一个谜团。灰千梁的美在奇、在幽、在秀、在险。

群山之巅

灰千梁子上有七大制高点，其中主峰大

灰千梁海拔高1938.5米，石家沟顶1885.1米，皮峰坝1878.2米，四川垭口1865.6米，小灰千1895米，黄柏垭1820.5米，旗号岭1540米，前六个峰顶均可通览黔江、咸丰、酉阳三区县所辖群山。鸟瞰四周朝辉晚霞，云腾雾绕，千山浮游，若明若现，动静交融，变化万千，如海市蜃楼，不是蓬莱胜似蓬莱。

美女晒羞

灰千梁子原始生态区呈狭长地带，近南北走向，北高南低，北起沙子场，南止酉阳细沙河，是勇敢者追求和向往的地方。首末端直距33千米，东西宽平均约6千米，最宽9千米。梁脊线状如玉女仰卧之势。如果在飞机上看：如发飘沙子场，额凸皮峰坝，眼落四川垭，鼻点大灰千，嘴启小灰千，颌哓黄柏垭，颈收上黑洞，胸隆旗号岭，臀没细沙河。好似一仰卧之美女，让人勾起万千遐思。

六大迷盆

在灰千梁子的北、中、南段，沿梁脊分布有近似六大原始森林生态迷宫，每个面积约5平方千米，最大的有7~8平方千米。迷宫内不仅地形复杂，小丘密布，而且森林茂密，入之则不辨东南西北，护林向导不敢导之入内。典型者如北段的皮峰顶，俗称24个猪肚子，即盆内有24个小山丘，形状相似，钻进去则不容易出来；中南部迷盆称乱堡，有山丘72个，在20多年前，县林业局一名工程师就在那里失踪；中部的灰千，类似小丘也有数十个。人们如果不是结伴而行的话，进入则显得非常危险。

百溪千瀑

由于灰千梁子植被丰茂，森林涵养水源和自我调节能力很强，林区内是流水不断，

灰千梁子

形态多样，随处可见，可以说百条小溪一点也不夸张。溪有大水，沟有流水，洼有积水，石有滴水。加之地势平陡迭错，又生成大小若干瀑布，一条溪竟有数十处。溪流大小不等，壮者横溢沟外，奔腾湍急，流淌于密林；妙者泉瀑相间，叮当与喧嚣交响，水流与枯木、水草、浮叶、花瓣、悬枝、顽石相伴。涓涓细流由小积大，从不同方向汇纳于细沙河，细沙河30%的水量来源于灰千梁子。细沙河是更美的一幅画卷，被称为“三十六溪，七十二泉，溪溪都有水，泉泉都有鱼”。而且其中的大鲵等种类是乌江支流最稀少的鱼种。

岭上百丘

灰千梁子南段的旗号岭平台，属高原浅丘地形，跨高炉、白龙和酉阳细沙口等村，辖区面积近40平方千米，其中高炉村面积28平方千米。在这平均海拔1400米左右的高原平台上，直立着近200个高度数十米不等的低矮山丘，它们与草场和谐相处，这些星星点点的小山丘，是放牧和生态游乐的最佳去处。

旗号岭

旗号岭不仅是一个地形奇特的高原草场，更是古遗址的群落地，历代土司在这里争疆略地、抢寨夺位。传承至今的古遗址名有旗号岭、升旗村（原升旗寨）、插旗坝、安乐坪、董家湾、龚家屋场等，都留着鲜明的时代特征。与之相应的有古商埠，已穿底的古湖泊、古渡口等遗址，有银、铜、铅、锌的冶炼遗址。其中五峰山麓的冶炼洞址不知何时因何而被封堵，又如何被封堵，至今还是一个谜。曾有民谣云：“开矿开到嘉鱼泉，买完天下万顷田。”说明自古以来这里就是矿产资源富集地。

链接

万涛生平

万涛是土家族人，1904年1月出生于黔江区冯家镇桂花村。他1924年加入中国共产党，先后辗转于武汉、重庆、鄂西等地从事革命斗争，万涛曾任中共湘鄂西中央局军委委员、红三军政委等职，曾与第二、第三次“左倾”路线做坚决斗争。1932年夏，当蒋介石调集10万大军，向湘鄂苏区发动第四次“围剿”时，“左倾”路线分子却在苏区发动“肃反”运动，万涛被诬蔑为“脱派”“反革命高等坐探”等，并被“左倾”路线分子残酷地杀害于洪湖瞿家湾青龙庙，时年28岁。

万涛故居

万涛故居

红色教育基地

黔江区冯家镇桂花村北100米处

9:00~17:00

万涛故居是中国工农红军第三军政委、洪湖革命根据地创始人之一万涛生活了14年的地方。故居门前，地势平坦，田连阡陌。门口及院内原各有一株根深叶茂的大桂花树，每至仲秋，花开满树，浓香袭人。故居的后院是一片竹林和果园，四季长绿。

故居建于清同治十一年（1872年），占地面积1780平方米，建筑面积970平方米，坐北向南，呈四合院布局，大院四周围有砖土结构的高墙。院内分为正房、转角、厢房和前厅，中有天井小坝，共有房间23间。

景点推荐

武隆喀斯特 AAAAA

喀斯特地貌即岩溶地貌，是发育在以石灰岩和白云岩为主的碳酸盐岩上的地貌。中国喀斯特有面积大、地貌多样、典型、生物生态丰富等特点。中国几乎各省区都有不同面积的石灰岩的分布，中国喀斯特地貌分布广泛。处于南方地区的喀斯特地貌覆盖了5万平方千米，主要位于云南省、贵州省、广西壮族自治区、重庆市等省区（市），南方地区的喀斯特面积占整个中国喀斯特面积的55%。多样的喀斯特地形地貌，展示了一个由多湿的热带至亚热带的喀斯特地貌。

武隆区境内

天生三桥

罕见地质奇观

武隆区城东北20千米处　8:30～16:00

125元

天生三桥是全国罕见的地质奇观生态型旅游区，属典型的喀斯特地貌。景区以“天龙桥、青龙桥、黑龙桥”三座规模庞大、气势磅礴的石拱桥称奇于世，属亚洲最大的天生桥群。三座桥平均高200米以上，桥面宽约100米。静幽的原始自然风貌，以山、水、瀑、峡、桥共同构成一幅完美的自然山水画卷。

天龙桥

天龙桥即天生一桥，桥高200米，跨度300米，因其位居第一、顶天立地之势而得名。一桥桥中有洞，洞中生洞，洞如迷宫，既壮观又神奇。

青龙桥

青龙桥即天生二桥，是垂直高差最大的一座天生桥。桥高350米，宽150米，跨度400米，夕阳西下，霞光万道，忽明忽暗，似一条真龙直上青天，故名青龙桥。

黑龙桥

黑龙桥即天生三桥，桥孔深且黑暗，桥洞顶部岩石如一条黑龙藏身于此。黑龙桥景色以其流态各异的“三迭泉”“一线泉”“珍珠泉”“雾泉”四眼宝泉而独具特色。

玩家 解说

古驿站：在四围绝壁的天龙天坑中，有一座四合院式的建筑，这就是《满城尽带黄金甲》的外景拍摄地——古驿站。导演张艺谋当时修建这个古驿站时，为了达到效果，将所有建筑材料都做成旧的，而且屋顶上还特意铺了青苔，看上去古香古色。

擎天一柱：是千万年来的风雨侵蚀遗留下来的一座石峰。孤立的石峰上长有一些茂盛的植被，宛如一顶绿色的伞。这是喀斯特地貌的一种重要自然景观，如果这种石峰多了，就叫作石林。

仙女山 AAAAA

东方瑞士

武隆区双河乡　50元

8:30～17:00

仙女山因山上有一峰酷似翩跹起舞的仙女而得名。远望仙女峰，但见白云缭绕，紫烟笼罩，若隐若现，缥缥缈缈，好似一位身披薄纱的仙女，含羞玉立。

仙女山国家森林公园总面积8910公顷，平均海拔1900米，最高峰2033米，以其江南独具魅力的高山草原、南国罕见的林海雪原、青幽秀美的丛林碧野景观而被誉为“东方瑞士”，她与神奇的芙蓉洞、秀美的芙蓉江、世界最大的天生三桥群地质奇观组合为重庆最佳旅游观光度假胜地。

玩家 攻略

仙女山冬季长，11月至来年2月属有雪期。仙女山滑雪场是目前中国纬度最低，规模最大的高山滑雪、滑草场，是仙女山集度假、休闲旅游、运动为一体的景区。届时白雪皑皑，银装素裹，大草原上滑雪、赏雪、雪地烤羊，让您领略到“真正林海雪原，周周雪上狂欢”的激情。

夏季山上气候凉爽温和，月均温为18℃～20℃，即使在最热的7、8月，最高温度也不超过30℃，夏季景色妩媚多姿，气候清凉舒爽，茫茫林海，清风吹拂，凉爽宜人，是休闲度假、避暑纳凉的绝佳胜地，因此仙女山享有“山城夏宫”之美誉。

链接

黄柏渡

武隆黄柏渡景区群山环抱，溪流淙淙，幽深峡谷，曲径通幽，两岸郁郁葱葱的竹海与闲情逸致的沙

滩互相辉映，被誉为武隆城的后花园。

黄柏渡漂流由南向北漂行长途河上，有8000米的漂流路段。黄柏渡漂流景区整个河段水情绪不定，既有静水悠悠，又有滩头拍船，给人以心旷神怡、如痴如醉之感。

在清澈碧绿的长途河上时而穿越峡谷，时而静水流淌，时而急滩冲刺，浪头扑面，既可享受水趣，还可饱览淳朴的民风民情，幽静的田园风光——原始造纸、竹筒水车、农夫水牛、木板索桥、竹筏渔人。漂流到岸，再享受一番终点站河边的农家乐，乡村小菜会让你胃口大开。

黄柏渡漂流属典型的峡谷自助型漂流。两人或三人一组，恋人、夫妻、一家三口、朋友、兄弟姐妹，自操船桨，自取河道，在青山绿水间，时而穿引谷，时而静水流淌，时而浪头扑面，时而直下千里。

芙蓉洞 AAAAA

世界三大洞穴之一

苍口镇芙蓉路　8:30~17:00

115元（含索道）

芙蓉洞是一个大型石灰岩洞穴，形成于第四纪更新世(120多万年前)，发育在古老的寒武系白云质灰岩中。洞内深部稳定气温为16.1℃。芙蓉洞主洞长2700米，游览道1860米，底宽15米以上，最宽69.5米；洞高一般8~25米，最高48.3米；洞底总面积37 000平方米，其中辉煌大厅面积在1000平方米以上。

洞内有气势宏大的石柱、石笋、钟乳石，有玲珑剔透的石花、石膏花、石晶花、石旗等，有珍稀精美号称瑰宝的石幕、珊瑚晶花、大牙晶花、鸡爪石花。其中大多数种类分布之广泛，质地之纯净，形态之完美，在国内实属少见。尤其是正在形成中的池中珊瑚状和犬牙状方解石晶花，洞壁上各种姿态的卷曲石、方解石和石膏晶花更是稀有。珊瑚瑶池、巨幕飞瀑、生命之源、石花之王、犬牙晶花五景被称为洞中五绝。

玩家 解说

在以芙蓉洞为中心的周围还发育有一个以大量竖井和平洞组成的庞大的洞穴群——芙蓉洞洞穴群，使其与美国的“猛犸洞”，法国的“克拉姆斯洞”并称世界三大洞穴。如今芙蓉洞头上戴的花冠很多，有特级景观、洞穴之王等，2004年芙蓉洞成为世界上唯一一个被纳入申遗提名地的洞穴，则是证明芙蓉洞价值的最好证据。

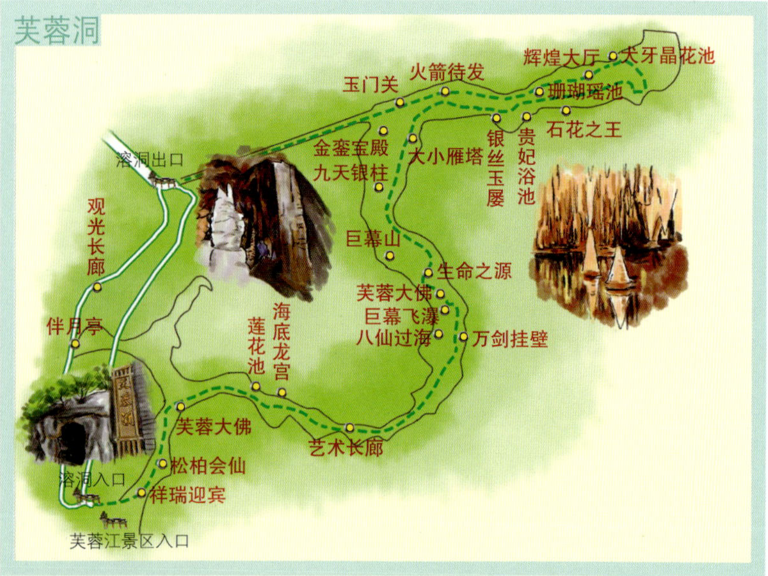

芙蓉洞

后坪天坑群
地表水冲蚀而成的天坑群

武隆后坪乡境内　60元

8:00~18:00

可在朝天门汽车站乘坐长途汽车3小时抵达武隆，每天8:30、9:30在武隆汽车站有直达后坪天坑的班车

后坪天坑群总面积为15万平方米，天坑规模宏大，群状密集分布，形态典型，保存完好。由箐口、石王洞、天平庙、打锣凼和牛鼻洞五个天坑组成，是我国乃至世界上目前发现的唯一的地表水冲蚀而成的天坑群，是极为罕见的地质遗迹。

5个天坑的口径和深度均在300米左右，并呈圆筒形状。各天坑四周绝壁环绕，形状完美。自坑口视之，绝壁陡直，天坑深不可测，奇险无比。有的天坑雨季悬瀑，自100~200米高的陡崖飞泻而下，倾珠溅玉，轰鸣回响，蔚为壮观。

景区主要景点还有二王洞、三王洞、麻

湾洞、宝塔石林、文凤山苏维埃政府纪念碑等。景区内的阎王沟岩溶峡谷全长2300米，总深度约500米，是盲谷式现代峡谷，谷深林幽，特别是下段，谷底深彻，两岸下部近直立，宽度极小，气势逼人，行走其中，感受别样，具有一定的观赏价值，对了解该地区的水文、地貌发育演化史也有重要意义。

芙蓉江

水上喀斯特原始森林

武隆区芙蓉江珠子溪至芙蓉江入乌江口处的江口镇

8:00～17:00　120元

芙蓉江流经重庆段，长35千米，以典型的规模宏大的“U”形峡谷为主，面积152.8平方千米，是一个江峡型小尺度大容量喀斯特地貌和原始水上森林型风景区。在35千米的绿色玉带上，江峡、峰岩、滩溪、瀑潭景景各异，自然风光尤其独特，融山、水、洞、林、泉、峡为一体，集雄、奇、险、秀、幽、绝于一身。

在重庆武隆段的高峡平湖游览区是2003年重庆江口电站库区蓄水后形成的，风景区面积达150平方千米之多。江水碧绿发蓝，两岸苍劲树根千姿百态，水鸟飞舞，钟乳垂挂，飞泉流瀑，绿影婆娑，是芙蓉江最为美丽的一段风景。芙蓉江景区内，国家一级珍稀动物黑叶猴可贴近观察，猕猴更是成群可见。若持长篙，驾轻舟，泛流于碧波之中，尽可领略大自然之神奇美妙。

玩家 攻略

漂流：芙蓉江三河口至江口的8000米漂流，经大小滩口10处，轻舟上下沉浮，时急时缓，飘然过滩，极富刺激性。

过江速滑：过江速滑则位于“天下第一洞”芙蓉洞旁，是目前最长的过江速滑。系上特制安全带，飞身过江，既可鸟瞰芙蓉江大峡谷之美，也可目睹烟波浩瀚的芙蓉江水电站库区全貌。

玩家 解说

芙蓉江古名濡水，又名盘古河，因与乌江交汇处的江口镇沿岸多芙蓉树，故称芙蓉江。芙蓉江发源于贵州省绥阳县的石瓮子，由南向北流经黔渝两省市，在武隆江口注入乌江，全长231千米，是乌江最大支流。

以芙蓉江主体河流为主的沿岸景区、景点有芙蓉洞景区；盘古河景区的苗寨风情、古木竹海、猴园、芭蕉林；悬坝景区的蝴蝶谷、龙孔飞瀑、大小石笋；珠子溪景区的红军渡、玛瑙飞泉、姜太公钓鱼、珠子溪。另外还有不计其数的半岛和岛屿。

芙蓉江景色秀丽，山清、水秀、崖雄、峰奇、峡幽、涧深、滩险、流急、瀑飞、泉涌，天作画廊，美不胜收。可谓兼瞿塘之雄，巫峡之幽，西陵之险，又可谓“芙蓉水美胜九寨沟，风光不减大宁河”。

芙蓉江景色瑰丽壮观，秀水碧波，丝竹垂吊

江边，古树如虬参天，时而水平如明镜鱼翔浅底，时而滩急似银河猴跃群山，古人对其有“一川游尽画图中”的评价。

龙水峡地缝

地质奇观

武隆区仙女山镇境内　9:00～17:00

淡季（11月至次年2月）85元，旺季（3～10月）115元

龙水峡地缝因天生三桥孪生发育在龙水峡内，壁陡峡深，犹如地球上的一条裂缝而得名，是武隆境内又一岩溶地质奇观，属典型的喀斯特地貌。景区由入口地缝、中途穿洞、出口地峡三段组成。龙水峡地缝是几千万年前造山运动形成的，观龙水峡地缝，可知百万年地质变化。

峡谷长5千米，游程约2千米，谷深200～500米，规模宏大，气势磅礴，具有雄、险、峻、秀等特点。景区玲珑秀丽，风光优美，内部的高山、峻岭、峡谷、流水共同构成一幅完美的山水画卷，峡深壁立、原始植被、飞瀑流泉、急流深潭是景区的特色，银河飞瀑、九滩十八潭、蛟龙寒窟为其标志性景观。

景区内游览线路为全栈道设计，科学合理；谷顶谷底之间设有国内第一部80米室外景区观光电梯接送，缝外秀色尽收眼底；天然洞内碧潭中喷泉流水，栈道挂30米高瀑布水帘，奇哉妙哉。地缝中老树藤萝盘绕，泉水流瀑挂壁，险峻幽深，怪石峥嵘，明涧湍急。抬望眼，壁立千仞，天光熹微，让人魂魄神往而不知身之何处。

珠子溪

溪水绿如碧

武隆区浩口乡境内

珠子溪水绿如玉，清见底，静不见水纹，怒可掀磐石，水面映山峰，群鱼弋浅底，筏舟江上，馨风扫面，或潜入水中，洗却都市凡尘；珠子溪的峡谷，陡直威严，是典型的“V”字峡谷。原始植被密植两岸，泉水瀑布高挂飞流，令峡谷显出一个“秀”字来；珠子溪的山峰，奇特伟岸，或群重酷似伟人，或单立如笋直入云峰，让人思绪万千。

玩家指路

线路一： 重庆—武隆—浩口乡浩口村—红军渡口—珠子溪；

线路二： 重庆—武隆—江口—三河口—白汉滩—珠子溪；

线路三： 重庆—彭水—润溪乡—望船坡—下山（1个小时）—珠子溪。

景点推荐

石柱旅游区

黄水国家森林公园

珍稀植物水衫的仅存地

石柱县城东北部七耀山　8:00～17:00

在重庆朝天门汽车站乘坐到石柱县的班车，车程5小时；然后在石柱汽车站乘坐班车前往黄水镇，到黄水后，有很多小旅游面包车可以直接到森林公园门口

30元

黄水国家森林公园位于石柱县城东北部七跃山山原上，有“绿色宝库”之誉。森林公园地处巫山沉积岩中山地貌，最高海拔1934米，最低为800米，平均海拔1000米。地势险要，是旅游探险的好去处。公园内海拔高低悬殊，垂直气候差异大，最适宜夏季避暑、疗养，冬天还可以去赏雪。

公园不但是天然氧吧、自然空调，而且还是植物王国、山珍基地、动物乐园。人迹罕至的原始森林区成了豹、獐、雉等50余种野生动物的乐园。

玩家解说

石柱黄水国家森林公园是重庆市五个国家级森林公园中最年轻、面积最大的森林公园，集森林休憩、消闲、避暑、旅游、度假、土家民俗风情欣赏于一体，是游人度假、休闲、科考、探险的胜地，是重庆重要的山珍基地。

公园内除了常规树种3000余种外，黄水国家森林公园还是珍稀植物水杉的仅存地之一，有国家珍稀保护植物——中国一号水杉母树、红豆杉、大青树、香果树、黄杉、荷叶铁线蕨等。黄水也是闻名全国的黄连之乡、长毛兔之乡、白果之乡、莼菜之乡。石柱旅游产品以黄连、莼菜、白云豆、蕨菜、蕨根粉、竹笋、野生菌类、民族服饰、金音石砚、石雕等为代表。林中豹、獐、猴、猥、狐、貂、狼等走兽时有出没，竹鸡、喜鹊、子规、画眉、布谷、相思鸟、红腹锦鸡等飞禽常来常往，百兽穿梭，千鸟齐鸣。公园内旅游资源极其丰富，有土家乐园“毕兹卡绿宫”、高原明珠“黄水湖”、原始森林“大风堡”、水上仙境“万盛坝”、天然画廊“油草河”等景区（点）36处。

中国一号水杉母树

植物界的“活化石”

中国一号水杉母树具有当代“活化石”之称，是世界上珍贵的树种，受到中外专家学者和游人的青睐。其胸径16米，树高45米，该树具有300多年历史，虽经沧桑，仍旁枝斜逸，蔚为壮观。

横店木森林浴场

享受独特森林浴

链接

水杉母树的外交

日本专家三度考察，中外游者络绎不绝。1992年邮电部将水杉母树印制一套水杉邮票发行全国。1972年周恩来将该树上精选的2公斤种子做礼品送给朝鲜国家元首金日成，在朝鲜土壤上生根，维系着中朝两国人民之间的深厚友谊。

水杉母树

横店木森林浴场，面积180公顷，多为10米以上的松、柳、杉林，在此进行森林浴、可调理情趣，修身养性。

在景区内可以品尝正宗的土家特色餐饮，还有麻辣烫、米豆腐、绿豆粉等小吃也都不错。公园里独具特色的土家吊脚楼、迎宾咂酒、土家情歌对唱、摆手舞等民俗风情表演将使您流连忘返。

毕兹卡绿宫

毕兹卡绿宫是一个以绿色生态和展示土家风情为主的主题公园，它将是集休闲避暑、土家风情、餐饮娱乐于一体，功能齐备、服务优质的旅游精品。现已完成一期工程，被重庆市旅游局评为AA级旅游风景区。二期工程将完成山珍餐馆、峡谷速滑速降、摆手场、摆手堂、射箭场、巴人巢、娱乐园、药物园、药浴馆等项目建设。

黄水药用植物园

黄水药用植物园是重庆市首个以“药”为主题，集药材种植加工、科研科普、旅游观光为一体的综合性、多功能生态旅游景点。园内划分为四区一带，即中药材种质资源圃和科研生产区、良苦精华区、丹草集萃区、霜林野趣区和景观林带。园内四季花开，故称它袖珍花园。

园内林木苍翠，藤萝纵横，加上棚架点缀其间，小桥流水更添雅趣。这里将栽药用植物黄连、山茱萸、十大功劳、三木药材、银杏等300种，李时珍的《本草纲目》记载了1000多种，现有200余种，但还是被人们美称为立体的、袖珍的“活本草”，是一个融游览、科研、生产、观光、中药材种植资源为一体的植物园。良药不仅苦口，更兼千姿百态、四时花香，游园一圈，胜过养生一年。

大风堡原始森林

油草河风光

大风堡因常年大风吼鸣、林涛阵阵、树风猎猎而得名。大风堡最高峰海拔1934米，属巫山山系七曜山余脉，是渝东南海拔最高的山峰。这里群峦起伏，山岭叠翠，沟壑纵横，有“渝东仙境”之称，是石柱县最高峰和重庆市东部最高山峰，有“渝东第一峰”美誉。

登上大风堡举目眺望，茫茫林海，犹如一条蜿蜒曲折的巨龙盘旋于天地之间。森林覆盖的山体，如起伏的卧龙、凌空的奔马、仰天长啸的猛虎、依山而卧的玉兔。婀娜多姿的杂木林、整齐有序的杉木林、雄伟壮观的马尾松林，错落有致，一望无垠。

链接

玻璃悬空平台

大风堡极限观光点，媲美科罗拉多大峡谷的玻璃悬空走廊。跨度36米，垂直落差300多米，建于观景台山脊之上，可远观石柱悦来镇、鱼池镇、黄水镇及大风堡十二姊妹峰、和尚石等，是目前亚洲第一大悬挑玻璃走廊。

十二姊妹峰

从十二姊妹峰观景台举目眺望，群山巍巍，山峦连绵，12座神态各异的山峰，形如12位婀娜多姿的仙女，这就是景象万千的“十二姊妹峰”。惟妙惟肖的大和尚、二和尚站立在和尚坡上，深情地望着十二花园姊妹山，千古传说令人心驰神往。

油草河

油草河位于黄水国家森林公园东北方4千米处，河流经冬不涸，河水清亮碧绿，犹如晶莹透明的碧玉，河边长满了绿油油的水草，很像一幅天然油画，是画家笔下的天然画廊，人称“小九寨沟”，是游客寻幽、露营的理想去所。

油草河发源于大风堡摩天坡，全长42.9千米，流域面积316.1平方千米，景区面积14.3平方千米。春天，千枝吐新，万树挂绿，风起婆娑，婀娜多姿；夏天，两岸杂草如堵，密密匝匝，飞花走絮。白天，蛙声一片，夜来流萤点点；秋天，满山红叶，蝉鸣悦耳，夜荷出水，莲蓬如盖；冬天，寒来冰封，日出冻化。

千野草场

千野草场景区位于石柱县方斗山山脉岩口至瓦屋沿线，平均海拔1300米，地势宽广平坦，区域面积6600公顷。景区集山、林、草、石、畜于一体，万亩草场、万亩火棘、万亩石牙、万亩森林四大特色旅游资源镶嵌其中，俨然一幅天成国画精品。以“全国典型的喀斯特地质地貌大观园”和以火棘为主题开发的火棘园艺场、火棘迷宫、火棘山、红籽大道等景点更是匠心独具，别具一格。置身千野草场，可饱览红像火、白似雪、粉若桃、黄如金的南国花市和“天苍苍、野茫茫，风吹草低见牛羊”的草原美景。

西沱镇 镇

万里长江第一街

石柱县北部

西沱镇原名西界沱，古为“巴州之西界”，因地临长江南岸回水沱而得名，是石柱县唯一的长江口岸，北与“长江明珠”石宝寨隔江相望。

西沱历史文化悠久，早在清朝乾隆时期，这里就是贸易繁盛之地，且向来为长江上游重要的深水良港。

古镇最为引人注目的景点要数云梯街，云梯街依山顺势而建，垂直于长江，呈龙形向上，共有118个台阶、1111步青石梯。云梯街是长江沿线唯一垂直于江面的街道，从长江边向上仰望，好像一挂云梯直插苍天；从街顶向下俯瞰，特别是有云雾的时候，犹如置身在云端。因此，人们就赞它为“云梯街”，又叫“通天街”。

两旁保存着明清遗留下来的层层叠叠的土家民居吊脚楼，镇上保留了紫云宫、禹

西沱古镇

王宫、万天宫、二圣宫、桂花园等古代著名建筑。

银杏堂

石柱佛教的祖庭

石柱县河嘴乡银杏村盘龙山上　10元

8:00~17:00

银杏堂为川东名刹，始建于明初，距今已有500多年悠久历史，为石柱佛教的祖庭，与梁平双桂堂齐名。银杏堂原名盘龙寺，因盘龙山多古银杏树，故亦名“银杏寺”。透月和尚任住持后，改名银杏堂。

银杏堂占地8200平方米，背依古树参天的盘龙山，面临鱼虾成群的官渡河，四周苍松翠柏环绕。这里群岳叠翠，溪水环抱，翠竹掩映，古木蓊郁，殿宇森森，风景清幽。银杏堂早年有银杏树三棵挺立寺前，终年枝叶扶疏，行人仰目。

银杏堂建筑面积约4000平方米，庙宇结构精巧，木石相间，雕梁画栋，图案奇特，檐角飞翘很富民族特色。银杏堂建有塔院、钟楼、鼓楼、天王殿、正殿、法堂、藏经阁、方丈及斋堂、禅房、客房、香积厨等建筑，现存各种建筑保存完好，殿殿相连，道道相通，斗拱飞檐，红墙碧瓦；各式神像图案精美，神态逼真；各类碑刻林立，书法极佳，特别是飞檐下风铃垂悬，悦耳动听，别具匠心。

链接

银杏堂由来

银杏堂在明正德、嘉靖、万历年间，分别由果聪、大舟、广渊和尚先后主持重修。清乾隆二年(1737年)梁平双桂堂透月和尚来此当住持后，为与梁平双桂堂齐名，遂改名为“银杏堂”。明末清初，名震大西南的双桂堂高僧破山大师曾避兵祸到石柱，游览银杏堂和三教寺等古刹后，挥笔写下了对联和诗文。

银杏堂

万寿寨

一夫当关，万夫莫开

石柱县城东部20千米处

08:00~18:00

万寿寨又名万寿山，海拔1490米，奇峰突兀、山顶平阔、四周险峻，因明末著名将军秦良玉在此筑寨御敌而远近闻名。寨上风光十分秀丽，景点非常独特，四面险峻，佳木葱茏，飞鸟盘旋、云蒸霞蔚，具有幽、险、雄、奇的独特风格。

万寿寨依山势而建，上平下险，四面悬崖绝壁，仅寨东有独路可攀。寨前有缺门、驻马关，寨子约20万平方米，分前、内、后三寨。三道寨门层层封锁，易守难攻。

前寨

前寨两道寨门，第一道寨门石门压顶，门框上一副石刻对联“奇山奇水此宜家有奇杰，寿民寿国随在可为寿徽”，门额“万寿山”三个大字。二道寨门之间以山脊为梯，宽仅三尺许，左右皆百丈深壑，望之使人目眩心悸，堪称“一夫当关，万夫莫开”。第二道寨门两旁有旧炮台两座。

内寨

内寨为山之绝顶，宽敞平阔。有点将台、练兵场等残迹，是秦良玉兵营旧址。在山寨绝顶上有一被称为“官井”的长方形水井，清泉涌出，甘洌异常，四时不涸，供当年几千兵丁饮用，堪称奇观。

后寨

后寨可取道下山。后寨门外仙人洞内，塑有释迦牟尼、观音、药王等神像数座，佛像身高两米，足踏莲台，身披袈裟，栩栩如生。石佛之阴峭壁上有秦良玉镌“万寿山”三个字。

寨上至今有保存完好的白杆兵营、旗台、点将台、官厅、练兵场、杀人坝、前中后三道寨门遗址。还可见宽24.8米、进深27.5米的三重厅堂基础及台阶。尚存摩崖造像、碑刻12处。

玩家 解说

万寿山南北有两座拔地而起的石峰隔山对峙。北面一峰在寨外，高约100米，拔地而起，峭壁凌空，古松悬垂，状若擎天，从东面望去峰顶如侧面人头，凹眼凸鼻，高冠微髯，酷似伟男，栩栩如生，故称“男石柱”；南面一峰在前寨门外中段，高约70米，背山面水倚崖，亭亭玉立，体态婀娜，俏丽面庞，细长美颈，前胸丰满，形如依山端坐的少女，落落大方，楚楚动人，故名“女石柱”。“男女石柱”据说有一段迷人的爱情传说，“石柱”地名亦因此而来。“男女石柱”已经成为今日石柱的形象代表。

秦良玉陵园

青史留名的巾帼英雄

石柱县城东7千米处

秦良玉墓葬于回龙山之巅，建于清顺治五年(1648年)。前临龙河，背靠回龙山。陵园正中是秦良玉墓两座，分别为秦良玉墓、秦良玉衣冠冢。秦良玉墓墓碑上书刻一行醒目大字：“明上柱国光禄大夫镇守四川等地方提督汉官兵挂镇东将军印中军都督府左都督太子太保忠贞侯贞素太君墓”。

墓前石碑上有这样一副墓联：左联是“勤王有名征巾帼一饶将略”；右联是“袭土符清懿锦袍百代仰官仪”；横额是“勋名奕世”。碑两侧有麒麟各一，左右还有青狮、白象、石俑、石马各一。

良玉衣冠冢前，有石俑、石马、石羊、石狮等石雕分列两旁，气势庄严。陵园中另有良玉子马祥麟、良玉兄邦屏、弟民屏及良玉后裔马光仁、马祐昭，麾下将官马德间等墓20座。陵园前可见龙河岸边的“仙人洞”，此乃悬棺群。

链接

秦良玉生平

秦良玉(1574—1648)，字贞素，上柱国光禄大夫、中军都督府左都督、镇东将军、太保、太子太保、镇守四川等多处提督汉土官兵总兵官、忠贞侯，是中国历史上唯一正史登录的巾帼英雄。

秦良玉善骑射，精诗词，戎马40余年，足迹遍及长城内外、大江南北、云贵高原、四川盆地，名震朝野。一生万里请缨，三次勤王，战功卓著，崇祯皇帝亲手赋诗四首称赞秦良玉并官封“太子太保总镇关防”。郭沫若吟诗称赞秦良玉：“石柱擎天一女豪，平生报国屡争光。”

顺治七年(1650年)朱容藩攻打石柱，土司马万年依祖母秦良玉遗命率兵民往万寿寨避祸，朱围攻数月不下退去，使石柱一境平安。万寿寨秦良玉的故事至今流传，游人可领略古战场磅礴气势，发思古之幽情。往昔，每逢阴历六月十九来此烧香拜佛或祭祀者甚多，现在仍是节假日的游览胜地。

秦良玉陵园

景点推荐

彭水旅游区

阿依河 AAAA

有一段美丽传说

彭水县汉葭镇柏香村 70元（含青龙洞）

8:30~17:30 78839999

阿依河原名长溪河，从长旗坝至乌江口全长21千米，其峡深谷高，河床狭窄，礁石遍布，河水清幽而景色绝美。整个阿依河以七里塘河段和儿塘河河段的水体景观最为独特，江面绿水清幽，两岸翠竹环绕。

从舟子沱乘舟而下，沿途可见各种各样的峡谷地貌：有状若擎天的石笋、嬉戏的猴群、庄严的石佛、深不可测的溶洞、貌似罗汉的石笋。

玩家 解说

阿依河历史传统源远流长，民族文化异彩纷呈，地域风情韵味别致。竹板桥保留传统的造纸术，传承了蔡伦造纸工艺，展现了中国古代"四大发明"的原始魅力，为人类留下了一份宝贵的文化遗产。

竹板桥刘氏，自江西入川后，在阿依河岸生活了250余年。他们利用河岸上的竹子手工生产草纸，代代相传，生生不息。这里现有18户人家，

80余口人，聚居在约1.50平方千米的右岸台地上，家家开作坊，户户有能手，农忙耕作，农闲造纸。造纸工艺复杂，据称要72道工序才能做成1张纸，而且全用手工。其主要工序有割竹、浸泡与漂洗、发汗（发酵）、制浆、舀纸、分装等，关键在采料、制浆和成型这几个环节。

绿荫轩

北宋文学家黄庭坚被贬谪时所建

彭水县城乌江东岸

从重庆乘长途汽车至黔江，或乘船由涪陵至彭水，再乘汽车至景点

绿荫轩为北宋词人黄庭坚谪黔州后所建。此轩建于一块十余平方米的巨石上，古榕浓荫遮蔽。原建筑四出飞檐，雕花门棣，有矮栏可凭依，小巧玲珑。门楣悬挂“绿荫轩·山谷书”匾额一方，字体清秀雅致。

轩下石壁上有历代文士题咏，岩下石穴中有一形如老僧偃卧的天然石块，穴顶刻有“卧佛岩”三个字。伫立绿荫轩前，可仰望摩围山，俯视乌江水，景色清幽宜人。

鞍子苗寨

苗族风情区

彭水县鞍子乡场镇

鞍子苗寨民族风情园包括大池村1组的石磨岩苗寨、神皇岍苗寨，鞍子村1组的云盘苗寨等，是一个集苗街、苗歌、苗舞、苗民村落、苗文化习俗、苗乡自然山水风光于一体的民族风情旅游景区。

这里是彭水苗族聚居最多，苗寨保存最完整，苗俗习惯最浓郁的山乡。生活在这里的苗民，他们行苗礼，习苗俗，过苗节，穿苗衣，唱苗歌，跳苗舞。著名的苗歌曲调《娇阿衣》以其自然、奔放的气势，优美动听的

阿依河

旋律而流传千古，久唱不衰。这里被称为苗族“民歌之乡”。苗族舞蹈“踩花山”也源于此。

鞍子苗寨民族风情园，是镶嵌在乌江画廊风景区众多的旅游景点之中的一颗璀璨明珠。到这里观光旅游，可以探访一个古老民族的诸多奥秘；可以品味苗山、苗岭、苗民居厚重的历史文化；可以体验苗寨独特的民族风情；可以攀石磨、走石林、游云盘、逛神皇岍等景点，尽情嬉戏于苗乡奇异的自然山水之间。

神龙谷

以险为奇，以秀见长，以幽为美

彭水县新田乡　免费

朝天门汽车站，买票坐客车直达彭水外河坝汽车站（最晚是下午5点），到彭水后坐车至新田乡，再前往神龙谷即可

神龙谷是一条长约5000米，宽300～600米，深400～700米的地下箱式峡谷，峡谷四周林木葱茏，峡内翠竹环绕，灌木丛生，植被茂盛，溪流淙淙，飞瀑高挂，溶洞密布，峡谷四面皆绝壁，仅有一小道可攀缘绝壁下到谷底，从谷底往上看，那盘旋于绝壁与孤峰之间的小路，似登天之银梯。

神龙谷山高谷深，悬崖峭壁，众多的溪流瀑布，飞珠溅玉，飘然而下。谷底弯弯曲曲的溪水，恰似小家碧玉，以其秀姿和柔性，吸引着游人。峡谷清幽深远，从谷底仰望，似蓝天一线。谷内森林茂密，古藤老树拥抱着古峰崖壁；溪流清泉，水质清澈，鱼翔浅底，历历在目；悠扬的蝉声和清脆的鸟鸣更增添了峡谷的幽静。

茂云山国家森林公园

乌江画廊的一部分

彭水县西南部　40元　8:00～17:00

茂云山国家森林公园属于“乌江画廊”中下段。公园辖摩围山游览区、长溪河游览区、芙蓉江(彭水段)游览区，现有景点30余处。公园内自然景观独特，山势迤逦，奇峰怪石，千姿百态。林海茫茫，遮天蔽日，山花蔓草，馨香馥郁，旭日东升，亦真亦幻，如入仙境。

玩家 攻略

游人可入地下森林笑谈坐井观天，上飞云口观祥云升腾，过船厂沟森林浴场清心洗肺，到豹嘴岩看旭日东升；天鹅池上轻舟荡漾，打靶场上一试身手，烧烤场细品野味，听画眉轻吟，看灵猴嬉戏。茂云山国家森林公园正以林海的雄、溶洞的奇、绝壁的险、峡谷的幽、植物的稀、动物的趣吸引着八方来客。

茂云山

摩围山

千古名山

彭水县南部茂云山国家森林公园　60元

龙头寺火车站到彭水的班车每天有5至6趟；自驾：渝湘高速（巴南收费站）—南川—武隆—彭水西下道—乌江四桥—摩围山风景区

摩围山是一座千古名山，苗家神山，属于“百里乌江画廊”的中下段，是重庆市新兴的养生度假旅游景区。

摩围山自然资源丰富，生态景观奇特，有一线天地缝、石窟溶洞、百里石林、千仞绝壁、万丈天坑等地质奇观；有云雾幻化、瑞雪飘飞、树挂冰晶、旭日升腾、彩霞缤纷等天象丽景；有名药山珍、奇藤异草、山花野果、千里碧海、古木参天等山林秀色。

摩围山还具有深厚的历史、宗教文化背景。古时有许多文人墨客留下了很多咏叹其美的诗句，如白居易的“摩围山下色，明月峡中声”形象地描绘了摩围山及乌江峡谷的风光。

摩围山顶东侧有一突兀而起之巨大石柱，称为“玉笋仙岩”。石柱上原建有一“云顶古寺”，其始建于唐代宗宝应元年（762年），后又多次培修，清康熙四十五年（1706年）重建，占地450平方米，除西侧有路可通外，三面皆绝壁。庙宇毁于20世纪60年代初期，现存石柱、石门、残墙、碑刻等遗迹。

向家坝蒙古族村遗址

具有很高的史料价值

彭水鹿鸣乡

专家曾对向家坝蒙古村象鼻子洞的“象鼻塞碑”及残碑进行考释与分析，确认二碑分别立于1862年和1864年；“象鼻塞碑”及其残碑的发现和研究，不仅对推动重庆民族地区地方文化和清代重庆蒙古族历史文化研究，而且对探究清代重庆蒙古族与周边民族关系和文化互动等都具有重要意义和价值。

乌江百里画廊

景点推荐

酉阳旅游区

桃花源 AAAAA

人间仙境、世外桃源

酉阳县桃花源路 100元

冬季8:00～17:30；夏季7:30～18:00

75559222

酉阳桃花源总面积50平方千米，由古桃源、伏羲洞、桃花源广场、桃花源国家森林公园、酉州古城、桃花源风情小镇、二酉山世外桃花源文化主题公园七大部分组成，集秦晋历史文化、土家民俗文化、自然生态文化、天坑溶洞地下河共生岩溶地质奇观于一体。

古桃源

桃花源为石灰岩溶洞，高、宽约30米。洞前的桃花溪水自洞内流出，清澈见底，哗哗地流入泉孔河。溪畔有一个四角木质小亭。传说是当年渔人问津之处，故名“问津亭”。仰视洞口高处，是由著名历史学家马识途先生题写的“桃花源”三个大字。高大雄伟的石牌坊上，镌刻着著名诗人流沙河题写的“时光隧道今通古，桑竹田园主娱宾”和“无影无踪渔郎路志，有根有据陶令文章”两副楹联。

溯桃花溪入洞，洞内钟乳倒挂，千姿百态，好似观音坐莲、燃灯古佛、宫廷玉灯、银山雪海、飞禽走兽，无不令人叹为观止。洞中滴水如珠、叮咚有声，好似铜壶滴漏，在石钟和石鼓上轻叩，声音清脆悦耳，此乃洞中八景之一的“石鸣钟鼓”。洞中石壁石刻颇多，因年代久远，皆模糊难辨。唯洞尾左侧高处，古朴遒劲的“太古藏书”四个大字，清晰犹存。

此地集桃源文化、巴人文化、民族文化、土司文化、桃源风光于一体，已完全展示出隐逸古朴的和平田园风光。

链接

桃花源的历史

1600多年前，晋代大诗人陶渊明写下了《桃花源记》，留下了一个令世人追逐的“世外桃源”。

明万历七年（1579年），东阁大学士文安之在为酉阳土司冉奇镳的《拥翠轩诗集》作的“序”中写道：“酉富名胜……一为大酉洞，洞可数百武，划一门，旷然天际，得平衍地数十亩，精舍在焉，有小溪贯洞契而出。余语玉岑，广植桃花万株，使春风绮丽之余，桃花逐水趁流，以待问津者。”可见大酉洞桃花源在明代已具规模，且为酉阳州内之胜景。有诗云：“洞前流水渺漫漫，洞里桃花渐渐残。曼倩不来渔父去，道人闲依石栏杆。”

据《酉阳直隶州总志》载：“核其形，与渊明所记桃花源者，毫厘不爽。”《四川省通志》记：“酉阳汉属武陵郡之迁陵地，渔郎所问之津，安之不在于此?”国内外专家、学者从地理、路线、景物、历史、距离、环境六个方面论证，一致认为这里就是陶渊明笔下的《桃花源记》原型。

大酉洞

大酉洞洞外桃林夹岸，落英缤纷，洞内土地平旷、阡陌纵横、良田美池、村落点布。有松峰耸翠、石室藏书、飞泉洒玉、玉盘仙迹、龟鹤遐龄、桃涧流红、机织烟霞等“桃源八景”。自古“蛮不出洞、汉不入境”，令文人墨客神往，是休闲、体验、访古寻幽的绝佳去处。

桃花源

桃花源国家森林公园

桃花源国家森林公园位于酉阳县桃花源镇桃花源社区，为古桃源景区西面屏障，又名金银山。公园的山体以“奇、秀、险、峻、雄、美”而知名，植被以“丰富多样、原始珍稀”而见长，水体“清澈见底、甘甜醇美”，到处茵茵绿草、茫茫林海，鸟语花香，野禽嬉戏，可谓一个巨大的天然物种宝库。

景区的主要景点有彭酉古道、一碗水、莲花奇洞、碉堡、石柱擎天、石柱寨堡、夫妻树、二级水库、喊水泉、森林浴场、林间草坪、柳林蔽日、天然苗圃、仰天窝、林缘秋色、银山雾海等。

伏羲洞

伏羲洞全长约2500米，整个洞府体量庞大，气势磅礴，有宽敞的大厅、曲折的廊道，险峻的峡谷，幽深的地下河，还有五彩缤纷的钟乳石，景观秀丽。

洞内钟乳挺拔，石笋丛生，石幔高挂，石柱巍峨，石帘低垂，石瀑飞流，地下河幽深。洞体规模之巨大，品种之繁多，色泽之瑰丽，以及形成时代的多期性，沉积物大小的悬殊性，石笋、钟乳发育的密集性，均为我国洞穴所罕见，可谓集洞穴岩溶景观之大成，堪称“地下的世外桃源”。

酉州古城

酉州古城是一条全长1.3千米的民族风情街，主要以土家族苗族文化为载体，集土家族苗族建筑、民俗风情于一体，是领略渝东南土家族苗族文化的窗口。

龚滩古镇 AAAA

乌江画廊上的璀璨明珠

酉阳县西部，距离酉阳县城70千米

7:30~18:00　¥ 20元　75706888

龚滩是乌江流域上的著名险滩之一。据史书记载，此滩是由于明代万历元年（1573年），酉阳山洪暴发，凤凰山垮岩，堵塞乌江河道而形成的陡滩。龚滩西岸，悬岩高耸，直插云天，悬岩之上，鸟语猿啼，古木森森，有名的蛮王洞就在其间。东岸坡势较缓，龚滩古镇，即坐落其上。

龚滩古镇具有1700多年历史，古镇现存长约3000米的石板街、150余堵别具一格的封火墙、200多个古朴幽静的四合院、50多座形态各异的吊脚楼，独具地方特色，是国内保存完好且颇具规模的明清建筑群。

镇上有明清古建筑多处，其中川主庙、三教寺等，较为有名。复有众多古碑，原貌犹存。其中有上不沾天下不着地碑，有倒刻无量佛碑，还有明代万历年间的“第一关”双钩题刻碑，至今仍完好无损。还有宋代四方井、摩天石柱、一沟十三桥和20世纪50年代兴建的一度称冠世界的龚滩大石拱桥等，为龚滩这个地方增色不少。

川主庙

川主庙供奉的是李冰。李冰修建都江堰，使川西平原富庶起来，被封为川主。相传当时都江堰中有孽龙，兴风作浪祸害人民，被他降伏保得四方安宁，因此四川境内各水域均设庙塑像，祭祀供奉。

龚滩川主庙当年香火旺盛，庙外一街皆卖香烛，茶馆、旅店、红烧馆云集，码头脚夫、小贩皆活动于此，来往之客如潮涌动，不下千人，当街整日烟雾弥漫。遗憾的是“文革”期间被拆毁了。所幸的是被毁的庙在重建中得到恢复。

玩家攻略

随着乌江水库的建设，老龚滩古镇已经于2007年被整体拆除搬迁，现在在小银滩看到的是新龚滩“古镇”，原古镇距其1.2千米。由于是按原貌原格局复建，房屋位置不变、主人不变、邻居不变，尤其是涉及少数民族特殊社情，因此，该工程被誉为“天下第一搬”。

龚滩古镇

西秦会馆

古镇上面最气派的建筑莫过于“西秦会馆”，始建于清朝光绪年间（1875—1908年）。这里曾经是龚滩人祈福、看戏的地方。高墙大院，内设正殿、偏殿、耳房、戏楼，雕梁画栋，历数百年沧桑，几经连街大火仍幸存至今，着实难得，可是时间的流逝在它身上打下了深深烙印。

门上的横匾变成了“为人民服务”，石雕的门联也已经被凿掉，只剩下伤疤一般的窟窿。楼梯残破不全，依稀可辨的是上面曾经代表富贵的枣红漆。戏台上的墙壁上还有精美的观音菩萨壁画，观音的神态还是如同当年一样安详。

吊脚楼

龚滩吊脚楼从南宋一直修到1963年，吊脚楼全系木料支撑、穿斗而成的梁架结构，四五根粗木捆成的楼柱子，数块木板拼成的地板、墙壁。屋高三五丈，二至三层，木楼梯上下。屋的一面是紧靠街的店面，另一面是三面悬空，靠木柱子支撑的“楼”，楼下堆货，楼上住人，四周铺设走廊，从下往上看，颇有几分“空中楼阁”的气势，不远处是哗哗流淌的乌江水，这也是典型的土家族建筑。

青石板老街

龚滩古镇的另一奇绝是一条长达两千米的青石板老街，一年年一代代被赤脚、草鞋、布鞋、胶鞋、皮鞋踏磨得光滑玉润。青石板街居然可坐、可行、可卧而无须担忧一身尘土。走在这绝无车踪喧哗的石板路上，其间有摩崖石刻“第一关”、700余年的“四方井”，一种悠远古朴的历史回归感和传统文化的浸润感油然而生。

古镇的青石板街串联全镇，街边是古色古香、临崖高挑的木制吊楼，依山而建。龚滩吊脚楼从南宋一直修到1963年，其中不少已饱经乌江风云，人世沧桑，不少已有100年以上的历史。其经久耐用程度与现代建筑媲美。古镇吊脚楼还颇含艺术与文化品味，如西望牛郎山的织女楼，数吨重的鸳鸯楼，亭台楼阁式的绣花楼等。

冉家院子

冉家院子已经有400多年历史，是雍正年间土司冉慎之的居所，整个院子是一个小小的土司文化博物馆。室内有一天井，堂屋摆放着许多陈年旧物，古钱币、青花陶瓷、铜器应有尽有，让你充分领略古代有钱人家的阔绰。顺着窄小木梯步入昔日闺房，精致细腻的木雕、摆设让人惊叹。

董家祠堂

董家祠堂为董氏宗族合资修建的一所

玩家 解说

龚滩古镇最著名的两大奇绝是吊脚楼和青石板街。龚滩镇的青石板路，长达2000米的老街，全由一块块青石铺成，青幽如玉。一年年一代代被赤脚、草鞋、布鞋胶鞋、皮鞋踏磨得光滑玉润。青石板街居然可坐、可行、可卧而无须担忧一身尘土。

吊脚楼

祠堂。从老街上几层石梯，迈进很高的石门槛，里面为四合天井，正对面为正殿，均为古老木质框架。董家祠堂以前是董氏家族最高权威的凝聚地——犯族规人的受罚地、商议大事的议事堂、历代族长的灵位供奉地。

龙潭古镇 AAAA 镇

川渝十大古镇之一

酉阳县龙潭镇

免费　75312022　全天

重庆菜园坝汽车站和朝天门长途汽车站都有开往酉阳的客车，车程约10个小时，票价130元左右；酉阳到龙潭的汽车很多，车程约2个小时，票价20元左右

龙潭因伏龙山下两个状如"龙眼"的汆水洞常积水成潭，古镇自"龙眼"之间穿过，形如"龙鼻"，因而得名。

龙潭古镇现存3千米的石板街被磨得光可鉴人、青幽如玉；150多座土家吊脚楼翘角飞檐，形态美观；280多个四合院、500余栋古民居古朴幽静，颇具特色。街上店铺林立，巷道相互连通，风火墙鳞次栉比。古镇上有赵世炎故居、刘仁故居、万寿宫、"七宫八庙"以及吴家院子、王家院子、赵家院子、谢家院子、陈家院子、甘家院子等民居。

龙潭古镇文化底蕴深厚，有独具特色的鸭子龙、脱节老龙、泼水龙，端午节有龙舟赛、旱龙船。还有汉剧、茶馆评书、花灯狮灯、摆手舞、土家山歌等。此外，古镇居民土制的辣茶、汽汽糕、社饭等传统美食文化独具魅力。

万寿宫

万寿宫正门临江，后门靠街，修建于1738年，建筑面积2400平方米，其建造结构与北京颐和园后宫基本一致，门不相对，两墙作屏，中堂龙位与戏楼遥相呼应。

宫内分六井三院，分上清殿、御清殿、太清殿，各大殿特意设计了龙头、龙嘴、龙鼻、龙眼、龙角等标志物，将"天地乾坤、阴阳八卦、真元归一"、皇帝"九五之尊"的理念与龙潭的龙文化巧妙结合，使"万寿宫"的文化内涵博大精深，神秘莫测。

玩家 解说

龙潭虽有七宫八庙，而唯独万寿宫的建筑别具一格，虽历经岁月变故，至今还保留了9个作为宫廷建筑的标志。

1.龙头建筑标志：龙嘴、龙鼻、龙眼、龙角等。

2.御赐"万寿宫"瓷匾牌(残缺不全)。

3.三和石御道(三拜九叩宫礼道)，保存完好。

4.皇帝皇后万岁牌生祠贡匾：万世永赖。

5.皇宫标志款文：贝阙珠宫，琼楼玉宇。

6.皇权标志壁画："龙凤呈祥"大型壁画，宫

设九条巨龙。

7.宫内戏楼上横梁雕"二龙抢宝"的宫廷标志图案。

8.宫殿前后大门均按高9尺9，宽5尺5建造，以示"九五之尊"。

9.宫殿两院均按进深9间、开间5间设计建成，同"九五之尊"的概念。

西水河
土家人的母亲河

酉阳县东部

酉水河又名北河，酉阳境内全长81千米，平均宽度约12.5米。沿岸都是土家人的聚居地，是土家族的摇篮，被誉为土家人的母亲河。

酉水河河岸一排排古朴苍劲的枫杨，一列列鳞次栉比的吊脚楼，一曲曲悠扬撩人的木叶情歌，一条条通往历史隧道的青石板路，回荡着土家族的无尽情韵，让人流连忘返。如诗如画的酉水河有"渝东南小桂林"的美称。

从王家码头上船，沿途有鸡公滩、洞脚、打捞寨、白鹤林、鱼塘溪、田沟大桥、移民风情一条街、梅家河和红岩洞等景点。酉水湖人见人爱，水质较好，水波粼粼，周围树木葱葱，山山相连，难穷其尽，是一个休闲度假的原生态旅游胜地。

风情万种的酉水河，还孕育了源远流长的民族文化，古朴典雅的摆手堂，悠扬动听的民歌、山歌、木叶情歌、古老的阳戏、傩戏，异彩纷呈的民族节日，奇特神秘的民族习俗，风味独特的民食文化，无不散发着特有的民族气息。

河湾山寨
美丽的土家山寨

酉阳县酉水河镇

河湾山寨因土家人的母亲河酉水河弯曲流淌于境内而得名，河湾山寨建于明洪武三年（1370年），至今已有600余年历史。山寨面积15.5平方千米，以土家族、苗族为主的少数民族部落聚集于此。

河湾山寨位于酉水河国家湿地公园腹心，山寨依山临水而建，阶梯式布局，层次分

龙潭古镇

明，错落有致，寨中古木参天，翠竹青青，山寨建筑为土家吊脚楼，走马转角风貌独特，寨后层层梯田，自然环境优美，被誉为中国最美土家山寨。

山寨境内古祠庙宇众多，有摆手堂、水巷子祠堂、彭氏宗祠、新寨祠堂、高氏宗祠、曾家印子、司令官邸、土司城等。

摆手堂

摆手堂是彭姓土家人于清咸丰元年（1851年）所建，是渝东南地区现今保存最完好的摆手堂。摆手堂外用石板围成一处约200平方米的地坝，石板上刻有麋鹿衔花、喜鹊闹梅、凤穿牡丹和麒麟龙象等栩栩如生的景物。

链接

河湾山寨的土家文化

河湾山寨至今已有600余年历史，全寨150多户、600余人，以土家族白姓为主。这里有独具土家魅力、丰富多彩的土家文化，土家摆手舞、民歌、山歌、抬岩歌、打夯歌、酉水船工号子、木叶情歌、姑娘哭嫁歌。歌词优美动人，催人奋进，曲调婉转悠扬，让人久久回味。还有游冥、欢花、跳神、打绕棺、敬牛神、唱傩戏、做道场、三棒鼓等民风民俗。

南腰界

重庆唯一的革命根据地

酉阳县东南部

南腰界是中国工农红军第三军贺龙同志创建的川黔湘鄂革命根据地，是重庆市唯一的革命老根据地。

南腰界群山清秀，清幽寂静，境内仍完好保存有数十处红军战斗遗迹、红军烈士墓。有红二、六军团会师大会会址，八一军民会址，大坝场祠堂红军政治部旧址。有红军大学、红军医院、十大政纲等56处文物景点。

玩家 解说

南腰界曾播撒过中国革命火热的种子，留下过红军生活和战斗的足迹，浸透过先烈们流下的热血，是一片红色的土地。

1934年6月10日，贺老总就把红三军司令部设立在南腰场上的余家桶子大院里，10月27日，任弼时、肖克、王震率领的中国工农红军第六军团转战到达川黔边区，与红三军共8000余人胜利会师。

赵世炎烈士故居 AAAA

著名烈士故居

酉阳县龙冬乡龙潭镇赵庄　免票　8:00～17:00　在菜园坝汽车站乘坐长途汽车到酉阳县，再转车前往龙潭古镇即到

赵世炎故居占地1605平方米，建筑面积710平方米。其建筑为清代砖木结构四合院，共有房屋32间。旧居大门上方，有邓小平现场手书“赵世炎同志故居”字迹，院内有赵世炎同志塑像。院内正门照壁呈凸形，上有一幅松鹤壁画，光彩夺目，恰与中堂所悬“琴鹤世家”镏金匾相映。

链接

赵世炎其人

赵世炎出生于1901年5月30日(农历四月十三)，酉阳县龙潭人，中国共产党创始人之一，著名革命烈士。

赵世炎在家里男孩中排行老五，是男孩中最小的。他从小就勤奋好学，聪明、稳重、幽默，善于体贴人，于1915年8月进入北平高等师范学校附属中学学习，1919年留学法国。在法期间，赵世炎与周恩来同志同为中国共产党旅欧总支部主要负责人，为中国共产党的创立做出了不可磨灭的贡献。曾留学前苏联，回国后为李大钊助手。在第一次国内革命战争时期，他与周恩来、罗亦龙共同领导了震惊中外的上海三次工人武装起义，并担任江苏省委书记。1925年与浙江海宁人、我党著名的革命活动家夏之栩结婚，在婚后不到两年，也就是1927年7月，赵世炎便惨遭国民党

赵世炎塑像

反动派残酷杀害。

由于受到赵世炎的影响，赵世兰、赵君陶(共和国第四任总理李鹏的母亲)也成为中国共产党早期著名的妇女活动家。

石泉古苗寨
面积巨大的苗族村寨

酉阳县苍岭镇大河口村阿蓬江畔 ¥20元

石泉古苗寨坐落在一个呈撮箕口状的山谷中，依山而建，沟内小溪流淌，沟边有梯田，竹林环绕，郁郁葱葱，美不胜收。石泉古苗寨是大河口村石氏家族的民宅，占地2万多平方米，已有500多年的历史。

链接

寨名的由来

整个寨子里有8孔山泉，这8孔山泉不仅清冽甘甜，四季不干，而且冬暖夏凉。因寨子里全是石姓村民，因而被称为石泉，"石泉苗寨"也由此得名。另有传言，这里过去常有猛兽毒蛇出没，无人敢居住，后来，石氏祖先来到这里，放火烧山，烧走猛兽毒蛇后定居下来，故"石泉苗寨"小地名又为"火烧溪苗寨"。

石泉古苗寨

古苗寨中，古朴的木屋、明亮的石板、流淌的溪水、别致的木桥、高耸的古树连为一体。古寨分上中下3寨，寨上有70多栋木质民居，有108户、500多名村民，古寨被1000多棵古树、500多丘梯田和满山翠竹紧紧包围，比之前《中国博物馆志》所载"中国最大的原生态苗寨"贵州郎德苗寨还大。

石泉古苗寨的建筑

石泉古苗寨中一排排错落有致的木质瓦房，有的是吊脚楼，有的是四合院；有的是3间正房，有的是5间正房，有的除了正房还有转角加厢房。正房一般为五柱、七柱、九柱，厢房一般为五柱、七柱。

● 堂屋

正房最居中一间为堂屋。这是家族安放祖先牌位和祭祀先祖之地，是神圣的去处，一般禁止妇女、小孩，尤其是孕妇、产妇入内。当地人认为，孕妇、产妇身带血腥，是不洁之身，入内则有辱祖先圣明。堂屋两边的正房，一般是家长或者成年成家之子媳的卧室。转角一般作为厨房、餐厅之用。寨里保存着古老的火铺、三脚、鼎罐等传统炊具。

● 官房

堂屋后面，有一间不足10平方米的小屋子，当地人称其为"官房"。据说这是主人用来接待官府之人的卧室，故称"官房"。在农家最尊贵的堂屋之后的房间接待客人，表示主人对客人由衷的尊重。

● 厢房

厢房多为吊脚楼，楼上为客房，楼下为安放石碓、石磨等生活用具的地方。也有的人家把吊脚楼上安排为书房兼卧室，楼下安排为牲畜的居所。

● 雕刻

青瓦灰墙的老房子，屋子的窗户皆雕刻着精美的窗花，如花、鸟、兽。窗花雕刻里的花，主要是梅花、桃花等；鸟一般是喜鹊、凤凰等；兽类主要是梅花鹿、山羊等动物。这些窗花，虽然因年代久远，失却了最初的色泽，但雕工精美。

● 穿枋斗榫

每一栋民居的穿枋斗榫都没用一铁一钉，但能柱柱相连，枋枋相接，梁梁相扣。从纵观看，房屋的上部、中部、下部由一个三棱体和两个长方体组成，看上去端庄稳重、九曲回肠、曲径通幽，又有挺拔健劲之美。而吊脚楼的断面纤巧的木结构穿斗式构架极其轻灵，苗居半边吊脚楼突出"轻"的效果，"悬虚构屋"，架空而立，上实下虚，对比强烈。

景点推荐

秀山旅游区

洪安古镇

一脚踏三省

重庆市秀山县境东南

洪安古镇面积52平方千米，是重庆、贵州、湖南三省市交界之地，有“渝东南门户”之称，是一脚踏三省的插花地，也是沈从文笔下的边城原型。

洪安镇依山傍水，绿树成荫，河水碧波荡漾，风景如画。古建筑群立，其工艺、造型独特，土家苗寨风情别具一格。走在青石板铺成的古道上，欣赏着街道两旁的青砖黑瓦建筑，看着深深的庭院被错落的风火墙所分割，跌落成阶梯式，别有一番韵味。多姿多彩的边贸交易，龙舟竞赛，情歌对唱，像一壶浓烈的陈酿，令人陶醉。

有渝东南大门石碑和“渝东南第一门”牌坊，浓郁民族特色的古建筑——吊脚楼，封火桶子，沈从文笔下的边城，清澈见底的清水河等景点，当地建筑古朴，民风纯正，清江明月，木舟古渡，独具特色。著名景点有气势恢宏的红茶大桥、形神毕似的“象鼻吸水”，无拘无束的“三不管”小岛，红军指挥部，囊括国内著名书法家笔墨的书法园。还有刘邓大军入川纪念碑、拉拉渡、“一脚踏三省”、语录塔等景点。

链接

索拉渡河船

洪安老街最有味道的是索拉渡河船，由一根钢丝连接两岸码头，也系住了渡船来往的动力依靠。满客之后，老艄公悠闲地坐在船屋内的木制四方条台上，用一根挖有细槽的两尺原木做绞杆，卡在渡河钢丝上一点一点把船拖到对岸。

花灯寨

非物质文化遗产传承地

秀山城郊生态农业示范园区

花灯寨是融地方文化、民俗活动、民间艺术、风味小吃、土特产制作观摩与出售等内容为一体的专业园，是集吃、住、游、玩、购、观赏等于一体的综合性旅游场所。

在这里，可以观赏独具特色的秀山花灯歌舞表演，实地感知秀山的各种民俗风情，领略秀山民间艺术的魅力和内涵；也可以通过学跳摆手舞、苗舞、花灯舞等民间舞蹈而开心尽兴；还可尽情地品尝沿袭了几百年的秀山“米豆腐”“油粑粑”“粉粑”“糍粑”“社饭”“石堤豆腐鱼”等地方风味名小吃；同时，可亲临土家吊脚楼，感受土家人住吊脚楼的奇妙，过一回土家人的古老生活的瘾；还可以买到称心如意的秀山土特产、民族工艺品等带回品尝或留念，让您深感不枉此行。

花灯广场

秀山的标志

秀山人民路

秀山花灯广场东起县城凤翔路，南抵三角塔，西至人民路，北至站前大道，前门有李鹏的题词“秀山花灯广场”，在广场入口拱形大门上刻有代表少数民族自治县秀山的民风习俗浮雕。大门两侧有景观水池，在大门内的广场的演出大理石台上刻有秀山县地图，在中心建有具有秀山民族特色的夫妻双人

洪安古镇赛龙舟

跳花灯铜像。环绕广场四周种植有柳树，绿化面积充裕。

花灯广场是秀山居民最主要的文化、休闲、健身、购物中心，也是秀山县重要的政治活动中心，凡是大型活动都在这里举行。

传灯寺

百年古寺

秀山县花灯大道　免费

传灯寺位于凤凰山脚，为清朝中期寺庙，文化大革命期间被毁，近两年重修，占地0.7公顷多，现有正殿、大雄宝殿两重殿，规模较大。传灯寺大门书有对联“凤凰展翅清净地，传灯弘佛别有天”，体现了传灯寺与凤凰山的深久渊源。

玩家解说

传灯寺始建于晚唐天祐二年（905年）。最初的传灯寺只在秀山凤凰山山顶两峰之间的鞍部建有3间草屋，寺内供奉着灵官和观音菩萨。据佛教“佛法无边，能像明灯一样照亮世界，给人指点迷津，普度人生”的教义，草庙命名为“传灯寺”，旨在传承佛家灯火，意为传授佛经的寺庙。到了宋代，秀山地区的龙、石、张、罗、方五姓的头领去朝廷进奉方物，皇帝御赐了他们两盏花灯。当地人以其为宫中之物，将其供入传灯寺，奉为圣物。从此，传灯寺又有了传承御赐花灯的寓意。

清溪古地道战遗址

古老的地道战遗址

秀山清溪乡望乐村

1976年，当地人发现了一纵横交错、蜿蜒曲折、东西走向约1000米、高1.5米、宽0.5米、每距10米左右有容一人藏身的掩体，壁上有放置照光用具的土墩的地道。地道底平，顶部为“人”字形拱架结构，可容一人躬身而行，壁上经油烟熏过的痕迹隐约可辨。考察中，还发现有铁制兵器和挖掘工具，经初步考证，该地道为明代苗民的防卫工事。

我国地道战的历史，可追溯到古代，古代秀山苗族人在反抗压迫的斗争中，曾采用过地道战的战术，清溪古地道战遗址，为此提供了佐证。

凤凰山

凤凰山

人文古迹众多

秀山县东南部

凤凰山山上茂林修竹，于阳光下金光闪烁，如凤凰羽翅，而朝阳恰似凤头上镶嵌的宝珠，故有“凤凰展翅”之美誉。

凤凰山自然景观有桃花洞、莲花洞、元代古刹灵官殿、杨金砧炼丹处、明代观音阁、清代览胜亭等古迹遗址和自然风光。

凤凰山的四周，东有元代“九溪十八洞”中的遗址“俊涪洞”，南有梅江河中的“水现莲花”，西有清嘉庆二十三年（1818年）建造的“凤鸣书院”，北有“三角岩石笋丛林”等景观。

钟灵水库

休闲度假胜地

秀山县钟灵镇

钟灵水库坝址位于中溪河注入梅江河的汇合口，库区积水面积92.6平方千米，水面宽，水质无污染，库区两岸风光秀丽，是秀山最大的淡水养鱼基地。

钟灵水库位于梅江河上游，水质清澈，

库区环境与植被良好，是旅游、休闲、度假的好去处。

石堤古镇

西河东去，石堤远航

秀山县东北部

石堤古镇依山势而建，错落有致，距今有1000多年的历史。站在石堤古镇最高点可俯看两河交汇景观，滋生“西河东去，石堤远航”之意境。

夕阳之下的石堤古码头边的浣衣土家少女，泊岸的乌篷船及船上蜷缩着头的鸬鹚，这一切正是一幅绝妙的“悠闲的渔舟唱晚”图。还有古码头对岸的唐代悬棺“化险为夷”，石堤古街，卷洞门，石堤豆腐鱼。

石堤镇主要有石堤古镇和酉水风光两个景点，特别是酉水河河面宽阔，两岸峭壁耸立，树木青青，峡谷幽深，置身其中，让人心旷神怡。另外还有九溪十八洞起义遗址、书厢宝剑匣、两江望月等旅游景点，使你流连忘返。

妙泉湖

十里长湖

秀山妙泉镇

妙泉湖是梅江河中游宋农电站大坝建成后形成的十里长湖，水面平阔，波光粼粼，一派湖光山色；两岸村落民居极为古朴，翠竹掩映，时隐时现，别具诗情画意。湖上白鹤飞翔，水中野鸭游戏，渔船、渔鹰随处可见，极具野趣，是开展水上游乐，赏湖光山色的好地方。

白鹤林

人鹤和谐相处

秀山妙泉镇，白鹤林下游

白鹤林处于妙泉湖下游，成千上万只白鹤四季居住在双凤山，它们与当地的村民朝夕相处，建立了深厚的感情，当地人自觉地担负起了保护责任，早上看见的是青山一片，晚上看见的是白茫茫一片，游客到此可体会人与自然的和谐，让人感受诗情画意。

石堤古镇风光

攻略资讯

- 交通
- 住宿
- 美食
- 购物
- 娱乐

武陵山机场

交通

飞机

整个渝东南地区，仅有一座黔江武陵山机场（原重庆黔江舟白机场），位于重庆市黔江区舟白街道，距黔江城区4千米，已开通黔江至重庆航线，每天一班，还有直飞上海、北京、广州、昆明、成都的航班。

火车

渝东南各区县均有火车站，其中石柱县站为沪汉蓉客专上的站点，其余几个区县的火车站均为渝怀线上的站点。经停石柱县火车站的列车多是发往成都、重庆、宜昌、武汉、上海等地的动车，而经停其他几个区县火车站的列车多是发往成都、重庆、怀化、桂林、广州等地的普通列车。

黔江站位于黔江区黔洲大道。

武隆站位于武隆区芙蓉东路区体育馆东侧。

石柱县站位于石柱县城南部约3千米处S105省道东侧。

彭水站位于彭水县城东北部包茂高速彭水东收费站北部。

酉阳站位于酉阳县城以东约20千米的龙潭镇梅树村。

秀山站位于秀山县城东部武陵南路武陵广场旁。

汽车

在渝东南各区县乘坐汽车出行，相对于火车来说更为便利。各县区的汽车站一般都有开往重庆、成都、邻近县区、所辖乡镇及景区的班车，游客可根据需求选择乘坐。

黔江汽车客运站位于黔江区石城路，电话为79232658。

武隆汽车站位于武隆区白杨路，电话为77721817。

石柱汽车客运总站位于石柱县城区万寿大道旁太白大桥附近，电话为73379377。

彭水汽车客运站位于彭水县城黔中大道16号。

武隆车站

酉阳城北站位于酉阳县桃花源镇胜利街1号，酉阳汽车南站位于县城桃花园南路附近。

秀山客运站位于秀山土家族苗族自治县丹凤路。

住宿

黔江

●Pokhara博卡娜酒店

酒店位于迎宾大道，出行便利，房间温馨舒适，酒店设有儿童乐园和观景花园，巧妙的运用园林素材，家庭出行中比较好的选择。 重庆黔江区 迎宾大道162号新西站 79333398

●重庆客莱思顿酒店

酒店是黔江外景观独特标志性建筑，地理位置优越，交通便利，环境优美。 重庆黔江区 新华大道西段7号 79226666

●更多住宿去处

名称	位置	电话
重庆戴兰斯蒂大酒店	黔江区城南街道交通西路	79329999
隆鑫玫瑰酒店	黔江区新华大道西段99号	79228888

武隆

●仙女山华邦酒店

仙女山华邦酒店是中国首家非物质文化遗产主题酒店，藏匿于仙女山国家森林公园大草原旁，是重庆独具特色的山景度假酒店。石木风格的建筑矗立在喀斯特天然地貌石林之上，装修风格也极富艺术气质。

武隆区仙女山国家森林公园 77737777

●更多武隆酒店

名称	位置	电话
武隆豪瑞酒店	武隆区世纪五龙城商务中心63号1幢1-1	77717771
武隆天街公寓	武隆区银杏大道30号	77828389
武隆卸甲酒店	武隆区仙女山镇银杏大道57号3幢	64506678

石柱

●石柱天尧酒店

坐落在石柱县新城中心，毗邻龙嘴公园，近拥龙河，远眺帽儿顶山，滨河景观带门前而过，让您远离都市的喧嚣，充分享受休闲好时光。 南宾镇城东路（近万兴路） 73208888

●石柱绿宫度假酒店

集休闲、度假、商务、会议于一体的综合型酒店，它坐落于毕兹卡绿宫景区旁，取

龚滩古镇风光

林海之精华，临天然沟谷而建，周边林深叶茂，溪沟纵横，峡谷苍翠，景色宜人。✉ 石柱土家族自治县黄水镇莼乡路216号 ☎ 85006699

彭水

●彭水乌江明珠大酒店

地处风景秀丽、两岸青山如黛的乌江画廊河畔，依山傍水，风景秀美；酒店周边风景名胜众多：既有四季如春的摩围山森林公园；也有历史古镇——郁山镇和龚滩古镇；更有闻名遐迩的漂流胜地阿依河，地理位置优越。✉ 彭水汉葭镇滨江路，近滨江路检察院 ☎ 85028888

●重庆阿依河山庄

位于彭水绍庆街道，紧邻阿依河景区大门。环境优美，是观光游览、旅游度假的理想居所。✉ 彭水绍庆街道阿依河六组(阿依河景区大门处)

酉阳

●重庆利斯卡尔酒店

重庆利斯卡尔酒店，系集客房、餐饮、休闲、娱乐、度假、会议功能于一体的综合性酒店。毗邻国家5A级风景区桃花源，依山傍水，环境优美，背靠原生态植被公园，致

重庆三不管岛度假酒店

重庆绿宫度假酒店

力于为游客提供温馨而个性化的酒店服务。✉ 酉阳县桃花源镇钟灵山大道西路 ☎ 85064888

●更多住宿去处

名称	位置	电话
酉阳芸栖别苑	酉阳酉州古城22号	75695777
龚滩巴适客栈	酉阳龚滩货运码头	75676512

秀山

●重庆三不管岛度假酒店

酒店内设高级客房、中餐厅、KTV、会议室、茶楼棋牌等，能满足游客的不同需求。酒店在“边城”风景区内，环境优美，晚上很安静。酒店大厅个人感觉太空旷，没有四星级酒店的那种霸气。✉ 秀山县洪安镇老街三不管岛风景区内 ☎ 76686666

●秀山嘉豪大酒店

客房干净、卫生，具有基础性设施，住宿环境舒适。✉ 秀山县丹凤路（近秀山县人民法院）

美食

渝东南地区地处重庆、湖南、贵州三省交界处，饮食文化深受黔湘地区的影响，口味以酸、辣为主，同时由于是少数民族聚居区，有很多少数民族特有的美食。

黔江鸡杂

●鸡杂

黔江鸡杂是黔江煨锅系列的代表菜，运用土家烹饪方式，用鸡肠、鸡肝、鸡心等鸡内脏为原料，并把鸡肉切成薄片，辅以土豆块、尖头泡椒、鲜葱等烹制而成，口味麻辣兼备，色鲜味美，醇香可口。

●牛蹄花

牛蹄花是游客到武隆一定会品尝的精品，它精选牛蹄筋肉，经加工去骨，肉质鲜美筋道，可以炖汤，也可以涮火锅，美味可口，是武隆人的最爱。

●倒流水豆腐干

石柱流水乡场边上“水井湾”竹林山中有一龙洞泉水井，夏天冰冷刺骨，清凉爽口。用其水制成的豆腐干，味道独特，品质细嫩，清香扑鼻，口感上佳，是食用和送亲馈友的佳品，可切片、丝、丁，热炒、凉拌、烫用。

●石柱水晶粉丝

水晶粉丝全系采用高山土豆为原料，以土家人原始的纯手工和现代技术相结合精制而成，色味俱佳、口感舒适，

牛蹄花

倒流水豆腐干

水晶粉丝

麻辣牛肉片

苗家老腊肉

石堤豆腐鱼

郁山三香

武陵山珍

是家庭饮食、款待嘉宾、馈赠亲友的上乘佳品。

●郁山三香

三香原产于彭水著名古镇郁山，具有浓厚的汉、苗、土家融合的特色。将红薯淀粉、糯米、肉末蒸制成团便于携带，食用时切成片状，适当加以芋头、红薯等配料蒸熟即可食用。

●酉阳麻辣牛肉片

以黄牛肉为原料，外观紫红透明，麻辣兼备，焦酥香脆，瘦不塞齿，久嚼味长，开胃诱食，且保鲜期长。

●秀山石耶汤锅

用牛肚、牛肠等内脏为原料，辅以特制的泡菜(以酸姜、酸辣椒为主)、本地土豆、鲜葱，经过煎炒、加汤红烧煨制而成。口味麻辣兼备，色鲜味美。

●秀山苗家老腊肉

苗家腊肉保持了色、香、味、形俱佳的特点，素有“一家煮肉百家香”的赞语。秀山的苗家老腊肉，透明发亮，色泽鲜艳，黄里透红，吃起来味道醇香，肥不腻口，瘦不塞牙，不仅风味独特，而且具有开胃、祛寒、消食等功能。

●秀山石堤豆腐鱼

鱼肉鲜香滑爽，豆花雪白软嫩。选用土生鲇鱼，片成巴掌大的片。将一个缸似的大铁锅像炼铁似的烧得飞红，放入作料，再配上土家人自己磨制的青菜豆腐，鱼入豆腐味、豆腐入鱼味，两种本不相容的味道和谐地结合在一起。

购物

渝东南地区丰富的土特产令人目不暇接，尤其是各种少数民族特色手工艺品更是别具特色，是旅游购物的好选择。

●黔江武陵山珍

武陵山区阳光充足、四季分明、雨量充沛、植被繁茂、野生菌菜种类繁多，是世界上少有的未受污染的绿色植物园。武陵山珍以鲜香的味道、丰富的营养、独特的保健、神奇的功效堪称绿色之极品。

●黔江刺绣

黔江的苗族刺绣饮誉国内外，刺绣以紫色为基调，工艺十分精湛。苗族刺绣的运用，在生活中无处不见，大至厅室围帘、被面、服装，小至枕头、围兜、荷包、褡裢等，配以刺绣，无不精美动人。

●黔江蜡染

苗家姑娘就常用自己的手工艺品刺绣和蜡染，来装点自己花团锦簇的美丽青春。蜡染以其图案变幻无穷、取材丰富、线条粗犷、造型优美等特点，表现出苗族同胞开朗豪放的民族性格。

●黔江西兰卡普

西兰卡普，即土家织锦。它是土家族民间艺术的精华，色彩斑斓，朴实典雅，图案新奇，具有极高的实用与欣赏价值。

●武隆老腊肉

武隆老腊肉作为武隆的土特产，是当地乡亲煮熟并熏好的腊肉。切成片吃，每一片都透明发亮，色泽鲜艳，黄里透红。吃起来味道醇香，肥不腻口，瘦不塞牙，不仅风味独特，而且具有开胃、祛寒、消食等功能。

●羊角梨

羊角梨产于武隆区羊角，已有250多年的栽培历史。它外形圆润，有苹果之姿，皮色金黄美观。尝起来更是汁多而浓甜清香，肉质白脆嫩化渣，口感极佳，有一股蜜糖的独特风味。

●魔芋

世界的魔芋在中国，中国的魔芋之都在彭水。由于魔芋具有降血压、降血脂、降血糖、防癌、减肥、补钙、排毒养颜等功效，魔芋产品在日本、韩国非常畅销。

●乌羊肉干

乌羊肉干用酉州乌羊肉配以花椒、大茴、桂皮、丁香等10多种作料精工制作而成，色泽鲜艳，味道醇香，瘦不塞牙，开胃祛寒，营养丰富。

苗族蜡染

节庆

●土家族摆手节

“摆手舞”是土家族最具民族特色的舞蹈，每年到了秋天，当他们把金灿灿的苞谷棒挂上吊脚楼，黄闪闪的稻谷装进粮仓时，一寨一寨的土家人全部聚集起来，走进摆手堂，开始了他们的盛大节日——土家族摆手节。渝东南大多土家族聚居地区均有摆手节举办。视具体情况而定，一般在秋收之后、牛王节之前

●彭水乌江苗族踩花山节

“踩花山”是苗族传统节日，苗家男女老少都穿金戴银，吹芦笙、弹响篾、踢脚架、耍大刀、斗牛、斗画眉等活动丰富多样，极富民族特色。节日期间，游客可以听苗族赛歌，看民族舞林会，体验激情漂流……每年5月上旬

●武隆山地户外运动赛

武隆国际山地户外运动公开赛从2003年至今，已举办十余届，比赛在国际户外运动中具有极大影响力，主要围绕天生三桥、仙女山、芙蓉洞等景区进行规划设计。比赛期间，有山地自行车、定向越野跑、峡谷穿越、溯溪、皮划艇、射击等近20个竞赛项目和抬滑竿等独具地方特色的娱乐项目。每年八九月份

●酉阳桃花源旅游节

酉阳桃花源国际休闲旅游文化节是酉阳土家族苗族自治县每年都会举办的大型旅游节庆活动。文化节活动亮点纷呈，规模宏大，民族特色生动鲜明。节日期间将举办文艺演出晚会、摆手舞大赛、红歌大赛等活动。游客还能品尝到油茶汤、神仙豆腐等土家族苗族的各式菜肴、小吃和点心。每年春季桃花盛开时

●秀山花灯

秀山是中国的花灯歌舞之乡，秀山花灯历史悠久，是秀山土家族苗族自治县土、苗、汉各族人民喜爱的民间歌舞。每年农历正月初二至十五元宵节期间，是花灯表演热闹欢快的时刻，此时的秀山，满是欢快舞蹈的嘉年华盛会，传统的表演、精美的花灯不仅增添了热烈喜庆的气氛，也照亮了乡村的街道。农历正月初二至十五元宵节期间的夜晚

酉阳桃花源

索引

F

G

H

J

K

L

我们的理念

做发现者，才能走得更远。发现秀美景色、探寻历史痕迹、体验文化脉络、寻找地理起源等深层次的旅行知识，是我们不停脚步的动力。我们不仅是在做一本旅行指南，能为旅途上的行者做出一部内容丰富、态度严谨、值得边走边读的行囊书，是我们永恒不变的追求。

《发现者旅行指南》编辑部

总 策 划 丁海秀
执行策划 李荣强 安颖侠

项目统筹 周国宝 龚道军
内容编辑 刘 挺 王叶青 方明杨
刘秀红 丁天丰 张文齐
商子微 张亚飞 苏雪莹
沈 皓 魏建飞 张灵燕
许晨晨 杨康健 张 鑫
刘晓璐 刘慧慧 王春雪
刘智勇 李荣强
美术总监 左小文
美术编辑 侯心如 王春晓
图片编辑 朱盼盼 马志鹏
插图绘制 尚祖山 李秋红
排 版 水长流 赵嫒嫒

图片提供 微图网 汇图网
中国图库网 全景网
锐景创意 集成图像
站酷海洛 shutterstock
fotoe dreamstime
孙西国 马林宏 徐 行
高应胜 薛 冬
西部老马 钱多多

出炉过程

在编辑部成员的共同努力下，这套耗时两年有余的旅行指南终得以付梓。其间，我们亲历景点，翻遍资料，只为确保撰写的内容准确有效；我们实地考察，联系景区，只求绘得一幅精美的景区图；我们花尽心思，几易版式，只为呈现出前所未有的阅读体验。如今，这套精心打造的旅行指南，能放到您的行囊或书架，我们深感荣幸。我们期待与您一起走向远方，重新发现旅行的价值。

联系我们

我们的成长需要您的支持。您对本书的每一条意见我们都会珍视。同时也欢迎您与我们一起分享旅游体验，稿件一旦被采用，您将会获取相应稿酬。您可以将意见和稿件投递到我们的邮箱（tepfx@163.com）。

丛书策划 丁海秀
责任编辑 施云峰

图书在版编目（CIP）数据

重庆 /《发现者旅行指南》编辑部编. -- 北京：旅游教育出版社，2016.6（2019.8）
（发现者旅行指南）
ISBN 978-7-5637-3376-7

Ⅰ. ①重… Ⅱ. ①发… Ⅲ. ①旅游指南—重庆市 Ⅳ. ①K928.971.9

中国版本图书馆CIP数据核字（2016）第082673号

重　庆（第2版）

《发现者旅行指南》编辑部 / 编

出版单位 旅游教育出版社
地　　址 北京市朝阳区定福庄南里1号
邮　　编 100024
发行电话 （010）65778403　65728372　65767462（传真）
本社网址 www.tepcb.com
E-mail tepfx@163.com
印刷单位 北京华联印刷有限公司
经销单位 新华书店
开　　本 905毫米×1100毫米　1/32
印　　张 12.5
字　　数 402千字
版　　次 2019年8月第2版
印　　次 2019年8月第1次印刷
定　　价 78.00元

图书如有装订差错，请与发行部联系

特别提醒

本书信息在出版前已经认真核实过。但由于现实发展太快，旅游信息随时可能发生变化，我们无法承诺保证本书信息的准确性和完整性，并只能在法律规定范围内承担责任。如因此给读者带来不便，我们深表遗憾。

中国地图

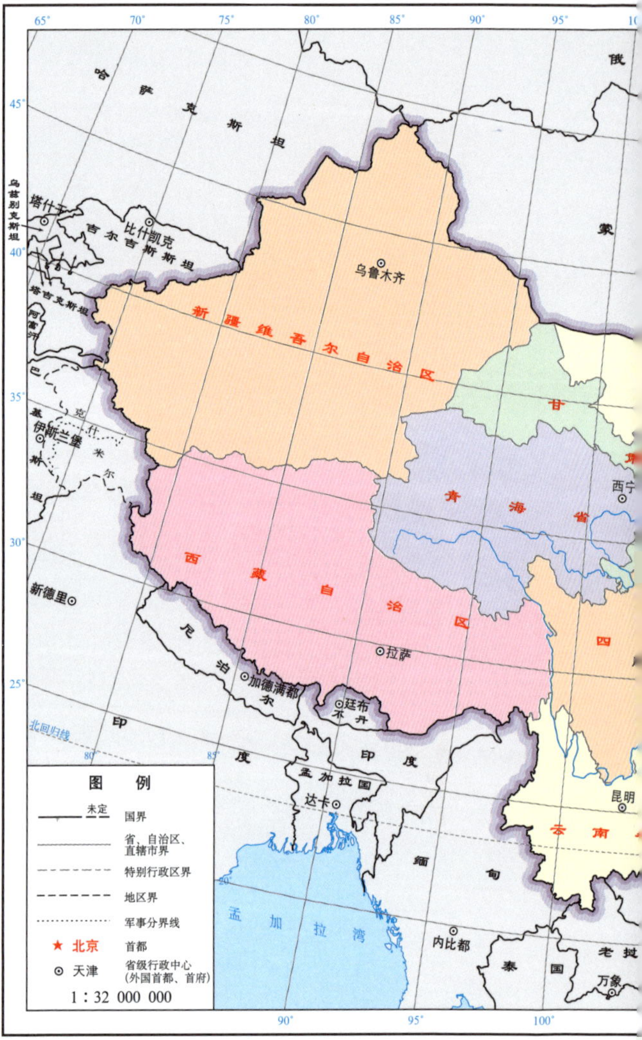

审图号：GS(2016)1582号